르네상스기 이탈리아인들의
자아와 타자를 찾아서

우리 시각으로 읽는
세계의 역사
8

르네상스기 이탈리아인들의
자아와 타자를 찾아서
ㅣ

임병철
지음

푸른역사

II 부: 작고 위험한 세계 콰트로첸토

III 부: 혼란과 변화의 친퀘첸토

두 해 전쯤의 봄으로 기억한다. 내 연구실로 멋쩍은 듯 서너 명의 학생들이 찾아 왔다. 갑작스런 학생들의 습격에 아마도 나의 반응이 그리 다정하지는 못했던 듯하다. 이런 내 모습에 그들은 의기소침해졌고, 아무튼 그래서인지 몰라도 평소와 달리 조금은 주눅이 든 표정으로 찾아 온 이유를 내게 머뭇머뭇 이야기하기 시작했다. 방학을 이용해 유럽으로 배낭여행을 떠날 계획인데, 그에 관해 내게 여러 조언을 듣고 싶다는 것이었다. 유럽사를 가르친다는 이유로 나는 수업 시간에 유럽의 여러 도시와 문화에 대해 종종 이야기하곤 했고, 그들은 이런 내게서 자신들에게 필요한 여러 정보를 얻고자 했다. 물론 우리는 그 후 몇 차례 만나면서, 커다란 유럽 지도를 펼쳐 놓고 꼭 보아야 할 도시들과 유럽의 역사에 대해 여러 이야기를 나누었다. 그리고 다음 학기가 시작했을 때 그들은 내가 추천했던 도시의 풍광을 담은 몇 장의 엽서를 들고 내 연구실로 다시 찾아 왔다. 까맣게 그을린 밝은 얼굴이 그들의 지난 여름을 보여 주는 듯했다.

아마도 내가 이 책을 기획하고 그에 관한 작업에 본격적으로 매달리기 시작한 것이 바로 그 무렵이 아니었을까 생각된다. 이탈리아 르네상스를 공부하기로 마음먹고 박사학위 논문을 작성할 때부터 줄곧 나의 관심사 가운데 하나는 르네상스 개인의 문제였다. 또한 이후에도 나는 계속해서 르네상스기의 자아나 개인에 관한 주제에 천착해 왔고, 또 그에 관한 여러 글들을 이러저런 저널들에 발표해 왔다. 나는 그 무렵 언젠가 그것들을 하나로 묶어 여러 독자들과 의견을 나누어 보려는 생각을 본격적으로 품게 되었다. 이런 내게, 내 연구실로 찾아 왔던 그 학생들이 보여 준 다양한 모습은 나를 이 작업에 착수하도록 이끌었던 하나의 자극제였다. 평소 강의실에서 그들이 내게 보여 주었던 모습, 여행을 계획하고 나의 연구실에 처음 들이닥쳤을 때의 모습, 나와 함께 여행을 준비하면서 보여 준 또 다른 모습, 그리고 여행 후 처음과 달리 득의만만하게 내 연구실 문을 두드리던 그들의 모습이 모두 달랐기 때문이다.

당시에도 그리고 지금도 나는 그들의 다양한 모습 속에서 내가 이 책에서 다루려는 르네상스 개인의 문제의 일단을 엿볼 수 있다고 생각한다. 교수와 학생이라는 위계적 권력관계, 강의실과 연구실이라는 서로 다른 공간, 학업과 여행이라는 일견 다른 콘텍스트 속에서 우리가 다양한 얼굴로 서로서로를 대했기 때문이었다. 나는 이러한 우리들의 모습 속에서 공적인 사회관계 속에서 살아가는 인간 정체성의 다양한 존재 양태를 흐릿하게나마 포착할 수 있었다. 그리고 이러한 나의 생각은 이 책에 고스란히 스며들어 있다. 나는 모든 인간은 사회적 존재라고 생각한다. 그리고 그 사회 속에서 인간은 스스로를 외부 세계와 관계 짓고, 수사적 혹은 예술적인 존재로서 하루하루의 삶을 영위해 나간다. 나는 이 책에서 바로 이러한 인간의 모습을 역사적 시각에서 추적하려 했고, 이제 그 결과를 조심스럽게 독자들 앞에 선보이려 한다.

책 읽기의 즐거움이라는 말이 한낱 치기어린 넋두리로 폄훼되는 세상에, 또 다른 책을 내놓는다는 것에서 설렘과 함께 두려움마저 느끼게 되는 것도 사실이다. 나 역시 다양한 페르소나를 가진 인간이기 때문일지도 모른다. 하지만 그렇기에 나는 용기를 가지고 독자들의 비판을 기다리려고 한다. 언제나 드는 생각이지만, '전문가 바보'를 양성하는 물질만능의 시대에 인문학을 공부한다는 것은 내 주위 누군가의 희생을 딛고 서야만 가능한 이기적인 일이다. 이 때문에 나는 이 책을 내놓으며, 마치 습관처럼 보일지라도, 또 한번 그들에게 감사의 말씀을 드리지 않을 수 없다. 가늠할 수 없는 희생을 언제나 숙명처럼 받아들이시는 부모님, 역사학도로서의 내 지적 여정에 한결 같은 동반자로 든든히 내 옆을 지켜 주는 아내, 그리고 이제는 무엇과도 바꿀 수 없는 내 삶의 빛으로 자리 잡은 사랑하는 딸에게 이 책을 바친다.

앞서 말했듯이 이 책의 대부분의 장은 지난 수년간 내가 여러 저널들에 기고한 글들을 다시 다듬고 수정한 것이다. 그동안 내가 발표한 글들을 읽고 비판적인 조언을 해 주신 익명의 연구자들 그리고 나와의 수고로운 논의를 기꺼이 함께해 준 선후배 동학들에게도 감사하지 않을 수 없다. 오늘날 우리는 인문학의 위기를 운위하면서 적선이라도 하듯이 거금을 풀어 놓으며 마치 그것을 통해서라면 이 위기가 해결될 수 있으리라고 항변하는 모순된 세계에 살고 있다. 물론 이 책에 나타나는 모든 오류나 문제가 전적으로 나의 부족함 탓일 테지만, 이 이상한 앨리스의 세계에서 그들이야말로 이 책의 진정한 저자들이라고 나는 믿는다. 마지막으로 부족한 원고의 출판을 흔쾌히 승낙해 준 푸른역사의 식구들에게도 고마움을 전한다. 언제나 그랬듯이 역사와 학문에 대한 푸른역사의 애정은 이 책이 그 모양을 갖출 수 있게 해준 산파였다. 천국이 존재한다면 아마도 그곳은 도서관일 것이라는 보르헤스의 말을 떠올리며, 이 책이 누군가의 천국에서 그의 친구가 되기를 조심스럽게 희망한다.

2012년 11월의 어느 날,
녹음이 그 빛을 잃어 가는 백양산 기슭에서
임병철

nerano de Ludou

rthema Bolognese nello Egitto, nella
a nella Arabia deserta,& felice,nella
ia,nella India,& nela Ethyopia.Le se
el viuere,& costumi delle prefate Pro
vincie. Et al psente agiontoui al
cune Isole nouamete ritrouate;

서장 :

'개인'의 역사에서
'자아'의 역사로

I. 뚱보 목수와 르네상스의 개인

15세기 초반 피렌체의 저잣거리에서는 어느 평범한 시민을 희화화한 재미있는 이야기가 떠돌고 있었다. 1480년대의 어 느 해에 이를 소재로 안토니오 마네티 Antonio Manetti가《뚱보 목수의 이야기》라 는 제목의 '짧은 이야기novella'를 출판했 으며, 이 책을 통해 이 이야기는 오늘날까 지 전해지고 있다.[1] 나는 르네상스의 자아 재현과 타자 인식에 관한 이 책을 바로 이 황당한 이야기에서 시작하려고 한다. 문 학작품이 얼마나 정확하게 한 시대의 상 황과 문화를 보여 줄 수 있는가? 과연 그 것이 신뢰할 만한 역사 자료가 될 수 있는 가? 이러한 질문들은 또 다른 정교한 논 의를 요구하는 커다란 학문적 주제임에 틀림없다. 또한 그러기에 문학작품에서

르네상스기
이탈리아인들의 자아와
타자를 찾아서

이 책의 논의의 실마리를 찾으려는 시도가 어쩌면 무모하고 위험천만해 보일 수도 있다. 하지만 그 작품에 당대의 실존 인물들이 실명으로 등장하고 저자 역시 신뢰할 만한 전기 작가로 인정받는다면, 나는 이러한 시도에도 나름대로의 타당성이 있다고 생각한다.

마네티는 당대를 대표하던 수학자이자 건축가였으며 오늘날에는 브루넬레스키 Filippo Brunelleschi의 전기 작가로 더욱 널리 알려지고 있다. 이 짧은 이야기에서 그는, 피렌체의 두오모Duomo를 설계·건축하고 원근법의 원리를 발견했던 르네상스 최고의 건축가 브루넬레스키가 앞장서서 연출하고, 새로운 미적 원리를 예술작품에 적용하면서 최고의 조각가로 명성을 얻기 시작하던 도나텔로Donato di Niccolò di Betto Bardi 같은 저명인사들이 공모한 우스꽝스러운 복수극을 통해 작고 위험한 르네상스기 피렌체의 세계로 독자들의 시선을 이끈다. 이 이야기의 주인공은 모든 사건의 계획자이자 조종자였던 브루넬레스키, 그리고 그가 연출한 희대의 복수극

에 허망한 희생양이 되었던 목공 마네토Manetto였다. 이야기의 간략한 내용은 다음과 같다.

일명 "일 그라소il grasso", 즉 뚱보로 불렸던 마네토는 1409년의 어느 일요일 브루넬레스키, 도나텔로 등 당대 피렌체 명망가들과 함께 하던 정기적인 저녁모임에 불참하게 되었다. 좌중의 분위기가 무르익을 무렵, 누군가가 마네토가 자리에 없음을 알아차리게 되었고, 내심 피렌체의 거물이라고 자부하던 참석자들은 자신들보다 지위가 낮다고 생각하던 뚱보 목수의 예고 없는 불참에 불평을 늘어놓기 시작했다. 결국 그들이 뚱보를 벌주기로 의견을 모으게 되었고, 이때 브루넬레스키가 아무도 예상하지 못한 기발한 방법으로 그를 골려 주자고 제안했다. 그것은 바로 '뚱보 목수가 자신이 다른 사람으로 변했다는 것을 스스로 믿고 받아들이도록 만드는 것'이었다. 이후 벌어진 일련의 사건은 브루넬레스키의 치밀한 계획과 그를 아는 거의 모든 사람들이 공모하여 진행한 우스우면서도 냉혹한 사기극과 다름없었다.

먼저 브루넬레스키는 뚱보의 작업장에 가서 그를 그곳에 오래 머물게 한 후, 일개 심부름꾼에서 간수 그리고 변호사에 이르기까지 주변의 여러 사람들을 가담시켜 뚱보의 신원을 바꾸어 버렸다. 그를 그저 얼굴 정도만 알고 지내던 또 다른 수공업자 마테오Matteo로 만들어 버린 것이다. 결국 자신도 모르게 마테오가 되어 버린 뚱보는 예상치 못한 마테오의 빚으로 한나절 동안 옥에 갇히기까지 하면서 스스로 다른 사람이 되었다고 믿을 지경에 이른다. 마테오가 빚을 대신 갚아 준 형제들의 도움으로 유치장 신세를 면한 후 가족의 명예를 지키라는 그들의 책망과 함께, 뚱보라는 더 이상의 허황된 주장을 그만두라는 교구 신부의 훈계마저 듣게 되었기 때문이다. 이제 뚱보는, 이유가 어찌 되었든, 스스로 다른 사람이 되었다는 사실을 받아들일 수밖에 없었다. 그리고 그는 이해할 수 없는 사건들의 소용돌이에 지쳐 자포자기 심정으로 마테오의 집에서 깊은 잠에 빠져 들었다.

지금까지의 이야기가 브루넬레스키가 연출한 잔혹 코믹드라마의 서곡이라면, 마지막 장면은 그 드라마에 농축된 짙은 파토스의 절정처럼 보인다. 브루넬레스키는 마테오의 집에서 미리 음식에 수면제를 넣어 뚱보를 곯아떨어지게 만든 후 본래의 집으로 옮겨 놓았다. 이 모든 사실을 알 리 없었던 뚱보는 다음날 아침 눈을 떴을 때 자신의 침대에 누워 있는 스스로를 발견하고는 이 모든 상황에 당황하지 않을 수 없었다. 더욱이 자신 앞에 등장한 이들은 아무 일 없었다는 듯 천연덕스럽게 어제의 일을 묻는 브루넬레스키와 도나텔로, 그리고 진짜 마테오였다. 이에 뚱보는 본래의 모습으로 돌아왔다는 생각에 기뻐하면서도, 마음 한구석에서 무엇인가 이상한 느낌을 지울 수 없었다. 이후 자신의 공방과 저잣거리에서 이러저런 뒷이야기를 접하면서 사건의 내막을 알아차리게 되었지만, 뚱보가 할 수 있는 일은 아무것도 없었다. 결국 당황, 혼란 그리고 수치심이 뒤섞인 복잡한 심정으로 뚱보는 피렌체를 떠나 헝가리로 가게 되었고, 그곳에서 궁정 장인으로 일하며 부와 명예를 얻었다. 약 10년의 시간이 흐른 후 잠시 피렌체에 들린 뚱보는 브루넬레스키와 만나 화해하고, 그들은 각자가 느낀 바에 따라 그날의 사건을 웃으면서 회상했다.

얼떨결에 다른 사람이 되어 버린 뚱보 목수가 겪은 고초와 그로 인한 타향생활, 이 모든 것을 배후에서 연출한 브루넬레스키의 기발한 책략, 그리고 그 연극놀이에 가담한 많은 피렌체 시민들의 모습은 르네상스의 세계로 들어가려는 우리에게 몇 가지 흥미로운 이정표를 제시한다. 첫째는 뚱보 목수와 브루넬레스키 그리고 그 외의 모든 사람들이, 신분적인 차이에도 불구하고, 서로서로 잘 알고 지내던 매우 친밀한 사이였다는 점이다. 아마도 그들은 하루에도 몇 차례씩 거리에서, 시장에서 그리고 공방에서 심심치 않게 마주치며 인사말을 건네곤 하던 관계였을 것이다. 자신의 모든 것이 타인에게 노출된 그러한 작은 세계에서는 타인과의 관계가, 더 엄밀히 말해 자신을 바라보고 평가하는 타인의 시선이, 언제나 한 사람의 삶에 커다란 영향을 끼칠 수밖에 없다. 한마디로 뚱보가 살았던 르네상스 사회는, 공간적으로도 또 사회문화적으로도, 공적 인간관계의 복잡한 그물로 엮인 작고 위험한 세계였다.

둘째, 이러한 사회에서는 누군가의 정체성identity이 그 사람의 본질이나 본성 때문이 아니라, 사회적 관계 속에서 결정될 수밖에 없다는 점이다. '내가 마테오가 되었다면 나는 과연 무엇을 해야 할까?,' '이제 확실해, 나는 마테오로 변한 거야,' '만약 뚱보 목수였던 내가 마테오가 되었다면, 그에게도 틀림없이 무슨 일이 생겼을 거야 ……그가 나로 변했을까?' 이런 독백들은 복수극에 휘말린 뚱보가 되풀이하여 스스로에게 읊조린 말들이었다. 체념 섞인 독백이 암시하듯이, 결국 그는 타인에 의해 규정된 자신을 인정해야만 했고, 또 그들의 요구에 맞추어 자신의 신분뿐만 아니라 성격마저 변화시키려고 했다. 한마디로 작고 위험한 피렌체 사회는 그 자체로 '극장'이었고, 그 속에 사는 뚱보 목수는 바로 그 무대 위의 '연기자'였던 셈이다. 그렇다면 브루넬레스키가 연출했던 잔혹 코믹드라마의 세계가 그저 단순한 허구의 공간에 불과한 것일까? 이 이야기는 우리에게 이 난해한 질문을 던진다.

마지막으로 이 모든 사건의 전말을 알아차리고 난 후, 뚱보 목수가 정든 피렌체를 떠나기로 결심하고 이를 실행에 옮겼다는 점이다. 서로가 서로를 잘 아는 피렌체 사회에서 뚱보 목수에게는 의지할 사람도, 편히 몸을 누일 공간도 더 이상 없어 보였다. 그는 더 이상 과거의 뚱보가 아니었기 때문이다. 결국 그는 헝가리로 떠나 그곳에서 스스로의 삶을 개척하기로 결심했다. 결과적으로 그곳에서 뚱보가 장인으로 성공을 거두면서, 이 이야기는 행복한 결말로 끝난다. 하지만 뚱보의 그러한 행복은 그가 잘 알고 있던 기존의 세계에서 얻어진 것이 아니었다. 그에게는 새로운 인간관계 더 나아가 자신을 드러낼 새로운 무대가 필요했고, 그는 헝가리에서 그것을 발견했다. 이 점에서 여행이 뚱보에게 자아 탐색과 자기 정체성 수립의 또 다른 계기가 되었다고 이야기할 수 있다. 작고 위험한 세계, 공적 정체성, 그리고 자아 탐색으로서의 여행. 뚱보 목수의 이야기는 이 책에서 내가 이야기하려는 이 세 요소를 풍자와 냉소, 희극과 비극을 교차시키면서 코믹하게 보여 준다.

그런데 흥미롭고 역설적이지만 이 이야기에 나타난 뚱보 목수의 모습은 우리를 당혹스럽게 만들기에 충분하다. 그가, 부르크하르트Jacob Burckhardt 이래 오늘날 우리가 일반적으로 알고 있는 전인적 혹은 자율적 르네상스 개인의 모습과 많은 차이를 보이기 때문이다. 오늘날까지도 가장 권위 있는 르네상스에 관한 저작으로 평가되는 기념비적 저서 《이탈리아 르네상스의 문화》에서, 부르크하르트는 미학적이면서도 선명한 어조로 르네상스의 개인을 신격화했다. 즉 "세계와 인간의 발견"이라는 매력적인 명제 아래, 그는 믿음, 환상, 유아적 망상이라는 '중세적 베일'이 사라지면서 "영적 인간spiritual being"들이 르네상스기의 이탈리아 사회에 넘쳐나기 시작했다고 주장했다. 부르크하르트에게 르네상스 이탈리아인들은 자신을 둘러싼 외부 환경을 객관적으로 바라보고 또 그것들을 주관적 시각에서 판단할 수 있는 새로운 인간의 탄생을 의미했고, 이 점에서 그에게 르네상스는 서양 개인의 역사에서 중요한 전환점으로 해석되었다.[2]

모든 역사가들이 그렇듯이 부르크하르트 역시 자신이 살던 시대의 산물이다. 한마디로 그는 헤겔의 사상적 세례를 받은 19세기의 인물이었다. 따라서 그 무엇보다 부르크하르트는 헤겔적 이성중심의 세계관 속에서 르네상스 개인의 출현을 목격했다. 아울러 그의 해석에는 모든 인간에게는 열정이나 영혼, 혹은 창조력이나 도덕적 자율성 따위의 개인적 자질이 존재한다는 낭만주의적 인간관 역시 깊숙이 자리잡고 있다. 부르크하르트가 주체의 완전한 자기 인식과 외부에 대한 절대적 독립을 강조한 것도 바로 그러한 사상적 토대 위에서였다. 그러므로 그의 시각에서 보자면, "주체의 성장이 있고 난 후에야" 비로소 그 주체가 객체와의 관계 속에서 스스로의 위치를 정할 수 있게 되며, 이 점에서 르네상스의 개인은 모든 객체로부터 독립된 자율적인 존재였다.[3] 더욱이 부르크하르트는 주저없이 이를 근대인의 전형으로 간주하면서 자신 있게 르네상스기의 이탈리아인들을 "근대 유럽의 첫아이"로 규정했다.

오늘날 우리는 이른바 포스트모던 시대에 살고 있다. 그리고 싫든

좋든 그것의 영향 아래에서 자율적 존재로서의 개인이라는 개념이 허구에 지나지 않는다는 생각을 커다란 거리낌 없이 받아들이기도 한다. 이러한 관점에서 보자면, 부르크하르트의 개인에 관한 테제가 너무도 급진적이었음을 부인하기 어렵다. 특히 주체와 객체의 엄격한 분리, 더 나아가 양자 사이를 일종의 주인-노예의 종속적 관계로 파악하는 그의 논리가, 인간을 자기중심적이고 자율적인 존재로 간주하는 '본질주의적essentialist' 인간관에 기대고 있다는 비판을 피할 수 없기 때문이다. 더욱이 만약 이러한 인간관에 의존하여 역사상의 누군가를 조망한다면, 그와 그를 둘러싼 세계 사이의 대화적 관계를 도외시하면서 그를 비역사적 보편의 세계에 위치시킬 함정에 빠질 수도 있다. 나는 이 책에서 이러한 진부하고 왜곡된 인간관에 기대어 '개인'의 문제에 주목하던 종래의 연구 대신에, '자아self'라는 새로운 개념을 통해 르네상스 인간의 문제를 탐색하려고 한다.

"쉼 없는 고통이 모든 것을 정복한다Labor omnia vincit improbus."[4] 15세기 초 피렌체의 휴머니스트 포지오Poggio Bracciolini는 한 편지에서 자신이 느낀 내적 갈등을 이 유명한 말로 표현한 적이 있다. 2부에서 자세히 논의하겠지만, 포지오는 자신의 삶에 영향을 끼쳤던 사회적 관계나 외부의 힘에 대응하면서, 자기 스스로를 인식과 사유의 대상이자 객체object로 '재현representation'[5]하기 시작했던 대표적인 인물이었다. 자기 자신을 수많은 문학작품과 서간들의 주요한 소재이자 주제로 다루었던 르네상스의 아버지 페트라르카Francesco Petraraca와 마찬가지로, 이처럼 포지오의 여러 작품에 나타난 주요한 관심사 역시 자기 자신이었다. 하지만 강한 에고이즘을 통해 고립된 개인의 '내적 주체성interior subjectivity'을 강조했던 페트라르카와 달리, 포지오는 사회적 관계 속에서 주체에 대한 감각을 새롭게 인식하고 그것을 외부의 시선에 정향시켰다. 그것은 곧 주체이자 객체로서의 자기에 대한 인식이었다.

포지오처럼 이 책에서 내가 살펴 보려는 알베르티Leon Battista Alberti 나 카스틸리오네Baldesar Castiglione 같은 르네상스인들도 자기-확신이나 자기-발견과 같은 '그럴듯한' 근대적 관념 속에서 자기를 인식하고 표현했던 것이 아니다. 오히려 그들은 자신의 자아를 사회적 관계 속에 위치시킴으로써 자아를 공적으로 재현했다. 보다 구체적으로 말하자면 르네상스기의 이탈리아인들은 '주체-객체의 대화'라는 담론적discursive 관계 속에서 자신의 자아를 재현했던 것이다. 똥보 목수의 이야기에 넌지시 암시되듯이 '세계의 극장theatrum mundi'이라는 말로 특징되는 르네상스의 공적 문화가 이러한 자기 인식과 자기 표현의 토양이었다. 아울러 스스로를 사유의 주체가 아닌 객체로 표현하는 새로운 르네상스 내러티브 양식의 출현도 바로 그 문화 속에서 싹을 틔울 수 있었다. 또한 바로 그것에서 훗날 에라스무스Desiderius Erasmus가 "인간은 태어나는 것이 아니고 만들어진다Homines non nascantur sed finguntur"[6]라는 말로 종합했던 르네상스 특유의 인간관이 그 고개를 들었다.

II. 벼랑에 선 부르크하르트

나는 이 책에서 14세기에서 16세기를 살았던 몇몇 이탈리아인들을 통해 이러한 르네상스 인간관의 탄생, 더 엄밀히 말해 인간의 자아 재현 방식의 변화상을 추적하려고 한다. 그러나 본격적인 논의에 앞서, 먼저 부르크하르트의 개인주의 테제가 어떻게 르네상스 학계에서 수용·변화되어 왔고, 또 그것을 극복하려는 이 책의 개념적·방법론적 틀이 무엇이며 어디를 지향하는지 또 어떠한 의미를 지니는지에 대한 논의가 선행될 필요가 있다. 부르크하르트는 르네상스기 이탈리아에서 서양 개인주의의 기원을 발견하고, 더 나아가 그것을 근대의 서막을 여는 핵심적인 징후로 해석했다. 하지만 이러한 그의 주장은 20세기 초반부터 소위 '중세주의자들의 반동'이라는 커다란 도전에 직면했다. 특히 그 가운데 일군의 중세 연구자들은 중세 시대에서 부르크하르트 류의 개인의 탄생을 발견하고, 궁극적으로 페트라르카 이전 시대에 서양의 개인주의가 출현했다고 주장하기에 이르렀다.[7]

더욱 무게 있는 도전은 그와 전혀 다른 시각으로 르네상스기의 사회와 개인을 해석하기 시작한 일부 르네상스 사회사가나 문화사가들의 문제제기에서 감지되었다. 그들 중 일부는 다양한 경험적 증거를 통해 부르크하르트 테제의 이론적 추상성을 비판하면서, 부르크하르트가 엘리트 남성 문화라는 지극히 제한된 차원에서 개인주의의 문제를 바라보았으며, 따라서 그의 해석을 총체적인 르네상스 문화를 가늠하는 올바른 시금석으로 평가할 수 없다고 주장한다. 또 다른 학자들은 보다 본질적인 차원에서 부르크하르트의 개인주의 테제 자체의 결함에 초점을 맞추었다. 그들에 따르면, 르네상스기에 인간의 사회적 삶을 지배한 것은 친족관계나 계급 그리고 코뮌의 구조 등과 긴밀하게 연결된 일종의 집단의식이었고, 따라서 그것들은 근대의 창문을 열기 위해 제거되어야만 했던 거추장스런 '베일'이 아니었다. 오히려 그것들이 르네상스 개인들의 정체성 형성에 결정적인 영향을 끼쳤다. 이러한 수정주의적 시각에서 보자면, 부르크하르트의 개인주의 테제는 추상적이면서도 선정적인 신화에 지나지 않는다.[8]

　물론 르네상스 학계 내·외부에서 시작된 이러한 수정주의적 견해들은 부르크하르트의 개인주의 테제가 노정하는 한계를 극복하고, 중세와 르네상스에 대한 이해의 지평을 넓히는 데에 여러 방면에서 적지 않게 기여한 것이 사실이다. 하지만 그러한 논의들에서도 역시 부르크하르트와 마찬가지의 몇 가지 근본적인 결함이 발견된다. 첫째, 언제 어디에서 개인을 발견했는가의 여부와 관계없이, 인간을 자율적 존재로 간주하는 본질주의적 인간관이 여전히 그들 논의의 인식론적 기저를 이루고 있다는 점이다. 둘째, 바로 그러한 논리의 연장선상에서 그들은 한 인간과 그를 둘러싼 사회를 단절과 분리의 차원에서 이해하고 그것에 기초하여 어떤 인물의 역사적인 모습을 해명하려고 시도한다.

　더 커다란 문제는, 부르크하르트와 마찬가지로 그에 대한 비판자들 역시 암묵적이든 명시적이든 인간의 문제를 역사적 시각에서 이해하는 척도로서 '근대성'이라는 기준에 지나치게 집착한다는 점이다. 그리고 바로 이 지점에서 우리는 그들이 좀 더 포괄적인 두 역사철학적 질문에 봉착하게 된다는 것을 발견할 수 있다. 먼저, 지극히 기어츠

Clifford Geertz적인 입장에서[9] 그들 역시 개인의 탄생을 자기중심적인 유럽 문화에서만 가능할 수 있는 예외적인 현상으로 해석하고 있는 것은 아닌가? 둘째, 만약 완전하고 자기주도적인 인간이 존재하는 어떤 사회가 있을 수 있다고 가정한다면, 삶이 사회 제도나 구조, 인간관계 그리고 문화 체계와 필연적으로 상호작용하고 또 그것들과 끊임없이 영향을 주고받을 수밖에 없는 오늘날 사회에서, 우리 모두가 영원한 중세 세계에 살고 있다는 점을 인정해야만 하는 것이 아닌가?

솔직히 이러한 질문에 만족할 만한 답을 제시하기는 거의 불가능하다. 나는 아마도 바로 이 점이 개인주의라는 용어가 그 자체로 많은 오해의 소지를 안고 있는 개념이라는 점을 예증하는 것이라고 생각한다.[10] 또한 바로 그 때문에 인간 존재가 어떤 모습으로 역사상에 출현하는지를 이해하기 위해서는 개인을 대체할 수 있는 새로운 개념이 요구된다고 본다. 다시 말해, 르네상스의 개인을 이해하기 위해서는, 개인과 사회 사이의 관계를 대립이나 분리의 차원이 아니라 상호작용의 관점에서 조명할 수 있는 새로운 개념이 필요하다는 것이다.

이를 고려할 때 "개인주의individualism"와 "개체성individuality"을 정교하게 구분하여 르네상스기 인간의 문제를 고찰했던 와인트럽Karl J. Weintraub의 연구는, 이러한 범주적 전회의 선구적 시도로 평가할 만하다.[11] 하지만 르네상스 개인에 대한 통찰력 있는 해석과 새로운 개념적 접근에도 불구하고, 와인트럽의 시각은 여전히 해결하기 어려운 문제를 안고 있다. 그의 논의가, 르네상스기의 위대한 개인주의자들이 여전히 사회적 규범이나 도덕적 관습 속에서 자신들의 개체성을 추구했다는 비판으로부터 그리 자유롭지 못하기 때문이다. 특히 한 개인의 "개성"이나 "독창성"이 사회적 관계나 타인과의 비교를 통해서 확인될 수 있는 상대적 자질이라는 점을 고려한다면, 개인주의와 개체성이라는 개념 범주의 구분은 여전히 선명하지 못하다.

와인트럽의 연구는 부르크하르트의 개인주의 개념을 대체하려 한 첫 시도로 평가될 수 있다. 만약 그렇다면, 개인에 관한 연구에서 자아에 대한 연구로 그 방향을 새롭게 정립한 선두주자는 단연 중세연구자 바이넘Caroline Walker Bynum이다. 바이넘은 중세에서 부르크하르트가 주장했던 개인주의의 흔적을 발견하려고 고집스레 노력하던 동료 중세연구자들을 비판하며, 12세기에는 집단에 대한 고려 없이 개성만을 강조한 어떠한 고립된 개인도 존재할 수 없었다고 주장한다. 그녀에 따르면 분명 인간의 내면interiority에 대한 새로운 감각이 중세 시대에 출현했다. 하지만 시대의 문화적 가치와 사회적 양태에 그 내면을 조응시키면서 개인의 행동을 이끈 것은 집단-정향적 정신 자세였다. 이러한 맥락에서 바이넘은 12세기가 발견한 것은 개인이 아니라 자아라고 주장한다. 자기 자신과 자신이 살고 있던 외부 세계 사이의 경계에 대한 감각이 증대되면서, 이러한 자아가 스스로의 내부를 지향하기 시작했다는 것이다.[12] 바이넘의 주장은 무분별하게 부르크하르트적인 개인주의 개념을 차용하던 중세연구자들의 수동적 연구관례에 대한 일종의 자기반성이자 경종이었다. 그 결과 그녀의 연구는 중세연구자들의 개인에 대한 탐구에 커다란 영향을 주었을 뿐만 아니라, 르네상스 연구자를 비롯하여 개인의 문제에 관심을 가진 역사가들에게 새로운 개념적 틀을 제공하는 첫걸음이 되었다.

하지만 좀 더 넓은 시각에서 보자면, 인간에 관한 오늘날의 학문적 논의는 그 뿌리부터 심각한 변화를 경험하고 있다. "담론적 전회 discursive turn"[13]라는 말로 표현되곤 하는 포스트모던 이론의 폭발은 인간 존재 그 자체를 담론의 결과로 이해하도록 만들고 있으며, 심지어 그 극단에서는 자아의 죽음마저 주장하기 때문이다.[14] 더욱이 서양 사상의 철학적 토대를 새롭게 정립하려는 이 파괴적 담론의 홍수 속에서, '주체subject'라는 용어가 개인을 대체하는 새로운 개념으로 대두하기 시작했다. 포스트모던 사상가들의 언어용례에서 주체는 개인과 다른 의미를 함의하는 것으로 보인다. 푸코Michel Foucault나 데리다Jacques Derrida 같은 포스트모던 사상가들이, 개인이라는 개념이 인간이 그 자체로 자유롭고 독립적인 행위자agent라는 점을 전제하고 있으며, 따라서 자신들은 주체라는 용어를 통해 그것을 대체하려 한다고 주장하기 때문이다. 한마디로 그들은 주체라는 개념을 새롭게 사용하여 인간 존재를 하나의 구성물 혹은 사회적 담론의 산물로 간주한다.[15]

이러한 포스트모던적 관점을 르네상스 연구에 적용한 대표적 연구자가 그린블랫Stephen Greenblatt이다.[16] 그린블랫은 유명한 저서 《르네상스 셀프-패셔닝》에서, 모어Thomas More에서 말로우Christopher Marlowe 그리고 셰익스피어William Shakespeare에 이르는 르네상스기의 작가들을 분석하면서, 이들의 자기 표현에 결정적 역할을 수행했던 사회·문화적 힘의 영향력을 강조한다.[17] 특히 푸코가 그린블랫의 르네상스 작가 분석에 끼친 영향은 무시할 수 없다. 무엇보다 그린블랫이 인간의 주체를 담론적 질서와 권력관계 '속에서' 그리고 그것들을 '통해' 구성된 하나의 환영처럼 취급하기 때문이다. 하지만 그린블랫은 인간을 초월적 존재로 간주해 온 본질주의적 관점을 과도하게 비판한다는 점에서 역설적인 한계를 노출한다. 왜냐하면 그 역시 인간에 대한 초시간적 시각—다시 말해 언제나 인간이 사회적 권력담론의 구성물이라는 동일한 모습을 지닐 수밖에 없다는 시각—으로 역사상의 인물에 접근하기 때문이다.

지금까지 살펴 본 바에 따르면, 부르크하르트 이래 르네상스 개인에 대한 연구에서 중대한 변화를 발견할 수 있다. 인간을 고립되고 독립된 존재로 파악하는 전통적인 이미지에서 그것의 사회적 성격을 강조하는 방향으로의 이동이다. 그리고 이러한 변화와 함께 개인individual에서 주체subject로의 개념 범주의 전환이 수반되었다. 개인이라는 개념이 일종의 본질주의에 기초하고 있다면, 주체에 대한 강조는 자율적 행위자로서의 인간 개념에 대한 부정—다시 말해 사회적 혹은 문화적 결정론이 인간에 대한 관념을 지배한다는 관점—을 그 철학적 토대로 삼고 있다. 하지만 두 개념은, 비록 양 극단에서 상반된 인간 이미지를 상정하고 있지만, 역사 연구에서는 마찬가지의 동일한 결함을 내포한다. 즉, 두 개념 그리고 그것에 기초한 연구들에는, 한편에서는 마치 니체적 의미에서의 초인과 같은 자율적 개인을 과도하게 강조하거나, 또 다른 한편에서는 외부의 영향에 따라 움직이는 꼭두각시 같은 수동적 존재로 인간을 치부해 버릴 위험성이 도사리고 있다. 그리고 이 때문에 그러한 시각에 의존한다면, 인간과 사회구조가 상호 연결되었다는 점을 무시한 채 비역사적인 시각에서 인간의 문제를 추적하는 함정에 빠질 수도 있다.

III. 자아 그리고 텍스트와 저자

이 책에서 나는 이러한 한계를 극복하기 위한 대안으로 자아라는 개념을 통해 르네상스 인간의 문제를 검토하고, 궁극적으로 르네상스 자아를 적절한 역사적 지평 위에 위치시키려고 한다. 역사상의 누군가를 탐구하기 위한 개념적 도구로서의 자아는 특히 르네상스 연구자들에게 유용하다. 자아의 개념 자체가 역사적으로 변화해 왔을 뿐만 아니라, 우리가 현재 그 용어를 통해 받아들이는 일반적인 의미 역시 르네상스기를 거치면서 대두했기 때문이다.[18] 더욱이 자아 개념을 통해 역사 속에 등장한 누군가의 존재 양태에 접근한다면, '본질주의'나 '결정론' 따위의 비역사적ahistorical 극단의 함정에 빠지지 않고 그를 역사적 콘텍스트 속에 위치시킬 수 있다. 자아가 중립적이면서도 무정형적이고, 언제나 변화 가능한 가치중립적인 개념이기 때문이다.

위에서 간략히 언급했듯이, 바이넘의 연구는 이와 관련된 선구적 방향 전회로 평가해도 손색이 없다. 하지만 바이넘의 시각에서도 역시 가벼이 무시할 수 없는 문제가 눈에 띈다. 자아를 너무 정적으로 개념화하면서, 그녀 역시 한 자아가 그것이 존재하는 콘텍스트 속에서 스스로를 표출하고 또 사회적 관계 속에서 스스로를 재현하는 문화적 관행practice에 대해서는 커다란 관심을 기울이지 않기 때문이다. 이로 인해 바이넘의 시각을 그대로 따르면, 자아와 사회 사이의 복잡한 상호작용을 놓치게 될 가능성이 농후하다. 만약 자아가 부르크하르트적인 초월적 존재가 아니며 또 극단적 포스트모더니스트들이 주장하는 담론의 수동적 구성물도 아니라고 한다면, 그것은 단순한 '발견'의 대상이 될 수 없다. 오히려 자아는 사회관계 속에서 출현하고 구성되는 것이며, 이 때문에 특정한 자아에 대한 관념이 출현하는 과정이나 어떤 개인이 자신의 자아를 재현하는 관행을 연구할 때, 비로소 그것의 역사적 의미를 포착할 수 있다.

이러한 자아와 그를 둘러싼 외부 사이의 담론적 관계에 주목하면서, 나는 이 책에서 자아를 사회적 관계들 속에서 생산된 구체적인 구성물로 규정하고자 한다.[19] 자아는 한 인간과 사회 사이의 유기적 상호작용 속에서 도출된 인위적 생산물, 즉 개인과 집단 사이의 관계들 속에서 구현된 역사적 실체이다. 그러므로 자아는 자기 스스로와 타자 사이의 관계 선상 어딘가에 스스로의 위치를 정하며, 이 스펙트럼 선상에 자리하는 다양한 모습에 따라 특유의 '역사적'인 양태를 드러낸다. 요약하자면 인간 행위자와 사회구조 사이의 상호작용이 역사 속에서 특정한 자아의 모습을 결정한다. 그리고 그렇게 만들어진 자아는 토도로프Tzvetan Todorov가 "불완전한 정원"이라고 불렸던 무정형의 세계 속에서 끝없이 변화하는 미완의 형태로 역사적 공간 속에 부유하게 된다.[20] 더욱이 자아를 이렇게 개념화할 때, 비로소 '자아성 selfhood'이라는 개념은 한 자아의 자기-인식self-consciousness 뿐만 아니라, 그것이 자신을 둘러싼 외부 세계와 스스로를 관계시키는 특정한 방식을 의미하는 것으로 이해될 수 있다.

그렇다면 바로 여기에서 간과해서는 안 될 중요한 문제가 대두한다. 자아는 언제나 이중적인 성격을 지닐 수밖에 없다는 점이다. 개별 자아는 언제나 자신의 외부 세계에서 그 존재 영역을 확보할 수밖에 없으며, 이 때문에 자아는 자신 밖의 세계에 존재하는 객체이면서 이와 동시에 그 세계를 보고 이해하는 자율적인 주체이다.[21] 엘리아스 Nobert Elias에 따르면, 한 인간이 보다 복잡한 사회관계의 연결망 속에서 그 일부가 되었을 때 비로소 자아의 이중성에 대한 자각이 그의 의식의 전면에 부상할 수 있다. 인간들 사이의 상호의존성이 늘어나고 더욱 복잡해지면서, 이전 시대보다 더 주의 깊고 통제된 행동양식이 요구되기 때문이다. 엘리아스는, 바로 "그러한 세계 속"에서 한 인간이 사고의 객체나 대상으로 스스로를 인식하게 된다고 주장한다.[22] 그러므로 자아에 대한 역사적 탐구는 어떤 역사적 인물이 세계에 대한 객관적 시각과 그 세계에 살고 있는 존재론적 실체로서의 자신의 주체성을 조화시키는—또 때로는 대립시키는—특정한 방식을 추적하는 것과 다름없다.

지금까지의 논의를 염두에 둔다면, 르네상스 개인에 관한 와이즈만 Ronald F. E. Weissman의 언급은 특별한 눈길을 끈다. 비록 여전히 "개인주의"라는 용어를 사용하지만, 그는 다음과 같이 말한다.

분명한 것은 르네상스기의 자기인식, 즉 개인주의가 공공의 집단이나 이웃 그리고 친구 사이의 집단 네트워크 등에 대한 전통적인 충성심이 사라지거나 붕괴하면서 출현한 것이 아니라는 점이다. 오히려 나는 이러한 개인주의, 다시 말해 자아를 정의하고 보호하기 위한 목적−지향적이고 의도적인 모호성의 기제mechanism of ambiguity가, 그러한 결속의 부재가 아닌 그것의 힘, 복수성, 그리고 복잡성을 보여 주는 증거라고 주장한다. 개인주의—자신에게 부과된 의무들을 성찰하고 선택할 수 있는 능력—는 강력한 사회적 유대가 깨지고 사라지면서 생겨난 산물이 아니다. 역설적으로 그것은

그러한 유대들 속에서 성장의 자양분을 발견했으며, 또 르네상스 도시의
사회 질서를 조직적으로 구성하고 있던 뿌리 깊은 의무감을 반영한다.[23]

위 인용문에 나타나듯이 와이즈만은 문화와 인간 사이의 상호작용을
강조한 사회행동주의자들의 모델을 빌려 르네상스 개인주의를 사회
관계와 사회 속의 개인의 의무라는 틀 속에서 바라본다.[24] 더욱이 그
는 한 개인이 그러한 관계를 어떻게 이해하고 또 그 속에서 어떠한 전
략적 행동을 취하게 되는지에 주목한다. 그렇다면 그가 "모호성의 기
제"라고 불렀던 것은, 사회가 부과한 "역할을 명징화하고, 타인의 의
도나 동기를 해독하며, 과도한 의무나 구속으로부터 스스로를 보호하
기 위해 [인간이 취하게 되는] 자세나 제스처의 저장고"라 할 수 있다.
즉 와이즈만은 르네상스 개인주의를 단순한 집단주의의 반대 테제가
아닌, 개인의 삶에 영향을 주는 외부의 힘에 대한 인간 행위자의 의도
적인 전략의 수행으로 이해한다.

개인과 외부 세계 사이의 상호작용이라는 시각에서 볼 때, 개인에
대한 연구에서 정체성 역시 모호한 개념이다. 이에 관해서는 그린블랫
의 또 다른 연구가 그 문제에 접근하는 유용한 실마리를 제공하고 있
다. 데이비스Natalie Zemon Davies가 극화한 유명한 16세기 프랑스 농민
마르탱 게르Marin Guerr의 이야기[25]를 재해석하면서, 그린블랫은 정체
성 사취의 문제를 다룬 이 흥미로운 주제가 사회적 담론의 힘에 하릴
없이 용해되는 인간 행위자의 공적 측면을 보여 준다고 주장한다. 즉
16세기 프랑스 농촌 사회에서 한 인간의 정체성은 오직 공공의 판단에
의해서만 결정된다는 것이다.[26] 하지만 나는 그린블랫이 강조했던 '공

적 정체성' 자체와 함께, 어떻게 그러한 공적 정체성이 특정 개인에 의해 만들어지고 이용되었는가의 문제 역시 매우 중요하다고 생각한다. 이러한 맥락에서, 그린블랫이 간과했고 또 데이비스가 은밀하게 강조한 또 다른 문제, 즉 사회적 관계나 압력 속에서 인간이 수행하는 능동적 자기 결정 과정—다시 말해 이 이야기의 주인공들인 아르노 뒤 틸과 베르트랑드 드 롤의 의식적 역할 수행—에 주목할 필요가 있다.

이 이야기의 두 주인공 아르노와 베르트랑드의 기민한 생존전략이 증명하듯이, 그린블랫은 인간의 정체성 형성을 통제하는 사회적 힘의 역할을 과도하게 강조했다. 물론 아르노와 베르트랑드는, 앞서 보았던 피렌체의 뚱보 목수처럼, 자신이 살고 있는 세계에서 인간의 정체성이 대중의 시선에 노출되고 판단되는 역할 수행에 의해 결정된다고 생각했다. 하지만 그들은 대중의 단순한 꼭두각시만은 아니었다. 오히려 그들은 대중이 요구하는 역할 속에서 그리고 그 역할에 맞추어 '다른 이들의 신뢰를 얻기 위해' 기민하게 스스로의 정체성을 변화시켰다. 나는 이러한 그들의 행동 속에 인간의 정체성이 타고나는 것이 아니라 만들어지는 것이라는 르네상스 특유의 관념이 흐르고 있다고 생각한다.[27] 이 책의 2부에서 살펴 볼 알베르티가 예증하듯이, 이러한 공적 정체성은 카멜레온처럼 변신을 거듭하는 르네상스적 인간의 모습과 관련될 뿐만 아니라, 더 나아가 르네상스 자아의 탄력성과 유연성을 보여 준다고 생각하기 때문이다.[28]

지금까지 논의했듯이, 인간의 자기재현 양식은 어떻게 그가 자신의 자아와 외부 세계를 관계시키는가에 따라 결정된다. 만약 그렇다면, 르네상스의 자아 역시 이러한 관계를 검토하면서 추적해야 한다.[29] 마틴John Jeffries Martin은 이 점에 주목하여 르네상스의 자아를 세 유형으로 규정한 바 있다. 첫째는 집단 혹은 공적 정체성이 한 개인으로 하여금 자신이 살고 있는 사회에서 스스로의 위치를 인지하고 자리매김하도록 만드는 요소가 되는 "공공적communal" 자아이고, 둘째는 표현적이고 자기-반성적인 존재로서의 개인이라는 관념을 의미하는 "수행적perfomative" 자아이며, 셋째는 정신적 혹은 심리적 통합성이 결여된 "흠결 있는porous" 자아이다.[30] 나는 마틴의 정교한 개념화 자체에 커다란 문제를 제기하고 싶지 않다. 하지만 나는 그와 달리 이러한 세 유형의 자아들이 하나로 결합되었을 때 르네상스 자아의 의미를 좀 더 잘 이해할 수 있으리라 생각한다.

공공적 자아가 인간 삶의 공적 성격을 반영하고, 수행적 자아가 그러한 공적 사회에서 자신에게 부과된 역할을 수행하는 연기자로서의 개인의 모습과 관계된다면, 흠결 있는 자아는 인간 존재의 무의식적 측면을 염두에 두기 때문이다. 그렇다면 이 세 측면이 하나로 통합되었을 때, 마치 아르노처럼, 행위자로서의 의식을 잃지 않으면서도 공적 세계가 자신에게 부과한 역할에 맞추어 스스로의 삶을 조율하는 르네상스 개인의 참된 이미지를 발견할 수 있다. 이러한 맥락에서 나는 르네상스 자아를 '관계적relational' 혹은 '수사적rhetorical' 자아로 표현하고 싶다.[31] 르네상스의 개인이 인간 삶의 공적 측면과 행위주체로서의 자신의 내적 측면을 동시에 인지하고, 이 둘 사이의 상호작용 속에서 스스로의 자아를 인간관계망 속에 위치시키고 또 수사적으로 재현하기 때문이다.

그렇다면 이런 자아 출현의 징후를 어떻게 포착할 수 있을까? 나는 이를 위해서는 이전과는 다른 방법으로 텍스트에 접근해야 한다고 생각한다. 단순히 말하자면 어떤 텍스트의 내용이나 그것에 담겨 있는 의미의 규명에 천착해 온 전통적인 텍스트 접근법으로는 끝없이 부유하는 역사상의 자아를 포착할 수 없다. 이 때문에 나는 문학비평계의 신비평New Critics 이론가들이 지나치게 강조하는 텍스트의 자율성을 신뢰하지 않으며, 또 이와 마찬가지로 스키너Quentin Skinner나 포콕J, G. A. Pocock과 같은 콘텍스트주의자들이 주장한 콘텍스트주의contextualism에도 여러 한계가 있다고 생각한다. 전자의 경우는 텍스트를 자율적 실체로 간주하고 어떤 텍스트의 의미를 내적 언어 시스템과 관련하여 이해하면서, 그 텍스트와 그것을 둘러싼 사회·문화적 함의 사이의 관계를 무시한다. 이와 달리 후자의 경우에는 텍스트의 투명성을 지나치게 신뢰한 나머지 어떤 텍스트를 그것이 생산된 전체 문화의 파편화된 거울로 단순화할 가능성이 높다. 그러므로 두 경우 모두에서, 어떤 텍스트를 읽을 때 저자의 의도를 파악하거나 그것이 투사되고 있는 의미 있는 계기moment를 놓치게 될 위험성이 도사리고 있다.

나는 저자, 텍스트, 그리고 그들이 출현한 사회가 분리될 수 없는 하나의 연속체라는 시각 속에서 텍스트를 읽으려고 한다. 물론 하나의 텍스트 너머에는 소위 사회·문화적 콘텍스트라고 불리는 무엇인가가 존재한다. 하지만 그와 동시에 저자의 텍스트 구성 작업 역시 그 사회에서 중요한 역할을 수행한다.[32] 이러한 관점에서 보자면, 텍스트의 의미보다는 저자의 텍스트 취급방식—한 저자가 담론적 차원에서 주어진 텍스트에 자신의 생각을 불어넣는 다양한 방식—이 그와 그를 둘러싼 외부 세계 사이의 상호작용을 포착할 수 있는 더욱 중요한 지점이 된다. 더욱이 이러한 텍스트 읽기—나는 이것을 '텍스트의 재콘텍스트화re-contextualization of text' 라고 부르고 싶다—는[33] 저자에 대한 중요한 이미지를 제공할 수 있다. 즉, 이러한 텍스트 읽기에 따르면 어떤 저자의 독특한 재현방식이 그와 텍스트 사이를 매개하고 중재하는 시대의 문화와 세계관을 반영하는 동시에, 그가 사회적 관계 속에서 스스로의 자아를 구성하는 특정 방식을 이해하는 실마리를 제공한다. 화이트Hayden White의 용어를 빌려 부연하자면, 하나의 텍스트가 기록된 사건이나 관념의 "재생산"일 뿐만 아니라, 그것들의 구조를 결정하는 "상징들의 복합체"이기 때문이다.[34]

단순히 텍스트의 의미만을 해석하려는 기계적인 시도는 텍스트와 저자가 동시에 작용하고 있는 통합된 네트워크에 대한 이해를 불가능하게 만든다. 텍스트는 어떤 시대의 문화적 코드를 반영할 뿐만 아니라, 그러한 문화 코드의 통제 기제로서 저자로 하여금 자신의 존재방식을 재조율하도록 만들기도 하기 때문이다.[35] 이 점에서 나의 시각이 푸코가 "저자 기능author function"이라고 불렀던 것과 긴밀히 연결되어 있다는 점을 부인할 수 없다.[36] 하지만 나는 글쓴이writer와 저자author를 엄격히 분리하면서 글을 쓰는 행위를 사회적 압력의 산물로 단순화하는 푸코의 시각에는 동의하지 않는다. 오히려 저자 기능이 외부 세계와의 관련성 속에서 저자의 존재 양태를 특징적으로 보여주는 것이라면, 사회 규범에 대한 그의 내적 갈등이나 그 사회에 대한 그의 조응방식을 이해할 수 있는 실마리가 글을 쓰는 그의 행위 자체에서 포착될 수 있으리라 생각하기 때문이다. 더욱이 그것을 조사하면서, 어떤 저자의 텍스트 구성방식에 은밀하게 암호화된 특정 형태의 자아의식을 규명할 수도 있다고 믿는다.

그러므로 나의 텍스트 읽기는 텍스트에 재현된 의미보다 텍스트의 재현과정 자체에 주목한다. 내가 이 책에서 다룰 대부분의 인물들은 다양한 작품들을 저술한 르네상스기의 작가로 분류될 수 있는 이들이다. 그들의 글을 쓰는 방식에서, 다시 말해 텍스트의 재현과정에서, 스스로의 자아에 대한 관념이 드러난다. 그들 모두가 외부 세계와의 관계를 통해 자신의 정체성을 수립하고, 또 문학적 글쓰기를 통해 스스로의 자아에 대한 이미지를 창조했기 때문이다. 푸코가 저자 기능을 통제하는 외부의 힘을 강조했다면, 나는 '사회적 힘들과의 상호작용 속에서 어떻게 저자가 자신의 텍스트를 그 힘들에 반응하는 재조율의 기제로 만들었는가'에 주목한다. 요약하자면, 텍스트의 특정한 재현 양식을 결정하는 것이 저자의 의도와 사회적 영향력 사이의 긴장관계이며, 바로 이 지점이 내가 이 책에서 다룰 르네상스기의 작가들에게서 포착하려는 순간들이다. 그리고 바로 그것에서 르네상스적 자아가 그 역사적인 모습을 노출하리라 본다.

IV. 출발점에 서서

어떻게 보면 내가 이 책에서 이야기하고 싶은 주제는 일관되고 단순하다. 나는 한 존재와 그 존재를 둘러싼 외부 세계—그 외부가 물리적 영역에 존재하든 아니면 인식의 영역에 존재하든지 관계없이—사이의 경계가 복잡해지면서 야기된 갈등이야말로 르네상스기의 자아재현 방식을 결정하는 핵심 요인이라고 생각한다. 그러므로 나는 이 책에서 인식론적, 사회적, 물리적 그리고 문화적 차원에서 르네상스기의 여러 인물들이 새로이 깨닫기 시작한 자신과 외부 사이의 경계선을 이전과 다른 방식으로 그려 보고자 한다. 관계적 자아 혹은 수사적 자아로 개념화한 르네상스 개인의 모습도, 르네상스 기간 내내 언제나 동일하지 않았다. 시대를 거치면서 그들이 처한 환경과 문화에 따라 조금씩 그 외양이 달라지기도 했다. 이 점에서 나는 그러한 변화상을 14세기 초부터 16세기 초에 이르는 약 200여 년의 시간을 추적하면서 검토할 것이다.

이 점에서 1부에서 다룬 단테Dante Alighieri와 페트라르카는 내 연구의 시발점이 된다. 이것은 비단 이들이 중세와 르네상스의 경계선에 위치한 인물들이라는 점 때문만은 아니다. 이보다 나는 그들이 여행이라는 메타포를 통해 자신의 자아를 인식하고 표현했다는 점에 주목한다. 여행은 공간의 확대라는 물리적 차원을 넘어, 한 존재와 그 존재의 경계가 인식론적 차원에서도 새로이 생겨 나는 중요한 경험이다. 그렇다면 단테의 상상의 기행이든 페트라르카의 물리적 기행이든, 그들에게 여행은 스스로와 외부 세계의 조응관계가 더 복잡하게 혼용되고 중첩되는 새로운 인식론적 계기였다. 그리고 그것을 통해 단테와 페트라르카는 상반된 자아에 대한 이미지를 만들게 되었다. 두 인물이 재현한 자아 이미지 속에서 나는 인큐베이터 속에서 힘든 생명의 숨을 쉬기 시작하던 미숙한 르네상스 자아의 첫 모습을 발견할 수 있으리라 생각한다.

1부가 르네상스의 태동기에 주목한다면 2부는 르네상스 문화의 전

르네상스기
이탈리아인들의 자아와
타자를 찾아서

성기라고 할 수 있는 15세기의 세 인물을 다룬다. 15세기 최고의 휴머니스트이자 논쟁적 독설가였던 포지오, 부르크하르트가 르네상스인의 전형으로 평가한 만능인 알베르티, 그들과 약간은 결이 다르지만 스스로 학자연했던 앙코나 출신의 상인 치리아코Ciriaco de' Pizzecoli가 그들이다. 먼저 포지오와 알베르티의 자아재현에 관한 두 편의 글에서는, 르네상스라는 작은 사회에서, 소위 지식인들로 평가되던 그들이 권력과의 관계 속에서 스스로의 위치를 어떻게 자리매김하고 또 자신들을 어떠한 존재로 재현하는지를 살펴 보려 한다. 그리고 이를 통해 포지오와 알베르티가 그들의 정체성을 복잡한 사회관계 속에서 다원적으로 구성하는 과정을 추적할 것이다. 한편 다른 두 편의 글에서는 포지오의 아시아 기행기와 치리아코의 지중해 기행기를 검토할 것이다. 이를 통해 나는 넓어지는 세계 속에서 그들이 타자의 세계를 어떻게 해석하고 이해하는지를 살펴봄으로써, 르네상스의 의미와 르네상스적 타자 인식의 문제를 자아재현이라는 측면에서 논의할 것이다.

3부는 15세기의 자아관과 세계 인식이 달라진 정치 환경과 확대된 지리적 세계 속에서 어떻게 발전하고 변화하는지를 카스틸리오네Baldessare Casuiglione와 바르테마Ludovico di Varthema라는 두 인물을 통해 규명할 것이다. 먼저 16세기 르네상스 궁정 문화의 상징적 존재였던 카스틸리오네를 그의 《궁정인Il libro del cortegiano》을 통해 살펴봄으로써, 나는 그가 인간 삶에 편재한 권력의 작동을 인지하고 그에 맞추어 새로운 인간상을 제시했음을 밝히고자 한다. 또한 그러한 그의 문학적 표현이 15세기 알베르티 등에게서 나타나는 수사적 자아상의 반영이며, 동시에 휴머니스트적 관심사의 지속이었음을 해명할 것이다.

한편 바르테마의 여행기를 조금은 낯선 시선으로 해석하면서, 르네상스기의 여행가들에게 여행이 단순한 공간 이동이라기보다 자신의 정체성을 확립하는 계기였으며 그에 따라 여행기 자체도 자기 탐색을 위한 일종의 자서전적 문학 장르가 되었음을 확인해 보려고 한다.

그러므로 이 책은 14세기 초에서 16세기 초에 등장한 일군의 이탈리아인들을 개별적으로 다룬 책으로 보일 수도 있다. 하지만 나는 1부에서 3부까지 논의를 이어가면서 인간에 대한 관념과 자아에 대한 인식이, 14, 15, 16세기를 거치면서 어떻게 발전하고 변화했는지, 그리고 그것들 사이의 차이가 무엇인지, 또 그것을 관통하는 공통점이 무엇인지를 역사적인 시각에서 추적하려고 한다. 이와 함께 나는 이 책이 개인의 자아재현과 르네상스 기행기라는 별개의 내용을 다루고 있다는 혹시도 있을지 모르는 비판에 대해서도 미리 해명할 필요성을 느낀다. 나는 일견 관계 없어 보이더라도 이 두 주제가 서로 밀접하게 연결되어 있다고 생각한다. 자아에 대한 탐색이 필연적으로 타자에 대한 이해를 동반하는 과정이라는 점을 감안한다면, 르네상스기의 여행은 넓어진 지리적 공간과 확대된 타자의 세계가 창출한 새로운 사회·문화적 관계 속에서 한 자아가 이에 조응하는 방식을 보여 주는 좋은 틀 거리가 되기 때문이다.

이 책에서 다룰 포지오는 "나는 내 생각에 따라 다른 사람의 생각을 평가한다. 나는 왕이 되어야 한다"고 어떤 편지에서 적었고,[37] 또 보카치오Giovanni Boccaccio의 《데카메론》을 연상시키는 유명한 재담집 《파케티아이Facetiae》에서는 다른 사람들의 기대에 맞추어 사는 것이 얼마나 위험한지에 관해 이야기했다.[38] 한편 15세기 초 피렌체의 평범한 중산층 시민 지오반니 모렐리Giovanni di Pagolo Morelli는 자신의 세계를 끝없는 반목과 경쟁이 지배하는 정글로 비유하며, 이 세계에서 "모든 사람과 좋은 관계를 유지해라. 누구도 험담하지 마라. …… [하지만] 누구도 믿지 말라"고 이야기했다.[39] 행위주체로서의 스스로에 대한 자각과 그것을 통제하는 외부의 힘 사이의 갈등이 포지오와 모렐리의 삶과 사고를 지배했던 것이다. 이 책을 통해 떠나는 르네상스로의 여행은 바로 이러한 갈등에 초점을 맞추면서, 르네상스기의 인간에게 무엇이 일어났는지를 검토하는 과정이 될 것이다. 그리고 이 여행은 낯설고 먼 르네상스의 세계로 하지만 그리 낯설지 않은 르네상스의 인간들에게로 우리를 초대할 것이다.

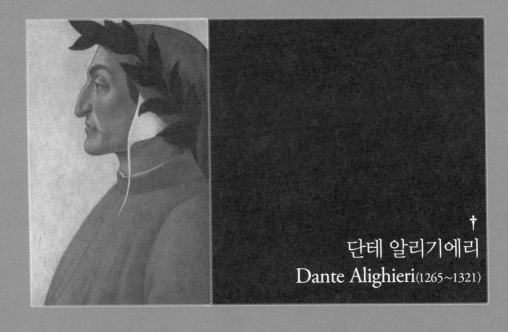

피렌체에서 출생한 이탈리아의 최고 시인 가운데 한 사람이다. 청년 시절부터 '감미롭고 새로운 문체dolce stil nuovo', 즉 청신체파의 대표주자로 알려졌다. 이후 현실 정치에 뛰어들어 피렌체의 행정과 외교 분야 등에서 활동했으나, 피렌체의 급박한 정쟁에 휘말려 1302년 무렵부터 망명생활을 전전하다가 고향인 피렌체에 돌아오지 못한 채 1312년 라벤나에서 사망하였다. 중세적 세계관의 결정판으로 평가되는 불후의 고전《신곡La divina commedia》을 비롯하여,《신생Vita nuova》,《향연Convivio》,《제정론De monarchia》 등의 여러 작품을 저술하였다. 이후 세대의 페트라르카, 보카치오와 함께 이탈리아 문학계의 '3대 왕관tre corone'으로 평가된다.

프란체스코 페트라르카
Francesco Petarca(1304~1374)

일반적으로 최초의 르네상스인으로 일컬어지는 이탈리아 출생의 시인이자 휴머니스트이다. 망명한 피렌체 가문 출신으로 토스카나 지방의 아레초에서 태어나 이후 아비뇽, 밀라노 등지에서 생활했다. 아버지의 권유로 볼로냐와 몽펠리에에서 법학을 공부했으나, 문학과 인문학에 매료된 그는 곧 법학 공부를 포기하고 휴머니스트로서의 길을 걷게 되었다. 특히 고전고대의 부활을 주장하고 중세를 암흑시대로 규정하면서, 르네상스 혹은 르네상스 휴머니즘의 기본적인 관념을 정초한 인물로 알려지고 있다. 계관시인의 영예를 서사한 라틴 서사시 《아프리카누스*Africanus*》와 장편의 알레고리 시 《영광*Trionfi*》, 성 아우구스티누스에게 자신의 내면적 고민을 고백한 상상의 대화집 《영혼의 갈등*Secretum*》 등의 많은 작품을 남겼다. 특히 속어로 쓴 서정시집 《칸초니에레*Canzoniere*》는 특유의 서정적인 내용과 감미로운 시풍으로 이후 '페트라르카 시풍*Petrarchismo*'로 불리며 서유럽 시인들의 규범이 되었다.

레온 바티스타 알베르티
Leon Battista Alberti(1404~1472)

부르크하르트가 르네상스 '만능인uomo universale'의 전형으로 평가한 15세기 피렌체의 휴머니스
트이자 건축가이다. 르네상스 중산층의 세속적 세계관을 다룬《가족론Della famiglia》등의 여러
도덕 논고와 속어의 가치를 설파한《토스카나어 문법Grammatica della lingua La divina commedia》등
을 저술했다. 특히 알베르티는 고전고대의 부활이라는 휴머니즘의 이상과 조형예술 사이의 밀
접한 관계에 주목해 양자 사이에 교량을 놓으려고 노력했는데, 이러한 그의 관심과 노력의 결과
로 출현한 대표적인 작품이, 고대 건축가 비투루비우스Vitruvius의 이론에 기초한 체계적인 건축
학 이론서《건축론De re adedificatoria》과 르네상스 조형예술에서 사용되어 오던 원근법의 원리를
이론적으로 분석한 회화이론서인《회화론Della pictura》이다.

† **포지오 브라치올리니**
Poggio Bracciolini(1380~1459)

토스카나의 지방의 작은 마을 테라누오바에서 태어나 피렌체를 중심으로 활동한 15세기 전반기의 대표적인 휴머니스트 가운데 한 사람이다. 일찍이 고문*lettera antica*의 필사자로 활동하던 그는, 당시 최고의 지식인으로 평가되던 피렌체의 서기장 살루타니*Coluccio Salutati*의 눈에 띄어 브루니, 니꼴리, 코시모 데 메디치 등 피렌체의 문화정치계의 지도적 인사들과 교류하게 된다. 휴머니스트로서 포지오의 업적은 다른 무엇보다 광범위한 고문서의 발굴과 흔히 오늘날 유럽 알파벳 필기체 소문자의 원형으로 평가되는 휴머니스트 필체를 확립한 것이 대표적이다. 《귀족론*De nobilitate*》, 《탐욕론*De avaritia*》, 《인간조건의 비참함에 대하여*De misera humane conditionis*》 등의 여러 도덕 논고와 보카치오의 《데카메론》을 연상시키는 일종의 재담집 《파케티아이*Facetiae*》 등의 작품을 남겼다.

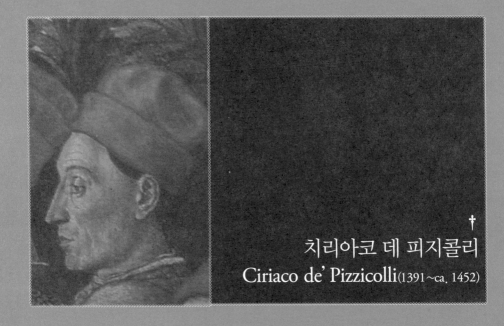

치리아코 데 피지콜리
Ciriaco de' Pizzicolli(1391~ca. 1452)

앙코나Ancona의 명망가 출신으로 광범위하게 동지중해 지역을 여행했던 15세기 전반의 이탈리 아 상인이었다. 고전문화와 고전학문에 경도되었던 치리아코는 자신이 방문했던 대부분의 여행 지에서 고대의 유물과 유적을 발굴하는 데 힘썼으며, 또한 이를 이탈리아의 여러 지식인들이나 예술가들에게 전달했다. 이 점에서 그를 최초의 고고학자로 평가하기도 한다. 그는 자신의 여행 경험을 《주해comentarii》라는 제목의 6권의 방대한 책으로 출간했으나, 오늘날에는 대부분 유실 되어 그 일부만이 남아 있다.

†
발데사레 카스틸리오네
Baldesare Castiglione(1478~1529)

만토바 근교의 작은 마을 카사티코Casatico에서 출생하여, 곤자가Gonzaga 가문의 궁정에서 이름을 날리기 시작한 르네상스기 이탈리아의 대표적인 외교관이자 영향력 있는 작가였다. 일찍이 휴머니스트 교육을 받고, 군인이자 외교관으로 명성을 떨친 그는 우르비노, 만토바, 로마, 밀라노 등지에서 궁정인이자 외교관으로 활약했으며, 인생의 말년에는 교황 클레멘스Clement VII의 명으로 스페인 칼 5세Charles V의 궁에서 교황의 전권대사로 활동하다가 사망했다. 우르비노 궁정에서의 경험을 바탕으로 쓴 상상의 대화집《궁정인Il cortegiano》은 궁정인의 덕과 소양 그리고 기예에 관한 작품으로 마키아벨리의《군주론Il principe》과 비교되면서, 이후 유럽의 정치사상 및 궁정 문화의 형성에 많은 영향을 끼쳤다.

Itinerario de Ludouico de Varthema Bolognese nello Egitto, nella Soria nella Arabia deserta, & felice, nella Persia, nella India, & nela Ethyopia. Le fede el viuere, & costumi delle prefate Prouincie. Et al present agiontoui alcune Isole nouamete ritrouate;

†

루도비코 디 바르테마
Ludovico di Varthema (ca. 1470~1517)

볼로냐 출생의 이탈리아 여행가. 그의 삶과 행적에 관한 기록은 1510년 로마에서 출판된 《바르테마의 기행기 *Itinerario de Ludouico de Varthema Bolognese*》를 제외하고는 거의 남아 있지 않다. 스스로의 기록에 따르면 바르테마는 1502년 말경 유럽을 떠나 1507년 돌아올 때까지, 아라비아 반도, 인도, 그리고 자바 섬에 이르는 아시아 지역을 여행한 것으로 보인다. 이후 그의 작품은 다양한 언어로 번역되어 유럽인들의 아시아에 대한 관념을 형성하는 데에 적지 않은 기여를 했다. 특히 바르테마는 메카Mecca로의 성지순례를 경험하고 이를 유럽에 전한 최초의 비—무슬림 유럽인으로 알려지고 있다.

erthema Bolognese nello Egitto, nella
a nella Arabia deserta, & felice, nella I
ia, nella India, & nela Ethyopia. Le sed
el viuere & costumi delle prefate Pr
nincie. ¶ Et al psente agiontoui al
cune Isole nouamēte ritrouate.

I 부

르네상스의 여명
트레첸토

두 명의 단테:
《신곡》에 등장한
오디세우스에 대한
한 해석

I. 오디세우스 그리고 두 명의 단테

단테의 《신곡 *The Divine Comedy*》[40]은 인간
존재와 그가 경험하는 삶의 조건들 사이
의 복잡한 문제를 수많은 문학적 장치와
알레고리적 기법으로 구성해 낸 서양 문
명이 낳은 최고의 신중하고 균형 잡힌 문
학작품 가운데 하나로 일컬어진다. 이 때
문에 《신곡》에 등장하는 모든 칸토Canto
들은, 일관성 있게 계획된 체계적인 서사
구도 아래, 다양한 에피소드들과 여기에
등장하는 인물들 사이의 상관관계를 유기
적으로 조화시키는 문학적 정수의 모범을
보여 준다. 그리고 궁극적으로 이를 통해
이 작품은, 인간성의 고양이라는 세속적
이상으로부터 그리스도교적 도덕성으로
의 전환이라는 단테가 경험하는 영적 회
심의 점진적 과정을, 지옥과 연옥을 거쳐

천국에 이르는 상상의 순례기를 통해 드라마틱하게 재현한다.

그러나 한 저명한 르네상스사가가 기술하듯이, 이 위대한 문학적 걸작을 읽으면서 단순히 느끼게 되는 외형적 즐거움을 넘어서, 보다 심도 있게 이 작품의 숨은 의미를 포착하고 이를 단테 사상과의 연관성 속에서 이해하려는 독자들에게, 《신곡》은 수많은 골칫거리의 암초들로 가득 찬 드넓은 대양에 비유될 수 있다.[41] 이와 같은 《신곡》 읽기의 어려움은, 단순히 이 작품을 구성하는 세 편의 칸티카Cantica가 단테 생애의 서로 다른 시기에 씌어졌다는 문학사적 배경에 기인하는 것만이 아니다. 그 규모 면에서도, 여기에 등장하는 여러 사건과 인물들이 적어도 단테 시대까지의 서양 문명에 대한 전반적인 인문학적 소양 없이는 결코 올바르게 해석될 수 없는 넓이와 깊이를 지니고 있기 때문이기도 하다. 이와 아울러 더욱 중요한 점은, 단테 스스로 한 편지에서 밝혔듯이, 《신곡》의 내용이 수많은 다중적 의미를 담고 있다는 사실이다. 이러한 까닭에, 이

르네상스의 여명 트레첸토

작품에 올바르게 접근하기 위해서는 겉으로 드러나는 문구적·표피적 의미보다 그 밑에 흐르고 있는 신화적이고 알레고리적인 메시지에 주목해야 한다.[42]

이와 같은 《신곡》의 주제와 이를 표현하는 문학기법상의 문제를 함께 고려할 때, 단테가 그리스의 영웅 오디세우스와 그의 항해에 대해 노래하는 〈지옥〉편의 26번째 칸토는, 사후세계에 대한 단테의 경험이 내포하는 윤리적, 종교적, 문학적 의미를 이해하는 중요한 실마리를 제공한다. 단순히 외형상의 구조로만 보아도, 트로이를 떠나 헤라클레스의 기둥 넘어 대서양으로 항해하는 오디세우스의 여정을 《신곡》 자체가 그리는 '순례의 모티브'에 비교할 수 있다. 또한 이와 더불어, 이 칸토는 시 전체가 표현하고자 하는 핵심 주제, 즉 그리스도교적 신앙과 세속적 이상 사이의 갈등을, 순례자 단테와 그리스 영웅과의 운명적 조우를 통해 극적으로 표출한다. 이러한 이유에서, 〈지옥〉편의 칸토 26을 다른 이야기들과 동떨어진 독립된 에피소드로 읽힐 수 없는 《신곡》 전체의 핵심 칸토로 해석해도 큰 무리는 아니다.[43]

그런데 여기에서 간과할 수 없는 중요한 사실은, 단테가 《신곡》의 오디세우스에게 부여한 운명이 그리스 신화에 등장하는 영웅 오디세우스의 이야기와 다르다는 점이다. 간략히 말하자면, 단테가 재현한 오디세우스는 트로이를 떠난 후, 자신의 고향 이타카Ithaca로 돌아오지 않는다. 오히려 그는 키르케Circe를 떠난 후, 헤라클레스의 기둥 너머 미지의 세계를 향한 새로운 탐험에 몸을 던진다. 그리고 5개월 남짓의 지난한 항해를 거쳐 드디어 목적지에 도달하게 될 무렵, 예기치 않은 폭풍과 회오리바람에 휩쓸리게 되면서, 그의 마지막 모험은 비극적인 종말을 맞게 된다.

　그렇다면, 단테는 왜 오디세우스의 이야기를 새롭게 만들었고, 그가 구성한 새로운 이야기가 《신곡》 전체의 주제와 또 어떻게 연결될 수 있는가? 나는 이번 장에서 바로 이 문제에 대한 해답을 찾아 보려고 한다. 더욱이 이 질문에 대한 해답을 모색하면서 나는, 지옥의 한 구덩이에서 고통 받을 수밖에 없었던 오디세우스의 죄가 과연 무엇이었는가에 관한 보다 구체적인 문제에 접근하고, 이를 통해 죄에 대한 단테의 관념, 그리고 《신곡》 전체의 주제적 맥락에서 그것이 재현되는 방식을 규명해 보려고 한다. 그리고 궁극적으로는 이 모든 문제들 속에 침잠해 있는 단테의 자아재현 방식과 그것이 지닌 역사적 의미를 탐색하려고 한다.

　앞서 말했듯이, 《신곡》은 그리스도교적 순례의 알레고리적 표현이다. 이 맥락에서 볼 때, 이 시의 주인공인 단테는 구원을 위해 사후세계를 여행하는 한 사람의 순례자나 다름없다. 그리고 이 긴 순례의 여정에서, 단테와 오디세우스의 만남은 이교 문화와 그리스도교 문화의 충돌이 촉발시킨 세속적 인간성pagan humanity과 그리스도교적 겸손 Christian humility 사이의 극적 긴장을 보여 주는 상징적인 사건이라고 할 수 있다. 또한 주제 외적인 서사 구도의 측면에서 볼 때도, 이 상징적 사건 속에는 작품의 등장인물로서의 순례자-단테Dante-the-pilgrim와 저자로서의 시인-단테Dante-the-poet 사이의 갈등, 즉 단테의 내적 갈등이 녹아 있으며, 이후 《신곡》의 내용이 이 갈등을 해소하는 점진적 과정이라는 점에서, 이 칸토는 무시할 수 없는 중요성을 지닌다.

특히 '여행으로서의 삶'이라는 동일한 모티브를 공유하는 이 칸토와 《신곡》 전체의 주제적 유사성을 고려할 때, 시인—단테가 오디세우스의 이야기에 부여하는 텍스트적 권위textual privilege는 다른 어떤 에피소드들과 비교할 수 없다. 더욱이 시의 저자author로서의 단테는, 순례자가 아닌 시인으로서, 작품 전체의 방향을 결정하고 그것에 의미를 부여하는 창조자로서의 역할을 수행하는 자신을 자각하고 있었으며, 이 때문에 순례자로서의 자신과 어쩔 수 없이 부딪히게 되는 갈등을 숨길 수 없었다. 흔히 《신곡》에서 발견되는 모순 그리고 더 나아가 이 작품에 대한 올바른 이해를 가로막기도 하는 여러 해석상의 난제들은 이와 같은 단테의 상징적figurative 이중성, 즉 순례자—단테와 시인—단테 사이의 괴리에서 온다고도 할 수 있다. 이 점에서 순례자라기보다는 시인으로서의 단테에 주목하면서 《신곡》을 읽는 것은, 비단 오디세우스의 이야기뿐만 아니라 이 작품 전체를 이해하는 또 다른 유용한 틀을 제공한다.

앞으로 보다 자세히 논의하겠지만, 오디세우스가 재현하는 인간의 오만함은 순종하고 겸양하는 이상적인 그리스도교 상의 반대 이미지의 역할을 수행한다. 그러나 이와 동시에, 독자들은 단테의 인도 아래 지옥에서 연옥을 거쳐 천국에 이르는 여행을 하면서, 결코 알 수 없고 상상조차 할 수 없는 미지의 세계로 그들을 안내하는 시인—단테를 발견하게 된다. 바롤리니Teodolinda Barolini가 지적하듯이, 단테가 재현하는 오디세우스는 전도된 순례자로서의 반—그리스도교적·세속적 이교도의 전형일 뿐만 아니라, 시인으로서의 단테 속에 흐르고 있는 '오디세우스적 요소'들이 육화된 표상, 즉 단테 스스로가 인지하고 두려워하면서도 결코 완전히 극복할 수 없는 또 다른 자신의 모습인 것이다.[44] 다시 말해 이 칸토에 등장하는 오디세우스는 시인-단테의 전도된, 그리고 궁극적으로는 극복되어야 할 자아 이미지이다.

이와 같은 역설적 사실은, 〈지옥〉편의 칸토 26에 등장하는 단테의 모습, 좀 더 자세히 말하자면, 이 위대한 그리스 영웅과의 조우에 너무도 환희에 들떠 있는 순례자-단테의 이미지에서 더욱 확연히 드러난다. 이 때문에, 단테와 오디세우스 사이에 흐르는 공감과 공유된 열정의 표현은 그리스도교적 도덕성으로의 개종이라는 이 작품의 주제에 심지어 역행하는 것으로 보이기까지 한다. 이를 염두에 둘 때, 순례자-단테가 지향하는 그리스도교적 이상과 대조되는 그의 또 다른 자아, 즉 시인-단테의 그리스 영웅에 대한 애정과 연민은 시적 긴장을 재생산하는 모티브로 작용하게 된다. 시인으로서의 단테가 미지의 세계를 항해하는 또 다른 오디세우스의 이미지로 부각되는 셈이다. 단테의 내적 갈등은 이와 같은 자신의 이중성에 그 뿌리를 두고 있다.

〈지옥〉편의 칸토 26, 《신곡》의 오디세우스, 그리고 이들과 단테 사이의 관계를 어떻게 해석해야 하는가의 문제에 관해, 학자들은 뚜렷하게 상반된 견해를 제시해 왔다. 먼저 몇몇의 학자들은, 오디세우스의 항해, 그것이 표방하는 지식에 대한 추구, 그리고 이 항해를 정당화하는 그의 설득력 있는 웅변에 대해 단테가 한없는 동경을 느끼고 있었으며, 이 때문에 단테의 오디세우스는 인간의 지성과 존엄성을 예찬하는 긍정적인 인간상의 반영이라고 주장한다. 그러나 반대편의 학자들은, 오디세우스의 항해가 그릇된 인간이 저지르는 하나의 우화에 불과하며, 이러한 맥락에서 결국 단테의 오디세우스는 전도되고

타락한 인간상의 극적인 예일 뿐이라고 강조한다.[45]

그러나 이와 같은 두 해석은 모두, 단테 자신 속에 자리 잡고 있는 내적 갈등을 고려하지 않은 채, 오디세우스 에피소드의 어느 한 면만을 일방적으로 부각시킨다는 비판으로부터 자유로울 수 없다. 먼저 첫 번째 해석은, 왜 단테가 오디세우스를 지옥의 구덩이에 위치시켰는가라는 본질적인 문제를 해명하지 못한다. 또한 후자의 반-오디세우스적 해석은 《신곡》 전체에서 오디세우스의 이야기가 차지하는 구조적·주제적 연관성, 그리고 이 칸토에 부여된 텍스트적 권위를 규명하는 데 실패한다. 비록 오디세우스를 지옥에 위치시켰다 할지라도, 오디세우스의 지칠 줄 모르는 열정에 대한 단테의 공감과 그것에서 연유하는 연민은 이 칸토를 통해 강렬하게 표출된다. 이러한 오디세우스에 대한 단테의 모순적 태도는, 이 칸토 그리고 더 나아가 《신곡》 전체를 두 개의 시각, 즉 시인으로서의 단테 그리고 순례자로서의 단테라는 두 측면을 통해 접근할 때에 비로소 올바르게 이해될 수 있다.[46]

나는 두 명의 단테, 즉 시인-단테와 순례자-단테라는 이중적인 차원에서 《신곡》과 오디세우스의 칸토에 접근해 보려고 한다. 그리고 궁극적으로는 이 두 명의 단테가 한 명의 진정한 그리스도교도로 통합되고 거듭나는 과정을 검토하면서, 《신곡》 전체의 맥락에서 오디세우스의 이야기가 차지하는 의미와 단테에게서 발견할 수 있는 중세적 자아의식 그리고 자아재현이라는 문제를 새롭게 해석할 것이다.

II. 속박에서 벗어난 프로메테우스:
지옥에 빠진 단테의 오디세우스

베르길리우스와 순례자—단테는 지옥의 제8옥, 말레볼제Malebolge의 여덟 번째 구덩이에서 오디세우스를 만난다. 그렇다면 왜 오디세우스는 지옥에서 정죄될 수밖에 없었는가? 오디세우스의 죄를 규명하는 이 문제는, 마치 짝이 맞지 않는 그림퍼즐을 맞추려고 씨름하는 것만큼이나 어려운 일이다. 다음 칸토에 등장하는 구이도Guido da Montefeltro가 전하는 바에 따르면, 이곳은 "기만적인 조언consiglio frodolente"으로 다른 이들을 미혹에 빠지게 한 사람들이 벌을 받는 곳이다. 그러나 오디세우스의 경우 베르길리우스는, '트로이 목마의 축조,' '아킬레우스의 정체를 밝힌 계략,' 그리고 '팔라디움Palladium상의 도적질'이라는 명확한 세 행위가 그를 지옥에 떨어지게 한 직접적인 원인이 되었다고, 단테에게 설명한다(〈지옥〉, XXVI, 58~63).

하지만 베르길리우스가 말하는 이러한 행위는 말레볼제의 같은 서클에서 고통 받는 구이도의 죄와 어떠한 연관성도 없어 보인다. 이와 더불어 독자들을 괴롭히는 더 커다란 문제는, 이러한 원인들이 이 칸토의 후반부에서 오디세우스 자신이 직접 설명하는 그의 항해와 아무런 관련이 없어 보인다는 사실이다. 그렇다면 베르길리우스가 언급한 죄 이외에, 비극적인 파국으로 끝날 수밖에 없었던 오디세우스의 마지막 여행과 그를 지옥으로 떨어뜨릴 수밖에 없도록 만든 죄는, 과연 어떠한 연관성을 지니고 있는가? 이와 같은 꼬리에 꼬리를 무는 질문들에 답하기 위해서는, 베르길리우스가 언급한 세 사건들 사이에 흐르고 있는 공통된 요인을 규명하는 일이 무엇보다 선행되어야 한다. 그리고 궁극적으로는, 이것을 다시 오디세우스의 마지막 여행이라는 맥락에서 새롭게 검토해야 한다.

겉으로만 볼 때, 베르길리우스가 이야기하는 오디세우스의 죄는 단테와 그의 동시대인들에게 잘 알려져 있던 그리스 서사 이야기를 다시 반복한 것에 지나지 않는다. 그러나 단테의 순례에서 중요한 것은, 베르길리우스가 전하는 오래된 서사 이야기 자체가 아니다. 오히려 그들 뒤에 은밀히 자리 잡고 있는 인간과 신의 관계에 대한 종교적·윤리적 관념, 좀 더 엄밀히 말하면 신들에 대항하는 오디세우스의 불경스러운 교활함과 전도된 지성이다. 치폴라Gaetano Cipolla는 이를 "오만한 불경insolence of irreverence" 그리고 "팽창한 에고ego inflation" 라는 개념을 통해 설명한다. 그에 따르면, 단테가 재현하는 오디세우스는, 신이 주재하는 영역으로 발걸음을 들여 놓은 상징적인 인물이다. 이 때문에 오디세우스의 모험과 항해는 결코 자기 것이 아닌 다른 이의 능력을 전유하면서, 마치 신처럼 행동하는 인간성의 오만함을 표출하는 의미 있는 사건이 된다.[47] 한마디로 말해 단테에게 있어, 오디세우스는 인간 존재의 경계 안에 머무르기를 거부하는 전도된 탐구자의 전형인 것이며, 바로 이 때문에 그의 운명은 지옥에서의 징벌을 피할 수 없게 된다는 것이다.

오디세우스의 천재성을 보여 주는 대표적인 사건이면서 이와 동시에 역설적으로는 그의 교활함 역시 노출하는 간교한 행위인 목마의 축조는, 트로이 전쟁의 방향과 결과를 근본적으로 바꾸어 놓았다. 주지하다시피 시작부터 이 전쟁에 개입한 그리스의 많은 신들은 트로이와 그리스 양 진영의 보호자 노릇을 자처하고 있었다. 이 점에서 본다면, 트로이 목마의 축조에서 비롯된 그리스의 승리, 즉 오디세우스의 성공은 다양한 신들과 경쟁하는 인간의 모습을 보여 줄 뿐만 아니라 더 나아가 그들의 힘에 대한 인간의 전유를 상징한다. 또한 여신 테튀스Thetys의 조언에 따라 여인의 모습으로 위장한 채 신분을 감추고 있던 아킬레우스의 가면을 벗긴 이도 바로 오디세우스였다. 이를 고려할 때, 이 행위 역시 비슷한 맥락에서 신의 계획을 간파하고 폭로한 인간 지성의 오만한 예라고 할 수 있다. 트로이의 수호상이었던 팔라디움을 훔친 행위 역시 동일한 차원에서 불경스러운 행동이다. 이 상을 훔쳐냄으로써, 오디세우스는 트로이에 대한 미네르바 여신의 보호막을 성공적으로 제거하고, 이 고대 도시를 완전히 파괴할 수 있는 첫걸음을 내딛을 수 있었기 때문이다.

오디세우스의 마지막 항해 역시 신에 대한 경시 또는 도전이라는 유사한 요소를 담고 있다. 이 모험에 대해 오디세우스는, 다음과 같이 단테와 베르길리우스에게 말한다.

조그마한 배 한 척에 의지한 채, 나는 나를 저버리지 않은 몇 안 되는 소수의 동료들과 함께, 넓고 광활한 바다로 항해를 시작했소. 한쪽 해안으로는 멀리 스페인, 또 다른 한쪽으로는 멀리 모로코에 이르는 지역을 바라보았고, 사르데냐를 비롯하여 바다에 둘러 싸여 있는 여러 섬들도 보았소. 마침내 인간이 더 이상 넘어서는 안 된다고 헤라클레스가 세워 놓은 이정표가 놓여 있는 좁은 어귀에 이르렀을 때, 나와 동료들은 모두 늙고 지치게 되었소(〈지옥〉, XXVI, 100~109).

위에서 인용한 웅변이 암시하듯이, 오디세우스의 마지막 항해는 인간에게 제한된 경계를 넘어서는 일종의 '위반transgression' 행위를 상징한다. 헤라클레스의 기둥은 세계의 끝을 의미하는 기호이며, 그곳 너머의 세계는 인간이 결코 발을 들여 놓아서는 안 되는 금지된 영역을 뜻하기 때문이다.[48]

이 점에서 베르길리우스가 언급한 다른 행위들과 마찬가지로, 오디세우스가 그곳을 넘었다는 사실은 신에 대한 또 다른 형태의 불경, 즉 인간에게 허용된 경계를 넘어서는 오만의 징후인 것이다. 요약하자면, 오디세우스는 한 명의 위반자transgressor이다. 그의 오만과 호기심은 신이 정한 한계 너머의 금지된 영역으로 오디세우스 자신과 동료들을 선동한다. 그러므로 만약 오디세우스 자신의 표현대로, 이 항해가 "광기의 비행folle vollo"을 의미한다면, 여기서 그가 범한 죄는 같은 구덩이에서 고통 받는 구이도의 죄, 즉 기만적인 조언과는 명백히 거리가 멀다. 오히려 단테에게 있어 오디세우스는 인간에게 주어진 경계를 넘어서는 새로운 아담Adam이요,[49] 신과 경쟁을 서슴지 않았던 프로메테우스Prometheus와 같은 존재이다.

결국 단테는 고양된 인간 정신의 발현으로 이해되어 오던 오디세우스의 서사적 여정을, 인간의 오만함과 불경스러움을 상징하는 사건으로 재해석하는 셈이다. 그리고 바로 이러한 맥락에서, 단테가 호메로스와 다르게 오디세우스의 이야기를 새롭게 창조하고, 오디세우스의 마지막 항해를 윤리적 명상과 그리스도교적 겸손함이 결여된 무모한 모험, 즉 광기의 비행으로 만들면서 오디세우스의 운명을 지옥에서 정죄될 수밖에 없는 것으로 재구성했다. 따라서 단테에게, 오디세우스의 항해는 단순히 대서양으로의 물리적 항해를 의미하는 것에 그치지 않는다. 오히려 이것은 비뚤어진 허상에 대한 추구, 왜곡된 지식에 대한 갈구, 한마디로 전도된 인간 지성을 상징적으로 암시한다.

오디세우스는 이 위험한 항해를 선동하기 위해 자신이 동료들에게 했던 말을, 다음과 같이 단테와 베르길리우스에게 다시 전한다.

> 나는 이렇게 말했소. "오 형제들이여! 수많은 위험을 겪어 내고, [마침내] 우리는 서쪽 끝에 이르렀노라. 우리에게 남아 있는 이 짧은 여생 때문에, 태양 저편, 사람들이 살지 않는 세계를 경험하려는 마음을 저버리지 마라. 너희가 태어난 뿌리를 생각해 보라. 너희들은 짐승처럼 살기 위해 태어난 것이 아니라, 덕virtute과 지식canoscenza을 추구하기 위해 태어났노라"(〈지옥〉, XXVI, 112~120)

오디세우스는 이 매력적이고 감동적인 연설을 통해, 자신의 마지막 항해에 동참할 수 있도록 동료들을 설득했다고 분명히 밝힌다. 그는 단테와 베르길리우스에게 이를, "이와 같은 짧은 말로, 나는 나의 동료들이 열정적으로 장도에 오르게 만들 수 있었소(〈지옥〉, XXVI, 121~123)"라는 말로 전한다. 그러나 여기에서, 오디세우스가 얻고자 했고 또 이를 통해 동료들을 꾀어 낼 수 있었던 덕과 지식이 과연 무엇을 의미하는지 확인하는 것은 거의 불가능하다. 그럼에도 불구하고, 적어도 오디세우스와 그의 동료들에게 덕과 지식의 추구는, 인간 존엄성의 고양이라는 명분 아래, 그들을 짐승과 다른 무엇으로 만들어 주는 연금술사의 돌과 같은 것이었음에 분명하다.

실제 단테의 삶에서 극명하게 드러나는 지식에 대한 끝없는 갈구와 추구를 고려한다면, 오디세우스의 이에 대한 추구가 시인-단테로 하여금 그를 지옥에 위치시키게끔 하는 직접적인 원인이 될 수는 결코 없을 것이다. 그렇다면 왜 단테는 자신과 유사한 오디세우스를 지옥에 떨어뜨리게 되는가? 이 질문에 대답하기 위해서는, 지식과 학문에 대한 중세적 관념에 대한 이해가 뒷받침되어야 한다. 아우구스티누스에서 아퀴나스에 이르기까지, 영혼의 구원이나 영적·형이상학적 진리 획득과 관련되지 않은 학문의 추구는 절대진리와 동떨어진 인간의 오만과 허영의 소산으로 이해되어 왔다. 그리고 심지어는 이로부터 얻어지는 결과야말로 신으로부터 점차 인간을 멀어지게 하면서 종국에는 인간의 영혼마저 부패시키는 "정신의 매춘"과 다름없는 것으로 비판받기도 했다.[50]

따라서 아우구스티누스 이래, '호기심curiositas'은 비뚤어진 진리 추구의 원천으로 여겨졌으며, 이러한 이유에서 이것의 발현은 비난 받아 마땅한 커다란 죄라는 관념이 단테 시대에 이르기까지 거스를 수 없는 하나의 전통으로 이어져 왔다. 그렇다면 이제, 창조적이고 기민한 인간 존엄성의 구현자, 지칠 줄 모르는 여행과 모험이 상징하는 끝없는 탐구자라는 영웅적 이미지로 유럽인들의 마음을 사로잡아 오던 오디세우스가, 단테로부터는 curiositas의 전형, 다시 말한다면 헛된 목적에 휩싸여 그릇되게 인간 지성을 사용하는 위반자로 정죄되는 것과 다름없다.

이러한 맥락에서 단테는, 더욱 극적인 감정의 변화를 통해 오디세우스의 항해가 맞을 수밖에 없는 파국적 결말을 재현함으로써, 그의

르네상스기
이탈리아인들의 자아와
타자를 찾아서

추구가 결국은 허황된 망상에 불과한 것이었음을 보다 생생하게 강조한다. 오디세우스와 그의 선원들은 헤라클레스의 기둥 너머에 도달했고, 드디어 멀리서 시야에 들어오는 검은 산을 목격하면서 환희에 들뜨게 된다. 그러나 그들이 그곳에 도달하기 전, 그들의 배는 소용돌이에 침몰하고 만다. 오디세우스에게 있어, 그곳은 접근은 할 수 있었지만, 결코 도달할 수는 없는 세계였던 것이다. 비극은 미혹된 세계를 향한 이 헛된 서사적 추구에 처연하게 끼어 든다. 환희에서 절망으로 변화하는 장난 같은 운명의 극적 전환에 대해, 오디세우스가 단테와 베르길리우스에게 다음과 같이 이야기하기 때문이다.

우리가 바다 깊숙이 들어온 후, 다섯 차례나 달 아래에서 빛이 타오르고 소멸되어 갔소. 드디어 아득한 저편 멀리서 산 하나가 희미하게 나타났을 때, 그것은 일찍이 본 적 없는 높은 산이었소. 우리 모두 기쁨에 겨워 했지만, 곧 그 기쁨은 탄식으로 변하였소. 그 새로운 땅에서 거센 폭풍이 불어와 우리의 뱃머리를 때렸기 때문이라오. 세 차례나 우리 배는 물속에 휩쓸렸소. 그리고 바다가 우리 모두를 덮칠 때까지, 네 번째는 마치 다른 이의 뜻에 따르기라도 하듯이, [폭풍은] 우리 배의 선미를 높이 들어올렸다가 뱃머리부터 바다에 처박아 넣었소(〈지옥〉, XXVI, 130~142).

오디세우스와 그의 동료들이 눈앞에서 목격하고도 도달할 수 없었던 '산'은 지상낙원, 다시 말해 연옥의 한 언저리를 의미한다.[51] 〈연옥〉편에 묘사되어 있는 단테의 힘들고 고통스런 연옥으로의 등정을 고려할 때, 고된 항해와 그것을 뒷받침하는 고귀한 정신에도 불구하고 결코 그곳에 도달할 수 없었던 오디세우스의 여정은, 어쩌면 피할 수 없는 그의 운명이라고 해도 과언이 아니다. 단테의 등정이 보여 주듯이, 연옥의 지상낙원은 오디세우스가 시도했던 방법으로 도달할 수 있는 곳이 결코 아니기 때문이다. 그리스도교적 겸손함과 도덕성에 귀의해서, 연옥의 정죄산에서 자신의 죄를 참회하고 씻어 내는 뼈를 깎는 고통의 과정을 감내해야 함은 물론이고, 이와 함께 자신이 주재할 수도 또 이해할 수도 없는 신의 은총을 통해서만 비로소 인간은 그곳에 도달할 수 있게 된다.

단테에게 있어 오디세우스는 전 생애에 걸쳐 끊임없이 덕과 지식을 추구했던 고귀한 이교도였다. 하지만 그가 추구한 덕과 지식은 허영과 오만이라는 정신의 매춘에 미혹되어 있었다. 보다 자세히 말하자면, 오디세우스는 신 앞에 겸손해야 하는 그리스도교적 도덕성에 반하는 인간성의 고양, 즉 팽창된 자아self-inflation의식에 매몰되어 있었던 것이다. 이런 의미에서, 환희에서 탄식으로 변하는 오디세우스의 극적인 감정의 전환은, "비극은 기쁨에서 시작되어 고통으로 종결된다"[52]는 비극적 양식의 축어적 재연과 다름없다. 그리고 바로 이를 통해, 그 어떤 고귀한 노력에도 결국은 신 앞에서 왜소해질 수밖에 없는 인간 존재의 본질이 순례자-단테의 시각에서 드라마틱하게 재현된다.

이와 같은 순례자-단테와 반그리스도교적 오디세우스의 대립을 염두에 둘 때, 이 칸토가 오디세우스의 허영과 오만, 그리고 그리스도교적 겸손과 복종 사이의 대조적 관계를 암시하는 두 개의 비유를 통해 시작된다는 점은 결코 간과할 수 없는 중요한 의미를 지닌다. 말레볼제의 여덟 번째 구덩이에 도달한 단테는, 마치 한낮의 일을 마친 농부가 저녁 나절 언덕에 올라 앉아 더위에 지친 땀을 식히며 저 아래에서 반짝이는 반딧불을 조망하는 것처럼, 이 구덩이를 깊숙이 내려다 보면서 다음과 같이 이야기한다.

늦은 시간이 되어서야 태양이 우리로부터 자신의 모습을 감추기 시작하는 계절, 그리고 파리 대신 모기들이 나타나게 될 무렵의 시간에, 언덕에 앉아 쉬고 있던 한 농부가 자신이 포도를 따고 밭을 경작하던 아래 골짜기에 날아다니는 수많은 반딧불을 지켜 보는 것처럼, 나는 여덟째 구덩이의 밑바닥을 들여다 볼 수 있는 지점에 이르자마자, 이 구덩이가 수많은 불꽃들로 이글거리는 광경을 보았노라. 곰들을 불러 복수했던 이가 불꽃으로 만들어진 말이 앞뒤에서 끌고 당기면서 하늘로 올라가는 엘리야의 전차를 보면서도, 그의 눈으로는 한 조각의 구름 이외에는 아무것도 이해하지 못했던 것처럼, 각각의 불꽃들은 구덩이의 협곡을 따라 움직이고 있었는데, 이는 모든 불꽃들이 죄인들을 감싸고 있어 어떤 도적들도 자신들을 내보이지 않았기 때문이라오(〈지옥〉, XXVI, 25~42).

위에서 드러난 두 메타포적 비유에서, 초라하지만 겸손한 이름 모를 농부와 예언자 엘리야Elijha는 이 구덩이에서 단테가 만나게 될 오디세우스의 반대 이미지이다. 단테는 이 두 이미지를 통해 오디세우스의 궁극적인 죄와 이에 대한 자신의 판결을 예견할 수 있게 하는 중요한 단서를 제공한다.

첫 번째 비유를 통해 단테가 제시하는 것은, 고귀하고 영웅적인 오디세우스와 단순하고 보잘것없는 한 농부 사이에 숨겨져 있는 상징적 비교이다. 그리고 이를 통해 단테는 두 유형의 삶을 제시한다. 오디세우스가 오만함과 헛된 추구에 사로잡힌 팽창된 에고의식을 대변한다면, 이름 없는 농부는 단순히 자신에게 맡겨진 책무를 충실히 수행하는 겸손한 그리스도교도의 전형이다. 만약 이 농부가 가만히 앉아 휴식을 취하고 있는 언덕을 오디세우스가 도달하려고 했던 산기슭으로 해석할 수 있다면, 이 비유가 지니는 극적 효과는 더욱더 분명해진다. 오만에 빠진 오디세우스에게 그곳은 "멀리서 희미하게bruna per la distanza" 나타날 뿐 그의 어떤 영웅적 노력에도 결코 도달할 수 없는 곳이지만, 초라한 농부는 이미 그곳에 앉아 지친 하루의 피로를 달래며 저 아래 계곡들을 관조하고 있기 때문이다.

두 번째 비유는 나락으로 추락하는 오디세우스와 승천하는 엘리야와의 대조이다. 여기에서 단테는, 불의 전차를 타고 하늘로 올라가는 엘리야를 지켜 보는 엘리사Elisha의 경험에 바탕을 두고,[53] 엘리사와 오디세우스 사이의 유사성을 보여 주려 한다. 엘리사는 무엇이 일어나고 있는지를 알고 있었지만, 그의 눈은 엘리야의 승천이 함의하는 보다 커다란 의미를 깨닫지 못했다. 그의 오만한 시야가, 물리적 현상을 넘어서는 복종과 겸손의 의미를 이해하지 못하도록 그를 가로막고 있었기 때문이었다. 결국 불의 전차를 타고 승천하는 믿음에 충만한 그리스도교도 엘리야와 지옥의 불꽃에 갇히게 되는 오디세우스 사이의 상반된 운명은 이 시각적 이미지 속에서 더욱 강하게 재현되고 있는 것이다.[54]

요약하자면, 첫째 비유가 겸손, 복종, 단순성을 대변하는 이름 없는 농부와 에고이즘에 빠져 있는 오디세우스 사이의 예고된 운명의 결과를 암시한다면, 보다 성서적 메타포에 의존한 두 번째 비유를 통해 단테는 오디세우스와 엘리사 사이의 대응관계 그리고 엘리야와 독실한 그리스도교도(아마도 순례자–단테) 사이의 대응관계를 보여 주면서, 두 개의 상반된 가치, 즉 인간의 오만함과 그리스도교적 믿음과 복종 사이의 두터운 대립 구도를 알레고리적으로 묘사하고 있는 것이다. 그렇다면, 이 비유들을 통해 단테가 의도한 것은, 단순히 오디세우스가 갇혀 있는 구덩이에 대한 시각적·물리적 묘사라기보다는, 이를 통해 보다 극명하게 표출되는 오디세우스의 비극적인 운명과 이에 대비되는 순례자–단테의 종교적 회심의 문제라 할 수 있다. 다시 말해, 오디세우스의 에피소드를 이야기하는 이 칸토의 앞부분에 단테는, 그리스 영웅의 고귀한 행위와 그것을 변호하는 뛰어난 웅변에 현혹되지 말라는 경고의 장치로서 이 비유들을 도입하고 있는 것이다.[55] 그리고 이를 통해 궁극적으로는 순례자로서의 자신에게도, 앞으로 만나게 될 이 그리스 영웅을 어떻게 대해야 하는가에 관한 종교적, 윤리적 관점을 새삼 재확인하고 있다.

지금까지 살펴 보았듯이, 지옥의 구덩이에서 고통 받을 수밖에 없는 오디세우스의 운명은 바로 오만과 불경이라는 죄 때문이다. 그리고 다시 이 죄는 헛된 지식의 추구로 그를 선동했던 호기심 혹은 "열정ardore"에 기인한다. 가족과 형제에 대한 사랑, 시민적 의무, 그리고 이와 유사한 여러 가치들조차 오디세우스의 마음속에 흐르는 열정과 여기서 비롯된 여행을 막을 수 없었다(〈지옥〉, XXVI, 91–100). 특히 이와 관련해서, 이 죄로 인해 오디세우스가 지옥에서 감내해야 하는 독특한 징벌의 형태는, 단테의 죄와 벌에 대한 관념을 이해하는 중요한 단초를 제공한다. 단테에게 있어 죄와 벌은 동전의 양면과도 같은 것이었다. 그리고 이 점에서 〈지옥〉편을 통해 단테는, 어떤 특별한 죄는 그에 정확히 상응하는 인과응보적인 벌로 정죄되어야 한다는 콘트라파소contrapasso의 개념을 제시한다.[56]

오디세우스의 경우에도 이와 같은 콘트라파소적 징벌 양식이 그대로 재연된다. 쉽게 말하자면 오디세우스가 지닌 내적 불꽃, 즉 열정이 허황된 여행을 부추기고 이로 인한 궁극적인 일탈을 유발시켰다면, 그 죄에 대한 벌은 그 불꽃 속에 그를 다시 가두는 것이 되어야 한다는 점이다. 이 점에서 오디세우스를 감싸고 있는 화염은, 그의 죄 자체를 재현한다. 다시 말해 겉으로 드러나는 화염 속에서도 결코 중얼거리기를 멈추지 않는 오디세우스의 모습이 그가 범한 기만에 찬 조언을 시각적·표피적으로 보여 준다면, 그것이 담고 있는 내적 의미는 오디세우스의 마음속에 숨어 있는 불꽃, 즉 열정을 반영하는 것이다. 바로 거기에서 그의 지식에 대한 욕망과 금지된 세계를 넘어서려는 오만함이 기원했기 때문이다.

결론적으로, 원인에서부터 이에 상응하는 벌에 이르기까지, 오디세우스의 에피소드는 신의 영역으로 다가가는 불경스러운 위반과 이 때문에 정죄될 수밖에 없는 오만한 인간의 운명 사이의 상관관계를 노래한 것이라고 해도 대과는 없다. 순례자-단테는 과도하게 열정적인 인간 정신의 상징, 다시 말해 그리스도교적 겸손과 단순성의 정확한 반대 이미지로 새로운 오디세우스를 창조했다. 이 점에서 단테와 오디세우스의 조우는 인간성의 추구라는 세속적 이상과 섭리에 입각한 그리스도교적 이상 사이의 해소될 수 없는 긴장된 갈등관계의 충돌이다.

III. 교차로에 선 시인: 시인-단테의 내적 갈등

궁극적으로 《신곡》 전체를 관통하는 단테의 영적 개종은, 순례자-단테와 오디세우스 사이의 충돌과 갈등을 어떻게 소화할 것인가의 문제를 통해 규명될 수밖에 없다. 이에 주목하면서 지금까지 나는 순례자-단테의 입장에서, 왜 그가 그리스의 영웅 오디세우스를 지옥의 구덩이에 위치시킬 수밖에 없었는가에 대한 문제를 검토해 왔다. 이 점에 비추어 볼 때, 오디세우스 이야기에 대한 단테의 새로운 구성이 《신곡》 전체의 커다란 줄거리, 즉 단테 자신의 순례 여정과 동일한 맥락에서 이루어지고 있음은 두말할 나위가 없다. 하지만 이와 같은 주제상의 유사성에도 불구하고, 이 칸토에 재현된 단테의 태도는 오디세우스의 이야기를 단순히 순례자적 입장에서 해석할 수 없음을 분명히 드러낸다. 무엇보다도 이것은 예기치 않은 오디세우스와의 만남에 단테가 다른 그 어떤 인물들을 만났을 때보다 더 강한 환호의 감정을 표현한다는 데에서 기인한다.

이 구덩이에서 나오는 불꽃의 실체를 베르길리우스의 설명을 통해 알게 되었을 때, 단테는 이전과 달리 크게 흥분한다. 그리고 이뿐만 아니라, 여기에서 한걸음 더 나아가 그는 오디세우스와 이야기하고 싶은 간절한 마음을 자신의 안내자에게 다음과 같이 전한다.

나는 만약 저들이 저 불꽃 속에서도 이야기할 수 있다면, 스승이시여, 당신에게 간절히 청하고 또 청하오기를, 저 불꽃이 이곳 가까이에 올 때까지 여기에서 지체하는 것을 금하지 말아 주십시오. 저의 기원이 천 번이라도 쓸모 있기를 바라옵니다(〈지옥〉, XXVI, 64~69).

《신곡》의 다른 이야기들과 비교할 때, 위 인용구는 오디세우스에 대한 단테의 환희가 그 어떤 사람을 만났을 때보다 더 강렬했음을 증명한다. 특히 단테는 "간청한다priego"는 말을 세 차례나 반복하면서, 오디세우스를 직접 만나고 싶은 간절한 열망을 숨기지 않는다. 더욱이 단테의 요청에 대해 "네 기원은 칭찬을 받을 만한 일인 까닭에 나는 네 의견을 받아 주려 한다(〈지옥〉, XXVI, 70~71)"라고 화답하면서, 베르길리우스는 단지 단테의 요청을 들어 줄 뿐만 아니라, 그것이 칭송할 만한 요구임을 분명하게 확인시켜 준다.

어떤 의미에서, 베르길리우스는 오디세우스에 대한 단테의 불타오르는 호기심을 이해하고 있는 것처럼 보인다. 베르길리우스에게 있어, 근대의 시인 단테가 느끼는 환희는 자신이 오래전에 가졌던 것과 같은 동변상련의 느낌이었을지도 모른다. 다시 말해 오래된 서사 영웅 이야기에서 자기 작품의 영감을 얻었던 고대의 시인 베르길리우스는, 자신의 경험에 비추어 시인–단테가 그리스 영웅에게 품을 수밖에 없는 애정을 이해할 수 있었다. 이 점에서, 오디세우스를 만나려는 단테의 열정과 이에 대한 베르길리우스의 따뜻한 화답은, 순례자–단테가 아닌 시인–단테가 경험하는 시적 여정에서 오디세우스가 지니는 독특한 권위를 드러내는 문학적 장치라고 할 수 있다. 그렇다면, 그리스도교도로서의 단테가, 불경과 오만으로 인해 지옥에서 벌을 받고 있는 구제될 수 없는 한 이교도에 대해 그토록 열정적으로 알고 싶어 하고 또 그와 이야기하고 싶어 하는 것이 어떻게 가능할 수 있겠는가?

이 풀기 어려운 문제가 함의하는 긴장 구조는 시 전체를 통해 계속해서 확대재생산된다. 단테의 간청을 칭찬하며 허락한 후, 베르길리우스는 단테에게 "그러나 너는 너의 입을 단속해야 한다. 네가 무엇을 원하는지 잘 알고 있거늘, 그에게 말하는 일을 내게 맡기도록 하라. 그리스인들인 까닭에, 그들은 아마도 너의 말솜씨를 얕잡아 볼 것이다(〈지옥〉, XXVI, 72~76)"라고 이야기한다. 단테의 정당한 요구에도 불구하고, 베르길리우스는 단테가 그리스의 영웅 오디세우스에게 직접 이야기를 건네는 것을 허락하지 않고, 자신을 매개로 그와 의견을 나누도록 권하는 것이다. 역설적 의미에서 볼 때, 베르길리우스의 이 같은 권고는 시인-단테와 최후의 벌을 받고 있는 오디세우스 사이에서 작용하고 있는 의도된 정체성의 동일화identification를 은연중에 반영하는 것이라고 해도 지나친 말이 아니다. 지옥의 두 번째 구덩이에서 만난 프란체스카에게 끝없는 공감과 연민을 느낀 것처럼, 오디세우스의 열정ardore은 시인-단테의 마음속에 흐르는 또 다른 열정과 같은 것으로 해석될 수 있기 때문이다.

그렇다면 오직 두 인물, 즉 오디세우스와 순례자-단테 사이의 대립 관계를 모호하게 만들 때에만, 시인-단테는 오디세우스의 위대한 이야기를 《신곡》의 도덕적·신학적 맥락에서 분리할 수 있게 된다.[57] 그러나 이를 순례자적 입장에서 다시 생각해 볼 때, 만약 오디세우스에 대한 단테의 환호와 관심이 자신의 내부에 존재하는 두 이상 사이의 긴장관계를 표출하는 것이라면, 그에 대한 시인-단테의 열정은 오직 권위 있는 안내자 베르길리우스에 의해 억제되어야 하는 위험한 것이 된다.

이러한 맥락에서 볼 때, 베르길리우스의 권고는 오디세우스에 대한 단테의 열정을 통제하면서, 시인-단테와 오디세우스 사이의 심리적 결탁관계를 갈라 놓는 제어판의 역할을 수행한다고 해석할 수 있다. 그러나 이와 동시에, 시 전체의 구조적인 측면에서는, 이것이 단테의 내적 갈등을 더욱 두드러지게 표출하는 문학적 장치로서 기능한다는 점을 간과할 수 없다. 그렇다면 단테는 왜 이와 같은 서사적 장치를 이용할 수밖에 없는가? 계속해서 논의해 왔듯이, 단테의 내적 갈등은 기본적으로 그리스도교적 도덕성과 세속적 인간주의 사이의 극복될 수 없는 긴장에서 시작한다. 그리고 이 갈등관계는 다시 《신곡》 전체를 지배하는 개종의 모티브가 생성되는 근원적 출발점이 된다. 이성과 무조건적 믿음 사이의 갈등이 이 안에 내재해 있기 때문이다.

심지어 천국에서조차 단테는, 신의 정의에 관한 의구심을 떨쳐 버리지 못한다. 예를 들어, 신의 섭리, 특히 올바르게 살았음에도 불구하고 구원받을 수 없는 고대인들을 다루는 신의 정의에 관한 단테의 질문에, 천국의 독수리는 "내 이야기가 네가 지닌 이해의 수준을 넘어서는 것처럼, 신의 정의는 인간의 이성을 넘어서는 것이다(〈천국〉, XIX, 97~99)"라고 단테에게 이야기한다. 여기에서 시인-단테는, 그리스도교 신앙의 문제에 있어 여전히 자신의 이성으로는 해결할 수 없는 불가지론의 영역이 존재하고 있으며, 따라서 이를 이해하는 것이 자신의 능력 밖의 일임을 스스로 인정한다.

더욱 중요한 점은, 해결될 수 없는 이러한 의심 때문에, 시인-단테에 의해 이제 〈천국〉편은 다른 두 편의 시보다 더욱 신비스러우면서도 허구적인 방식으로 기술될 수밖에 없다는 아이러니이다. 예를 들어, 〈천국〉편의 칸토 20에서, 단테는 로마의 황제 트라야누스Trajna와 트로이인 리페우스Ripheus에 대한 비역사적인 이야기, 즉 '허구'를 만들어 내면서, 이들을 구원받은 천국의 영혼으로 묘사하기에 이른다. 단테에게 있어, 이교도에 대한 구원은 오직 시인의 창조력에 의해서만 가능한 일인 것이다. 그렇다면 시인의 창조력은 신의 질서를 파괴하는 또 다른 위반의 범죄를 의미하는 것이 아닌가?

비-그리스도교도에 대한 단테의 개인적 친밀성이 가장 극명하게 표현된 오디세우스의 이야기에서, 이러한 긴장이 만들어 낸 실존적 위험성의 문제는 《신곡》의 주제와 가장 극적으로 연결된다. 말레볼제의 여덟 번째 구덩이를 내려다 볼 수 있는 언덕 기슭으로 힘들게 기어 오른 뒤, 단테는 다음과 같이 명상에 잠긴다.

> 나는 비탄에 잠겨 있었고, 지금까지 내가 보았던 것들에 내 마음을 돌이켜 보니 나의 비탄은 지금 더욱더 새로워진다. 하여, 나는 더욱더 나의 재능이 덕이 인도하지 않는 길로 가지 않도록, 그것에 더 많은 재갈을 물린다. 행운의 별 혹은 그보다 나은 무엇인가가 나에게 그와 같은 은혜를 주었다면, 나는 그것을 피하지 않을 것이다(〈지옥〉, XXVI, 19~24).

여기에서 단테는 자신이 수행하는 시적 창작의 여정이 본질적으로 내포할 수밖에 없는 위험성에 대해 이야기하고 있다. 다시 말해, 자신의 문학적 천재성 혹은 재능ingenuo으로부터 시적 상상력을 제한해야 한다는 깨달음이다.

시적 상상력과 시인의 재능 사이에 흐르는 유비적 관계는, 오디세우스의 항해와 단테의 문학적 창조 과정 사이의 유사함을 반영한다. 즉 오디세우스에게서 극적으로 묘사되는 파국적인 운명은, 바로 시적 창작 과정이 단테 자신에게 궁극적으로 가져올 운명과 크게 다르지 않을 것이라는 깨달음이다. 이러한 관점에서 본다면, 오디세우스는 알레고리적으로 형상화된 시인—단테의 자화상이라고 해도 과언이 아니다. 단테에게 있어, 지옥에서 연옥을 걸쳐 천국에 이르는 미지의 세계를 노래하는 것은, 자신에게 부여되지 않은 신의 가공할 만한 창조적 능력을 전유하지 않고는 결코 이루어질 수 없는 일이기 때문이다. 그리고 이러한 까닭에 그의 창작 작업은 오디세우스의 "광기의 여정"과 마찬가지로 단테 자신을 오만과 위반의 죄악으로 이끌게 될 것이다.

그렇다면 위 인용문에서 단테가 인식하고 강조한 것이, 자신이 맞닥뜨리게 될 위험에 대한 자기반성적 경고임은 재론의 여지가 없다. 그러나 이보다 더 중요한 점은, 이 칸토를 통해 그가 처음으로 명확히 제시하는 시인—단테의 존재론적 위험성이, 《신곡》 전체의 주된 갈등 요인으로 지속된다는 점이다. 보다 넓은 의미에서 《신곡》, 특히 〈지옥〉 편과 〈연옥〉편을 살펴 볼 때, 저자 단테는 여러 방면에서 당대의 정치적·사회적 타락이 결과한 도덕성의 문제를 진단하고, 이를 해결하기 위한 독설에 가까운 비전을 쏟아 붓는 예언자적 성격을 지닌다. 비록 그리스도교적 윤리관의 언어로 포장되었다고 할지라도, 여기에 투영된 단테의 권위는 예언적이고 자기확신적인 끝없는 주장으로 가득 차 있다.

그리고 이러한 까닭에, 적어도 미지의 세계를 다루는 한, 오디세우스가 처벌될 수밖에 없었던 심각한 범죄, 즉 위반 혹은 불경의 죄로부터 단테 자신도 역시 결코 자유로울 수 없다. 따라서 단테는 당시 타락의 일로를 걷고 있던 피렌체에 대한 예언적 분노와 함께 이 칸토를 시작했음에도 불구하고(〈지옥〉, XXVI, 1~12), 위에서 인용한 언급을 통해 자신의 시적·창조적 위용을 제어하고 통제한다. 그리고 이를 통해 궁극적으로 그는 반성적 명상과 함께, 오디세우스와 구별되는 자신의 이미지를 만들려고 노력한다. 그렇다면, 이 장면을 통해 단테가 표출하는 것은, 이중적이면서도 역설적인 자신의 이미지에 대한 스스로의 깨달음이다. 만약 순례자–단테가 오디세우스를 닮지 않도록 스스로를 계도하면 할수록, 시인–단테는 오디세우스와 닮아 가는 자신을 발견하게 되는 것이다.

이와 같은 시각에서 볼 때, 순례자가 아닌 시인의 여정은 오디세우스의 여정과 유사한 과정을 반영한다. 오디세우스가 헤라클레스의 기둥을 넘어 가도록 동료들을 설득시켰다면, 단테는 자신의 문학적 재능을 통해 오직 죽음으로써만 가능한 미지의 세계로 독자들을 인도한다. 이 점에서, 단테는 오디세우스와 마찬가지로 삶과 죽음, 그리고 신과 인간 사이의 경계를 넘어서고 있다. 오디세우스의 에피소드는, 단테 자신이 처한 이 이중적 상황에 대한 각성을 독특하고 의미심장하게 표출하고 있다. 따라서 이 칸토에서 단테는 단순히 오디세우스와 그의 항해를 묘사한 것이 아니다. 오히려 그는 《신곡》 전체의 내용을 흡인하는 핵심 메타포로 오디세우스가 보여 주는 여정 자체를 재구성했던 것이다. 보다 자세히 말하자면, 오디세우스의 이야기를 단테 자신의 시적 여행의 메타포로 연결시키면서, 이 그리스 영웅이 부재한 가운데에서도 생생하게 재현되는 '오디세우스적 요인' 들로 《신

곡》 전체의 긴장을 유지하고 있는 것이다.[58]

단테에게 있어 자신의 허구적·창조적 여행 그리고 그에 대한 묘사는 필연적인 패러독스를 수반한다. 즉, 그가 더 멀리 더 깊숙이 사후의 세계에 발을 들여 놓고 또 그렇게 하면서 그리스도교적 도덕성을 겸손하게 묘사하면 할수록, 단테 자신은 더욱더 자신의 시적 상상력과 재능에 의존할 수밖에 없게 된다. 지옥에서 오디세우스와 맞닥뜨리게 되었을 때, 단테는 오디세우스에게 투영된 이 같은 자신의 역설적인 운명을 보았을지도 모른다. 그리고 오디세우스가 스스로 말했던 "광기의 비상"이 예고된 파국으로부터 그를 피할 수 없게 만들 때, 단테는 자신의 시적 여정 역시 똑같은 운명에 봉착하게 될 것임을 예감한다.

단테에게 이러한 패러독스를 해결할 수 있는 유일한 길은 다음과 같다. 먼저 예언자 또는 해석자의 주장으로부터 탈피해서, 단순한 전달자의 입장으로 서사의 목소리를 전환하는 것이다. 둘째는 그렇게 함으로써 자신과 오디세우스 사이의 결탁관계를 끊고 자신의 시적 능력을 그리스도교적 겸손이라는 도덕률 앞에 무릎 꿇게 하는 것이다. 이 점에 주목할 때, 〈천국〉편의 여러 칸토에서 반복적으로 나타나는 단테의 시인으로서의 겸손함은, 다른 무엇보다 독자들의 시선을 끌기에 충분하다.

예를 들어 〈천국〉편의 첫째 칸토에서부터, 단테는 "인간성을 넘어서는 것은 말로 설명될 수 없다. 은총으로 이러한 경험을 하게 된 이에게는 예로써 충분할 것이다(〈천국〉, I, 71~20)"라고 말하며, 이 천상의 세계를 묘사하기에는 턱없이 모자란 자신의 능력을 인정한다. 단테는 천상의 세계를 정확히 표현할 수 없는 자신과 자신의 작품의 한계를 인식하고 있는 것이다. 이제 단테는 진실성authenticity보다 믿음에 의존해서 천국의 세계를 묘사할 뿐이다. 그리고 이 천상에 대한 노래에는, 더 이상 단테가 목격한 세계에 대한 자신의 어떠한 진단이나 해석이 남아 있지 않고, 오로지 그의 뇌리에 각인된 기억만이 존재한다.

천국의 더 높은 곳에 도달할수록, 단테의 시적 사실성에 대한 포기는 더욱더 명백해진다. 단테는 이를 다음과 같이 표현한다.

천국을 묘사하려는 나의 이 신성한 시는, 끊어진 길을 가는 사람처럼 중간중간 뛰어 넘지 않을 수 없구나. 하지만, 거대한 주제와 그것을 감당하기에는 너무나 인간적인 어깨, 이를 고려하는 사람이라면, 그 무게 아래 흔들리는 어깨를 비난하지 않을 것이다(〈천국〉, XXIII, 61~66).

요약하자면, 〈천국〉편에서의 단테는 더 이상 시적 창조력에 의존해서 사후세계를 체계적으로 해석했던 〈지옥〉편과 〈연옥〉편에 등장하는 시인-단테의 모습이 아니다. 그는 "오! 신의 영광이여, 당신의 영광 덕분에 나는 참된 왕국의 고귀한 승리를 보았습니다. 저에게 그곳에서 본 것을 말할 수 있는 능력을 주소서(〈천국〉, XXX, 99)"라고 노래하면서, 전지전능하신 신에게 모든 것을 의탁하고, 시인의 창조적 능력이 덧없음을 강조한다. 자신의 오만함을 자각하고 연옥과 천국을 통해 그것을 정죄함으로써, 단테는 주제넘고 거짓투성이었던 시인으로서의 자신의 목소리, 재능, 상상력, 비전 등이 조각조각 잘려 나가는 것을 자신 내부에서 스스로 발견하게 되는 것이다.

자신이 인식할 수 없고 또 도달할 수도 없는 불가항력적 미지의 세계를 묘사해야 하는 패러독스에서 발생하는 시적 긴장은, 《신곡》 전체를 통해 시인-단테의 마음속에 자리하는 중요한 갈등의 한 축을 이룬다. 지옥에서 오디세우스를 만났을 때, 이러한 패러독스가 유발시킬 수 있는 위험성, 다시 말해 순례자가 아닌 창조적 문인이 될 때에 비로소 이 시적 여정을 마칠 수 있다는 사실을 단테는 강하게 자각했다. 그리고 이와 아울러, 단테 스스로 오디세우스의 서사적 여정과 자신의 시적 여정 사이의 관계를 동일한 것으로 인식하게 되면서, 그 위험성은 더욱 고조된다. 단테의 마음 깊은 곳에 존재하는 파토스는 마치 오디세우스처럼 자신도 역시 금지된 세계에 발을 들여 놓고 있다는 각성에 그 뿌리를 두고 있기 때문이다. 그렇다면, 이 파토스의 상흔은 오직 그리스도교적 겸손과 겸양의 도덕에 의존해서 단테가 자신이 지닌 시인으로서의 모든 능력과 재능을 송두리째 부정할 때에만 비로소 치유될 수 있다. 천국의 세계는 인간 단테가 이해할 수 있는 세계가 결코 아니며, 따라서 이곳을 묘사하려는 시인-단테의 위용은 신 앞에서 보잘것없는 것이 되어 버린다. 천국에 이르러, 이제 시인-단테는 사라지고, 오직 순례자-단테만이 남게 된다.[59]

IV. 순례자-단테에게 용해된 시인-단테

지금까지 나는 서로 다른 두 시각에서 단테가 재구성한 오디세우스의 이야기에 대해 살펴 보았다. 한편으로는 시의 주제라는 측면에서 순례자-단테의 시각에 초점을 맞추어 보았고, 또 다른 한편으로는 이와 다른 문학적 서사 구도의 차원에서 어떻게 시인-단테가 오디세우스의 여정을 통해 시적 긴장감을 표출하고 있는지에 주목했다. 오디세우스는 미지의 세계에 대한 동경과 추구로 인해 인간에게 주어진 경계를 넘어섰다. 단테에게 있어, 이와 같은 위반은 비극적 범죄 행위, 다시 말해 덕과 지식의 추구라는 미명 아래 그리스도교적 도덕성, 단순성 그리고 복종의 미학을 거부하는 인간의 오만이 결과한 광기의 표출이나 다름없었다.

하지만 단테의 종교적·윤리적 관념에서 이처럼 오디세우스가 새로운 아담 또는 새로운 프로메테우스를 의미함에도 불구하고, 시의 저자로서의 단테가 이 이야기에 부여하는 텍스트적 권위는 이 칸토에 스며들어 있는 오디세우스의 또 다른 측면을 부각시킨다. 단테가 표출하는 오디세우스에 대한 열정 그리그 그에 대한 동정과 연민은 그리스도교적 순례자의 태도와는 거리가 멀다. 시인-단테에게 있어, 죽음으로써만 도달할 수 있는 미지의 세계를 노래하려는 자신의 노력이 오디세우스의 지칠 줄 모르는 여행과 크게 다를 바 없기 때문이다. 단순히 물리적 차원에서만 보더라도, 오디세우스가 인간에게 금지된 영역을 여행한다면, 단테 자신은 그와 별반 다를 바 없는 사후의 세계를 경험한다. 오디세우스의 에피소드에 대한 단테 연구자들 사이의 서로 다른 시각이나 그러한 다양한 해석들이 남겨 놓은 문제점은, 이와 같은 두 명의 단테 가운데 어느 한 측면만을 일방적으로 강조한 것에서 연유한다고 해도 지나친 말이 아니다.

이 점에서 단테에게 내재한 '두 인간성 two personae in Dante' 에 주목하는 것은, 오디세우스에 대한 이야기뿐만 아니라 《신곡》 전체에 대한 올바른 이해의 길을 제시한다. 이것은, 이 칸토가 단순히 오디세우스의 죄와 그의 항해가 지니는 상관관계를 그리스도교적 도덕률에 입각해 구성한 것에 그치지 않고, 보다 넓게는 《신곡》 전체의 의미를 이해하는 단서를 제공하면서 단테 자신의 자아관마저 엿볼 수 있게 하는 중요한 창의 역할을 수행하기 때문이다. 이 점을 염두에 두고, 마지막으로 두 명의 단테를 하나로 종합하는 일이야말로, 이 칸토를 《신곡》 전체의 콘텍스트에서 읽고자 하는 이번 장의 목적에 부합하는 마지막 과제가 될 것이다.

시작부터 마지막에 이르기까지, 이 칸토에는 그리스도교적 도덕성과 시적 오만함 사이의 괴리에 대한 단테의 깨달음을 암시하는 여러 상징, 사건, 이미지들이 구조적으로 서로 얽혀 있다. 거부할 수 없을 정도의 심오한 인간적 매력을 소유하였지만 결국은 지옥에서 벌 받을 운명에 처해 있는 오디세우스와 맞닥뜨리게 되었을 때, 이러한 괴리에 대한 단테의 인식의 폭은 두드러지게 증가한다. 단테에게 이 두 이상 혹은 두 세계관 사이의 증폭된 괴리에서 유발한 내적 갈등을 해소할 수 있는 유일한 방법은 자신이 지닌 시적 능력을 신의 은총의 덕으로 돌리는 길이다.

지옥과 연옥에서 단테에게 중요한 문제는 자신이 이곳에서 만나는 다양한 인물들을 그리스도교적 윤리 관념 안으로 어떻게 포섭할 것인가의 문제였다. 따라서 여기에서 단테의 관심은 시인의 창작의 문제라기보다는 순례의 경험과 그 의미의 해석에 있다고 할 수 있다. 그러나 천국으로 계속 여행하면서, 단테는 자신이 결코 이해할 수 없고 이 때문에 시인으로서의 강한 창조력을 발휘해야만 하는 문제들에 더욱 많이 봉착하게 된다. 연옥의 두 번째 층에서 여러 영혼들을 만났을 때, 단테는 오만이야말로 자신이 범하고 있는 최고의 죄라고 느낀다. 이때 단테를 괴롭히는 위험은, 마치 오디세우스가 그러했던 것처럼, 여행이라는 상징적 메타포 안에서 작용하는 인간 지성의 그릇된 사용이 결과한 오류이다.

그러나 그리스도교도인 단테에게 미지의 세계로의 여행은 궁극적으로 자신을 되돌아보고 반성하는 계기가 된다. 천국에 이르러 드디어 단테가 시인으로서의 오만함을 버림으로써, 다시 말해 자신의 재능과 천재성을 신의 은총 덕으로 돌림으로써 오디세우스의 칸토에서 상징적으로 묘사된 긴장을 해소하는 길을 찾게 된다. 결과적으로 지옥과 연옥 그리고 천국을 거치면서 변화하는 단테의 이미지는 단테의 내적 갈등이 해소되어 가는 과정을 웅변적으로 예시한다. 지옥과 연옥에서는 순례자로서 단테가 겪는 회의와 갈등이 시인으로서의 단테가 느끼는 그것보다 더 커다란 시적 모티브로 작용한다면, 천국에서 끝없이 갈등하는 것은 시인이고 반면 순례자는 평안을 누린다.[60]

〈천국〉편의 시작부터 끝까지, 단테는 '말하고 싶은 것'이 아닌 '보았던 것'에 대해 노래할 뿐이고, 단지 이것을 기억하고 표현하기에도 자신의 능력이 턱없이 모자란다고 반복해서 이야기한다. 천국에서의 이러한 분위기는 자신의 미약함에서 오는 슬픔이나 좌절의 표현이라기보다는, 천상의 세계가 그에게 가르쳐 준 겸손의 표출이다. 이 점에서 이 상상의 순례기에서, 단테가 자신의 시적 오만함을 그리스도교적 도덕 앞에 굴복시키는 것은 천국에 이르러서이다. 만약 단테의 여행이 오디세우스의 광기에 찬 여행과 다르다면, 본질적으로 그것은 단테가 자신의 시적 열정을 영원성에 대한 관점과 분리하도록 깨닫기 시작했다는 것을 의미한다.

하지만 이보다 더욱 중요한 것은, 천국에서 드디어 단테가 자신의 개인적 경험을 신의 정의라는 기존 질서에 종속시키고 있다는 사실이다. 이와 같은 개종 과정의 시작은 이미 오디세우스에 대한 칸토에서 그 씨앗을 내리고 있었다. 그리고 이 때문에 순례의 알레고리적 재현으로서의 여행의 이미지는 시인-단테의 신의 섭리에 대한 복종에서 드디어 일관되게 통합된다. 단테가 베아트리체와 함께 원동천 Crystalline Sphere으로 올라가기 전 황성천Starry Heaven에서 자신이 지나 온 아래 세계들을 내려다보는 장면에서, 오디세우스가 다시 등장한다. "오디세우스의 미친 경로(〈천국〉, XXVII, 82~83)"를 관조하는 단테로부터, 우리는 오디세우스의 칸토에서 나타났던 갈등과 긴장을 더 이상 발견하지 못한다. 비로소 두 명의 단테는 하나가 된다. 그리고 한 명의 단테에게, 그의 주관적 경험은 선험적이고 목적론적인 그리스도교적 질서 속에 자연스럽게 용해된다.

I. 페트라르카와 〈방뚜산 등정기〉

흔히 페트라르카는 '르네상스의 아버지'
로 불린다. 처음으로 고대에 대한 흠모와
그에 대비되는 자신의 시대에 대한 비판
적 시각이라는 르네상스 본연의 세계관을
극명하게 표출했던 인물로 평가되기 때문
이다. 특히 그의 서간집에 나타난 풍부한
고전 지식과 이에 기초한 문학적 글쓰기
의 관행에서 이후 '휴머니즘'이라고 부르
는 새로운 문화운동이 출현하게 되었다.[61]
또한 그는 여러 서간을 통해 자신에 대해
이야기한 최초의 휴머니스트로도 유명하
다. 이 때문에 그에게 편지는 자신의 생각
을 상대방에게 전하고 표현하기 위한 단
순한 의사소통적 매체 이상의 의미를 지
니는 새로운 문학 장르로 인식되었다. 무
엇보다 그는 지인들에게 보낸 여러 서한

들을 이용해 자기 자신, 자신의 관심, 자신의 세계관—이를 다소 문제의 소지가 있는 부르크하르트의 표현을 빌려 말하자면—자신의 '개체성individuality'을 표현하려고 노력했다. 즉 그에게 편지는 효과적이고 창조적인 자전적 내러티브의 한 양식이었다.

이와 관련하여 그가 말년에 쓴 〈후대인에게 보내는 편지〉는 페트라르카 특유의 자아재현의 과정이 가장 잘 표출된 예라고 해도 지나친 말이 아니다. 다른 무엇보다 이 편지는 특정 상대가 아니라 언젠가 자신에게 관심을 가질지도 모르는 불특정의 미래인을 염두에 두고 쓴 것이라는 점에서 뚜렷한 특징을 지닌다. 또한 이 편지에서 페트라르카는 자기표현이나 자기존중에 인색했던 중세적 세계관을 깨고, 저자로서의 자신과 경험적 대상으로서의 자신을 분리하면서 어쩌면 거북하게 보이기까지 하는 극단적 에고이즘을 스스럼없이 드러낸다. 적어도 이 편지에 따르면 페트라르카는 자신의 시대를 경멸하고 새로운 시대를 열망한 최고의 시인이요, 반항적

르네상스의 여명 트레첸토

학자였으며, 더 나아가 후대인들이 결코 낯설게 느낄 수 없는 새로운 유형의 인간이었다.[62]

그런데 르네상스기의 자아재현이라는 이 책의 주제와 관련해 더욱 중요한 점은, 페트라르카가 표현했던 자신의 중요한 모습 가운데 하나가 지칠 줄 모르는 여행가 혹은 방랑가로서의 이미지라는 사실이다. 그렇다면 여행가로서의 그의 면모는 그가 스스로 창출한 학자나 시인으로서 이미지와 어떻게 연결될 수 있는가? 그리고 그에게 여행은 어떠한 의미를 지니고 있으며, 또 그가 기술한 여행기는 이전 세대의 그것들과 어떻게 다른가? 이번 장은 이러한 복잡한 문제에 접근하기 위한 일종의 시론적 에세이이다. 이를 위해 나는 일반적으로 〈방뚜산 등정기〉로 불리는 페트라르카의 또 다른 유명한 편지를 분석하면서, 여행과 그에 관한 기록이 페트라르카의 삶과 자기표현에 끼친 영향과 그 의미를 규명하려 한다.

본격적인 논의에 앞서 〈후대인에게 보내는 편지〉에서 논의의 실타래를 찾아 보도록 하자. 이 편지에서 방황과 혼란의 연속이었던 20대의 젊은 시절을 회고하며 그는 다음과 같이 말한다.

당시 젊은 열정으로 나는 프랑스와 독일 지역을 여행했다. 비록 여행을 허락받기 위해 윗사람들에게는 여러 [다른] 이유를 만들어 냈지만, 나의 진짜 이유는 많은 것을 보려는 내 열정과 호기심 때문이었다. 그 여행에서 나는 처음으로 파리를 보았고, 그 도시에 관해 회자되던 이야기에서 무엇이 진실이고 무엇이 거짓인지를 알게 되어 기뻤다.[63]

여기에서 페트라르카는 지적 열망과 호기심으로 여행을 떠났다는 점과, 여행의 과정에서 자신의 눈으로 확인한 사실을 풍문과 비교하는 경험주의적 세계관을 후대인들에게 전한다. 그렇다면 이와 같은 그의 태도는 〈방뚜산 등정기〉에 어떻게 나타나고 있는가?

페트라르카 스스로의 기록을 그대로 믿는다면, 그는 1336년 4월 26일 아비뇽 근처의 방뚜산에 올랐고, 등정 도중에 겪은 경험과 느낌 그리고 이를 통해 얻은 교훈 등을 한때 자신의 고해신부였던 디오니지 Francesco Dionigi de' Roberti에게 편지로 적어 보냈다. 〈방뚜산 등정기〉는 바로 이것을 기록한 것이다. 여기에서 페트라르카는 영적 위안이나 계시가 아니라, 단순히 높은 산의 정상에서 세상을 바라보려는 세속적 열망 때문에 방뚜산에 올랐음을 분명히 밝힌다.[64] 하지만 고된 산행과 그것이 가져온 자기 회고적 명상으로 인해, 이 편지의 후반부에는 세속적 호기심으로 혈기방장하게 산에 올랐던 젊은이의 모습과는 뚜렷이 다른 새로운 페트라르카가 등장하게 된다. 무엇보다 정상에서의 페트라르카가 자신이 소중하게 간직하던 아우구스티누스의 《고백록》을 떠올리게 되고, 적어도 표면적으로는 외계의 세계에 대한 동경보다는 내면의 세계를 돌아보라는 중세 그리스도교의 가르침으로 회귀하는 것으로 보이기 때문이다.[65]

그러므로 이 편지는 짧고 간결한 등정기 이상의 성격을 지닌다. 이것은 무엇보다 두 상반된 시대적 가치, 다시 말해 한편으로는 지적 호기심curiositas의 추구로 대변되는 이교적 고대의 세계관과 또 다른 한편으로는 그리스도교적 겸양humilitas이라는 중세의 도덕적 이상이 이편지에서 서로 충돌하고 있기 때문이다.[66] 그동안 이 편지에 대한 연구자들의 해석이 뚜렷한 평행을 달려 왔던 것도 바로 이 때문이다. 혹자들은 고대 세계 이후 즐거움이나 호기심 자체만으로 등산을 한 어떠한 기록도 발견하기가 쉽지 않다는 점을 들어, 이 편지에 나타난 페트라르카를 "바로 거기에 있기 때문에 산에 오른 최초의 등산가"나 "근대적 등반가"로 규정한다.[67] 한편 이와 대립되는 지점에 있는 또 다른 이들은 고전적 모티브에서 시작된 등정 이야기가 아우구스티누스 사상의 영향을 받은 개종의 이야기로 전이된다는 점을 강조하면서, 이 편지를 전형적인 그리스도교적 회심의 내러티브로 해석해야 한다고 주장한다.[68]

그런데 근대적 알피니스트로 해석하든지 아니면 이와 반대 이미지인 마지막 중세인으로 평가하든지에 관계없이, 더욱 의미 있는 사실은 〈방뚜산 등정기〉에 재현된 페트라르카에 대한 상반된 평가들이 동일한 논리적·인식론적 구조에서 나온 것이라는 점이다. 특히 이 점은 이러한 해석들이 이 편지에 소개된 사건을 실제 사실fact로 받아들이면서, 확인되고 검증될 수 있는 실제 경험이 페트라르카의 삶에 어떠한 영향을 끼쳤고 또 그것의 의미가 무엇인지를 추적한 결과라는 데에서 확연히 드러난다. 하지만 로시Vittorio Rossi, 빌라노비치Guiseppe Billanovich, 리코Francisco Rico 등의 치밀한 문헌 연구 덕분에, 오늘날의 많은 페트라르카 연구자들은 이 등정 자체의 진실성을 더 이상 확신하지 못하게 되었다. 또 더 나아가 그들 대부분은 이 유명한 등정기가 1336년이 아닌 적어도 20여 년이 지난 후인 1350년대에 쓰였다는 점을 받아들이고 있다.[69] 그렇다면 이 편지는 사실로 검증될 수 없는 문학적 허구나 수사적 기예의 한 예에 지나지 않는 것인가? 그리고 더 나아가, 바로 이 때문에, 이 편지를 통해 페트라르카의 사상이나 삶을 해석하는 것이 마치 모래 위에 성을 쌓는 것과 같은 허망한 시도에 불과한 것이 되는가?

이 같은 난제에 접근하기에 앞서 한 가지 중요한 사실을 먼저 언급해야 한다. 그것은 르네상스 연구자들 사이에 페트라르카의 여러 서한들과 그곳에 언급된 내용의 진실성을 둘러싼 논란이 계속되고 있다는 점이다. 다시 말해 페트라르카에게 편지는 의도적인 창작물이었고, 이 때문에 많은 허구가 그 속에 들어 있다는 점이다. 만약 그렇다면 〈방뚜산 등정기〉 또한 사실과 허구를 긴밀하게 연결한 페트라르카 특유의 문학적 표현물이라 할 수 있다. 더욱이 이를 통해 그는 스스로에 대한 자전적 초상을 휴머니스트 특유의 수사학적 방식을 동원해 그려낸다. 이를 고려할 때 특히 오코넬Michael O'connell의 논의는 남다른 주목을 끈다. 그에 따르면, 자기표현이라는 서양적 상상력에 끼친 페트라르카의 공헌은, 그가 이전 시기의 "신학적 혹은 철학적 개념 범주를 강하게 거부하면서 ……경험의 가치"를 강조했다는 데에 있다. 이러한 맥락에서 볼 때, 페트라르카에게 있어 문학적 허구가, 비록 문자 그대로의 사실은 아닐지라도, 적어도 자아에 관한 진실을 표현하는 하나의 수단으로 이용되었다고 해도 대과가 없을 것이다.[70]

그러므로 이 편지를 해석할 때 염두에 두어야 할 중요한 논점 가운데 하나는, 사건의 진위 여부에 기초하여 단순히 페트라르카의 근대성이나 중세적 성격을 갈음하기보다, 허구의 경험을 전유하면서 그가 어떻게 스스로를 표현하는지에 관한 문제가 되어야 한다. 만약 이 편지 혹은 편지에 소개된 사건이 문학적 허구라면, 그것을 토대로 페트라르카를 근대적 등반가로 평가하는 해석은 더 이상 그 근거를 지닐 수 없게 된다. 마찬가지로 만약 페트라르카의 아우구스티누스 인용이 자아를 찾고 재현하기 위해 의도된 수사적 장치였다면, 신세계를 발견했으면서도 그곳에 발을 들여 놓지 못한 숙명적 중세인으로 그를 평가하는 시각[71] 역시 재고되어야 마땅하다. 두말할 나위 없이 이를 위해서는 그가 재구성한 아우구스티누스의 이미지를 새로운 관점에서 분석해야 한다.

나는 비록 허구의 경험에 기초한 것일지라도 〈방뚜산 등정기〉가 새로운 기행문학으로서의 면모를 갖추고 있다는 점에 초점을 맞추려고 한다. 중세 기행문학은 인간의 영적 체험과 관련된 초월적 경험의 기록이라는 점에서 뚜렷한 역사적 특징을 지닌다.[72] 이와 달리 페트라르카의 〈방뚜산 등정기〉에는 일차적 경험에 입각한 사실주의가 부각되고 있으며, 더 나아가 그러한 경험 속에서 생겨난 개인적 심리에 대한 묘사가 내러티브의 핵심을 이룬다. 페트라르카에게 여행 그리고 그 여행에 관한 허구적 재구성이 세계를 주체적으로 인식하고 자기를 발견하는 과정으로 작용했기 때문이다. 한마디로 말하자면 페트라르카는 자신의 주관적 시각을 통해 객관적인 세계를 바라보고 인식했으며, 더 나아가 이를 바탕으로 〈방뚜산 등정기〉를 썼다. 이 점에서 페트라르카에게 방뚜산 등정은 자아 탐색의 계기였고, 또 동일한 맥락에서 그의 등정기는 그러한 자아 탐색의 과정이 녹아 있는 자서전적 내러티브라 할 수 있다.

〈방뚜산 등정기〉는 여행의 준비 및 사전단계, 등반 과정과 휴식 도중의 명상, 정상에서의 감상 및 아우구스티누스 읽기, 마지막으로 하산 및 하산 후의 편지 쓰기라는 네 부분으로 구성되어 있다. 나는 앞으로 이 네 과정을 차례로 검토하면서 페트라르카가 여행이라는 물리적 사건을 어떻게 문학적 알레고리로 이용했으며, 또 이를 통해 그가 표현하려는 바가 무엇이었는지를 살펴 볼 것이다. 이번 장의 목적은 르네상스를 개인의 발견이라는 근대 테제와 연결해 오던 부르크하르트 이래의 진부한 주제를 재확인하려는 것이 결코 아니다. 이와 달리 나는 일견 탈역사적으로 보이는 여행이라는 인간 경험이 불가피하게 지닐 수밖에 없는 역사성을 규명하고, 이를 통해 페트라르카의 기행과 기행기가 어떻게 자서전적 내러티브가 될 수 있는지를 고찰하려 한다. 하루라는 짧은 시간 동안 페트라르카는 힘들게 방뚜산에 올랐고 또 그에 관한 기록을 우리에게 남겨 놓았다. 이제 그의 등정기를 더듬으며 그가 초대하는 르네상스 세계로 상상의 역사기행을 떠나자.

II. 방뚜산 등정과 등반의 알레고리

페트라르카는 1333년 추기경 콜로나의 도움으로 파리, 플랑드르, 독일 지역 등을 여행한 적이 있다. 그가 〈방뚜산 등정기〉의 수신자인 디오니지를 만날 수 있었던 것도 이 여행 덕분이었다. 이 여행 도중의 어느 날 디오니지는 페토라르카가 평생을 지니고 다니게 될 포켓 사이즈의 《고백록》을 선물했을 뿐만 아니라, 어떠한 삶을 살아야 하는가에 관한 많은 가르침을 준 것으로 보인다. 특히 그의 영향으로 페트라르카는 아리스토텔레스의 도덕철학을 접할 수 있었다. 아무튼 이후 디오니지는 페트라르카와 평생을 교류했으며, 더 나아가 그의 영적 스승이자 문학적 조언자로 많은 영향을 끼쳤다.[73] 적어도 겉으로 드러난 〈방뚜산 등정기〉의 목표는, 이러한 정신적 스승으로부터 무엇인가 삶의 지침을 얻으려는 것으로 보인다. 이 점은 특히 서문격인 편지의 제목에서 잘 나타나는데, 여기에서 페트라르카는 아우구스티누스 수도회 소속의 신학교수인 디오니지에게 "자신의 개인적 문제de curis propriis"에 관한 이야기를 보낸다고 적는다.[74]

하지만 편지의 시작과 함께 나타난 등정 이야기는, 일반적으로 고해신부나 신학교수로부터 기대하게 되는 종교적·윤리적 가르침과는 확연히 다르게, 페트라르카의 관심이 지극히 세속적인 것임을 보여준다. 페트라르카는 자신이 오늘 이 지역에서 가장 높은 산에 올랐다고 말하며 편지의 문을 연다. 그에 따르면, "가장 높은 정경을 보려는 열망" 이외에 방뚜산 등정을 결정하게 만든 그 어떤 동기나 다른 이유는 없었다. 어릴 적부터 그는 방뚜산을 보고 자랐으며, 이 때문에 이 등정은 "[자신이] 언제나 원하던 바"를 행동으로 옮긴 것에 지나지 않았다.[75] 다시 말해 그의 등정은 새로운 것을 보려는 지극히 세속적인 호기심이나 정상에서의 광경이 선사하는 시각적 즐거움을 만끽하려는 미학적 관심의 발로 이상도 이하도 아니었다.

그런데 더욱 흥미로운 사실은 그의 여행 결정이 한권의 책을 읽으면서 비로소 확고해졌다는 점이다. 그는 다음과 같이 말한다.

[제가 등반을 결정하게 된 것은] 며칠 전 리비우스가 쓴 로마의 역사를 다

시 읽은 후입니다. 저는 로마인들과 전쟁을 벌였던 마케도니아의 필리포스가 테살리아의 하이무스 산을 등정했다는 이야기를 읽었답니다. 그는 그 산의 정상에서 아드리아 해와 흑해를 모두 볼 수 있다는 소문을 듣고 산에 올랐다고 합니다. 저로서는 그가 옳았는지 아니면 틀렸는지 확신할 수 없습니다. 왜냐하면 그 산이 멀리 떨어진 곳에 위치하고 있고, 또 [그 이야기에 관한] 저자들 사이의 의견이 서로 다르기 때문에, 그 문제가 더욱 불확실하게 다가오기 때문입니다. 몇몇의 예만 들자면, 우주지학자 폼포니우스 멜라는 그것이 사실이라고 주저없이 단언했지만, 리비우스는 그 소문이 거짓이라고 생각했습니다. 만약 여기에서도 그 산에 쉽게 오를 수 있다면, 저는 그 불확실성을 바로 해결할 것입니다.[76]

이 인용문에서 보이듯이, 페트라르카는 고전을 읽으면서 방뚜산의 정경을 즐기고자 했던 자신의 희망을 더욱 확고히 하고 이를 실천에 옮길 수 있었다. 한마디로 말해 그의 경험에 직접적인 영향을 미친 것은 고전, 좀 더 엄밀히 말해 이번 경우에는 리비우스였다. 그렇다면 과연 편지의 첫 부분에서 페트라르카가 리비우스가 이야기한 필리포스의 사례를 통해 자신의 등정 이유를 밝힌 까닭은 무엇일까?

물론 이에 대한 해답은 이 편지의 모든 부분을 읽고 난 후, 특히 산의 정상에서 그가 느낀 점을 해명한 후에야, 비로소 구해질 수 있다. 그러나 분명하게 확인할 수 있는 사실은, 페트라르카에게 끼친 고전의 지대한 영향이다. 이와 관련하여 그가 베네치아의 어떤 도제Doge에게 보낸 편지는 새삼 새로운 주목을 끈다. 이 편지에서 그는 "호기심을 가지고 많은 사람들의 관습과 도시를 돌아보고 생각하라"는 호메로스의 충고에 따라 자신이 여행하고 또 학문에 매진했다고 이야기한다. 한마디로 말해 그에게 여행이란 "무엇인가 새로운 것을 배우는"[77] 과정이었다. 앞 장의 단테에 관한 논의에서 보았듯이 아우구스티누스 이래의 중세 세계는, 인간의 진리 추구가 호기심이라는 그릇된 욕망에서 비롯된 인간 정신의 매춘과 타락을 상징한다고 혹독하게 비판했다.

하지만 이와 달리 페트라르카는 호기심과 지식의 긴밀한 관계 그리고 그것의 추구를 위한 한 방편으로서의 여행의 가치를 적극적으로 평가했다. 특히 이를 위해 그는 호메로스나 리비우스 등 고전고대의 모범을 차용하고 모방했다. 이것은 그에게 고전고대가 지식의 추구를 인간의 허영과 오만의 소산으로 간주하던 중세적 질곡으로부터 자유로운 세계였기 때문이었다. 지식에 대한 새로운 관념과 고전고대에 대한 호의적인 평가를 고려할 때, 페트라르카의 〈방뚜산 등정기〉는 결코 아우구스티누스적 신학으로만 해석할 수 없는 새로운 세계관의 표현물이라고 해도 지나친 말이 아니다. 즉 그것은 고전에 깊이 감화받고 그것을 모방하려던 르네상스의 산물이었다. 또한 바로 이 점에서 〈방뚜산 등정기〉를 중세의 초월적 순례기와 다른 새로운 세속 여행기로 평가해야 한다.

마치 부활한 필리포스처럼, 이 편지의 페트라르카는 자신의 시각적 지평을 일상의 편협한 한계 너머로 확대시킨다. 앞으로 논의하겠지만 이 점은 방뚜산의 정상에 파노라마처럼 펼쳐진 정경을 둘러보며, 그가 자신의 시각적 비전 앞에 놓인 객관적 외부 세계를 지극히 주관적이고 역사적인 시선으로 해석한다는 점에서 잘 확인된다.[78] 그런데 이를 위해 더욱 중요한 사실 가운데 하나는, 주관적 세계 인식에 앞서 선행되어야 하는 객관적이고 경험주의적인 세계관의 출현이다. 위 인용문에 따르면, 페트라르카는 필리포스의 경험이 사실인지 궁금해 하며, 이를 검증해 보려는 바람을 숨기지 않았다. 그에게 고대의 경험이나 고전문헌은 단순한 경도의 대상이라기보다 검증되어야 하는 경험의 대상이었던 것이다. 훗날 15세기 초반의 브루니Leorardo Bruni가 피에졸레에 올라 피렌체를 내려다보며 이 꽃의 도시를 묘사했듯이, 페트라르카는 경험적 시선을 통해 세계를 굽어 보고 조망하려 한다.[79]

여행의 동기를 밝힌 후 페트라르카는 어떻게 등정의 동반자를 구하게 되었는지 구구하게 설명한다. 여행에 문제가 될 만한 여러 사항을 고려한 뒤, 드디어 그는 자신의 동생 게라르도Gherardo를 산행의 동반자로 결정한다. 게라르도의 선정은 여러 면에서 편지의 뒷이야기를 예기하는 것처럼 보인다. 외부 세계, 즉 다양한 친구들을 염두에 두고 여러 고민을 하다가 결국 페트라르카가 자신의 가족 가운데 한 사람을 선택하기 때문이다. 만약 이 편지를 외부 세계에 대한 여행을 통해 자신의 내부를 돌아보게 되는 자아 탐색의 알레고리로 해석할 수 있다면, 게라르도는 이와 같은 편지의 모티브를 미시적 차원에서 상징하는 인물이라고 해도 무리가 없다. 아울러 이후 편지의 곳곳에서 게라르도가 전도된 페트라르카의 이미지, 즉 페트라르카의 반대 이미지로 나타난다는 점을 고려해야 한다. 그렇다면 실제 각자의 삶에서 성직의 길을 걷게 되는 게라르도와 끊임없이 세속적 명예를 추구하는 페트라르카를 고려할 때, 게라르도라는 이미지를 통해 이 편지가 대립된 두 세계관의 충돌을 암암리에 보여 준다고도 할 수 있다.

〈방뚜산 등정기〉의 두 번째 부분은 지난한 등정 과정 자체에 대한 기술이다. 기대와 달리 험악한 지형으로 인해 페트라르카에게 등정은 그 자체로 하나의 고행이 되었다. 또한 산자락에서 만난 한 노인도 등정의 무익함을 이야기하면서 그들에게 산행을 포기하라고 충고했다. 하지만 젊은 페트라르카는 등정을 포기하지 않았다. 그렇다면 이러한 등정이 지니는 알레고리적 의미는 무엇인가? 시작부터 페트라르카는 자신과 게라르도가 서로 다른 경로를 선택했다고 이야기한다. 어렵지만 정석의 경로를 선택하여 한걸음 한걸음 정상에 다가갔던 게라르도와 달리, 페트라르카는 쉽고 편한 길을 택하게 되었고 그럴수록 정상에서 멀어지게 되었다.

결국 몇 차례 반복된 실수를 거듭한 끝에야 가까스로 페트라르카는 게라르도에게 이를 수 있었다. 그곳에서 게라르도와 함께 즐긴 짧은 휴식 동안, 이 고된 경험을 바탕으로 페트라르카는 "육체적인 것에서 정신적인 것으로a corporeis ad incorporea" 자신의 생각을 전환시킨다. 그리고 다음과 같이 스스로에게 독백을 던진다.

이 산을 오르면서 네게 오늘 자주 일어났던 일이, 너나 다른 이들이 지복의 삶에 도달하려고 할 때 일어난다는 점을 너는 알아야 한다. 하지만 사람들은 이를 쉽게 깨닫지 못한다. 육체의 움직임이 잘 드러나는 반면, 마음의 움직임은 보이지 않고 감추어져 있기 때문이다. 지복이라고 불리는 삶은 높은 곳에 위치해 있고, 오직 좁은 길만이 그곳으로 우리를 이끈다. ……오류로 길을 잃고 난 후에 너는 고통스럽고 힘든 노력 끝에 늦게 지복의 삶의 정상에 올라야 한다. 그렇지 않으면 너는 죄의 계곡에서 네 나태함에 빠지

게 될 것이다.[80]

여기에서 페트라르카는 방뚜산 등정이라는 육체의 경험을 한 후, 지복의 삶에 이르는 길이라는 알레고리적 등반을 머리에 떠올린다. 두말할 나위 없이 육체적인 실제 산행이 오류로 가득 찬 페트라르카의 삶을 반영한다면, 알레고리로 표현된 정신적 등정은 도덕적 완성에 이르기 위한 인간의 지난한 과정을 상징한다. 그의 등정기가 보여 주듯이, 방뚜산에 오르면서 페트라르카는 잘못된 경로를 선택하는 오류를 거듭했고, 이 때문에 게라르도가 가르쳐 준 옳은 길에서 점점 멀어질 수밖에 없었다. 그렇다면 게라르도의 산행 과정이 천상의 세계로 향하는 그리스도교적 순례의 길을 예시하는 것이라면, 페트라르카가 선택한 길은 지상의 헛된 즐거움을 추구하는 세속적 삶의 상징적 메타포로 해석될 수 있다.[81] 이 점에서 게라르도와 페트라르카의 상반된 등정 경험, 그리고 알레고리로 표현된 영적 등반과 실제 육체적 등반 사이의 환유적 관계는, 어쩌면 지극히 전통적이고 심지어 진부하게까지 느껴지는 중세적 메타포를 차용한 것에 지나지 않은 것으로 보인다.

하지만 겉으로 드러나는 이러한 상징적 유사성에도 불구하고 페트라르카의 알레고리와 중세적 메타포 사이에는 커다란 차이가 있다. 쉽게 말해 자기부정을 통해 초월적 진리의 세계에 도달하려는 중세적 재현 양식과 달리, 〈방뚜산 등정기〉에 나타난 육체적인 실제 등정과 정신적 등정 사이에는 뚜렷한 간극이 존재한다는 점이다. 왜냐하면, 만약 실제 등정이 육체적인 것이고 정신적 등정이 도덕적 완성의 추구를 상징하는 것이라면, 결국 이 편지에서 페르라르카가 이러한 이항관계에서 그 역이 결코 성립될 수 없다는 점을 역설하고 있기 때문이다.[82] 이를 고려하면 방뚜산 등정은 그 표면적인 연관성에도 불구하고 결코 영적 등반이 될 수 없다. 즉 그것은 오직 육체적인 인간 활동의 영역에 속한다.

앞으로 좀 더 자세히 논의하겠지만, 이 점은 페트라르카가 이 등정을 통해 게라르도, 그리고 궁극적으로는 아우구스티누스가 제시한 윤리적·그리스도교적 삶으로의 전환을 경험하지 못한다는 사실에서 잘 확인된다. 방뚜산 등정은 그에게 영적인 의미를 지닐 수 없는 세속적·개인적 경험이었고, 이를 통해 그는 중세 그리스도교 세계가 요구하는 도덕적 완성이 아닌 다른 무엇을 기대하고 얻었다. 요약하자면 〈방뚜산 등정기〉에 나타난 등반의 알레고리에는, 영적 완성이나 도덕적 진보를 상징하는 중세적 메타포로서의 '산'이 아니라, 오히려 그에 대한 부정의 메시지가 녹아 있다. 하지만 그럼에도 불구하고 산행의 고된 경험과 그로 인한 명상은 페트라르카에게 새로운 원기를 불어 넣었다. 그는 "믿을 수 없게도 그러한 생각들이 제 마음과 육체에 새로운 힘을 불어 넣었고, 저로 하여금 앞으로의 등정에 남아 있는 그 무엇과도 마주할 수 있게 해 주었지요"라고 디오니지에게 말한다. 한마디로 말해 짧은 휴식과 명상이 페트라르카에게 자신이 밤낮으로 고대하던 정상으로의 등정을 재개하도록 이끌었던 것이다.

그렇지만 페트라르카는 오늘 스스로의 육체적인 노력으로 산행의 모든 난관을 극복하고 있다고 말한다. 그리고 여전히 "불멸의 정신"을 통해 얻은 것이, 왜 "덧없는 인간의 육체를 통해 얻은 것"보다 훨씬 더 안락한 것이 되어야 하는지에 관해 자문한다.[83] 두말할 나위 없이 여기에서 페트라르카는 세속적 삶의 추구와 영적 삶 사이의 기계적 대립에 스스로 회의하고 있음을 숨기지 않는다. 그렇다면 페트라르카에게 산행이라는 육체적 활동과 정신적 고양을 상징하는 알레고리적 등정 사이의 간극이 변함없이 계속되고 있는 셈이다. 그에게 영혼과 정신의 영역은 육체의 세계와는 다른 영역이며,[84] 이 때문에 방뚜산과 그곳에 오르는 등정은 전통적인 중세의 상징적 의미를 상실하게 된다. 다시 말하자면 방뚜산은 그리스도교적 이상향의 상징이 될 수 없다. 또한 마찬가지로 그곳에 이르는 과정 역시 지복의 세계에 도달하려는 인간의 고행이나 순례를 의미할 수 없다. 그렇다면 방뚜산과 방뚜산으로의 여행은 그에게 어떠한 의미를 지니는가?

III. 페트라르카와 창조된 아우구스티누스

이처럼 육체와 정신의 관계에 대해 생각한 후, 드디어 페트라르카는 정상에 오르게 된다. 〈방뚜산 등정기〉의 세 번째 부분은 바로 정상에서의 경험과 뒤이은 명상을 다룬다. 정상에서 맛 본 익숙하지 않은 신선한 공기와 장애물 없이 펼쳐진 광경은 그를 잠시나마 황홀경의 순간으로 빠뜨렸다. 하지만 곧 그는 고전의 세계를 반추하며 자신의 현재 경험에 비추어 아토스Athos와 올림푸스Olypmus에 관해 자신이 알고 있던 것들이 거짓일 수 있음을 확인한다. 이후 그는 시선을 알프스 너머로 옮긴다. 그의 머릿속에 남아 있는 알프스는 한때 로마의 적들이 넘었던 눈 덮인 산악지대였다.

이 알프스를 바라보며 그는 "저는 눈보다 마음으로 보이는 이탈리아의 하늘을 향해 깊은 탄식을 내뱉었고, 다시 한번 제 친구 그리고 제 고향을 보고 싶은 커다란 바람에 휩싸였지요"[85]라고 말하며, 이탈리아에 대한 짙은 향수를 여과없이 표출한다. 정상에서의 첫 장면은 다시 한번 그의 경험주의적 태도를 반영하기에 충분하다. 이것은 그가, 높은 지대에서 바라보는 자신의 경험과 시각적 관점에 기초하여 고대의 저술들이 허구일 수 있음을 확인한다는 점에서 잘 나타난다. 즉, 페트라르카는 경험과 사실에 입각해 스스로의 시각적 관점을 정립하고 그 눈을 통해 세계를 보기 시작한다.

그렇지만 이와 함께 간과할 수 없는 중요한 사실은, 페트라르카가 이러한 시각적·객관적 시각을 스스로의 내면을 돌아보는 심리적 계기로 삼는다는 점이다. 두말할 나위 없이 휴머니스트로서의 페트라르카에게 로마는 정신적 고향이자 영적 요람이었다. 이 점에서 알프스를 보면서 그가 떠올린 장면은 특히 시사적이다. 이 유럽의 지붕을 보며 그의 머리에 떠오른 로마의 적이 바로 카르타고의 명장 한니발이었기 때문이다. 그리고 이를 통해 페트라르카는 현재의 세계뿐만 아니라 영광스러운 로마의 과거를 반추하고 있음을 넌지시 암시한다. 주지하다시피 페트라르카에게 계관시인의 영예를 가져다 준 라틴 서사시 《아프리카누스》는 한니발의 위협으로부터 로마를 구했던 스키피오를 칭송한 작품이다. 그렇다면 그의 이탈리아에 대한 탄식은 곧 로마에 대한 탄식이라고 해도 대과는 아니다.

결과적으로 페트라르카는 공간적·물리적 정경을 관조하던 자신의 시각적 초점을 역사적 지평 너머로 확대한다. 저명한 페트라르카 연구자 마쪼타Giuseppe Mazzotta는, 만약 페트라르카에게서 중세와 단절된 새로움을 발견할 수 있다면 그것은 시간적 차이와 시간의 가변성에 대한 인식이었다고 주장한 바 있다. 그러므로 그는 〈방뚜산 등정기〉를 위시한 페트라르카의 여러 작품에 나타나는 "방랑의 메타포the metaphor of wandering"에는 단순한 공간의 문제를 넘어서는 보다 커다란 의미가 내포되어 있다고 강조한다. 그의 논의에 따르면, 페트라르카에게 방랑이나 여행은 결코 특정한 목적지를 향한 공간적 이동으로만 해석될 수 없다. 또한 그것은 혼탁한 정치 세계의 가변적 상황에서 기인한 단순한 추방의 결과는 더더욱 아니었다. 오히려 그것은 "유령 같은 시간의 흔적을 추적하는 모험"의 과정이었다.[86] 만약 그의 논의를 받아들인다면, 페트라르카의 기행과 기행기는 현실 세계에서 경험하는 공간적 이동을 역사인식으로 전환하는 새로운 세계관의 형성과 그 과정을 보여 주는 것이라고 할 수 있다.

요약하자면 방뚜산 정상에서의 페트라르카의 모습은 하나의 시각을 통해 객관적인 외부 세계를 경험하고 이를 역사적으로 이해하면서 스스로가 담론적 질서의 중앙에 위치하는 새로운 인간의 이미지이다. 하지만 페트라르카는 수사적 기예에 능숙한 전형적인 휴머니스트 시인이었다. 이 때문에 그는 특유의 입에 발린 표현으로 자신을 낮추는 것 역시 잊지 않는다. 이 점은 특히 자연에 대한 경탄이 여전히 세속적인 것에만 관심을 가지고 있는 자신의 한계를 증명하는 것이라고 부끄러워하며 "공간적인 것a locis에서 시간적인 것으로ad tempora" 스스로의 시선을 옮긴다고 말하는 장면에서[87] 잘 나타난다. 하지만 위에서 언급했던 그의 역사적 감각을 고려한다면, 이러한 변화는 그의 명상이나 이 작품의 내러티브 양식에서 벗어난 일탈이나 반전이라기보다 오히려 무척이나 자연스러운 귀결로 보인다.

더욱이 페트라르카에게 시간에 대한 명상은 스스로의 개인사에 대한 검토와 다름없다. 그는 이 편지에서 두 번째로 자기 자신에게 독백을 던지며 다음과 같이 이야기한다.

"이제 네가 젊은 시절의 학업을 포기하고 볼로냐를 떠난 지 10년이 되었다. 오 불멸의 신이여! 오 불멸의 지혜여! 그 기간 동안 얼마나 크고 많은 변화가 있었는가!" 저는 제가 견뎌 온 폭풍우를 평화롭게 회고할 만한 항구에 아직 도달하지 못했습니다. 이 때문에 저는 아직 제가 하지 못한 일에 관해서 이야기하지는 않을 것입니다. 당신이 가장 좋아하는 아우구스티누스를 화두 삼아 제가 적절한 순서로 제 삶을 괴롭혔던 그러한 폭풍우들을 모두 이야기할 때가 아마도 [언젠가는] 올 것입니다.[88]

여기에서 그가 떠올린 아우구스티누스의 문구는 "나는 과거의 내 비열한 행동과 육욕으로 가득 찼던 부패한 영혼을 기억한다"[89]는 참회의 고백이었다. 분명 페트라르카는 아우구스티누스를 인용하면서 오류로 점철되었던 자신의 과거를 반추한다.

하지만 〈방뚜산 등정기〉에서 확인할 수 있는 페트라르카 자신과 아우구스티누스의 명백한 동일시는 오직 여기까지다. 주지하다시피 아우구스티누스의 고백은 완전한 회심 이후에 일어난 스스로의 과거에 대한 회고였고, 이를 통해 그는 모든 그리스도교 공동체에게 새로운 삶의 모델을 제시하려고 했다. 이와 달리 페트라르카의 삶은 진행형이다. 그는 다음과 같이 말한다. "여전히 제게는 고통스럽고 불확실한 것이 남아 있습니다. 제가 사랑하던 것, 저는 그것을 더 이상 사랑하지 않습니다. 하지만 저는 거짓을 말하고 있습니다. 저는 그것을 여전히 사랑합니다, 비록 덜 사랑할지라도. 여기에서도 저는 또 한번 거짓을 말하고 있습니다. 저는 그것을 사랑합니다. 하지만 저는 그에 대해 부끄러워하고 또 슬프게 생각합니다." 긍정과 부정의 거듭된 반복을 통해, 드디어 페트라르카는 여전히 자신의 삶이 아우구스티누스의 가르침과 반대의 길에 있음을 인정한다. 그리고 이것이야말로 어쩔 수 없는 진실이라고 말한다.

이와 같은 페트라르카의 태도는 아우구스티누스에 대한 부정이요 도전이다. 그리고 이 점은 페트라르카가 고대의 세속 작가를 인용하면서 더욱 확고해진다. "미워할 수 있다면 그렇게 하겠지만 그럴 수 없다면 사랑하라"는 오비디우스의 말을 옮기며, 그가 자신의 과거 삶을 은연중에 변호하기 때문이다.[90] 이후 그의 시선은 자신의 현재와 미래에 대한 명상으로 이어진다. 그는 현재 자신의 내면에 자리하고 있는 두 자아의 충돌에 대해 솔직하게 말한다. 그가 여기에서 언급하고 있는 두 자아가 과연 무엇인지를 한마디로 갈음하기는 결코 쉽지 않을 것이다. 하지만 천상의 세계에 대한 동경과 자신이 사랑했던 여인 라우라에 대한 끝없는 열정 사이의 갈등을 노래한 그의 칸초니에레에 비추어 보건데,[91] 이는 세속적 사랑과 영적 사랑 사이에서 갈등하고 있는 스스로에 대한 솔직한 묘사라 해도 무방할 것이다.

하지만 페트라르카는 과거의 오류나 현재의 갈등에 대한 뚜렷한 반성이나 아무런 해결책 없이 미래의 삶에 대해 관조하기 시작한다. 그에게 삶은 중단 없는 갈등의 연속이었고, 연속이며, 또 앞으로도 그리할 것이다. 이러한 맥락에서 그는, 만약 자신이 앞으로 덕의 세계에 더욱 가까이 가게 되고 또 이전의 잘못으로부터 벗어난다고 해도, 평안한 마음으로 죽음을 맞이할 수 없을 것이라는 점을 은연중에 표현한다.[92] 한마디로 말하자면 페트라르카에게 시간에 대한 명상은 자신의 삶에 대한 회고와 반추 그리고 이를 통한 스스로에 대한 변호라 해도 무방하다. 비록 아우구스티누스의 회심을 거울 삼아 과거의 오류, 현재의 갈등, 미래의 삶을 이야기하지만, 〈방뚜산 등정기〉에 재현된 페트라르카는 아우구스티누스가 아니다. 왜냐하면 이 고대인의 가르침을 소중하게 여길지라도, 페트라르카는 그처럼 변화되지 않았고, 그가 보여 준 회심의 삶이 미래의 자신에게 평안과 안정을 가져다 줄 것이라고 확신하지도 못하기 때문이다.

한마디로 말해 페트라르카에게 삶은 여전히 과정인 것이다. 그리고 이 때문에 그는 다른 순간에서나 어울릴 듯한 이러한 생각이 자신이 왜 이곳에 올랐는지를 잊게 했다고 말하며, 다시 자연 환경으로 시선을 돌린다. 이미 해가 기울고 산 그림자가 짙게 내리기 시작했다. 시간적 명상이 다시 공간적 명상으로 돌아온 셈이다. 하지만 자연과 지상의 세계에 대해 경탄한 후, 그는 우연히 언제나 수중에 간직하고 다니던 아우구스티누스의 《고백록》을 읽게 된다. 그의 시선을 사로잡은 것은 "사람들은 높은 산, 바다의 커다란 물결, 드넓은 강, 망망대해, 천체의 운행 등에 대해 끊임없이 경탄하면서도, 자기 자신에게는 소홀히 한다"는 아우구스티누스의 가르침이었다. 그는 다음과 같이 자신이 느낀 바를 디오니지에게 전한다.

[이 구절을 우연히 읽고] 제가 스스로 충격을 받았음을 고백합니다. 더 많은 이야기를 원하던 게라르도에게 더 이상 말을 시키지 말라고 부탁하며, 저는 제 자신에게 화가 나 책을 덮었습니다. 왜냐하면 오래전부터 이교 철학자들로부터 인간의 정신 이외에 더 놀라운 것이 없고 또 그것의 위대함과 비교할 때 그 어느 것도 위대할 수 없다는 점을 배웠음에도 불구하고, 제가 여전히 세속적인 것들을 숭상하고 있었기 때문입니다. 저는 충분히 이 산의 정경을 보았고 이제 시선을 제 자신의 내면으로 돌렸습니다. 이때부터 저희가 산 아래로 내려올 때까지 아무도 제게 말을 걸지 않았습니다. [아우구스티누스의] 구절만이 완전히 저를 사로잡았습니다. 저는 이 일이 우연히 제게 일어났다고 생각할 수 없습니다. 제가 그곳에서 읽은 것은 그 무엇이든지 다른 누구도 아닌 바로 저를 향하고 있었다고 저는 확신했습니다.[93]

페트라르카는 이제 외부의 세계에서 자신의 내면으로 시선을 돌린다. 물론 이러한 그의 변화에 모티브를 제공한 것은 아우구스티누스였다. 하지만 자신의 내면을 돌아보라는 가르침은 결코 아우구스티누스로부터만 얻은 것이 아니었다. 오히려 페트라르카는 아우구스티누스 이전의 고대 철학자들로부터 이미 이러한 교훈을 얻었다. 이 점에서 페트라르카의 아우구스티누스 인용은 역설적이다. 사실 르네상스 휴머니스트들에게 아우구스티누스는 그들이 닮고자 했던 가장 매력적인 고대인 가운데 한 사람이었다. 더욱이 페트라르카에게 그는 최고의 흠모 대상이었다. 〈방뚜산 등정기〉에서 스스로 말하듯이 페트라르카는 언제나 아우구스티누스의 《고백록》을 간직하고 다녔으며, 또 다른 여러 서간에서도 아우구스티누스를 자주 인용하곤 했다.

하지만 페트라르카에게 아우구스티누스는 결코 영적 진보를 위한 모델이 아니었다. 이 점은 페트라르카가 아우구스티누스를 그리스도 교적 모델로서가 아니라 주로 과거에 대한 원천 혹은 권위 있는 고대 인으로 인용했다는 점에서 잘 확인된다.[94] 또한 이 때문에 그는 심지 어 상황적·역사적 콘텍스트를 고려하지 않고 아무런 거리낌 없이 아우구스티누스의 《고백록》을 자의적으로 인용하기도 했다.[95] 그러므로 페트라르카가 묘사한 아우구스티누스는 실제 역사상에 나타난 그의 모습과 달리 윤색되는 경우 역시 적지 않았다.

주지하다시피 만년의 작품이라고 할 수 있는 《영혼의 갈등》은 저자 페트라르카와 아우구스티누스 사이에서 벌어진 가상의 대화를 재현 한 그의 대표작이다. 이 작품에서 페트라르카는 아우구스티누스에게 조언을 듣는 형식으로 자신과 자신의 시대가 봉착한 문제에 대해 논 의한다. 이 점에서 《영혼의 갈등》은 세속적 추구와 그리스도교적 세 계관이 충돌하는 르네상스기의 시대상과, 이 혼란한 세계에 살아가는 인간의 내면적 갈등을 형상화한 작품으로 평가해도 무방할 것이다. 하지만 흥미로운 사실은 이 작품에 재현된 아우구스티누스가 사실 그 대로의 아우구스티누스라기보다 페트라르카에 의해 윤색된, 더 나아 가 저자의 자아재현을 위해 가공된, 새로운 인물로 등장하는 경우가 허다하다는 점이다.

일례로 인간의 자유의지에 관해 논의하는 장면에서, 《영혼의 갈등》 에 재현된 아우구스티누스는 스스로의 열망과 의지로 자신이 또 다른 아우구스티누스로 거듭날 수 있었다고 이야기한다. 이에 대해 작품 속의 페트라르카인 프란시스쿠스는 자신 역시 이 무화과나무 아래에서 일어난 회심의 기적을 잘 알고 있다고 답한다. 여기에서 저자 페트라르카는 《고백록》에 나타난 아우구스티누스의 개종 이야기를 언급하고 있다. 하지만 페트라르카의 인용은 의도적인 각색이라고 해도 과언이 아니다. 《고백록》에 따르면, 아우구스티누스의 회심은 스스로의 강한 열망 때문이 아니라 바울의 서간을 읽다가 경험하게 된 신의 은총의 결과였다.[96] 하지만 이와 달리 《영혼의 갈등》에 등장한 아우구스티누스는 자신의 회심과 관련하여 인간의 의지를 더욱 강조하기 때문이다.

또한 심지어 그는 저자 페트라르카를 변호하기 위해 등장한 권위 있는 인물로 해석될 수도 있다. 방금 위에서 본 《영혼의 갈등》의 첫 대화에서 프란시스쿠스의 대답에 만족을 표하며, 아우구스티누스는 다음과 같이 말을 잇는다.

네가 옳게 그 이야기를 기억하고 있구나. 하지만 어떤 소귀나무도, 어떤 담쟁이덩굴도, 또 심지어 사람들이 아폴로가 사랑했다고 말하는 월계수, 심지어 그 어떤 다른 나무도 네게 더 소중한 것이 되어서는 안 된다. 실제, 여러 시인들이 그리고 너 역시 다른 무엇보다 이 월계수나무를 소중하게 생각한다. 네 시대에는 오직 너만이 그 나무의 잎으로 만든 관을 받을 만한 자격이 있다. 하지만 이보다 그리고 어떤 다른 것들보다 네게 더 소중한 것은 그 무화과나무에 대한 기억이 되어야만 한다.[97]

물론 여기에서 아우구스티누스는 무화과나무를 강조하며 그리스도교적 가치가 가장 소중한 삶의 길임을 프란시스쿠스에게 이야기한다. 하지만 결코 간과할 수 없는 점은, 월계수나무에 관해 이야기하면서, 작품 속의 아우구스티누스가 이와 함께 계관시인의 영예는 오직 페트라르카만이 향유할 수 있다고 지적한다는 사실이다.

무화과나무와 월계수나무의 상징적 의미를 분석하면서 아우구스티누스와 페트라르카의 차이를 분석한 프레체로John Freccero의 논의에 따르면, 각각의 나무는 두 역사적 인물에게 상반된 문학적 기능을 수행하는 의미의 기표였다. 먼저 아우구스티누스에게 무화과나무가 개종의 내러티브를 표현하기 위한 종교적 알레고리로 기능한다면, 페트라르카의 월계수나무는 자아고양 더 나아가 자아재현을 상징하는 문학적 메타포이다. 이를 고려한다면《영혼의 갈등》에 나타난 아우구스티누스의 페트라르카 예찬은 시인 페트라르카가 자기를 표현하기 위해 드라마틱하게 창조한 상상의 순간이며, 이와 마찬가지로 아우구스티누스 또한 저자 페트라르카를 위해 구성된 상상의 이미지라 해도 큰 무리가 없어 보인다.[98] 그러므로 거기에는 개종의 내러티브가 함의하는 진실성과 도덕성이 더 이상 문제시 되지 않는다. 오히려 시인의 자기 확인만이 존재할 뿐이다.

이와 마찬가지로 〈방뚜산 등정기〉 역시 아우구스티누스적 삶의 모델을 따라 스스로의 도덕적 완성이나 그리스도교적 이상향을 추구하는 회심의 기록이 될 수 없다. 오히려 이보다 자기 탐색이 이 편지의 중요한 주제라 할 수 있으며, 이를 위해 페트라르카는 자신이 "어디에 있었고, 어디로 향하고 있고, 또 지금 어디에 있는지," 다시 말해 자신의 경험을 해석하고 이해하며, 또 재현하려고 시도하면서 스스로의 이미지를 구축한다.[99] 이 점에서 이 편지에서 외부 세계를 바라보고 이러한 경험을 바탕으로 자신의 내면 세계를 검토하려는 것은, 지극히 자서전적 내러티브의 양식이라고 해도 대과는 없을 것이다. 또한 이를 위해 모델이 될 수 있는 고대의 텍스트, 즉 아우구스티누스의 삶을, 자신의 경험을 이야기하기 위해 페트라르카가 전유했음이 분명하다. 그리고 이 때문에 여기에서 페트라르카 자신과 역사상의 아우구스티누스의 경험 사이의 동일성이 사라지게 된다. 즉 신을 향해 그리고 모든 그리스도교 공동체를 위해 아우구스티누스가 고백한 개종의 내러티브는, 페트라르카에게서는 자신과 자신만의 공동체를 위한 새로운 이야기로 변화한다.[100]

이를 고려한다면 페트라르카에게 방뚜산과 그곳에 오르는 산행이 지니는 의미는 더욱 분명해진다. 앞서 보았듯이 페트라르카는 경험적인 방뚜산 등정과 영적인 등정을 알레고리적으로 연결하여 자신의 산행 과정을 디오니지에게 전했다. 만약 전자가 후자와 동일시될 수 있는 상징적 메타포라면 방뚜산은 도덕적 완성을 의미하는 것이 되고, 이와 함께 그의 등정기는 중세적 의미에서의 영적 순례기와 다름없게 된다. 하지만 등정 이후에도 그의 삶에는 변화가 없다. 또한 정상에서 자신의 과거사를 뒤돌아보고 난 후에도 그는, 비록 어쩔 수 없이 받아들여야 하는 현실일지라도, 자신의 삶이 앞으로도 변화하지 않을 것임을 숨기지 않는다. 그렇다면 그에게 방뚜산은 도덕적 완성이라는 그리스도교적 세계관의 정화일 수 없다. 오히려 산은 세계를 바라보고 이해하는 시각적 지점, 즉 자신만의 시각으로 세계를 관조할 수 있

는 주체의 눈이 된다.[101]

 그러므로 페트라르카의 방뚜산은 단테가 《신곡》에서 그렸던 연옥
의 정죄산과 뚜렷한 대비를 이룬다. 단테에게 연옥의 정죄산은 그리
스도교적 윤리관에 입각하여 인간 영혼의 영적 등반을 상징하는 순례
적 메타포의 정점이었다. 그럼으로 누구나 그곳에 오를 수 없다. 오직
그리스도교적 겸양의 미덕을 갖춘 사람에게만 정죄산은 그 정상을 허
락한다. 하지만 여전히 세속적 추구를 포기하지 않았던 페트라르카는
스스로의 노력으로 방뚜산에 올랐고, 그곳에서 자신의 눈에 비친 세
계를 관조했으며 또 자신에 대해 명상했다. 이 점에서 방뚜산은 그에
게 특별한 의미를 지닌다. 즉 그는 그곳에서 단일하고 통일된 자신만
의 시각으로 세상을 바라보고 이해할 수 있었다. 터너A. Richard Turner
의 논의처럼, 만약 르네상스기의 풍경화가 외부 세계를 화가 고유의
단일한 시각으로 경험하고 이를 회화적 구조로 표현한 허구라고 한다
면,[102] 페트라르카의 〈방뚜산 등정기〉는 이를 문학적 차원에서 예시한
것이라도 해도 대과가 없을지 모른다. 그는 방뚜산의 정상에서 세상
을 바라보는 자신의 관점을 발견했고, 이를 통해 세상과 자신을 보았
던 것이다.

IV. 자기표현의 기록으로서의 〈방뚜산 등정기〉

오늘날의 여행객은 자신들이 보는 외부 세계에서 잠재적인 역사의 흔
적을 찾으려고 시도하는 경우가 적지 않다. 하지만 페트라르카의 세

대에 그것은 흔치 않은 태도였다. 페트라르카는 이러한 자기 시대의 분위기를 넘어서 자연 광경을 보고 그 속에서 역사를 발견했다. 상상력을 동원해 자연의 세계에 역사를 투사했던 것이다. 이 점에서 휴머니스트로서의 그의 고전고대에 대한 적극적 평가와 수용은, 새로운 "문화적 대안의 가능성the possibility of cultural alternative"을 모색하는 과정이었다고 할 수도 있다.[103]

〈방뚜산 등정기〉에는 이러한 고전에 대한 적극적 태도가, 외부의 물질 세계를 바라보는 경험적 시각과 결합한다. 다시 말해 페트라르카는 역사적 차이라는 틀로 자연 광경을 바라보는 자신만의 관점을 찾았고, 이를 다시 자기 자신을 이해하는 시각적 기준으로 삼았다. 따라서 이 편지에는 급진적인 역사적 감각에 입각해 한 인간이 스스로의 자아를 인식하는 과정이 스며 있다고 해도 틀린 말이 아니다.

사람들은 왜 여행을 하는가? 또 어떤 이들은 왜 스스로의 여행에 대한 기록을 쓰고 남기는가? 이에 대한 답은 셀 수 없을 정도로 다양하게 제시될 수 있을지도 모른다. 하지만 역사적인 시각에서 고려하다면, 적어도 페트라르카의 〈방뚜산 등정기〉는 이전 시대의 그것들과 다른 새로운 여행관과 기행문학의 출현을 보여 준다. 존재론적인 관점에서만 이야기하자면, 고대인들과 중세인들은 기존의 세계관을 확인하는 장치로 여행이라는 모티브를 차용했고, 이 때문에 그들에게 여행 자체의 경험은 부차적인 문제나 다름없었다. 이와 달리 페트라르카는 여행이라는 경험에 자신의 개인적 심리를 투사하고 이를 통해 세계를 이해했다. 이에 따라 기행문의 성격도 변하게 되었다. 즉 선험적 세계관에 기초해 이미 결정된 세계의 객관화가 고대와 중세 기행문학의 주제였다면, 페트라르카는 기행문이라는 장르를 통해 세계를 주체적으로 인식하는 자신의 모습을 기록했다.[104]

결국 그에게 〈방뚜산 등정기〉는 "셀프-패셔닝self-fashioning"을 위한 문학적 자서전이나 다름없다. 두말할 나위 없이 자서전은 스스로의 삶에 일정한 패턴을 주면서 일관성 있게 구성된 이야기이다. 이 때문에 자아가 그 이야기의 핵심이 될 수밖에 없고, 또 적어도 개인사에 관한 이야기인 한 시간이 그것의 기본적인 구성요소가 된다. 또한 시간 속의 자아를 표현하기 위해서는 외부 세계 역시 존재해야 한다. 외부 세계가 한 개인의 주체의식이 발현하는 배경이 되며, 또 이를 통해 한 개인의 경험이 보증되기 때문이다. 그런데 바로 이 내러티브의 일관성은 저자가 취하는 특정한 관점에 따라 좌우된다. 바로 이것에 맞추어 그가 스스로의 삶을 회고하고 해석하기 때문이다. 다시 말해 자서전은 현재의 시점에서 과거에 의미를 부여하는 문학적 창조의 과정과 다름없다.[105] 이를 고려한다면 페트라르카의 〈방뚜산 등정기〉는 자연에 대한 시각을 통해 자신의 과거를 전유한 르네상스 기행문학의 자서전적 특징을 보여 준다.

페트라르카에 관한 이번 장을 마무리하면서 결론적인 마지막 몇 마디 언급이 불가피해 보인다. 〈방뚜산 등정기〉는 결코 중세적 세계관에 입각한 회심의 내러티브가 아니라는 점이다. 이와 달리 그것은 한 개인 특유의 시각과 관점으로 기록된 자전적 자기 탐색의 기록이다. 물론 이를 위해 페트라르카는, 게라르도 그리고 그보다 더욱 중요하게는 아우구스티누스라는 대립적 이미지를 통해, 스스로가 누구인지에 관한 실존적 문제를 제기했다. 이 점에서 그가 게라르도와 아

우구스티누스라는 종교적 거울을 통해 스스로를 표현했다고도 할 수 있다.[106]

하지만 "아우구스티누스에게 세속적 세계관으로부터 종교적 세계관으로의 변화가 갑작스럽게 일어난 격변이었으며 또 역전될 수 없는 현상이었던 반면, 페트라르카에게서 보이는 영적 요인들은 점차 세속인의 세계관으로 변화하게 된다."[107] 또한 등정 과정에서 페트라르카와 대비되는 이미지로 등장했던 게라르도는 산행이 거듭될수록 그 목소리를 잃고 궁극적으로는 페트라르카의 자기에 대한 명상에서 자취를 감추게 된다. 이 점에서 그의 이야기는 종교적 개종의 이야기라기보다는 개종의 아이러니라 할 수 있으며, 심지어 창조적인 시인이 자신을 표현하기 위해 회심의 포기를 스스로 선언하는 글과 다름없다.

요약하자면 〈방뚜산 등정기〉는 처음부터 끝까지 도덕적 진보나 영적 완성이라는 회심conversion의 관념이 아니라 이와 반대되는 전도perversion의 모티브를 담고 있는 세속적 내러티브이다.[108] 크리스텔러 Paul Oskar Kristeller는 페트라르카가 단지 외부 세계를 바라보려는 목적으로 방뚜산에 올랐다는 점에 주목하면서, 〈방뚜산 등정기〉의 페트라르카로부터 근대적 투어리즘의 전조를 발견할 수 있을지도 모른다고 이야기한 바 있다. 그의 논의에 따르면 비록 중세의 수도원적 전통에 입각해 고독과 명상을 강조했지만, 페트라르카가 지향했던 삶의 목표는 결코 수도사의 그것이 아니었다. 오히려 그는 학자 그리고 문학가로서의 삶을 꿈꾸었다. 한마디로 말하자면 그는 중세적 이상을 세속적이고 문학적인 이상으로 탈바꿈시켰다.[109]

이 점에서 그의 자연에 대한 묘사에는 특유의 이중성과 동요가 은밀히 내포되어 있다. 앞서 보았듯이 천신만고 끝에 방뚜산의 정상에 오른 페트라르카는 그곳에서 아우구스티누스를 떠올린다. 그리고 결국 이것이 자연에 대한, 다시 말해 외적 직관의 세계에 대한, 직접적 접근을 가로막는다. 하지만 바로 이 때문에 그는 자연을 자연 그 자체보다 자아를 이해하기 위한 배경으로 향유한다.[110]

하산과 하산 이후의 경험을 묘사한 〈방뚜산 등정기〉의 마지막 부분은 이 점을 무덤덤하게 보여 준다. 페트라르카는 디오니지에게 산을 내려오며 자신이 얼마나 자주 방뚜산의 정상을 뒤돌아보았는지 아느냐고 묻는다. 그리고 그는 그것이 "고원한 인간의 명상에 비교하면 마치 1큐빗의 높이도 되지 않아 보였다"고 적는다.[111] 결국 방뚜산은 그가 도달하려던 높은 이상향이 아니었다. 그것은 단지 세계를, 그리고 보다 중요하게는, 자신을 바라보는 유리한 시각적 지점vantage-point 이었다. 드디어 산을 내려오고 난 후 그는 자신만의 세계로 침잠한다.

그리고 마치 일상의 소소한 일처럼 보이는 이 경험을 그는 다음과 같이 적는다.

밤늦게 저는 새벽에 제가 떠났던 작고 소박한 숙소로 돌아왔습니다. 밤새 빛나던 달빛이 [우리] 방랑객들의 길을 밝혀 주었지요. 하인들이 저녁식사를 준비하는 동안, 저는 그 집의 가장 외딴방으로 홀로 물러났습니다. 서둘러 당장 당신께 이 편지를 쓰기 위해서였지요. 저는 만약 제가 [이 일을] 미룬다면 감정과 장소의 변화로 인해 편지를 쓰려는 생각이 사라질까 염려했답니다. 그러니 사랑하는 신부님 이 편지에서 제가 당신의 눈앞에 아무 것도 숨기지 않으려 한다는 점을 알아 주세요. 저는 당신께 제 전

생애뿐만 아니라 심지어 제 단 하나의 생각도 주의 깊게 보여 주려고 합니다.[112]

자연을 돌아 본 후 페트라르카는 자신만의 세계로 돌아왔고, 또 자신의 경험을 그리고 자기 자신을 디오니지에게 전했다. 결국 그에게 기행은 자신을 돌아보는 과정이었고, 그의 기행문은 자신을 표현하는 문학적 수단이었다.

rthema Bolognese nello Egitto, nella
 nella Arabia deserta, & felice, nella f
ia, nella India, & nela Ethyopia. Le sede
 el viuere, & costumi delle prefate Pro
 uincie. ℂ Et al psente agiontoui al
 cune Isole nouaméte ritrouate;

II 부

작고 위험한 세계
콰트로첸토

개인, 사회,
그리고 권력:
포지오와
조작 대상으로서의
자아

I. 포지오와 위험한 15세기

서장에서 살펴보았듯이 '개인주의' 라는
개념에 입각해 르네상스기 인간의 문제를
일갈했던 부르크하르트의 테제에는 많은
결함이 내재해 있다. 특히 그가 암암리에
강조한 주체와 객체의 엄격한 분리 그리
고 주인과 노예라는 양자 사이의 관계 설
정은, 한 개인과 그를 둘러싼 세계 사이에
복잡하게 작용하는 대화적 관계를 간과한
것으로 오늘날 많은 비판의 대상이 되고
있다.[113] 나는 이번 장에서 이처럼 다소 진
부하지만 여전히 르네상스에 관한 많은
논쟁의 한복판에 있는 르네상스 개인에
관한 문제를 새로운 시각에서 재고하고
수정하려고 한다. 이를 위해 내가 이 장에
서 주목하려는 인물은 15세기 피렌체의
대표적 휴머니스트였던 포지오 브라치올

리니Poggio Braccioni(1380~1459)이다. 특히 그의 여러 저작들을 분석하면서 나는, 그가 재현하는 자아의 이미지가 어떻게 자신과 외부 세계와의 복잡한 상관관계 속에서 형성되는 새로운 인간상을 표출하는지를 규명하고자 한다.

이를 위해 이번 장에서는 이 책의 서장에서 제시한 텍스트 접근법을 적극적으로 이용할 것이다. 다시 말해 텍스트와 콘텍스트의 어느 한 쪽만을 일방적으로 강조해 오던 전통적인 텍스트 접근법에서 벗어나, 양자 사이의 대화적 상호작용 그리고 그 속에 긴밀히 개입하는 저자의 의도authorial intention를 다층적 '연속성'이라는 맥락에서 이해하고, 이를 바탕으로 한 개인과 그를 둘러싼 세계 사이의 관계가 텍스트에 재현되는 양식에 주목하려고 한다. 열정적 고전주의자, 논쟁적 독설가, 라틴 작가, 정치가 등 당대부터 오늘날에 이르기까지 그에게 붙은 많은 수식어가 예증하듯이, 포지오는 하나의 말이나 개념으로 규정하기 어려운 복잡한 인물이었다.[114] 또한 이와 마찬가지로, 그의 여러

작고 위험한 세계 콰트로첸토

작품들에서는 내용상의 모순이나 모호성, 그리고 서로간에 일관되지 못한 진술들이 마치 그를 대변하는 특징처럼 종종 나타나곤 한다.

그런데 여기에서 중요한 사실은 포지오가 노출하는 이러한 문제들이 단순히 그의 사상이나 관념 속에 내재된 모순이나—만약 그것이 아니라면—그의 사상적 풍부함을 반영하는 것이 아니라는 점이다. 오히려 그것은 마치 만화경처럼 변화하는 르네상스의 복잡한 사회상에 조응하는 새로운 인간의 모습을 대변한다. 다소 과장되게 말하자면 15세기 전반의 피렌체 사회는 르네상스라는 새로운 문화가 불러 온 시대적 변화가 가장 통렬하게 표출되고 인지된 격동의 장이었다. 이전 세대가 이루어 놓은 페트라르카 류의 휴머니즘 이상이, 이제 사회 전반의 거의 모든 영역에서 거스를 수 없는 문화의 추동력으로 확고히 자리를 잡아가고 있었으며, 이와 동시에 관념 세계의 혁신적 문화 부흥의 기운에 발맞추기라도 하듯 사회적 신분 이동 역시 더욱 가속화되고 있었다. 물론 이러한 흐름 속에서 사회적 혹은 정치적 구조의 변화 또한 피할 수 없는 현상이었다.

이를 고려한다면 포지오가 표출하는 모순을 단순히 그 자신의 문제로 치부하는 것은 단견이다. 오히려 그 속에는 숨가쁘게 변화하는 외부 환경에 조응하는 능동적이고 탄력적인 인간의 모습이 투영되어 있다고 할 수 있다. 더욱이 바로 이 때문에 역사가들은 바로 이 모순 속에서 외부 세계에 깊숙이 연루되어 살아갈 수밖에 없는 한 개인이 자기를 표현하는 새로운 방식을 포착하는 실마리를 발견할 수 있게 된다. 이를 염두에 둘 때, 분석 범주로서의 자아 개념은 포지오가 재현하는 르네상스 인간 존재방식의 역사적 의미를 밝히는 유용한 틀이 될 수 있다. 무엇보다, 자아 개념을 통해, 본질주의적 관점에 기초한 '개인주의' 라는 틀을 통해 인간과 사회의 문제에 접근하던 전통적 연구의 도식성, 그리고 '주체의 죽음' 이라는 표제 아래 인간 존재의 개념을 사회적·구조적으로 구성된 허상에 지나지 않는 것으로 치부해 버리는 근래 포스트모더니즘의 비역사적ahistorical 인식론의 한계를 모두 극복하는 새로운 시각을 얻을 수 있기 때문이다.

앞으로 보다 자세히 논의하겠지만, 포지오는 자신의 자아를 단지 행위와 사고의 주체로서만 인식하지 않았다. 오히려 그는 이를 하나의 객체로서 재현했고, 이 때문에 그가 재현한 자아의 이미지는 고립된 세계에 존재하는 헤겔적 주인으로서의 개인이 아니라 사회·문화적 관계 속에서 만들어진 역사적 실체로 부상한다. 이를 규명하기 위해 먼저 나는 발라Lorenzo Valla와의 논쟁을 통해 드러난 포지오의 언어관에 대해 고찰하고, 이를 통해 그의 자아재현의 인식론적 토대를 형성했던 존재론적 철학의 문제를 검토할 것이다. 이후의 논의는 보다 구체적인 권력관계 속에서 포지오의 자아재현이 실행되는 '과정' 을 살펴 보는 데에 할애할 것이다. 즉 텍스트적 긴장관계, 다시 말하면 저자의 의도와 이를 통제하는 사회적 영향력 사이의 갈등에서 잉태된 르네상스 자아성의 문제를 당시의 정치적 맥락에서 해석하려는 것이다. 궁극적으로 이를 통해 나는 포지오의 자아재현self-representation이 '조작 가능한 대상으로서의 인간' 이라는 15세기 르네상스의 관념에서 수행되었음을 해명할 것이다.

II. 교차로에 선 수사가: 발라에 대한 포지오의 논박

1451년 로마의 한 학생이 포지오의 서간집에 "야만주의," "모순어법" 따위의 비판적 주해를 달게 되고, 이를 우연히 발견하게 된 포지오는 자신이 그토록 자랑해 마지않던 이 라틴 작품에 대한 이름 없는 젊은 이의 비난에 격노하게 된다. 15세기 중반 르네상스 지식인 세계를 떠들썩하게 만들었던 포지오와 발라의 언어논쟁은 이 우연한 사건에서 시작되었다. 이를 계기로, 포지오가 이 학생 대신 그의 스승이었던 발라와 발라의 언어이론을 비판하는 짧은 논문을 발표하기에 이르렀기 때문이다. 발라의 고전작가들에 대한 불경과 이를 뒷받침하는 언어적 우상주의linguistic iconoclasm에 대한 포지오의 공격으로 포문을 연 이 논쟁은, 이후 각자 다섯 차례, 그리고 네 차례의 비방 논문을 발표하게 되는 수사적 전쟁으로 비화되었다.[115]

그러나 당시 이들이 지식인 세계에서 누리던 영향력과 무게에 걸맞지 않게, 둘 사이의 설전은 순수한 학문적 논쟁을 넘어서, 상대방에 대한 인간적인 비방마저 서슴지 않았던 부끄러운 전쟁에 가까운 것이었다. 특히 이미 노년에 들어선 포지오의 입장은 어떤 심도 있는 내용을 담고 있기보다 학문 세계에서 조금씩 명성과 지위를 얻어 가던 발라에 대한 헛된 시기심에서 비롯된 노욕의 발현으로 오해되기도 했다. 그런데 오늘날의 시각에서 더욱 안타까운 점은, 이 논쟁을 해석하는 후대의 역사가들 역시 이와 같은 편향된 시각에서 벗어나지 못한 채 발라의 입장만을 적극적으로 평가하고 있다는 사실이다. 따라서 그들은 이 논쟁에 나타난 포지오의 입장을, 발라의 언어 비판적 휴머니즘과 대비되는, 알맹이 없는 비역사적, 호고적, 맹목적 고전주의의 부정적인 한 측면으로 폄하해 왔다.[116]

그러나 발라에 대해 포지오가 품었던 적개심은 결코 젊은 경쟁자의 도전에 대한 노지식인의 무조건 반사적 화풀이가 아니었다. 오히려 이 논쟁에 나타난 포지오의 언어관과 고전에 대한 태도에는 한 사람의 수사가-휴머니스트rhetor-humanist로서 그가 느꼈던 정체성 위기의식이 은연중에 녹아 있다. 이 점에 주목한다면, 이 논쟁에 나타난 포지오의 입장을 당시의 지적 맥락에서 검토하고 이를 통해 어떻게 포지오의 언어철학적 입장이 그의 자아재현의 인식론적 토대를 형성하는지를 규명하는 일이 무엇보다 중요하다고 할 수 있다.

페트라르카 이래 15세기 중반에 이르는 르네상스 지성사를 보다 넓은 시각에서 조망할 때, 르네상스 휴머니스트들이 줄곧 자기모순적인 난제에 직면해 있었다는 점은 이 시기를 연구하는 여러 학자들의 주목을 끄는 가장 특징적인 사실들 가운데 하나이다. 한마디로 말해, 그것은 자신들이 강조해 온 수사학적 이상을 어떻게 철학적 확실성의 추구와 종합할 수 있는가의 문제, 즉 '웅변과 진리의 조화'에 관한 것이었다. 특히 15세기 전반, 열정적 고전주의에 입각한 휴머니즘 문화의 만개와 더불어 '언어와 사실 사이의 불안정한 관계'에 대한 인식이 확대되었고, 이 때문에 그들 사이에서 이 문제는 더욱더 첨예한 관심사로 대두했다.[117] 발라에 대한 포지오의 논박은 당시 학문 세계가 봉착했던 이 같은 자기 본령에 대한 회의라는 지적·문화적 콘텍스트 속에서 비로소 올바르게 이해될 수 있다. 다시 말해 포지오의 입장은 언어에 대한 수사학적 탐구의 문제를 철학적 진리의 추구와 연결시키

려 했던 휴머니스트–수사가의 새로운 지적 시도 속에서 잉태된 것이
었다.

이를 고려할 때, 포지오가 다른 무엇보다 발라의 언어이론에 공격
을 집중했다는 점은 당연한 논리적 귀결이었다. 또한 이 점에서 '언어
와 사물과의 관계' 그리고 여기에서 파생되는 '철학과 수사학의 관
계'를 새롭게 정립하는 문제야말로 포지오와 발라를 갈라 놓는 중요
한 분기점이었다. 발라에 따르면, 언어는 관습consuetudo에 지나지 않
으며, 관습은 시대에 따라 변화한다. 따라서 그는, 언어가 권위autoritas
나 이성ratio 따위의 외부 규정에 의해 고정되고 통제되는 것이 아니
라, 언제나 역사적으로 변화하는 살아 있는 실체라고 주장했다.[118] 이
때문에 발라에게 있어, 언어가 실제로 사용되는 방식, 즉 용례usus야
말로 라틴어를 이해하는 가장 중요한 기준이었다.

그런데, 이러한 발라의 언어관에 대해 포지오는 다음과 같이 비판
한다.

라틴어의 고유성, 힘, 의미, 구문 구조는 이성이 아닌 고대 작가들의 권위에
의해 만들어진다. 만약 이 점이 부정된다면, 라틴어의 토대와 근원은 필연
적으로 소멸하게 될 것이다. 용례는 언제나 라틴어를 말하는 교범이었고,
그것은 오직 고대 작가들의 책과 글 속에 담겨 있다. 이 정신 나간 혹평가
[발라]는, 모든 훌륭한 작가들의 권위를 제거하면서, 말에 새로운 의미를 불
어 넣고, 새로운 글쓰기 방법을 도입한다. 그리고 그는 이렇게 뻔뻔스러운
방식으로 다른 모든 이들보다 자기 자신에게 더 많은 권위를 부여한다.[119]

르네상스 휴머니스트들의 수사학에 대한 관심은 언어의 사회적 기능에 대한 자각에서 출발했다. 또한 이 때문에 언어와 그것을 둘러싼 주변 환경 혹은 이와 관련된 지적 전통에 대한 포괄적 이해야말로 그들 언어관의 근간을 형성했던 요체였다.[120] 포지오 역시 이와 같은 일반적인 휴머니스트의 수사학적 언어관에서 예외일 수 없으며, 이러한 맥락에서 발라와 마찬가지로 그 역시 언어의 사회성을 간과하지 않았다. 하지만, 포지오가 견지했던 언어의 사회적 기능에 대한 관념은 결코 발라의 언어지상주의와 동일한 것이 아니었다.

위의 인용문에서 명확히 표현되었듯이, 언어의 자율성을 지나치게 강조하며 모든 언어 외적 요인들을 용례와 분리시켰던 발라와 달리, 포지오가 이성에 대립되는 개념들로 권위와 용례를 하나의 동일한 범주에서 이해했기 때문이다. 한마디로 말해, 포지오에게 용례는 권위와 대립되는 개념이 아니었다. 그러나 이러한 포지오의 입장은 이전에 자신이 제기했던 언어관과 모순되는 것이었다. 실제로 이 논쟁이 시작되기 몇 해 전, 포지오는 고대 로마인들의 언어에 관한 짧은 논문을 발표한 적이 있었다. 그런데 이 글에서 그는, "지식인들은 다른 이들이 용례를 통해 추구하는 것을 이성에 따라 판단한다"[121]라고 이야기하며, 비록 동일한 언어일지라도 모든 사람들이 이를 문법적으로 올바르게 말할 수 있는 것이 아니라는 점을 강조했다.

발라는 이러한 포지오의 언급에 주목하면서, '올바른 언어 용례'라는 문제에 천착하는 포지오의 언어관을 집중적으로 공격했다. 이는 자신을 비판할 때와 달리, 포지오가 이 논문에서는 이성과 권위를 대립관계가 아닌 양립 가능한 개념들로 다루면서, 용례, 이성, 권위 사이의 관계에 대해 일관되지 못하게 진술했기 때문이다.[122] 특히 이와 같은 발라의 입장은, "나는 왜 네가 '보다 정확하게emendatius' 라는 표현을 사용하는지 이해할 수 없다. 나는 어떤 경우에 누군가가 '보다 우아하게ornatius,' '보다 고상하게sublimius' 그리고 '보다 웅변적으로 eloquentius' 이야기할 수 있다는 점을 인정한다. 그러나 '보다 라틴적으로latinius' 라는 말은 받아들일 수 없다"[123]라는 냉소적인 비판에서 잘 드러난다. 여기에서 발라는 포지오의 언어관이 담고 있는 문법적 정확성에 대한 과도한 강조 그리고 거기에서 기원한 엘리트주의적 성격을 지적한다.

발라에 따르면, 언어는 문법적 추론에 의해 통제되는 타율적 매체라기보다 오직 관행에 따라 변화하는 자율적 실체이다. 그리고 이 때문에, 포지오가 주장하는 문법적 정확성에 입각한 올바른 언어 사용이라는 기준은 무의미한 기계적 도식에 불과하게 된다. 그런데 이보다 더 주목해야 할 것은, 이러한 발라의 언어관의 저변에는 말verbum이 사물 혹은 사실res을 반영하기보다 오히려 그것을 구성하는 것이라는 급진적인 관념이 흐르고 있었다는 점이다. 더욱이 이러한 언어관에 따르면, 말과 사물 사이의 의미론적 통합관계는 필연적으로 부인될 수밖에 없으며, 더 나아가 이로 인해 언어가 지시하는 대상, 즉 사물이나 객체의 '객관성' 은 단지 언어에 의해 창조되는 허상에 지나지 않게 된다.[124]

하지만 발라는 자신이 비판했던 바로 그 모순 속에 자신과 뚜렷이 구별되는 포지오 언어관의 중요한 단면이 존재한다는 사실을 간과하고 있었다. 포지오에게 중요한 문제는 발라가 천착했던 언어 자체 혹은 그것의 용례에 대한 문제라기보다, 언어를 사용하는 '사람'에 관한 문제였기 때문이다. 두말할 나위 없이 바로 이 점에서 포지오는, 이성과 용례 사이의 관계에 주목하고 양자의 분리를 강조했던 발라와 달리, '누구의 용례'인가라는 문제에 초점을 맞추었다. 포지오는, 적어도 지식인들에게만 국한할 경우, 이성과 용례 사이에는 어떠한 차이도 존재하지 않는다고 보았다. 그리고 바로 이 때문에 그는 고대 작가들의 작품에서 올바른 라틴어의 용례를 찾으려 했고, 그들에 대한 발라의 불경스러운 태도 역시 참을 수 없었던 것이다. 그러므로 발라의 '언어적 자율주의'에 대한 포지오의 공격에는, 언어의 대상이 언어에 의해 구성된 허상이라기보다, 언어 외적인 세계에 그 자체로 존재하는 객관적 실체라는 존재론적 관점이 담겨 있다.

이러한 맥락에서, 포지오는 발라의 언어이론이 집대성된 《라틴어의 우아함에 대하여Elegantiae linguae latinae》(이하 《라틴어의 우아함》으로 줄임)를 다음과 같이 맹렬하게 공격한다.

가장 정신 나간 그 작품은 우아함뿐만 아니라, 최고의 모호함, 최고의 뻔뻔스러움, 그리고 최고의 야만성으로 가득 차 있다. 모든 내용은 언어의 힘에 관한 논의, 어리석은 현학자의 언쟁, 혹은 일반 길거리에서 행해지는 사소하고, 조야하고, 지각 없는 토론에 관한 문법주의적 논의에 불과하다. 그러므로 가장 어리석기를 원하고, 또 라틴어에 관해 무지하기를 바라는 사람만이 그의 책을 기억하라고 추천한다.[125]

두말할 나위 없이, 여기에서 포지오의 주된 공격은 발라를 당시 지식인 세계의 총아로 떠오르게 만들어 주었던 대표작 《라틴어의 우아함》[가장 정신 나간 작품]에 집중되고 있다. 특히 포지오는 이 작품에서 발견되는 '언어의 힘'에 대한 지나친 강조야말로 발라의 어리석음을 드러내는 증거라고 성토한다. 포지오가 볼 때, 발라는 현학적이고 보잘것없는 말장난을 통해 모든 것에 우선하는 언어의 절대적인 힘을 강조하고 있으며, 이 때문에 그의 언어관은 언어가 지시하는 대상의 초언어적 실체성 혹은 객관성에 대한 인식을 저버리는 위험한 것이었다.

발라와 달리, 포지오는 언어 자체가 아니라 그것을 사용하는 인간에 주목했다. 포지오는 이를 다음과 같이 표현한다.

> [발라]는, 로마어가 지배권을 가지고 있을 때, 바로 그 때, 로마인들도 지배권을 가지고 있었다고 말했다. ……그렇다면 그는 어디에서 라틴어 대신 로마어가 말해졌다고 들었는가? 그렇다면 그는 어디에서 로마어가 지배했다고 배웠는가? 지배하는 것은 인간이지 언어가 아니다.[126]

포지오는, 《라틴어의 우아함》에서 로마어가 지배할 때 로마제국이 세계에 대한 통치권을 행사할 수 있었다고 주장했던[127] 발라의 오류를 직접적으로 거론한다. 마르티넬리L. C. Martinelli가 논의했듯이, 라틴어 대신 로마어라고 말하는 발라의 표현에는, 로마 출신 휴머니스트라는 발라의 국수주의적 경향이 은연중에 깔려 있다. 또한 이 때문에 포지오가 라틴어와 로마어를 동의어로 사용하는 발라의 표현을 힐책하는 것처럼 보이기도 한다.[128]

하지만, 둘 사이의 보다 본질적인 대립은 상반된 언어철학적 입장에서 좀 더 극명하게 두드러진다. 포지오에게 중요한 문제는, 발라가 강조하는 언어의 자율성이 아니고 그것을 사용하는 인간의 방식이었다. 그리고 바로 이러한 맥락에서 그는 언어의 모든 의미 혹은 용례마저 언어 자체가 아닌 인간에 의해 만들어진 것이라고 강조했다. 특히 이와 같은 상반된 언어관에 기초해서, 포지오와 발라는 철학과 수사학의 관계를 서로 다른 방향에서 재정립하게 된다. 발라가 진정한 수사학을 철학과 분리될 수 없는 것으로 파악한 반면, 포지오는 수사학을 철학적 진리 추구의 한 기능으로 파악했던 것이다.

한마디로 말해, 포지오의 언어관에는 사물의 객관적 실재를 전제하고 언어의 지시적 기능을 강조하는 존재론적 철학이 흐르고 있다. 이러한 입장에서 볼 때, 말과 의미 사이의 불일치를 강조하는 발라의 견해는 하나의 우화에 불과하게 된다. 즉, 포지오는 언어 이전에 존재하는 '실체'에 대한 인식을 모든 사유의 출발점으로 보았으며, 발라와의 논쟁에 드러나는 그의 언어관은 이러한 인식론에 뿌리를 둔 것이었다. 그런데 존재론적 인식론에 바탕해서 포지오가 주장했던 언어와 존재의 통합적 관계에 대한 추구는 그의 삶 전반을 통해 서서히 형성된 것이었다.

니꼴로 니꼴리Niccolò Niccoli에게 쓴 젊은 날의 한 편지에서, 포지오는 공중목욕탕에서 아무런 부끄러움도 느끼지 못한 채 외설적인 행위를 즐기는 이국의 관습에 대해 기술한 적이 있었다. 여기에서 그는 "우리와 같은 모든 남편들을 짓누르는 질투라는 이름은 그들 사이에 존재하지 않는다. 그 말은 알려지지도, 듣지도 못했다. ……실체가 존재하지 않는 곳에서 말이 존재하지 않는 것에 대해 놀랄 것이 없다"[129]
라고 이야기했다. 또한 후기의 대표작이라 할 수 있는 라틴 꽁트집
《파케티아이*Facetiae*》의 서문에서, 그는 이 작품을 라틴어로 표현하기
어려운 여러 일들을 모호함 없이 이야기하려는 일종의 실험이라고 기
술하기도 했다.[130] 이러한 포지오의 언급은 말과 인간 경험 혹은 실체
사이의 지시적·통합적 관계에 대한 추구, 즉 푸비니Riccardo Fubini의
표현을 빌려 말하자면 언어의 "탈수사화de-rhetoricization"를 의미하는
것이었다.[131]

요약하자면, '실체 없이 말도 없다'는 것이 포지오 언어관의 기저
를 흐르는 요체였다. 그러므로 언어의 역사성과 언어 용례를 지배하
는 다양한 관습을 강조했을지라도, 포지오는 말과 사물 사이의 관계
를 결코 자의적인 것으로 간주하지 않았다. 또한 그 때문에 포지오의
탈수사학적 철학에 대한 관심은 비단 자신의 존재뿐만 아니라 외부
세계의 다양한 존재들의 객관적 실체를 인정하도록 그를 이끌었다.
존재론적 철학에 대한 포지오의 관심은 급격한 정치, 문화적 변동에
서 촉발된 내적 갈등을 조율하기 위한 인식론적 성찰의 결과였다. 다
시 말한다면, 그것은 기존의 사회 질서 특히 한 존재와 외부 세계를
정의했던 경계가 무너지면서 객관적으로 존재하는 외부 세계와 자신
사이의 새로운 관계 설정이 필요하게 된 상황에서 일어난 한 지식인
의 자기 각성의 표현인 것이다.

스트루버Nancy S. Struever에 따르면, 포지오의 전 생애는 진리에 대
한 수사적 추구가 야기할 수 있는 해악, 즉 언어에 대한 지나친 강조
가 인간 사회에 가져올 수 있는 혼돈과 무질서에 대한 깨달음과 함께

생겨나기 시작한, 수사가-휴머니스트로서의 정체성 위기의식으로 특징된다.[132] 이를 염두에 둔다면, 그의 철학에 대한 관심의 증가는[133] 이 정체성 위기가 불러온 내적 갈등을 반영하는 하나의 지적 반향의 결과라고 해도 과언이 아니다. 그리고 바로 이 맥락에서 포지오가, 발라와 달리 수사학을 철학의 한 기능으로 파악하면서, 수사학 일변도에서 벗어난 새로운 진리 추구의 경로를 모색하게 되었다.

포지오는 한 편지에서 "아무것도 안정된 것도 고정된 것도 없다. 모든 것이 변화한다. 모든 것은 덧없고, 다른 사람들의 힘에 놓여 있다"[134]라고 적었다. 이 편지에서 볼 수 있듯이 포지오의 철학에 대한 관심이야말로 외부의 힘에 의해 촉발된 내적 갈등을 조율하기 위한 한 지식인의 지적 성찰의 결과라 할 수 있다. 포지오가 경험하게 된 갈등은, 사회의 거의 모든 영역에서 뚜렷한 경계들로 구분되고 질서 잡힌 이전 중세 시대의 일관되고 명쾌한 우주론적 세계관에서는 결코 자라나기 힘들었던 새로운 문제였다. 그리고 이 점에서 이 갈등을 조율하는 일이야말로 바로 '개체성individuality'에 대한 자각이라는 르네상스기의 시대적 상황이 한 개인에게 부과한 난해한 숙제였다.[135] 위 편지에서 계속해서 그는 자신을 한 명의 몽상가로 묘사하면서, "나의 길에 나 이외는 아무도 없다"라고 담담하게 기술했다.[136]

삶의 어려움은, 자신 외부의 세계 속에서 자신의 위치를 새롭게 자리매김하게 만들었고, 이러한 가운데 포지오는 자신 밖에 존재하는 객관적 실체로서의 자신을 인식하기 시작했다. 모든 존재는 바로 자기에 대한 인식에서 시작하고, 또 그렇게 시작된 존재인식은 자기를 외부 존재들과의 관계 속에서 재현할 때 비로소 설명 가능한 역사적 실체로 부상할 수 있게 된다. 이제 포지오에게 남은 것은 이러한 객관적 실체로서의 자신과 그 외부 세계의 관계를 대화적으로 조율하는 것이며, 이러한 가운데 그의 자아성과 자아재현의 역사성이 그 표면 위로 떠오른다.

III. 사회적 강제와 르네상스 자아성:
《귀족론》과 포지오의 자아봉쇄self-containment

자아를 재현하는 것은 복잡하고 발견적인 정신활동의 과정이자 결과이다. 이를 위해, 한 개인은 자신과 자기를 둘러싼 외부 세계의 관계를 타협적으로 조율하기도 하고, 또 심지어는 자기 내부와 외부의 세계를 서로 대립시키기도 한다. 포지오의 경우, 이렇게 복잡한 자아재현의 실현 과정은 그의 주저 가운데 하나인 《귀족론De nobilitate》에 잘 나타난다. 1440년 포지오가 쓴 《귀족론》은, 당대 최고의 휴머니스트 논쟁가 니꼴리와, 코지모 데 메디치Cosimo de' Medici의 동생이었던 로렌조Lorenzo 사이에 벌어진 '진정한 귀족이란 무엇인가'에 관한 가상의 대화이다. 비록 자아재현 혹은 자아 만들기라는 주제를 표면적으로 드러내지는 않지만, 이 작품은 르네상스기의 한 지식인이 당대의 사회현실에서 표출하는 자아성의 특징과 그것이 내포하는 역사적 의미를 가늠케 하는 몇 가지 중요한 단서들을 제공한다. 특히, 역사적 리얼리티와 문학적 허구 사이의 경계를 넘나들면서 의도적으로 텍스트화된 저자와 그가 다루는 작품의 등장인물 사이의 대화적 긴장관계는, 외부 권력과의 관계 속에서 성장하는 르네상스기의 독특한 자아의 이미지를 보여 준다.

이 때문에, 나는 '진정한 귀족성에 대한 포지오의 관념이 무엇인가'라는 주제적인 측면보다, '그가 어떻게 이것을 외부 세계와의 관계 속에서 재현했는가'라는 텍스트 구성에 관한 문제에 초점을 맞추어 이 작품을 분석할 것이다. 앞으로 자세히 논의하겠지만, 포지오가 재현하는 저자로서의 자아 이미지는 자신과 타자 사이의 현실 권력관계를 고려하면서 창조된 등장인물이라는 새로운 모습으로 텍스트적 공간에 투사된다. 다시 말해, 포지오는 자신 외부의 세계에 선험적·객관적으로 존재하는 '타자'와 그에 의해 통제되고 영향 받는 등장인물로서의 자신을 재현하면서, 더 이상 외부 세계로부터 유리되고 고립된 인간이 아니라 사회적 그물망에 깊숙이 관계하고 또 이를 통해서만 자신의 위치를 확보할 수 있는 객체로서의 자아를 표현했다.

그러므로 저자 포지오와 등장인물 포지오의 사이에는 주체와 객체라는 자아의 이중적 성격이 반영되어 있다. 또한 이와 함께, 등장인물로 '객체화'된 자아의 이미지에는, 이제 단순히 자아의 이중성을 인지한 것을 넘어서, 만들어지고 조작될 수 있는 대상으로서의 자아라는 새로운 관념이 담겨 있다. 이 점에서 포지오의 《귀족론》은, 마르틴John Jeffries Martin이 이야기했던 공적public 혹은 수행적performative 자아라는 새로운 형태의 르네상스 자아성,[137] 그리고 내가 서장에서 수사적·관계적 자아라고 개념화했던 자아의 이미지가 문학 텍스트에 재현된 좋은 예라고 할 수 있을 것이다.

이 작품은 포지오의 빌라로 초대받아 온 로렌조가 예기치 않게 포지오를 조롱하고, 이에 대해 니꼴리가 반박하는 일상적인 장면에서 시작한다. 포지오가 수집한 고대의 조각작품들을 둘러보며, 로렌조는 다음과 같이 포지오에게 농담을 건넨다.

고대의 훌륭한 사람들이 그들 가문의 영광과 고귀함을 드높이기 위해 자신들의 집, 빌라, 정원, 회랑, 토론실 등을 다양한 이미지, 그림, 선조들의 조각상 등으로 장식해 놓았다는 것을 읽고, 자신의 선조에 대한 이미지를 가지고 있지 못한 우리의 호스트[포지오]는, 이 보잘것없고 파편화된 대리석 유물들로 자신의 집과 자신을 존엄하게 만들려고 하네. 이것은 이 수집품들의 진귀함을 통해 자신의 영예가 어떻게라도 후손들에게 퍼져 나가기를 그가 원하기 때문이지.[138]

이와 같은 로렌조의 가벼운 농담에 대한 니꼴리의 반응은 차가울 만큼 냉소적이다. 특히 "만약 그[포지오]가 귀족성을 추구하려 한다면, 그는 깨진 이미지들이나 대리석 파편 덩어리가 아닌 또 다른 원천, 즉 영혼에서 구할 것이네"[139]라고 말하며, 니꼴리는 외면적 형식으로 귀족성을 보여 줄 수 있다고 생각하는 로렌조, 그리고 암묵적으로는 그러한 관행을 따르고 있는 포지오를 함께 비난한다. 아무튼 이러한 니꼴리의 반응에, 로렌조는 그에게 귀족성에 대한 보다 학문적인 견해를 요구하는데, 흥미롭게도 니꼴리는 지금은 이러한 중요한 논의를 하기에 알맞은 시간도 장소도 아니며, 무엇보다 이에 관한 논의가 포지오를 불편하게 만들 것이라고 이야기하며 더 이상의 토론을 원하지

않는다.[140]

이와 같은 첫 장면은 저자로서의 포지오가 당시의 정치·문화적 변동에서 겪을 수밖에 없었던 내적 갈등을 암시한다.[141] 이 점은 무엇보다, 자신의 편에 서서 더 이상의 논의를 거부하는 니꼴리의 말에도 불구하고, 포지오가 이 토론을 지속하도록 니꼴리에게 요구하는 것에서 잘 나타난다. 니꼴리의 거절에, 등장인물 포지오는 다음과 같이 말한다.

> 결코 그렇지 않다네, 니꼴로 ……만약 자네가 우리를 위해 이 불확실한 문제를 해명해 준다면, 그것은 내게 기쁨이 될 것이네. 아는 것은 즐겁고 가치 있는 일이거든. 나는 내가 수집한 이 대리석들로부터 귀족성을 추구할 만큼 어리석지도 또 멍청하지도 않다네. 사람은 다른 경로를 통해 그것에 도달해야 한다고, 나는 생각한다네.[142]

고대 로마인들의 관습에 따라, 선조들의 귀족성이 자신들을 영예롭게 만들 것이라는 믿음 아래, 르네상스의 권력가들은 조상들의 조각상으로 자신들의 집과 궁전을 장식하곤 했다.[143] 그런데 위 인용구에서 드러나듯이, 로렌조의 비웃음에 대응하며, 포지오는 로렌조에 의해 상징적으로 대변되는 르네상스 권력계층과 자신이 다르다는 점을 새삼 강조한다.

하지만 머뭇거리는 니꼴리에게 토론을 계속하도록 요구하는 포지오의 언급에는, 형식적인 물질의 도움으로 귀족성을 과시하곤 하던 동시대인들의 관습에 대한 일차원적인 반대의 의미를 넘어서, 스스로의 마음속에 자리 잡고 있던 귀족이 되고 싶은 현실적인 욕구 역시 숨어 있다는 점을 간과해서는 안 된다. 이 점에서, 등장인물 포지오에게는 두 개의 상반된 감정, 다시 말해 외적 물질들로 귀족성을 과시하던 당대 헤게모니 집단에 대한 혐오, 그리고 이와 동시에 역설적으로는 바로 이들의 방식을 모방하고 있는 자기 자신의 모순적 태도가 재현되어 있다.

첫 장면에 나타난 포지오의 모순적 태도는 이후 이 작품을 통해 해소되지 않는 갈등으로 지속된다. 특히 이후의 논의에서 포지오가 더 이상의 토론에 직접적으로 참가하지 않으면서, 진정한 귀족성이란 무엇인가에 대한 그의 입장은 더욱더 파악하기 어려운 수수께끼로 남는다. 또한 진정한 귀족성에 대한 어떠한 합의된 결론도 제시하지 않은 채 다만 서로 대립되는 두 의견이 충돌하는 대화의 형식으로 구성되어 있기 때문에, 작품이 전개되어 갈수록 저자의 입장을 가늠하는 일은 더욱 힘들어진다.

이 점에서 만약 형식만을 고려해서 이야기한다면, 《귀족론》은 웅변가는 어떠한 입장에서도 자신의 견해를 변론할 수 있어야 한다는 키케로의 '인 우트람쿠에 파르템in utramque partem' 이라는 대화체 이상에 대한 휴머니스트들의 변용과 혁신으로부터의 일탈로 보이기도 한다.[144] 왜냐하면 마치 키케로적 전통에 입각해서 수사가의 자유로운 의견 개진 능력을 시험하는 것이 주된 목적이라도 되는 것처럼, 포지오가 수사적 유동성의 영역에 작품의 주제를 용해시키고 있기 때문이다. 더군다나 이와 비슷한 맥락에서, 그는 《귀족론》의 서문에서 자신의 작품이 귀족성에 대한 궁극적인 해답을 제시하기보다 동일한 주제

에 대한 훗날의 보다 가치 있는 논의를 위한 디딤돌에 불과한 것이라고 적고 있다.[145]

하지만 이와 같은 수사학적 형식에 대한 강조 그리고 이를 뒷받침하는 듯한 포지오의 진술을, 저자로서의 포지오가 자신의 결점이나 주제에 대한 무지를 겸손하게 인정하거나, 만약 그것이 아니라면 진솔하게 이 작품의 수사적 특징만을 설명하는 것으로 해석하는 것은 오류이다. 오히려 포지오는 말로 표현하기 어려운 어떤 자기보호적인 목적 아래 의도적으로 텍스트적 모호성을 창출했으며, 이 때문에 이와 같은 모호함이야말로 포지오의 자아의식이 교묘하게 숨어 있는 문학적 장치라고 할 수 있다. 그런데 포지오의 작품에 구현된 이 텍스트적 모호성은, 르네상스기의 지식인이 자신 외부의 사람들, 특히 권력과의 관계에서 자신의 생각을 조율하고 타협시키는 전략적 기술을 의미하는 것이었다. 이 점에서 나는 여기에서 드러나는 포지오의 주관적인 자아재현 방식을 '자아—봉쇄self-containment'적 자아성으로 부르고 싶다.

실제로 포지오가 이 작품을 쓸 무렵의 피렌체는 엄청난 변화의 시기였다. 정치적으로는 메디치 가문이라는 권력의 성장과 함께 공화국이 자랑해 왔던 자유의 공기가 서서히 소멸되기 시작했으며, 이에 발맞추기라도 하듯 지식인 세계는 한 세대 뒤 플라톤 철학의 만개로 특징되는 새로운 모습으로 변화하고 있었다. 이와 같은 급박한 상황 속에서, 자아재현의 문제는 당대인들이 직면한 긴급하면서도 난해하고 또 한편으로는 아주 위험한 주제가 되었다. 특히 정치권력의 개입이 개인 삶의 필연적 조건이 되어 버린 르네상스의 작은 세계에서, 외부 권력이 행사하는 사회적 압력은 한 개인이 외부 세계와 의식적으로 타협하도록 요구하였다. 포지오의 입장에서 다시 이야기한다면, 15세기 중엽의 불안정한 피렌체 사회가 개체로서의 고립된 자아가 아니고 자신을 둘러싼 사회 속에 깊숙이 연루되어 있는 공적 자아로 자신의 정체성을 재고하도록 강제한 것이다. 그렇다면 자아—봉쇄적 자아성은 권력에 대한 인식에서 비롯된 특별한 유형의 자아재현 양태라 할 수 있다.

이를 구체적인 텍스트 분석을 통해 자세히 살펴 보도록 하자.《귀족론》의 주제적 갈등은, 두 대화자 니꼴리와 로렌조 사이의 대립적 견해에서 그 절정에 다다른다. 마치 자신들의 실제 삶을 반영이라도 하듯이, 부富나 가계 같은 물질적·외적 조건에서 귀족성이 발현된다는 로렌조의 주장과 오직 덕virtus만이 진정한 귀족성의 원천이라는 니꼴리의 주장이 이 작품을 통해 어떠한 타협점도 찾지 못한 채 끝없는 평행을 달리기 때문이다. 하지만 이처럼 외견상 단순한 주제를 다루면서도, 포지오는 이전과는 다른 맥락에서 등장인물들의 논리를 개진하고, 이를 통해 궁극적으로 15세기 중반 피렌체의 변화하는 사회상을 투영한다.

중세 후기에 접어들면서 유럽 사회에서 이제 귀족이란 특별한 권리와 의무가 주어진 사법적 실체가 되었으며, 이와 더불어 한 개인의 내적 성격 혹은 자질보다는 신분에 따라 요구되는 외향적 표식이 한 개인의 귀족성을 가늠하는 관건이 되었다. 다시 말해 귀족성은 삶의 방식에 관한 문제라기보다 오히려 출생의 문제가 된 것이다.[146] 그러나 로렌조의 가족과 가계에 대한 강조는 단순히 이러한 중세말의 계보적 관념에 기반하고 있는 것이 아니었다. 그에게 있어, 아니 더욱 중요하게 저자 포지오에게 있어, 귀족성의 원천을 생물학적 혈연의 차원에서 파악하는 것이 더 이상 사회현실에 맞지 않는 진부한 관념이 되어 버렸기 때문이다.

그러므로 로렌조는, "아리스토텔레스의 의견에 동의하며, 나는 귀족성을 얻기 위해서는 단지 덕뿐만 아니라 부, 가정, 나라 그리고 건강과 운명의 지원도 함께 추구해야 한다고 판단하네. 위대함, ……그로부터 우리의 이름과 명예가 향상될 수 있는데, 그것은 부의 도움 없이는 아무것도 아닐 것이네"[147]라고 이야기하며, 단순한 가계나 피의 문제보다 부의 유용성을 적극적으로 강조한다. 여기에서 로렌조는 혈연적 성격 대신 물질적·사회적 조건을 강조하는 아리스토텔레스의 계서적 세계관에 입각해서[148] 귀족성에 대해 설명하고, 또 이를 통해 자신의 견해에 지적·철학적 정당성을 부여한다. 한 인간이 부를 통해 공동체를 위해 봉사하고 궁극적으로는 자신의 도덕적 완성을 이룰 수 있다고 주장한다는 점에서, 일견 로렌조의 입장은 한스 바론Hans Baron이 일찍이 강조했던 시민적 휴머니즘civic humanism[149]의 한 예로 해석될 수도 있을 것이다.

그러나 여기에서 중요한 문제는, 이것을 시민적 휴머니즘의 흔적으로 볼 것인가 아닌가의 문제와 관계없이, 로렌조가 강조하는 물적 조건의 유용성이라는 관념이 당대의 사회적 콘텍스트 속에서 발현된 것이라는 점이다. 단순하게 말해, 로렌조가 아리스토텔레스의 시민사회라는 관념을 토대로 자신의 견해를 피력하도록 텍스트를 구성하면서, 저자 포지오는 귀족성에 대한 고전적 혹은 전통적 관념을 15세기 피렌체의 사회적 맥락에서 전유한다. 그러므로 포지오와 로렌조에게, 부의 유용성은 혈연과 가계라는 중세의 귀족성 관념에 우선하는 것이었다. 요약하자면, 로렌조를 통해 표현된 귀족성에 대한 관념은, 15세기 피렌체가 경험했던 사회적 유동성social mobility의 증가 그리고 이와 함께 성장한 시민적 문화civic culture의 발전과 그 궤를 같이 하는 중요한 역사적 징후라고 할 수 있다.

로렌조의 입장만이 역사적 뉘앙스와 의미를 담고 있는 것이 아니다. 니꼴리 역시 자신의 논지를 당대의 지적 콘텍스트 속에서 개진하기 때문이다. 크리스텔러Paul Oskar Kristeller에 따르면, 덕virtue과 악vice에 대한 엄격한 분리를 통해 복잡한 도덕적 문제를 명쾌하게 설명했던 스토아 철학의 명징성은 르네상스 휴머니스트들에게 상당한 호소력을 지니고 있었다.[150] 하지만 비록 스토아적 입장에 서 있을지라도, 귀족성에 관한 니꼴리의 논의는 전통적인 스토아 철학의 엄격성과 비교할 때 상대적으로 온건한 것이었다. 또한 이뿐만 아니라, 니꼴리는 스토아 철학 이외에도 그 밖의 여러 다른 지적 전통을 혼합하면서 한마디로 정의하기 어려운 철학적 배경 아래에서 자신의 의견을 개진한다. 특히 이 점은, 스토아적 이상의 비현실성을 냉소적으로 비판하는 로렌조에 대한 그의 응답에서 잘 나타난다.

예를 들어, 니꼴리의 플라톤적 관념론에 대한 호소는 물질적 부의 유용성을 아리스토텔레스의 권위를 통해 강조하는 로렌조의 주장을 상쇄하는 이론적 근거가 된다.[151] 이와 더불어, 흥미롭게도 니꼴리는 아우구스티누스적 주의주의에 기반해서 자신의 입장을 더욱 보강한다. 특히 이성의 절대적 역할을 강조하는 스토아주의적 입장에도 불구하고, 니꼴리가 덕에 충만한 삶을 영위하기 위해 꼭 필요한 것이 인간의 의지라는 점을 강조하는 데에서 이 점이 잘 나타난다. 이러한 맥락에서 그는 "우리는 만약 이것[귀족성]이 우리의 판단과 힘 속에 존재하는 것이라면, 이것을 우리의 의지에 반해 철회되거나 소멸될 수 없는 무엇인가로 생각해야 한다네"[152]라고 이야기한다. 다시 말해, 니꼴리의 입장은 르네상스기의 다양한 도덕철학적 경향들을 혼융한 것이었다. 그리고 이 때문에 그것은 현실에도 그리고 엄격한 어떤 철학적 독트린에도 부합하지 않은 의도적으로 이상화된 귀족성에 대한 관념이 된다.

지금까지 간략히 살펴보았던 니꼴리와 로렌조의 견해를 엄밀한 철학적 맥락에서 해명하는 것은 르네상스기의 자아재현이라는 이 책의 주제와 부합하지 않는다. 포지오의 자아재현이 지니는 역사적 의미를 파악하기 위해서는 오히려, 두 견해가 제시되는 역사적 콘텍스트와 저자 포지오의 이에 대한 자각을 보다 중요하게 해석해야 한다. 만약 로렌조의 입장이 인간의 위대함을 표출하는 현실적인 도구로서의 시민적 부의 역할에 주목한 것이라면, 니꼴리가 외견상 표출하는 스토아적 경향은 급변하는 정치·사회적 환경 아래에서 그와 같은 외부의 변화에 결코 동요되지 않는 지식인의 이미지를 극적으로 재현한 것이다.[153] 다시 말해, 로렌조가 아리스토텔레스주의라는 가면 너머에서 '귀족성이란 무엇인가'에 관한 현실적 관념을 제시한다면, 니꼴리의 주장에는 '귀족성은 어떠해야 한다'라는 또 다른 버전의 이상화된 관념이 담겨 있다.

그런데 이 두 입장 모두 귀족성에 대한 포지오의 견해를 대변하지 못하기 때문에, 이들은 현실과 당위 사이에서 정교하게 구현된 이미지들, 즉 포스너David M. Posner의 표현을 빌리자면, "귀족성의 신화 the myth of nobility"[154]라고 할 수 있다. 즉《귀족론》에 구현된 것은 시민적 부civic wealth를 통해 인간성의 고양을 추구하는 현실론과, 덕의 추구를 통한 마음의 평정을 강조하는 당위론의 충돌이라고 할 수 있다. 더욱이 이 신화화된 두 유형의 귀족성의 충돌이 당시 휴머니스트 정신의 대표자인 니꼴리와 피렌체 사회에서 실질적인 정치적 권력을 장악하고 있던 로렌조를 통해 이루어지면서—다시 말해 역사적 리얼리티의 문제와 결부되어 재현되면서—이제 포지오에게 둘 가운데 하나의 입장을 취하는 것은 단순한 선택의 문제가 아니라 권력관계에서 발생한 '생존의 게임'이 된다.

앞서 이야기했듯이, 이 위험한 게임에서 등장인물 포지오는 자신의 어떠한 견해도 피력하지 않은 채 작품의 뒤안으로 사라지고, 로렌조와 니꼴리의 논의 역시 뚜렷한 해결 없이 종결된다. 이와 같은 텍스트적 모호성 그리고 등장인물들 사이의 암묵적인 갈등의 미해소는 저자로서의 포지오가 느끼는 현실인식 속에서 구현된 '의도적 회피'이다. 포지오의 자아성이 표출하는 역사적 의미, 즉 자아—봉쇄는 이와 같은 저자의 '의도적 회피'라는 맥락에서 파악해야 한다. 피상적으로만 볼 때 저자 포지오는, 주장의 완고함이나 긴 논의의 양에 있어서 니꼴리를 이 대화의 주도적인 인물로 부각시키면서, 니꼴리가 자신의 견해를 반영하고 있는 것처럼 그에게 텍스트적 무게를 부여한다.

그러나 이와 같은 니꼴리의 주장에 제동을 걸고 또 간혹 그를 주저하게 만드는 사람이 바로 포지오라는 점을 소홀히 보아서는 안 된다.

르네상스기
이탈리아인들의 자아와
타자를 찾아서

비록 첫 장면 이후, 등장인물 포지오가 더 이상 대화에 참여하지 않는다고 할지라도, 저자 포지오는 무대 뒤에서 대화의 방향을 조절하는 자신의 존재를 독자들에게 상기시키는 문학적 장치를 여러 차례 마련한다. 특히 이 점은 니꼴리와 로렌조가, 등장인물 포지오를 언제나 염두에 두고 자신들의 견해를 개진한다는 데에서 잘 나타난다. 예를 들어, 진정한 귀족성에 대한 장황하고 지루한 철학적 견해를 피력한 후, 니꼴리는 논의를 끝마치기를 원하면서, "그러나 이제 우리는 충분히 이야기를 나누었고, 이제 시간이 이 골칫거리 대화로부터 우리의 호스트[포지오]를 자유롭게 해 줄 것을 권고하고 있네"[155]라고 이야기한다.

그렇다면 왜 니꼴리는 이 대화가 포지오를 불편하게 만든다고 생각하는가? 만약 등장인물 니꼴리야말로 저자 포지오가 창조한 텍스트적 등장인물이라는 점을 감안한다면, 이 논의를 통해 갈등을 겪는 이는 바로 포지오가 아닌가? 아무튼 논의를 중단하려는 니꼴리의 희망은 당연히 로렌조의 야유 섞인 대답에 직면하게 된다. 로렌조는, 만약 이 논의를 계속하기를 꺼려 한다면 니꼴리가 성마른 사람에 지나지 않는 것으로 보일 것이라고 농담을 건네며, "자네는 언제나 다른 사람들에게 반대하기 때문에, 나는 자네에게 놀라지 않네"[156]라고 말한다. 이와 같은 로렌조의 반박에, 니꼴리는 어쩔 수 없이 본격적인 대화를 시작하게 되고, 위에서 살펴 본 두 인물 사이의 철학적 논의는 이제부터 본격적으로 전개된다.

그런데 이와 같은 논의의 한 가운데, 저자 포지오는, 니꼴리로 하여금 앞서 논의했던 이 작품의 첫 장면을 상기시키는 언급을 하도록 텍

스트를 구성한다. 포지오의 빌라를 둘러보며 니꼴리가 다음과 같이
말하기 때문이다.

> 조상들의 동상으로 가득찬 안뜰, 조각과 그림들로 장식된 회랑, 위엄 있는
> 빌라, 새로이 지어진 신전, 그리고 집에 부속된 다양한 장식들은, 보는 사
> 람들에게 귀족성보다는 경이로움만을 불러일으킬 뿐이네.[157]

니꼴리의 언급을 문자 그대로 받아들인다면, 저자 포지오는 외적인
디스플레이를 통해 귀족성을 표출하는 자신을 다시 한번 스스로 노출
하고 있는 셈이 된다. 더욱이 자신을 슬며시 비난하는 인물로 니꼴리
를 등장시키면서, 그는 자신 내부에서 더욱 심화된 갈등을 텍스트에
재현한다.

　포지오와 니꼴리의 대립적 관계가 심화되는 이와 같은 과정을 고려
할 때, 포지오와 로렌조 사이의 텍스트적 긴장관계는 하나의 수수께
끼처럼 보인다. 이를 해결하기 위해서는 다시 이 작품의 첫 장면에 주
목할 필요가 있다. 앞서 이야기했듯이, 포지오가 수집한 고대 유물들
에 대한 로렌조의 조롱과 이에 대한 니꼴리의 반박, 그리고 여기에서
비롯된 포지오의 토론 요구로 이 작품은 문을 연다.[158] 그런데 이때 포
지오는 다음과 같이 로렌조에게 농담을 던지는 것을 잊지 않는다.

> 우리의 로렌조가 나와 농담을 하려고 하네. 그리고 만약 나로 하여금 이 물
> 건들을 하찮은 것으로 여기도록 설득한다면, 아마 그는 이것들을 자기 자
> 신이 가져 가려고 생각하고 있는 것 같아.[159]

여기에서 포지오는 물질에 대한 로렌조의 욕심을 은근히 조롱하며, 자신과 로렌조를 분리시킨다. 이 점에서 포지오와 로렌조의 긴장관계는 이후의 논의를 지속하는 하나의 전제가 된다. 그런데 텍스트가 전개되면서, 세 등장인물들 사이의 갈등은 다각적 긴장관계를 통해 더욱더 복잡해지고 이와 아울러 포지오의 자아 이미지 역시 더욱 불안정하게 표출된다. 위에서 보았듯이 대화의 첫 장면에서, 포지오는 로렌조와 대립되는 인물로 자신을 등장시켰다. 그러나 물질적 외양으로 자신의 집을 장식하고 있는 것에 대한 니꼴리의 언급과 이들의 무용성에 대한 그의 거듭된 강조는, 단순히 로렌조에 대한 논박일 뿐만 아니라 등장인물 포지오의 역설적인 모순을 노출하는 것과 다름없다.

따라서 진정한 귀족성에 대한 자신의 견해를 뚜렷이 제시하기보다, 저자 포지오는 여러 텍스트적 장치를 통해 모호하고 역설적인 존재로 자신을 객체화한다고 볼 수 있다. 그렇다면 포지오는 왜 혼돈되고 모순적인 존재로 자신을 재현하는가? 여기에는 직접적이고 절대적인 차원에서 귀족성을 개념화하는 것이 야기할 수 있는 위험성에 대한 포지오의 자각이 스며들어 있다. 다시 말해, 포지오에게 이 문제에 직접적으로 대답하는 것은 권력과의 갈등을 초래하는 위험한 일이었다. 이를 염두에 두면 그의 애매모호한 의견 개진이야말로 15세기 피렌체의 불안정한 사회가 강제했던 사회적 정체성 수립의 문제에 대한 포지오 나름대로의 대응방식이었다고 해도 무리는 아니다. 당대 최고의 휴머니스트 가운데 한 사람으로서 포지오는 자신의 학문적 삶에 대한 이상을 포기할 수 없었으며, 이와 동시에 정치권력 메디치 가문의 등장이 결과한 외적 강제력을 무시할 수도 없었기 때문이다.

이러한 상황을 고려한다면, 《귀족론》에 흐르고 있는 니꼴리와 로렌조의 대립은 현실과 당위 사이에서 고민하는 포지오의 존재론적 한계를 상징한다. 다시 말해, 등장인물로서의 로렌조와 니꼴리가 당시의 환경에서 포지오가 구할 수 있는 귀족성의 두 극단을 대변한다면, 등장인물로서의 포지오는 이 둘 사이의 논의 어느 것에도 완전히 동의할 수 없고 그러면서도 이들의 논의에 귀 기울일 수밖에 없는 위축된 자아상을 반영하기 때문이다. 포지오의 자아재현이 함의하는 역사성은 이와 같은 두 측면, 즉 의도적으로 창조된 텍스트의 모호성과 그 속에 재현된 통제된 자아의 이미지에서 특징적으로 발현된다. 요약하자면, 《귀족론》이 보여 주는 텍스트적 불확실성이 권력 앞에서 자신의 생각을 조율하고 타협하는 포지오의 전략적 생존 기술을 의미한다면, '자아-봉쇄'적 자아재현은 권력관계에 대한 각성에서 비롯된 자신을 낮추는 독특한 방식인 것이다. 단순히 말하자면 포지오는 자기보호적인 목적에서 텍스트의 불확실성을 의도적으로 창출했으며, 이속에서 자기억제라는 역설적인 방식으로 자아를 재현했던 것이다. 이점에서, 그가 보여 주는 주관적 자아재현, 다시 말해 '자아억제'는 외부 권력에 대응하기 위한 내적 행위주체agent의 의도적이고 세심한 타협의 산물이었다.

이 점을 이해하기 위해, 포지오와 당시 최고의 권력가 코지모의 관계는 중요한 시사점을 제공한다. 젊은 시절 둘도 없는 친구로서 그들이 보여 주었던 우정은, 역사가들이 포지오를 친메디치적 지식인으로 해석하게끔 하는 중요한 증거가 되어 왔다. 그러나 초기 편지에서 나타나는 코지모 부친에 대한 포지오의 묘사나 코지모의 망명기에 그가 보여 준 우유부단함은, 포지오에게 코지모가 단순한 친구라기보다 자신이 관계 맺어야 하는 후견인, 즉 넓은 의미에서의 정치권력에 가까웠음을 암시한다. 또한 말년에 포지오가 보여 주었던 피렌체에 대한 맹렬한 비판,[160] 반메디치 지식인 마네티Giannozzo Manetti에 대한 우호적인 태도, 그리고 그의 아들이 훗날 반메디치 쿠데타에 가담했던 사실[161] 등을 고려해 볼 때, 비록 코지모와 가까웠던 것이 사실일지라도, 그를 코지모를 정점으로 한 메디치가를 위해 정치적으로 봉사한 휴머니스트로 규정하기에는 무리가 따른다.

이와 같은 포지오와 코지모로 대변되는 메디치 가문 사이의 관계를 염두에 둘 때, 《귀족론》에 스며 있는 텍스트적 모호성은 정치권력과의 관계 속에서 자신의 목소리를 죽이는 저자 포지오의 계산된 과정이면서, 이와 동시에 이들과 관계하는 그의 존재방식, 즉 "위험한 균형"[162]의 추구를 의미하는 것이다. 결론적으로 말한다면, 《귀족론》은 사회·정치적 콘텍스트에서 교묘히 창조된 문화적 인공물이다. 정치권력이 강제하는 현실에 직면해서, 포지오는 전략적으로 끝없이 그들과 소통하고 또 그들에 의해 통제되는 혼동된 지식인으로 스스로를 객체화한다. 그 속에서 포지오의 주관적인 자아재현은 인위적이면서도 정교하게 자신을 낮추는 자아억제의 양태를 띠게 되었다. 한마디로 말하자면, 이 작품에 구현된 자아 이미지는 저자로서의 포지오가 자신이 경험한 외부 권력관계에서 창조해 낸 정교한 산물인 것이다.

하지만 그렇다고 해서 포지오의 자기-봉쇄적 자아성을 그리스도교적 도덕률에 입각해 자아의 완전한 소멸을 강조했던 중세적 관념의 소산으로 해석할 수는 없다.[163] 오히려 그것은 자기를 둘러싼 세계에 대한 반성적 성찰의 결과라 할 수 있으며, 이 점에서 그의 자아는 자신 외부의 세계 속에 존재하는 객체로 재현된다. 초기의 편지들에서 포지오는 자신을 일인칭 주체라기보다는 삼인칭 객체로 묘사하곤 했는데, 이것은 어떤 수사적 목적 아래 포지오가 자신의 자아를 행위와 사고의 주체이면서, 이와 동시에 하나의 객체, 다시 말해 인식과 사유의 대상으로 표현하는 맹아적 형태였다.

한편, 《귀족론》에서는 이와 같은 '자아의 객체화objectification of the self' 라는 관념이 권력관계에 대한 인식에 근거해 복잡하게 텍스트화되고 있다. 즉 권력의 개입을 의식한 저자 포지오가 자신을 권력에 의해 통제되는 등장인물로 다시 재현함으로써, 자신 스스로를 사회관계 내의 객체로 만드는 것이다. 이 점에서 등장인물로서의 포지오는 이 작품에 등장한 다른 인물들과 구별되는 독특한 유형의 이미지이면서, 또 동시에 저자 포지오의 현실 경험에서 만들어진 객체화된 이미지이다. 저자 그리고 등장인물이라는 두 유형의 포지오가 보여 주는 연속적 관계는 포지오의 자아성이 지니는 깊이를 반영한다. 즉 단순히 사회적 강제력에 구속되고 소멸된 자아가 아니라, 이에 적극적으로 반응하는 능동적이고 유연한 자아상이라는 점이다.

IV. 포지오와 만들어지는 자아

일반적으로 말해, 한 개인과 외부 세계 사이의 사회적 관계가 급격히 붕괴하고 또 새롭게 재형성되던 르네상스기 이탈리아의 작고 위험한 세계에서, 인간이 자신을 자신 사고체계 내의 객체로 인식하는 일은 거스를 수 없는 긴급한 사회적 요구가 되었다. 포지오의 자아성은 이러한 사회적 요구에 대한 반응이었으며, 그것이 반영하는 역사성은 그가 정교하게 재현하는 두 버전의 자아, 즉 주체로서의 자아 그리고 객체로서의 자아라는 서로 다른 이미지 속에서 특징적으로 드러난다. 진리에 대한 수사학적 추구와 관련한 포지오의 내적 갈등, 권력과의 균형 잡힌 관계의 추구 등은 모두 새로운 시대, 새로운 자아성의 징후를 보여 주는 흔적들이다.

엘리아스Nobert Elias의 표현을 빌려 말하자면, "자아와 외부 세계 사이의 보이지 않는 벽"은 고정된 것도 그리고 안정된 것도 아니며, 오히려 언제나 끊임없이 변화하는 것이다. 그리고 이 때문에, 한 인간이 자신 내부와 외부 세계를 명확히 구분하는 것은 언제나 풀기 어려운 수수께끼 같은 문제로 남을 수밖에 없다.[164] 이 점에서 볼 때, 포지오가 재현한 자아의 이미지는 불안정하고 유동적인 인간 존재의 한계에 대한 자각에서 출발하여, 자신 스스로를 사회관계 내에서 새롭게 구성해 낸 인공물이라고 할 수 있다. 그리고 이 때문에, 이제 객체로서의 자아는 항상 동일한 것이 아니라 외부 세계와의 관계 속에서 창조되고 조작될 수 있는 다양한 가공의 대상이 되었다.

마지막으로 자아의 객체화라는 관념과 관련해서, 포지오의 텍스트적 자아재현이 르네상스 사회의 극장적 성격theatricality과 밀접하게 연관되어 있다는 점이 지적되어야 한다. 포지오는 사회를 "세계의 극장theatrum mundi"[165]이라는 말로 표현하곤 했다. 이와 같은 언급은 두 가지 중요한 의미를 지닌다. 첫째는 외부인의 눈에 어떻게 보이는가 하는 것이 인간 삶의 성패를 좌우했던 르네상스기의 공적 삶이 부과한 위험성이고, 둘째는 이러한 사회에서 이제 인간은 세계의 극장이라는 무대 위에 서 있는 연기자이며 관객으로 존재하게 된다는 관념이다. 이 점에서, 포지오의 《귀족론》은 텍스트와 콘텍스트 그리고 저자와의 연속적 관계 속에서 구현된 경합의 장, 즉 무대라 할 수 있으며, 여기에 등장하는 포지오는 대중 앞에 노출된 연기자라 해도 무방하다. 포지오는 자신의 여러 작품들을 웅변oratio이라는 이름으로 명명하곤 했었는데, 이를 통해 그가 의도한 것은 대중들 앞에서 자신의 의견을 개진하는 '환영'의 창조라 할 수 있다. 이것은 일종의 '인위성 게임'이다. 그리고 이 게임에서 이기기 위한 자아억제는 외부 세계에 의해 조율된, 절제하는 자아상을 재현하는 삶의 방식과 다름없다.

결론적으로 볼 때, 바흐친M. M. Bakhtin이 이야기한 것처럼, 한 인간의 자기표현이 다른 사람들에게 자신을 하나의 객체로 만드는 것을 의미한다면,[166] 포지오의 자아재현은 이와 같은 객체화의 전형이라고 할 수 있다. 더욱이, 이와 같은 포지오와 외부 세계의 대화적 긴장관계에는, 그가 외부 세계와 소통하는 대화적 방식이 스며들어 있다. 포지오에게 자신과 외부 세계 사이의 경계는 선험적으로 주어진 것이고, 타자는 언제나 경계선 너머의 세계에 존재한다. 그렇다면 다른 사람과 소통하는 유일한 방법은 그들의 세계로 들어가는 것이 된다. 이 점에서 포지오의 자아재현은 자아와 타자 사이의 경계를 허무는 과정을 의미하는 것이기도 하다. 그러므로 그의 자아 개념이 함의하는 것은, 자신의 자아를 고립된 유형으로 묘사하기보다 사회적 관계들 속에 다시 편입시킴으로써 새롭게 그것의 이미지를 만드는 과정이다. 이 점에서 자아의 이중성을 인식했으면서도 이를 다시 분리하려 했던 아우구스티누스나, 외부 세계로부터 단절된 자아의 고양을 강조했던 페트라르카와 달리, 포지오는 주체-객체의 대화적 관계를 새롭게 텍스트에 재현한 인물로 평가될 수 있다.

극장으로서의 사회,
연기자로서의 개인:
알베르티의
다원적 자아재현

I. 15세기 이탈리아의 카멜레온,
   알베르티

말 그대로 전환기라고 표현될 수밖에 없
는 이 새로운 세기의 초입에, 흔히 '포스
트post'라는 접두어를 통해 총칭되곤 하는
인식론적 도전은 학문 세계의 거의 모든
영역에서 거침없는 폭발력을 행사하고 있
다. 그리고 이들이 야기한 혼란의 틈바구
니 속에서, 기존의 신념이나 이념들이 하
릴없이 무너지는 것을 목격하는 것도, 이
제는 더 이상 낯 선 현상이 아닌 듯하다.
주지하다시피 역사학 분야로서의 르네상
스도 이러한 도전과 그것이 결과한 혼란
을 피해갈 수 없었다. 근대성에 대한 회의
라는 포스트모던 담론의 공격 아래에서,
지금까지 당연하게 여겨져 왔던 르네상스
의 화려한 이미지들이 점차 퇴색하게 되

었을 뿐만 아니라, 여기에서 한걸음 더 나아가 르네상스의 어두운 그림자들이 그 자리를 대신하기에 이르렀기 때문이다.[167] 이 와중에서 오늘날의 여러 르네상스 연구자들은 그동안 정설로 받아들여져 왔던 부르크하르트의 르네상스에 대한 여러 테제들을 19세기적 관념론이 잉태한 신화에 불과한 것으로 비판하고 있다. 또한 서장에서 보았듯이 특히 이러한 맥락에서 그들은 "영적 개인의 탄생"이라는 그의 기념비적 테제를 더 이상 존립할 수 없는 진부한 개념으로 희화화 하고 있다.

이러한 사학사적 변화에 주목할 때 부르크하르트가 르네상스인의 전형으로 평가했던 레온 바티스타 알베르티Leon Battista Alberti는 르네상스 개인의 문제를 새롭게 조망하는 유용한 시금석이 될 만하다. 알베르티가 문학작품 속에 재현한 여러 등장인물에 대한 이미지를 분석하면서 한 개인과 그를 둘러싼 사회 사이의 대화적 상호작용, 그리고 거기에서 배태될 수 있었던 르네상스 '자아성selfhood'의 문제를 해명하는 역사적 실마리를 발견할

작고 위험한 세계 콰트로첸토

수 있기 때문이다. 이전 장에서 살펴 본 포지오Poggio Braccolini가 언급한 "세계의 극장theatrum mundi"[168]으로서의 사회라는 관념이 르네상스인들의 사회관을 지배했던 문화 코드의 상징적 표현이라면, 알베르티는 한마디로 이를 데코룸decorum이라는 휴머니스트의 문학적 이상과 결합해 텍스트에 정교하게 재현한 인물이었다.[169]

일찍이 부르크하르트가 지적했던 것처럼, 알베르티는 어떠한 섣부른 일반화도 거부하는 다양한 능력과 다채로운 경력의 소유자였다. 이 때문에 그와 가장 가까운 친구였던 신플라톤주의 철학자 란디노 Cristoforo Landino는, "어디에 알베르티를 위치시켜야 하는가? 그는 과연 어떤 지식인의 범주에 속하는가? 아마 당신은 물리학자들 가운데라고 말할 수 있을 것이다. 나는 기꺼이 그가 자연의 비밀을 연구하려고 태어났다는 데에 동의한다. 그가 알지 못하는 수학의 다른 어떤 분야가 있는가? 그는 기하학, 산수, 점성술에 대해 알고 있었다. [또한] 그는 한 사람의 음악가였다"라는 말로, 알베르티를 규정하는 데에서 오는 어려움을 표현하기도 했다. 분명 란디노의 눈에 비친 알베르티는 시대가 요구했던 다양한 사회·제도적 콘텍스트에 맞추어 개인적인 문제들을 성찰하고, 이를 바탕으로 끊임없이 자신의 색깔을 바꾸었던 "카멜레온" 같은 인물이었다.[170]

알베르티에 대한 이러한 당대의 평가가 시사하는 것은 과연 무엇인가? 그레이슨Cecil Grayson이 주장하는 것처럼 그러한 알베르티의 변화무쌍함이나 다재다능함을 그가 다른 동시대인들과 구별되는 고립된 천재였다는 점을 증명하는 역사적 징표로 받아들여야 하는가?[171] 아니면, 알베르티의 도덕철학적 관념과 실용주의적 사고방식 사이의 괴리에 주목하면서 가린Eugenio Garin이 강조했던 것처럼, 이를 한 개인의 내부에 존재하는 모순이나 한계로 이해해야 하는가?[172] 물론 이러한 질문들에 대해 한마디로 대답하는 것은 불가능할지도 모른다. 하지만 분명한 사실은 그의 문학작품 속에 흐르는 하나의 공통 요인을 먼저 이해해야만 비로소 그러한 질문들에 효과적으로 접근할 수 있다는 점이다.

그래프톤Anthony Grafton은 이를, 자신을 둘러싼 정치적, 사회적, 지적 환경에 대한 냉철한 인식을 통해 알베르티가 유지하려 했던 "균형"의 추구라고 주장한 바 있다. 특히 그에 따르면, 이 균형이라는 관념은 단순히 이상적 도덕률에만 제한되었던 것이 아니라, 데코룸이라는 휴머니즘의 이상과 결부되어 그의 여러 예술작품들에서도 일관되게 나타나는 알베르티의 삶과 사고의 요체였다.[173] 이를 고려할 때, 알베르티의 도덕적 이상주의와 실용적 현실주의 사이에서 발견되는 모순만을 일방적으로 강조하는 것은, 그를 통해 르네상스의 자아성 문제를 살펴 보려는 이 책의 목적에 부합하지 않는다. 오히려, 이와 같은 갈등과 모순을 알베르티의 자아 관념이 발생하고 발현되는 본유적 토대로 간주하고, 이를 통해 르네상스의 작고 위험한 세계에서 다른 사람들에게 인정받고 그들의 호의를 얻기 위해 외부 상황에 맞추어 끝없이 자신을 변화시키는 능동적인 자아상을 포착해야 한다.

알베르티의 거의 모든 도덕적, 풍자적 작품들에는 자신의 실제 경험이 스며들어 있다. 또한 바로 이 점에서, 지울 수 없는 자서전적 어조로 채색된 개인적 드라마personal drama라는 유사한 서사 구조가 이들 모두를 관통한다고 해도 과언이 아니다. 요약하자면, 자신의 작품 속에 여러 준-자서전적quasi-autobiographical 인물들을 등장시키면서, 알베르티는 자신과 사회 사이의 긴장관계나 현실과 이상 사이의 괴리를 텍스트에 투사했다.[174] 그러므로 텍스트적 등장인물로 그가 재현한 자아의 이미지는 세심하면서도 기민하게 사회적 압력에 대응하는—다시 말해 극장으로서의 사회 속에 의식적으로 살아가야 했던—새로운 르네상스 인간상의 발현이라고 할 수 있다. 그렇다면 한마디로 규정하기 어려운 알베르티의 변화무쌍함을 그의 모순이나 천재성의 일차원적 반영으로 일갈해 버리기보다, 오히려 이를 더욱 복잡해진 사회환경속에서 외부 세계와 조우하고 타협해야 하는 한 개인의 존재론적 위기감이 표출된 일종의 대응양태로 해석하는 것이 타당해 보인다.

사회사적인 측면에서 볼 때, 15세기의 피렌체는 능력에 따른 신분의 이동이 더 이상 일탈로 여겨지지 않는 '사회적 유동성social mobilization'의 세계였다. 메디치Medici가의 부상, 다티G. Dati의 신분 상승, 그리고 브루니L. Bruni의 자기 시대에 대한 묘사가 예증하듯이,[175] 물론 이러한 사회적 신분 이동은 전통적인 신분 질서의 붕괴를 의미하는 것이었다. 하지만 이러한 변화는 역설적으로 당시의 사회가 치열한 경쟁의 시대였으며, 이와 동시에 의도적인 자기포장의 시대였음을 반증한다.

앞으로 본격적으로 논의하겠지만, 이러한 새로운 환경 아래에서, 알베르티는 다른 이들의 눈에 가용하고 받아들여질 수 있는 이미지로 자신을 재현하려고 노력했다. 그리고 그 결과 그의 여러 작품에는 극단적인 주체의식이나 에고이즘에 충만한 개체로서의 자아가 아닌, 언제나 주위 상황에 맞추어 변화하는 가변적이고 다원적인 자아상이 재현되어 있다. 이 점에서 알베르티는, 주체subject이면서 동시에 객체object로서 존재할 수밖에 없는 자아의 이중성을 인지하고, 이를 바탕으로 인위적으로 조작될 수 있는 대상으로서의 자아를 문학 텍스트에 객체화했다고 할 수 있다. '균형의 추구'가 작고 위험한 르네상스의 '극장성theatrical' 사회에서 자신을 지켜 보고 평가하는 사회적 압력에 대한 한 개인의 자기-보호적self-protective 성찰의 반영이라면, 극장으로서의 사회에 살고 있는 연기자로서의 개인이라는 관념이야말로 알베르티가 표출하는 르네상스 자아성의 핵심 관념이었다.

II. 개인과 사회, 현실과 이상, 그리고 갈등하는 인간

알베르티의 여러 작품들에는 자신과 자신을 둘러싼 사회 사이의 심오한 긴장관계가 여과없이 표출되어 있다. 1437년과 1438년 사이에 알베르티가 직접 쓴 것으로 추정되는 자서전은 이와 관련해서 앞으로의 논의를 위한 훌륭한 출발점을 제공한다. 이 작품에서 3인칭 서술자의 목소리로, 알베르티는 다음과 같이 자신에 대해 이야기한다.

> 어떤 점에서도, 심지어는 암암리에도, 다른 사람들의 비판을 모면하기 위해서, 반복하고 반복해서, 그는 아주 열심히 자신의 행동에 주의를 기울였다. 그는, 모략가들은 인간 삶에 가장 악의적인 면을 쏟아 붓는다고 말하곤 했다. ……따라서, 삶의 모든 면에서, 모든 제스처에서, 모든 말에서 그는 선한 의지를 가진 선한 사람이 되기를, 또 그렇게 보이기를 원했다.[176]

위 인용문에서 알베르티는, 과거 자신의 암울했던 경험에 비추어, 다른 사람들의 거센 비판을 피하기 위해 자신이 어떻게 행동했는지에 대해 간략히 언급한다. 그런데 여기에서 알베르티가 강조한 것은, 단순히 어떻게 행동할 것인가의 문제라기보다 다른 이들의 눈에 자신의 행동을 '어떻게 보이도록 할 것인가'의 문제였다. 자신을 평가하는 외부의 시선이 그에게 더욱 중요하게 여겨졌기 때문이다. 더욱이 이러한 맥락에서, 알베르티는 "인위적인 것에 인위적인 것을 더함으로써, 이를 통해 아무것도 인위적으로 보이지 않게 만들면서,"[177] 다른 이들의 눈에 거슬리지 않도록 자신이 최대한의 노력을 기울였다고 덧붙인다.

이전 장에서 살펴 본 포지오의 경우에서처럼 외부의 시선에 대한 자각과 성찰은 르네상스 자아의 특징적인 면모가 자라날 수 있었던 자양분과도 같은 것이었다. 이를 고려한다면, 전 생애에 걸쳐 올바른 행동윤리를 함양하고 이를 통해 마음의 평안을 얻으려 했다는 이 자서전에서의 주장은, 현실적이고 실용적인 자신의 또 다른 면모를 위장하려는 일종의 립-서비스처럼 보인다. 앞서 언급했듯이 이것은, 인간의 도덕성이나 도덕적 행위 자체보다, 대중의 눈에 어떻게 자신을 포장할 것인가의 문제가 그에게 다른 무엇보다 중요한 삶의 화두였기 때문이다. 알베르티가 노출하는 외부의 비판과 시선에 대한 이 같은 첨예한 관심은, 두말할 나위 없이 사회가 실제로 운용되는 방식을 현실적으로 깨달은 데서 비롯된 것이었다. 또한 이와 동시에 복잡한 사회관계들 속에서 살아가야만 하는 한 개인의 존재론적 한계에 대한 각성의 결과였다. 다시 말해 인간 삶의 성패가 외부의 판단에 의해 결정되는 르네상스기의 작은 세계에서, 인위적 디스플레이를 통해 외부 세계에 자기를 포장하도록 요구하는 사회적 압력은 결코 무시할 수 없는 삶의 현실이요 조건이었던 것이다.

그러므로 '무기교의 기교artless art'라는 모순어법을 통해서만 알베르티가 표현할 수 있었던 이 행동윤리는, '극장 혹은 무대로서의 사회'라는 르네상스 세계에서 언제나 관객을 의식하고 연기해야 하는 배우로서의 인간이 지녀야 할 기본 덕목이었다. 알베르티의 초기 작품《학문의 유용성과 무용성에 관하여De commodis litterarum atque incommodis》[178]는 (이하《학문》으로 줄임), 어떻게 그가 젊은 시절부터 이처럼 현실적인 인간관과 사회관을 체득할 수 있었는지를 규명하는 중요한 사료 가운데 하나이다. 이 작품에서 알베르티는, 학문 세계에 막 입문한 신출내기 학도로서 감내해야 했던 볼로냐에서의 불운한 경험과 알베르티 가문의 서출로서 겪어야 했던 비참한 과거를 되돌아보며,[179] 지식인으로서의 삶이 한 개인에게 부과한 암울한 현실을 자전적인 색조로 담아 낸다. 이 때문에 일견 이 작품은 서출이라는 이유로 자신을 버린 자기 가족과 그것을 용인한 사회에 대항해 정교하고 수준 높은 라틴어로 쓴 점잖은 형태의 복수vendetta라고 해도 지나친 말이 아니다.

이 점은 특히 이 작품에서 그가 지식의 추구를 통해 얻을 수 있는 덕성의 추구나 도덕적 완성보다 물질적 보상 또는 쾌락이나 부, 명예 따위의 세속적 가치만을 강조하는 사회의 통속성에 대해 서슬어린 비판의 목소리를 아끼지 않는다는 데에서 잘 나타난다. 따라서《학문》의 저변에는, 사회로부터 버림받은 한 지식인의 냉소적 염세주의[180]와 그것을 초월하려는 금욕적·도덕적 이상주의[181]라는 상반된 주제가 불안정에게 공존하고 있다고 보아도 큰 무리는 없다.

두말할 나위 없이 이 주제적 갈등은 주체와 타자 사이의 불안정하면서도 불가분적인 관계에 대한 자각의 반영이다. 다시 말해 자신과 자신의 외부 세계의 관계에 대한 르네상스기 지식인의 현실인식이 텍스트적 긴장관계로 재현된 것이라는 점이다. 이러한 맥락에서 폰테 Giovanni Ponte는, 《학문》을 통해 서양 문학사에서 최초로 지식인이라는 등장인물이 사회계급이라는 맥락에서 조명되기 시작했다고 주장하면서, 이 작품의 가치를 적극적으로 평가한다.[182] 하지만 지식인의 사회적 정체성 혹은 정체성 자리매김identity positioning에 관한 통찰력 있는 시선에도 불구하고, 폰테의 논의는 집단의 구성원이 아닌 개체로서의 한 인간이 겪는 '존재론적ontological' 위기라는 측면을 도외시 한다.

물론 그의 지적처럼 이 작품의 화자는 학문 세계의 대변인을 자처하면서 학문적 삶의 이상과 그것이 가져올 수 있는 유용성을 옹호한다. 또한 바로 그 점에서, 《학문》을 르네상스기의 지식인 세계가 만들어 낸 자기 직업의 가치와 효용성에 대한 일종의 선전문이라고 해도 대과가 없을지 모른다. 하지만, 그렇다고 해서 이 작품에 숨어 있는 알베르티의 보다 본질적인 내적 갈등을 집단중심적 직업 소명의식 vocational consciousness이나 그와 관련된 문제에서 기인한 어떤 것으로 해석하는 것은 단견이다. 거기에는 한 개인이 자신을 둘러싼 외부 세계와 어떻게 소통하고 타협할 것인가의 문제, 다시 말해 존재론적 성찰의 문제가 은밀히 담겨 있기 때문이다.

이 작품에서 주인공이 느끼는 좌절이나 분노의 원천은 외부 세계로부터의 고립이다. 더욱이 이러한 '단절'의 파토스는 단지 다른 직업에 종사하는 사람들의 통속성이나 무지 때문만이 아니라, 자기와 같은 직업에 종사하던 다른 지식인들과의 관계에서도 역시 그 뿌리를 두고 있다. 그리고 이 때문에 솔기 없이 이어진 사회에 대한 거침없는 알베르티의 비판으로부터, 진리를 외면하고 헛된 외양만을 추구하던 전도된 지식인들 역시 그 어떤 안식처를 찾을 수 없었다.[183]

그런데 더욱 이 작품을 흥미롭게 만드는 것은, 학문적 삶과 다른 유형의 삶 사이의 갈등과 여기에서 비롯된 지식인의 존재론적 위기의식에도 불구하고, 알베르티가 이 작품에서 이를 해소하려는 어떠한 시도도 하지 않는다는 점이다. 그러므로 자유교양학문liberal arts과 다른 이윤추구적 직업 사이의 근본적 차이에 관한 빈번한 언급과 학문의 세계에 헌신하라는 거듭된 화자의 조언에도 불구하고, 지식인들이 감내해야 하는 지난한 삶의 현실과 소위 학문 세계의 비현실적 이상 사이의 간극은 《학문》에서 어떠한 합의된 지향점도 없이 끝없이 메워지지 않는다.

더군다나 알베르티는, 다른 지식인들의 지적 매춘 행위에 대한 신랄한 비난에도 불구하고, 어쩌면 그러한 행동이야말로 지식인에게 요구된 거부하기 어려운 사회적 현실이라는, 그래서 모순적으로 보이기까지 하는, 자각을 암암리에 노출한다. 특히 이 점은 과연 지식인은 현실 세계에서 어떻게 행동해야 하는가에 관한 애매모호한 언급으로 이 작품이 시작한다는 데에서 잘 나타난다. 이 작품의 첫머리에 알베르티는, 학문적 삶이 야기했던 수많은 불이익에도 불구하고, 진리 자체에 봉사하는 즐거움과 그것을 통해 얻을 수 있는 명예 때문에 자신이 학문적 삶에 헌신해 왔으며, 학문에 종사하는 것이야말로 가장 즐겁고 가치 있는 일이라고 여전히 믿고 있다고 이야기한다.[184]

그러나 알베르티의 다음과 같은 진술에 비추어 보면, 학문적 삶에 대한 이러한 찬가는 말 뜻 그대로 받아들일 수 없는 무엇인가로 퇴색

할 수밖에 없다. 알베르티가 뒤이어 다음과 같이 적기 때문이다.

실제로 나는 이러한 견해와 원칙을 지니고 있었다. 이들은 매우 가치 있는 것이지만, 내가 무엇이 인간에게 실제로 유용한 것인지에 관해 알지 못하는 한, 거의 불필요한 것이다.[185]

비록 어렴풋하지만 여기에서 알베르티는, 학문적 이상과 현실의 삶 사이의 극복될 수 없는 간극과 학문적 삶의 무용성에 대해 인정하고 있다.

알베르티에게 있어 현실과 이상 사이의 괴리는 알베르티의 '문학적 게임'[186]이 시작되는 인식론적 바탕이었다. 그에게 있어, 그것이 바로 결코 해소될 수 없는 인간 삶의 본유적인 토대였기 때문이다. 물론 알베르티는 《학문》에서 대중적이고 일반적인 차원에서 학문적 삶의 이상에 도덕적 우월성이라는 외피를 입힌다. 하지만 역설적으로, 이 외피의 내면에 다시 르네상스라는 위험하고 공적인 세계에 기민하게 대처해야만 했던 지식인의 이율배반적인 모습을 투사한다. 그리고 그것을 통해 알베르티는 개인과 사회, 현실과 이상의 충돌 그리고 조율의 문제를 정교하게 텍스트에 재현한다.

이러한 맥락에서, 저자 알베르티가 창조한 자전적 인물, 즉 텍스트의 화자는 저자 자신의 갈등을 끊임없이 분출하고 또 감추는 이중적인 역할을 수행한다. 따라서 이 작품에는, 은폐와 노출이라는 텍스트적 전술을 통해 저자 자신이 외부 세계와 대화하고 타협하고 또 때로는 거부하는 개인적 목소리가 복잡하게 재현되어 있다. 텍스트에 개입하는 저자의 의도authorial intention라는 측면에서 단순하게 말하자면, 자신의 실제 경험이 반영된 자전적 성격의 인물을 등장시키고 또 그를 이상화된 목소리의 가면으로 위장시키면서, 저자 알베르티는 이 텍스트적 인물을 통해 학문 세계에 대한 자신의 친밀감과 거리감을 지속적인 반복의 형태로 표출하는 셈이다.

이를 염두에 둘 때, 단순한 학문적 삶에 대한 옹호나 적극적 가치 부여만이 이 작품의 핵심 주제라는 점은 재고되어야 마땅하다. 오히려 이 작품은, 데코룸이라는 휴머니즘의 문학적 이상을 전면에 내세우면서, 이를 통해 이상과 괴리된 현실로서의 학문 세계에서 지식인으로서의 저자가 어떻게 행동하고 무엇을 추구해야 하는가에 관한 스스로의 성찰적 질문을 던지고 그에 대한 해답을 모색하고 있다. 그러므로 저자 알베르티와 갈등하는 인간으로 재현된 등장인물 사이의 유비적 관계야말로 이 작품을 이해하는 열쇠이다. 바로 이 등장인물 속에 현실의 압력과 조건에 따라 '중단 없이 변화하는' 알베르티의 자아 이미지가 투영되어 있기 때문이다.

이와 같은 재현방식은 한 개인이 자신의 외부 세계와 대화하고 조응하는 게임이자 경합의 방식이라고 할 수 있다. 이를 보다 명확히 논의하기 위해서는 자아재현이라는 측면에서 간략하게나마 알베르티의 인간관을 살펴 볼 필요가 있다. 르네상스기의 다른 지식인들처럼, 《학문》에서 알베르티는 인간을 지식cognitio과 이성ratio을 보유한[187] 모든 생명체들 가운데 가장 영예로운 존재라고 예찬한다. 그러나 알베르티에게 있어 인간의 존엄성은 어느 누구에게나 언제나 동일하게 주어지거나 고정된 것이 아니었다. 오히려 그것은, "인공적으로 완성되고, 학문과 기민함을 통해 연마되고 정제되면서"[188] 비로소 고양될 수 있는 것이었다.

이러한 알베르티의 인간관은 피코 델라 미란돌라Pico della Mirandola
가 이야기했던, 15세기 후반 버전의 인간 존엄성에 대한 예찬을 예견
하는 것처럼 보인다. 알베르티와 비슷한 맥락에서, 피코가 인간 존재
의 영역을 우주의 계서적 질서 체계 밖에 위치시키고, 이 가운데 어디
에도 속 할 수 있는 '자유'의 관념을 통해 인간의 존엄성을 예찬했기
때문이다.[189] 췌언의 여지없이 피코와 알베르티가 공유했던 관념은 카
멜레온처럼 변화할 수 있는 인간의 가변성이었다. 그들에게 있어 인간
은 자기 자신에 대한 창조자였으며, 이 때문에 자아 자체는 언제나 다
시 빚어지고 만들어질 수 있는 하나의 인공물을 의미했다. 그러나 피
코와 알베르티는 서로 다른 문화적·지적 콘텍스트에서 유사한 관념
을 잉태할 수 있었다. 피코가 명상적 이상이라는 신플라톤주의의 관념
론적 토대 위에 모든 신학적·형이상학적 진리의 종합을 통해 이러한
신비주의적 인간관을 주창할 수 있었다면,[190] 삶에 대한 보다 현실적
이고 실용적인 성찰이 알베르티의 인간관과 세계관에 흐르고 있었다.

앞에서 논의했듯이 젊은 시절의 역경과 시련은 알베르티가 암암리
에 노출하는 현실주의적 세계관의 원천이었다. 그렇다면, 알베르티가
인식했던 대중에게 노출된 현실 사회의 위험성과 여기에서 배태된
'극장으로서의 사회'라는 관념 역시 그의 실제 경험의 소산이라고 해
도 과언이 아닐 것이다. 이러한 맥락에서 만약 어떤 사람이 대중의 의
견을 무시한다면 어떻게 될 것인가라는 질문을 던지며, 알베르티는
의미심장하게도 다음과 같이 이 작품의 헌정자인 카를로Carlo에게 다
른 사람들의 판단에 맞추어 살아 갈 것을 권고한다.

학자들의 명성을 산산조각 내려는 목적으로, 모든 사람들은 끊임없는 적개심을 품고 언제나 기민함을 잃지 않는다. 그러므로 만약 네가 하찮은 농담꾼이나 부랑아로 취급되길 원하지 않는다면, 너는 너 자신의 판단이나 자유가 아닌, 대중들의 가장 신랄한 비판에 맞추어 살아 가야 한다.[191]

위 인용문에서 알베르티는, 다른 사람들의 판단에 맞추어 살아 갈 수밖에 없는 지식인, 더 나아가 인간의 존재론적 한계를 냉정한 어조로 지적하고 있다. 그리고 이 때문에, 위의 진술은 단순히 카를로를 위한 조언이라기 보다, 알베르티가 자기 자신에게 던지는 삶의 화두라고 해도 무방하다.

이 점에서 비록 알베르티가 학문적 삶의 덕과 영예에 관해 길게 강조한다고 해도, 이 작품을 통해 그가 진정으로 전달하려고 했던 것이 결코 한 르네상스사가가 지적했던 '스토아적 이상'이나 '시민적 소명의식'과 같은 이상화된 가치[192]가 아니었음이 분명하다. 특히 이 점은,《학문》에 등장한 서술자가 자신을 둘러싼 사회 그리고 심지어는 자기 자신과도 끝없이 갈등하는 인물이라는 점과, 이와 같은 갈등의 모티브가 학문적 삶의 이상과 그것이 부과하는 현실 사이의 괴리 속에 투영되어 있다는 데에서 잘 드러난다.

한마디로 말하자면 이 작품에서 학문은 어떠한 역경에도 불구하고 반드시 추구해야 할 궁극적인 가치나 목표를 의미하지 않는다. 그렇다면 왜 저자 알베르티는 '학문적 삶'의 가치라는 주제에 그토록 천착하는가? 그것은 바로 학문 세계야말로 지식인으로서의 저자가, 사회적 요구에 맞추어 자기 삶의 방식을 가장 잘 조율하고, 궁극적으로는 그 어떤 다른 분야에서보다 좋은 이미지로 자신의 모습을 재현할 수 있는 공적 영역, 즉 경합의 장이었기 때문이다. 이러한 이유에서, 알베르티는 이상과 현실 사이에서 갈등하는 자신의 내적 고뇌를 위장하고 극화하는 무대로서 학문적 삶의 가치를 이상화된 도덕철학의 수사적 어구로 포장했던 것이다.

《학문》에서와 달리, 알베르티의 보다 진솔하고 세속화된 도덕관념은 그의 또 다른 작품 《가족론Della famiglia》에서 보다 명확히 표출된다. 한스 바론Hans Baron은 《가족론》을 브루니Leonardo Bruni 이후의 세대에게서 시민적 휴머니즘의 관념이 가장 생명력 있게 표출된 중요한 사료로 간주한다. 물론, 이 작품에 나타난 속어vernacular에 대한 강조나 경제적 삶vita economica에 대한 적극적 가치 부여 등을 고려할 때, 바론의 해석은 여전히 유효한 통찰력을 지니고 있다고 할 수 있다.[193] 그러나, 가족사적 경험, 즉 서출로 태어난 자신을 쫓아 냈던 가족들에게 이제는 다시 그들의 호의를 구하기 위해 씌어진 《가족론》의 저술 배경을 감안한다면, 이 작품을 단순히 시민적 휴머니즘의 한 예로만 해석하기에는 여러 무리가 따른다. 오히려 저자의 개인적 경험이 반영되어 있다는 점에서, 이 작품을 올바르게 해석하는 열쇠는 한 개인과 자신을 둘러싼 세계 사이의 긴장관계라는 갈등적 요인이라고 할 수 있다. 다시 말해 이 작품에 은밀히 녹아 있는 것은, 시민적 이상이라는 표피적 관념이라기보다, 자신에게 영향을 미치는 현실 사회의 강제력에 맞추어 자신을 조절하고 통제하는 문학적 제스처, 즉 일종의 '인위성 게임'이다.

그러므로 《학문》에서 도덕적 완성이라는 이름으로 미화된 덕과 명예라는 관념은, 이 작품에서는 다른 사람들에게 보여야 하는, 다시 말해 외적으로 '포장' 되어야 하는 사회적 상호관계 내의 일종의 상업적 교환가치로 부각된다. 알베르티는 "명예는 개인적인 여가otium의 한 가운데서 오는 것이 아니라 공적 경험에서 온다. 영광은 광장에서 생겨나고," "덕은 어떤 종류의 업적을 통해 드러나지 않으면 인식될 수 없다"[194]라고 적는다. 《학문》과 《가족론》 사이에서 발견되는 이 같은 도덕관념의 차이는, 새로운 인간관과 자아관의 변화를 함의하는 것이었다. 냉철한 현실인식에서 비롯된 도덕관념의 변화가 인간에 대한 새로운 관념을 낳게 하는 밑거름이 되기 때문이다.

이후의 논의를 통해 자세히 검토하겠지만, 현실과 이상 사이의 괴리에 대한 자각으로 시작된 도덕적·형이상학적 맥락에서의 알베르티의 내적 갈등은, '어떻게 자신을 외부 세계에 보여 줄 것인가'라는 존재론적·행위론적 긴장으로 발전하게 된다. '자아 만들기'가 한 개인과 그를 둘러싼 사회 사이의 복잡한 대화의 산물인 한, 거스를 수 없는 외부의 힘에 대한 자각과 그것이 가져 온 고뇌는 알베르티의 내부에 침투하게 되고, 이렇게 생겨나기 시작한 내적 갈등은 외부 세계와의 관계를 새롭게 조율함으로써 객체화될 수밖에 없다. 그리고 이렇게 반복되는 갈등의 외화externalization와 내화internalization의 과정을 통해서, 한 인간이 대중 앞에 끊임없이 변화하는 자신을 노출하고, 이를 인위적으로 드러내는 르네상스기 자아의 특징적인 면모가 드러나게 된다.

III. 조작 대상으로서의 다원적 자아

《자서전》에서 알베르티는, 가능한 한 언제나 '무기교의 기교artless art'

라는 역설적인 방식을 통해 외부의 시선에 맞추어 효과적으로 자기를 포장했다고 적었다. 특히 뒤이은 《자서전》의 내용에 따르면, 알베르티는 심지어 저녁식사 중에도 이 분위기에 어울리는 토론 주제를 이끌어 내고 이를 통해 삶의 모든 측면에서 자신이 얼마나 사려 깊은지를 보여 주려고 부단히 노력했다. 두말한 나위 없이 이것은 삶의 모든 부분에서 자신의 진중함을 외부에 보여 주려 했던 알베르티의 치밀한 계산의 결과였다.[195]

재론의 여지없이 《자서전》에서의 이러한 언급은 그의 또 다른 초기 저작 《저녁식사 가운데Intercenales》(이하 《저녁식사》로 줄임)[196]를 염두에 두고 있다. 따라서 이 작품에 나타난 등장인물을 분석한다면, 알베르티의 자아재현이 실행되는 과정과 특징이 반영된 구체적인 텍스트 전략을 확인할 수 있을 것이다. 알베르티는 이 작품 제1권의 서문에서, 저녁식사 도중이나 가벼운 차를 즐기는 가운데 읽히거나 회자되면서, 이를 통해 웃음과 즐거움 그리고 마음의 평안을 얻으려는 실용적인 목적에서 이 작품을 썼다고 기술한다. 하지만 이 작품이 다루고 있는 다양한 주제나 개별적인 이야기들이 구성되는 복잡하고 이질적인 내러티브 기법들을 감안할 때, 《저녁식사》가 단순히 흥미 위주의 가벼운 문학적 즐거움만을 목적으로 저술된 것이 아니었음이 분명하다.

특히 알베르티가 의도적으로 여러 '준–자서전적' 인물들을 창조하고 그들을 통해 현실 사회에 대한 풍자와 조소를 우회적으로 표출한다는 점에서, 이는 더욱 분명해 보인다. 그러므로 지금까지 논의했던 다른 작품들과 마찬가지로, 《저녁식사》의 핵심 주제 역시 알베르티 자신이라고 해도 지나친 말이 아니다.[197] 다양한 신화적·알레고리적 문학기법들을 효과적으로 사용하면서, 바로 그러한 맥락에서 알베르티는 이 작품을 자신의 경험과 고뇌 그리고 여기에서 비롯된 현실주의적 세계관이 담겨 있는 일종의 '개인적 드라마'의 연속극처럼 구성한다.

특히 그가 창조한 여러 허구적 인물들 가운데 고뇌하는 학자로 등장하는 필로포니우스Philoponius, the lover of toil는 가장 상징적으로 극화된 알베르티의 자아상이라고 할 수 있다. 필로포니우스가 처음 등장하는 작품 전체의 두 번째 이야기 《고아Pupillus》에서, 알베르티는 3인칭 화자의 목소리로 위험하고 적대적인 사회에 살고 있는 비참한 지식인으로 필로포니우스를 묘사한다. 제목 자체가 암시하고 또 자신의 삶에 대한 등장인물의 불평이 뒷받침하듯이, 필로포니우스는 의미심장하게 창조된 자서전적 이미지이다. 하지만 필로포니우스는, 《학문》과 《가족론》에 등장하는 다른 자서전적 인물들보다 더욱 처절하게 사회로부터 고립되어 있으며, 이 때문에 그의 어조는 타협과 공존보다는 삶과 사회에 대한 통렬한 분노로 가득 차 있다. 한마디로 말해, 여기에 나타난 알베르티의 사회와 자기 가족에 대한 비판은, 다른 작품들에서 나타났던 스토아적 평안이라는 이상화된 가면을 벗고, 사회로부터 버림받은 한 인물이 퍼붓는 저주와 다름없어 보인다.

그렇다면, 이 '고립된' 개인이 사회와 타협할 수 있는 방법은 과연 무엇인가? 저자의 입장에서 다시 표현하자면, 행위주체로서의 주체성을 잃지 않으면서도 어떻게 알베르티가 고립되고 유리된 자신의 텍스트적 이미지를 사회와 소통하고 타협하는 새로운 존재로 재창조할 수 있을까? 이 난해한 질문에 답하기 위해서는 필로포니우스가 주인공으로 등장하는 다른 두 이야기 《고뇌Erumna》와 《반지Anuli》에 대한 분석이 뒷받침되어야만 한다. 그런데 물론 이 두 이야기들에서도 역시 지식인과 그를 둘러싼 세계 사이의 갈등이라는 주제는 아무런 변화 없이 계속된다.

그러나 이 두 작품은《고아》의 직접적인 진술 방식과 차별되는 알레고리적 극화양식을 따르고 있다. 아울러 주제를 표현하는 텍스트의 구성방식에서도 단순히 한 개인의 긴장이나 갈등을 보여 주는 것에 그치지 않고 이들이 저자의 문학적·주관적 자아재현에 작용하는 담론적discursive 개입 과정을 복잡하게 그려낸다. 더군다나, 알베르티는 이 두 작품에서 필로포니우스를 비롯한 어떠한 등장인물들에게도 자신을 대변하는 일관되고 통합된 목소리를 부여하지 않고, 오히려 다양한 목소리multiple voices들의 조합을 통해 상상력의 세계에 존재하는 다원적인 자아상을 창조한다. 요약하자면, 이 작품을 통해 알베르티는 주관적인 자아재현의 구체적인 결과물보다는 저자 자신이 자아를 재현하는 복잡하고 다원적인 '과정'을 은밀하게 노출한다.

먼저《고뇌》를 통해 이를 확인해 보자. 결과만을 놓고 이야기한다면, 이 이야기는 익명의 조언자 또는 친구와의 가상의 대화를 통해, 필로포니우스가 "현자는 자기 자신이 되기를 원한다"[198]라고 이야기하며, 자신의 주체성을 자각하게 된다는 단순한 내용에 지나지 않는다. 하지만 직선적이고 일관된 진술보다 냉소적인 아이러니와 함께 이 작품이 시작한다는 점은, 이러한 단편적인 해석에 여러 문제가 있음을 암암리에 확인해 준다. 좀 더 자세히 살펴보도록 하자.

이 작품은, 필로포니우스의 고뇌를 달래 주고 그를 위로하려고 방문한 어떤 친구가 비탄에 빠져 있기보다는 오히려 태평스럽게 무엇인

르네상스기
이탈리아인들의 자아와
타자를 찾아서

가에 흥겨워하는 그를 발견하는 것으로 시작한다. 도대체 무슨 일이 있었는지를 묻는 친구에게, 필로포니우스는 최근 자신이 만났던 어떤 철학자에 대해 생각하고 있었다고 이야기한다. 그러면서 필로포니우스는 스토아적 입장에서 이성과 덕의 힘을 강조하던 준엄한 철학자의 조언에도 불구하고, 보잘것없고 천한 그 철학자의 외양이 떠오르게 되었을 때, 다시 말해 그가 표출하는 이상과 현실 사이의 우스꽝스러운 균열을 생각하게 되었을 때, 결코 웃음을 참을 수 없었다고 전한다.[199] 필로포니우스가 볼 때, 철학자의 현실적 곤궁함은 그가 강조한 진리의 문제를 공허한 이상에 지나지 않는 것으로 만들기에 충분한 것이었다. 그리고 이 때문에 자신은 결코 그의 견해에 감동받을 수 없다는 것이다. 여기에서 필로포니우스는, 도덕적 교훈이나 진리의 문제보다 현실 세계에서 그것이 차지하는 검증 가능성 혹은 유용성에 관한 문제가 자신과 철학자를 갈라 놓는 차이점임을 암시한다.

　이 이야기를 들은 후, 친구는 필로포니우스에게 그의 고통의 원인을 좀 더 명확히 파악할 수 있는 심도 있는 토론을 제안한다. 이 제안을 받아들인 후, 필로포니우스는 가족들에게서 받은 부당한 대우, 그리고 지식인으로서 견뎌야 했던 절박한 삶과 같은 자신의 불행했던 과거에 대해 길게 이야기한다.[200] 그런데 바로 이 순간, 그가 이 모든 역경의 원천으로 비난을 쏟아 부었던 포루투나Fortuna의 입장에서, 친구는 필로포니우스를 꾸짖는다. 이제 토론의 편의상 포루투나의 입장에서 그녀를 대변하게 된 친구는, 명예, 지위, 덕과 같이 필로포니우스가 원하던 모든 것을 자신이 이미 주었다고 이야기하면서, 만약 그렇다면 필로포니우스가 "진정으로 원하는 것이 과연 무엇인지"를 냉소적으로 묻는다. 포루투나에 따르면, 만약 필로포니우스가 부나 사회적 지위 또는 군주의 호의와 같은 세속적 가치의 부재를 불평한다면, 이것은 자신의 어리석음을 스스로 증명하는 것에 지나지 않게 된다. 왜냐하면, 이러한 세속적 가치들이야말로 지식인임을 자처하는 필로포니우스가 그토록 경멸했던 덧없는 것에 불과하기 때문이다.

둘 사이의 논의는, 포루투나가 최근 자신을 방문했던 가상의 인물, 트리스카타루스Triscatharus에 대한 또 다른 이야기를 전하면서 더욱 첨예해진다. 친구 포루투나의 말에 의하면, 비록 필로포니우스가 암묵적으로 갈구하는 부와 명예와 같은 것들을 소유하고 있을지도, 트리스카타루스는 여전히 자신의 삶에 만족할 수 없었다. 왜냐하면, 그는 결코 지식인이 향유하는 고요하고 평안한 삶을 영위할 수 없었기 때문이다. 이때 친구는, 둘 모두의 욕구를 만족시키기 위해, 필로포니우스에게 트리스카타루스와 자리를 바꿀 것을 제안한다. 하지만 이에 대해 필로포니우스는, 지난한 학문의 연마를 통해 자신이 얻은 영속적인 가치를 트리스카타루스가 소유한 깨지기 쉽고, 덧없으며, 불완전한 외양적·통속적 가치와 결코 바꿀 수 없다고 짜증스럽게 대답한다.[201]

포루투나의 제안에 대한 거절은 필로포니우스 자신의 모순을 증명하는 것이 되고, 결국 그는 "만약 인간이 지위와 명예를 위해 산다면, 그의 삶은 고통스럽고 불안정한 것이 된다. 만약 인간이 학문 세계에서 [다른 이들을] 능가한다면, 그는 비열하고 더러운 삶을 영위하게 된다. [그리고] 만약 인간이 정직하면서도 최고의 원리에 따라 살려고 한다면, 그는 운명과의 계속된 투쟁을 기대해야 한다"[202]는 다소 암울한 어조로 인간 삶의 영속적인 고통을 읊조리게 된다.

르네상스기
이탈리아인들의 자아와
타자를 찾아서

짧은 분량과 그 속에 농축된 알레고리적 표현에도 불구하고,《고뇌》에는 알베르티의 자아재현 방식을 가늠해 주는 몇 가지 특징적 요인들이 담겨 있다. 첫째, 만약 이 이야기에서 개진된 이름 모를 철학자의 스토아적 견해를 알베르티가《학문》이나 여타의 작품들에서 주장했던 도덕적 이상론과 등치시킬 수 있다면, 이 작품의 첫 장면은 저자의 자아에 대한 '객체화objectification'를 보여 주는 좋은 예라 할 수 있다. 알베르티에게 있어 자아는 단순히 외부 세계를 바라보고 이해하는 독립적 '주체'로만 머물지 않는다. 그가 자아를 자신 외부의 세계에서 그존재 영역을 확보할 수밖에 없는 '객체'로 재현했기 때문이다.[203]

이제 자아는 자신의 내부에 주관적으로 존재하는 것이 아니라 다른 이들의 눈에도 노출된 공적 대상이 되었으며, 더 나아가 타인의 시선에 맞추어 조작될 수 있는 인공물이 된 것이다. 바로 이러한 맥락에서, 알베르티는 자신의 자아를 자신의 사고 체계 내의 객체, 특히 이 작품에서는 다른 이들—심지어는 자기 자신의—의 조롱의 대상으로 구현한 것이다. 단순히 말하자면, 여기에서 알베르티가 조소하는 대상은 단순히 이름을 알 수 없는 철학자라기보다 알베르티 자신이다. 그러므로 대상을 보는 알베르티(필로포니우스)와 보이는 대상으로서의 알베르티(철학자) 사이의 연속적 관계는, 저자 알베르티가 인식한 이중적 자아상을 반영한다.

두 번째로 이와 비슷한 맥락에서, 필로포니우스의 어리석음을 계몽하는 친구의 조언은 알베르티 자신의 또 다른 파편화된 목소리로 해석될 수 있다. 만약 그렇다면, 이 친구의 견해가 암시하는 것은 도덕적 이상이 현실 사회에서 지니는 제한된 능력에 대한 알베르티의 각성과 다름없다. 따라서 "단순한 진리"보다 "수사학의 힘"에 의존해 견해를 피력하고 있다는 친구의 말은, 알베르티의 마음속에 자리 잡고 있던 실용주의적 혹은 현실주의적 관념이 객관적으로 표출된 것이다. 마지막으로 알베르티가 두 쌍의 인물들—즉 필로포니우스와 친구, 또는 필로포니우스와 철학자—이 반복해서 대립하는 한 편의 드라마로 이 이야기를 엮어 낸다는 점을 주목해야 한다. 궁극적으로 이를 통해 알베르티는 자신과 외부 세계 사이의 긴장으로부터 시작된 갈등이 이제는 자기 내부의 갈등으로 전환되는 과정, 즉 한 개인의 존재론적 갈등의 변화 과정을 극화한다.

자르좀벡Mark Jarzombek은, 필로포니우스의 갈등이나 사회로부터의 고립은 그가 불평하는 다른 어떤 이유에서라기보다, 살아가는 "게임의 방법how to play game"에 대한 자기 자신의 무지에서 기인한 것이라고 해석한다.[204] 비록 알베르티에 대한 자르좀벡의 신학적 해석에는 동의하지 않지만, 위 언급이 《고뇌》를 이해하는 통찰력 있는 시각을 제공한다는 점만은 부인할 수 없다. 알베르티는 이 이야기에서 적절한 가면propria persona을 쓰고 자신을 대변할 수 있는 어떠한 일관성 있고 통합된 인물이나 목소리를 담아 내지 않는다. 오히려 문학적 허구를 통해 철학자, 친구, 필로포니우스라는 여러 정체성identity을 창조하면서, 이들의 다원화된 목소리를 통해 인위적이고 가변적인 자신의 모습을 재현하기 때문이다. 중요한 점은 바로 이 다원화된 목소리 속에 알베르티의 자아재현의 몇몇 역사적 특징이 숨어 있다는 사실이다.

첫째 텍스트에 재현된 여러 인물들은 저자 알베르티의 여러 측면 곧 그의 다원화된 정체성multiple identities을 반영한다. 그리고 궁극적으로 여기에는 사회가 원하는 대로 자신을 새롭게 만들 수 있다는 '자아의 조작 가능성'이라는 관념이 담겨 있다. 둘째, 이 다원적 정체성은 외부 세계의 규범에 맞추어 자신의 삶을 조율하고 타협해야 하는 한 개인의 내적 갈등과 그것의 해소될 수 없는 '영속성' 역시 내포한다. 이 갈등의 영속성이라는 문제를 고려한다면, 이제 알베르티에게 중요한 것은 어떻게 갈등을 해소할 것인가의 문제라기보다 '어떠한 가면을 써야 하는가, 또는 어떻게 행동해야 하는가'라는 자아의 객체화와 관련된 문제가 된다.

이 점에서, 자르좀벡이 지적한 필리포니우스의 게임의 패배는 결코 저자 알베르티의 실패를 의미하는 것이 아니다. 오히려, 그것은 저자 알베르티에게 자신을 어떻게 만들 것인가에 관한 지침을 주는 생생한 교훈으로 작용한다. 이를 텍스트에 재현된 등장인물을 통해 살펴 보자. 먼저 필로포니우스와 철학자는 저자 알베르티가 취할 수 있는 양극단에 존재하는 이상적 자아상의 문학적 재현이다. 그렇다면, 이 두 극단 사이에 위치하는 제3의 이미지 '친구'는 중립적이면서도 타협적인 인간 존재의 문학적 구현물로서, 궁극적으로는 저자 알베르티를 계몽하는 핵심적인 역할을 수행한다.

이러한 맥락에서 저자 알베르티는 '친구'라는 등장인물을 통해, 사회관계의 불가피성을 인지하고 외부의 세계에 자신을 표출해야 하는 공적 자아로 자신의 이미지를 재현한다. 이를 고려할 때, 알베르티의 게임은, 내적 행위주체로서의 자신과 자신이 불가피하게 관계 맺어야 하는 외적 강제력 사이의 긴장 속에서, 한 개인이 자신을 사회관계 내의 어딘가에 위치시키는 특별한 방식, 즉 자아성selfhood과 관련된 문제가 된다. 제목 자체가 암시하듯이, 이 작품에서 알베르티의 '고뇌'는 자아성의 발현과 관련된 내적 갈등에서 출발한다. 그렇다면, 이제 남은 것은 이 고뇌에 찬 인간이, 노출과 은폐라는 역설적인 무대 위의 게임에서 어떻게 자신을 드러내야 하는가 하는 문제이다.

하지만 흥미롭게도 알베르티는《고뇌》에서 이를 해결하기 위한 아무런 단서도 제공하지 않는다. 다만 알베르티는, "당분간 나는 너에게 신전, 극장 그리고 공공장소에서 찾아볼 수 있는 3일의 시간을 줄 것이다. 아마도 너는 네 자신의 삶보다 네가 더 좋아하게 될 삶을 영위하는 누군가를 만나게 될 것이다"[205]라는 친구의 수수께끼 같은 마지막 말로 이 이야기를 끝맺는다. 이 마지막 언급이 드러내는 것 혹은 감추고 있는 것은 과연 무엇인가? 또한, 친구가 지식인이 보유한 항구적 진리와 도덕적 완성을 덧없는 세속적 가치와 바꿀 것을 제안하고, 또 필로포니우스에게 외부 세계를 돌아보도록 권고할 때, 그는 과연 무엇을 표현하려 하는가? 알베르티는 이 문제에 대한 어떠한 해결도, 그리고 해결의 단서도 남기지 않은 채 텍스트를 마무리한다. 이 점에서 이 작품은 '그래서 다음은 무엇인가Quid tum'라는 질문으로 대변되는 알베르티의 모토가 문학적으로 구현된 것이라고 할 수 있으며, 이를 통해 그는 삶의 개방성 혹은 무한 가능성을 넌지시 암시한다.

이러한 알베르티의 모토와 관련된 문제를 해명하기 위해서는 필로포니우스가 등장하는 마지막 이야기《반지》에 주목할 필요가 있다. 스타일, 구성, 대화형식 등에 비추어 볼 때, 이 이야기는 많은 부분《고뇌》와 유사한 것이 사실이다. 그러나 보다 복잡한 알레고리적 구성과 신화적인 무대 설정은 이 이야기를 풍부한 문학적 상상력에 의

존한 더욱 애매모호한 작품으로 만든다. 이를 염두에 둘 때, 이 대화가 "미네르바Minerva" 여신의 신전에서, 필로포니우스가 아닌 그의 보호신 "천재Genius"의 불평으로 시작한다는 점을 소홀히 볼 수 없다.

무엇인가로 인해 비탄에 빠져 있는 그에게, 미네르바가 그 원인을 묻게 되고, 이에 대해 '천재'는 전 생애에 걸쳐 그녀를 숭배하면서 학문에 전념했음에도 불구하고, 지금은 "시기Envy," "중상Calumny," "가난Poverty"의 공격으로 비참하고 가련한 처지에 빠져 있는 필로포니우스의 불행이 자신을 슬프게 만든다고 전한다. 이 말을 듣고 미네르바가, "덕은 언제나 역경에 시험되곤 한다"[207]라는 말로 '천재'를 위로하게 되고, 바로 이 순간 주인공 필로포니우스가 무대에 등장한다. 그리고 그와 함께 등장한 또 다른 신 "희망Hope"과 "조언Counsel"은, 자신이 지금까지 해 온 일들을 그토록 숭배하는 이 지혜의 여신 앞에서 보여 줄 것을 필로포니우스에게 권고한다.

약간의 머뭇거림 뒤, 필로포니우스는 미네르바에 대한 헌신적인 숭배 때문에 자신이 겪어야 했던 역경에 대해 여러 신들에게 이야기한다. 그의 이야기에 따르면, 미네르바를 위해 기울인 모든 노력에도 불구하고, 그에게 돌아온 보상은 조야하고 쓸모없는 보석, 즉 그가 만든 열두 개의 반지에 불과했다. 필로포니우스의 불평은 즉각적인 '조언'의 힐난에 부딪힌다. 그는 강한 어조로, "내가 너에게 여러 차례 이야기했듯이 너는 많은 희귀하고 가치 있는 것을 가지고 있다. 그것들을 가지고 있다고 네가 보여 주기만 한다면, 그것들은 그 진가를 드러낼 것이다. ……그들이 어떠한 자질의 것이든지 너는 그것들을 공개적으로 보여 주어야 한다"[208]라고 이야기하며, 필로포니우스가 학문으로부터 자신도 모르는 무엇인가를 얻었고, 이를 대중 앞에서 드러낼 때 비로소 그들의 진가가 인정될 수 있을 것이라고 말한다.

그리고 뒤이어 곧 그는 '천재'에게, 필로포니우스가 미네르바의 신전에서 만든 반지들이 담고 있는 숨은 의미를 우아한 어조로 설명한다.[209] 알베르티의 새로운 자아관이나 세계관은 이 반지들에 새겨진 엠블렘에 상징적으로 암호화되어 있다. 이 열두 반지가, 분별력 있고 덕에 충만한 한 개인의 확고한 주관의식과, 마치 훌륭한 연기자처럼 자신을 외부 세계에 드러낼 줄 아는 객체의식의 조화를 은유적으로 표출하기 때문이다.

이 점에서 《반지》는 필로포니우스를 통해 저자 알베르티가 극화하는 상징적·문학적 개인 드라마의 최종회로 평가할 만하다. 처음부터, 필로포니우스를 대변하는 것은 필로포니우스 자신이 아닌 '천재'이며, 또한 그의 짧은 연설에도 불구하고, 그의 실제 업적을 보여 준 것도 바로 '조언'이다. 여기에서 한 자아의 두 가면, 다시 말해 필로포니우스를 대변하는 두 권위는 저자 알베르티를 위해 공개적으로 연기하고 있다. '조언'의 설명을 듣고, "너의 묘사depictions와 허구fictions는 꽤 영리하구나, 필로포니우스"라고 속삭이는 미네르바의 말은, 마치 반지들이 필로포니우스에 의해 만들어진 인공물이듯이, 삶 그리고 인간 자체도 조작될 수 있는 대상이라는 관념과, 사회는 이제 이러한 인공물이 보이고 노출되는 극장이라는 관념이 담겨 있다.

그러므로 위에서 논의했듯이 만약 《고뇌》가 한 개인과 그를 둘러싼 세계 사이의 관계에서 야기된 존재론적 긴장이 인간의 마음속에 내면화되는 과정을 강조한 것이라면, 이제 《반지》에서는 이 긴장이 대중의 눈앞에 자신을 보여 주어야 하는 거스를 수 없는 사회적 강제력이 되고 있음을 암시한다. 이 이야기에서 알베르티는 여러 신들이 모여 있는 신전을 이야기의 무대로 설정하면서, 이를 통해 상대적으로 위축된 목소리로 자신을 표현한다. 하지만 그가 형상화한 '수사적 rhetorical' 혹은 '수행적performative' 자아는 설득력 있게 자신의 진가를 드러내고 있으며, 또 그의 업적은 여러 신들로부터 인정을 받는다. 그리고 궁극적으로 이를 통해 알베르티는 자신의 연기가 성공한 것을 은연중에 보여 준다.

그래프톤의 주장처럼 만약 알베르티를 "언제나 청중을 염두에 둔 더할 나위 없는 기민함과 우아함으로 무장한 연기자"[210]로 평가할 수 있다면, 《반지》는 이러한 연기자로서의 알베르티의 이미지가 가장 극명하게 재현된 텍스트라고 해도 대과는 없다. Quid tum? 그렇다면 그의 모든 갈등과 고뇌가 이제 사라졌는가? 이 질문에도 역시 알베르티는 대답하지 않는다. 그러나 미네르바의 귀엣말은 이들이 여전히 남아 있음을 넌지시 암시한다. 왜냐하면, 관객으로서 또 때로는 보이는 대상으로서, 알베르티는 자신이 만든 것들이 자신에 의해 묘사된 depicted 허구의fictive 가면임을 잘 알고 있기 때문이다. 더욱이 저자 알베르티는 외관상 낙관적인 분위기의 한가운데에서, "우리는 지쳐 있다. 그는 계속해서 우리를 안정되지 못한 나날들로 바쁘게 만든다. 우리가 결코 안식을 취할 시간을 가질 수 있을까"라는 예기치 않은 관객들attendants의 말로 이 작품을 끝맺는다.

이 마지막 장면은, 냉정한 현실인식에 뿌리를 둔 깊은 파토스가 알베르티에게 남긴 지울 수 없는 자각의 상흔이다. 먼저 예기치 못한 관객들의 출현은, 지금까지의 이야기들을 마치 무대 위에 올려진 연극, 즉 대중 앞에 수행된 인위적 행위에 지나지 않는 것으로 반전시킨다. 그리고 또 다른 측면에서, 관객들의 마지막 말은 사회가 원하는 여러 마스크를 쓰고 극장과도 같은 세계에서 연기해야 하는 인간의 영속적인 고뇌를 보여 준다. 특히 청중들이 한 개인이 수행하는 연기가 지니는 인위성을 이미 잘 알고 있음을 암시하면서, 이 인위성 게임이야말로 계속 고뇌하며 살아 가야 하는 인간 삶의 피할 수 없는 숙명임을 예증한다. 연기로서의 삶, 연기자로서의 개인, 그리고 무대로서의 사회, 이들이야말로 알베르티의 자아성과 자아재현의 화두들이었다. 이 연속적인 관계들 속에서, 이제 끝없이 갈등하고 그 속에서 중단 없이 변화하면서 자신을 새롭게 만들 수 있는 인간관, 즉 르네상스적 자아성이 도출될 수 있었다.

IV. 알베르티와 남아 있는 이야기

지금까지 나는 알베르티의 자아에 대한 관념이 형성되는 지적·사회적 콘텍스트와 그가 보여 주는 주관적 자아 재현양식이, 어떻게 극장으로서의 사회라는 르네상스의 관념과 연결될 수 있는지에 관해 고찰해 왔다. 그리고 이를 규명하기 위해 특히 다음과 같은 이유에서 알베르티의 초기 도덕작품에 논의의 초점을 맞추어 왔다. 무엇보다 젊은 시절에 저술된 이 작품들에는, 이후 알베르티 삶과 사고의 토대가 되는 사회에 관한 기본적인 관념이 전형적인 휴머니스트의 데코룸 이상을 통해 맹아적으로 형성되어 있기 때문이다. 결국 그 속에 사회적 현실과 문화적 이상이 융화되어 있었던 것이다.

그래프톤의 표현을 빌려 말하자면, 15세기 전반의 르네상스 세계는 한마디로 치열한 "비평의 시대"였다.[211] 이를 고려할 때, 이 시대의 지식인이 경험하고 각성하게 된 존재의 문제는, 다양한 외부의 시선 앞에서 끝없이 경쟁하는 '위험한 게임'을 필연적으로 수반했다. 물론 이러한 맥락에서 알베르티의 자아에 대한 자각 역시 르네상스 공적 세계에 대한 현실주의적이고 실용주의적인 인식에서 자라날 수 있었다. 그러므로 만약 그가 '발견'한 것이 있다면, 그것은 사회나 집단으로부터 해방된 신화화된 개념으로서의 근대적 개인이 결코 아니었다. 이와 달리 그것은 그 속에서 살아 가야 하는 인간 존재의 문제였다. 이를 고려한다면, 알베르티가 보여 주는 르네상스 자아성의 문제는 다음과 같이 정리할 수 있다.

첫째, 위에서 논의했듯이 알베르티의 존재에 대한 고뇌가 '보여지고being watched' '보여 주는displaying' 개인과 외부 세계 사이의 관계 조율의 문제라면, 이 속에 은연중에 자리 잡고 있는 것은 개별 자아의 이중적 성격에 대한 자각이다. 다시 말해, 이제 자아는 단순히 외부 세계를 보고 이해하는 독립적 주체라기보다, 외부 세계로부터 이해되고 보이는 객체로 인식되기 시작했다는 점이다. 이 점에서, 알베르티는 자기-확신적인 어조로 자아의 고양을 예찬했던 페트라르카와 달리, 보다 현실적인 인간의 사회적 조건에 주목하면서, 사회의 요구에 맞추어 자신의 역할을 수행하는 공적·수행적 존재로 자신을 재현했다. 그러므로 자아의 이중성에 대한 알베르티의 관념은, 단지 관념상의 차원에서가 아니라 구체적이고 실제적인 방식으로 만들어지고 조작될 수 있는 대상으로서의 '자아'라는 새로운 인간관을 내포한다.

이와 관련해서 둘째, 이제 자아는 언제나 하나의 동일한 모습이 아니라, 외부 조건이나 환경에 따라 다양한 모습으로 창조될 수 있는 가공의 대상이 되었다. 극장에서 연기하는 배우가 주어진 다양한 역할에 맞추어 여러 모습으로 자신을 무대 위에 재연하듯, 극장으로서의 사회에 살고 있는 개인은 이제 사회의 요구에 맞추어 끊임없이 자신을 새롭게 위장하고 포장하게 되었던 것이다. 알베르티가 여러 작품에서 표출하는 다원화된 목소리는, 그가 사회와 조우하고 대화하는 방식이었고 이를 통해 '복수'로서의 자아 이미지가 문학 텍스트에 부상할 수 있게 된 것이다. 다시 말해, 무대라는 공간 위에서 삶도 인간도 모두 인위적인 창조의 대상이 되었으며, 그 속에서 복수로서의 자아의 이미지는 개인이 사회와 벌이고 있는 인위성 게임에서 나온 필연적 결과물이었다.

요약하자면, '현실성reality,' '인위성artificiality,' '극장성theatricality,' 그리고 '객체화objectification'야말로 알베르티를 통해 살펴 본, 르네상스의 자아성을 이해하는 주제어들이다. 이 책의 3부에서 자세히 논의하겠지만 이 관념들은 르네상스 궁정 문화라는 맥락에서 16세기 초반 카스틸리오네Baldesar Castiglione가 종합했던 유명한 용어, "스프레짜투라sprezzatura"를 통해 구체화된다. 권력과의 긴장관계에서 한 인간이 견지해야 할 행위규범으로서 스프레짜투라는, 무기교의 기교를 통해 자신을 정교하게 낮추는 행동방식을 뜻한다. 한 저명한 미술사가가 기술했듯이 그리고 지금까지의 논의가 암시하듯이, 이 관념이 내포하는 카스틸리오네의 현실주의적 태도는 이전 세대 특히 알베르티에게서 기원한 것이라고 해도 과언이 아니다.[212]

사회적 삶과 그것이 한 개인에게 부과했던 고뇌를 스프레짜투라라는 말로 개념화했던 카스틸리오네와 달리, 알베르티는 이를 어떻게 표현해야 할지 몰랐다. 그러나 외부와의 관계 속에서 살아갈 수밖에 없는 현실에 대한 자각이 알베르티의 자아재현의 기저를 흐르고 있었다는 점을 고려한다면 둘 사이의 차이는 많지 않아 보인다. 이에 관한 알베르티의 시각을 드러내는 《가족론》에서의 언급을 인용하면서 이번 장을 마치는 것이 이를 이해하는 데에 도움이 될 것이다. 이 작품에서 우정에 관해 논의하면서, 알베르티는 다음과 같이 말한다.

당신은, [인간에게] 제일 필요한 일이 덕이나 부가 아니라, 내가 무엇이라고 이름 붙이지 못한 어떤 것, 다시 말해 다른 사람들을 매료시키거나 한 사람을 다른 이들보다 더 사랑받도록 만드는 어떤 것이라고 생각하지 않습니까? 이것은 내가 모르는 어딘가에 있는 무엇입니다. 이것은 한 인간의 얼굴 속에, 눈 속에, 행동방식에, 그리고 외양에 있으면서, 그에게 어떤 우아함과 정숙한 아름다움을 주는 것입니다. 나는 결코 이것이 무엇인지 말로 표현할 수 없습니다.[213]

타자의 이미지를 통해
자아 만들기:
포지오의 눈에 비친
동양과 동양인

I. 여행과 역사

인간의 삶에서 '여행'이 지니는 의미는 과
연 무엇인가? 좀 더 구체적으로 말해, 여
행은 역사의 과정에 어떠한 영향을 미쳐
왔는가? 일견 고루하기 이를 데 없는 이
단순한 질문들도, 여행이 역사적 탐구의
대상이 되었을 경우에는, 여행가가 살았
고 방문했던 지역 모두의 관습이나 정치
적 상황 따위의 여러 문제들을 함께 논의
해야 하는 아주 복잡한 주제가 된다. 이것
은 여행이 단순한 공간 이동 이상의 의미
를 지니는 문화적 사건이기 때문이다. 여
행으로 촉발된 서로 다른 세계 사이의 문
화 충돌 과정에는, 한 문화가 이질 문화와
접촉하고 반응하면서 투사하게 되는 어쩌
면 필연적이라고 할 수 있는 이데올로기
의 문제가 반영되곤 한다.

이를 고려한다면, 흔히 회자되는 것과는 달리, 여행이 다른 세계나 문명에 대한 이해의 폭을 넓혀 주고 사람들의 정신 세계를 풍부하게 만드는 등의 긍정적인 역할을 수행했던 것만이 아니라고 해도 대과가 없을 듯하다. 오히려 타자other에 대해 한 세계가 지니고 있던 기존의 관념을 재확인하는 경험적 버팀목으로 작용하면서, 여행은 사람들의 정신 세계를 점점 더 편협하게 만들기도 한다. 이 점에서, 역사가를 위시한 오늘날의 문화학자들에게 여행에 대한 비판적 혹은 수정주의적 시각이 훨씬 더 설득력 있게 수용되고 있는 것은 어쩌면 당연한 논리적 귀결이라고 할 수 있을 것이다.[214]

쉽게 말해 역사 속의 여행에는 한 시대나 사회가 타문화에 대해 지니고 있는 고착화되고 협소한 정신 세계가 투영되어 있다. 그리고 이 때문에 역사 속의 여행을 탐구할수록 '여행을 통한 문화적 상대주의에 대한 인식의 확대'라는 통념은 점점 더 근거가 희박한 허구로 드러나곤 할 때도 있다. 더욱이 여행이 그에 관한 기록,

작고 위험한 세계 콰트로첸토

즉 기행문이라는 문화적 인공물cultural artifact로 재현될 경우, 경험주의 혹은 사실주의라는 명분 아래 타문화에 대한 '일방적'인 묘사가 그 설득력을 더하게 되고, 이 때문에 한 시대나 문화가 지니는 보수성이 더욱 강화되기도 한다. 무엇보다 이는 여행을 통해 마주하게 되는 낯설고 이질적인 세계를 기존의 관념질서 안으로 통일성 있게 편입하려는 일련의 시도들 속에서 더욱더 복잡하고 정치하게 작용한다.

이러한 맥락에서 볼 때, 지리상의 발견기에서 제국주의 시대에 이르는 근대 유럽 역사에는, 시·공간의 차원 모두에서 일어난 광범위한 문화 충돌과 그 속에서 배태되기 시작한 타문화에 대한 일방적인 전유의 과정이 은밀하게 담겨 있다고도 할 수 있을 것이다. 주지하다시피, 사이드Edward Said의 고전 《오리엔탈리즘Orientalism》은 이러한 방식으로 진행되어 온 서양의 '동양 창조construction of the Orient'가 지니는 이데올로기적 허구성을 폭로한 것이다.[215]

하지만 통찰력 있는 혜안으로 지식과 관념의 세계와 공모하는 권력의 실체를 날카롭게 지적했음에도 불구하고, 사이드의 시각은 몇 가지 점에서 한계를 노정한다. 먼저 그의 테제는 개별 텍스트에 대한 구체적인 분석을 결여한다. 그리고 바로 이 때문에 오리엔탈리즘을 배태시킬 수 있었던 사회·문화적 콘텍스트에 대한 사이드의 접근은, 비경험적·비실증적, 다시 말해 비역사적 일반론에 의존하는 오류를 범한다.[216] 또 다른 문제는, 지배-피지배라는 이항관계의 투영으로 사이드가 제시한 자아-타자의 관계, 더 자세히 말해 지배자와 피지배자 사이의 관계가 언제나 고정되고 획일적인 대립의 구도 속에서 성립한다는 점이다. 호미 바바Homi K. Bhabha의 논의처럼, 사이드의 서사적 논의 구도를 통해 창조된 타자는 주체에 의해 인식되고 지각될 수 있는 사회적 리얼리티reality이다. 그런데 이보다 더 중요한 점은, 이 두 리얼리티, 즉 주체와 타자의 세계에서 식민지 지배자와 피지배자의 입장이 언제나 고정되고 획일적인 형태로 존재한다는 사실이다.[217] 이 점에서 사이드의 논의는, 오리엔탈리즘이 언제나 그 상태로 거기에 존재한다는 수동적 가정을 전제한다고도 할 수 있을 것이다.[218]

하지만 지식이 곧 정복의 도구라는 담론만으로는 서양의 동양에 대한 이해 및 그와 결부된 정체성identity의 문제를 설명할 수 없다. 따라서 이와 관련되어, 사이드의 논의 속에 함의된 극단적 '주체주의 subjectivism'의 문제가 마지막으로 지적되어야 한다. 서양에 대한 동양의 이데올로기적 재구성이라는 사이드의 테제는, 그 논의의 극단의 경우, 한 주체의 타자에 대한 이해 가능성을 완전히 부정한다. 그러므로 한 주체의 타자에 대한 이해가 언제나 오류일 수밖에 없다는 가정이 그의 오리엔탈리즘에 숨어 있고, 이 때문에 그의 논의 구도를 따르면 주체와 타자 사이의 대화적 관계는 언제나 불가능하게 된다. 요약하자면 사이드의 오리엔탈리즘은, 그것이 내포하는 저항적·비판적 시각에도 불구하고, 인식론적 통일성에 입각한 일반화된 역사상을 제시한다. 즉 그가 비역사적인 시각에서 도구적 이항대립의 구도를 통해 자아―타자의 관계를 구성하고 있으며, 이 때문에 그의 분석에는 각각의 주체subject가 문화적 차이에 대응하는 독특한 양식이나 타자와 관계 맺는 방법 등에 관한 논의의 가능성이 원천적으로 봉쇄되어 있다.

이번 장에서 나는 15세기 초반 피렌체의 휴머니스트 포지오Poggio Bracciolini의 기행문에 나타난 동양과 동양인의 이미지를 분석하면서,

이러한 사이드의 시각을 비판적으로 재고하려고 한다. 타자에 대한 포지오의 해석 과정에는, 낯선 이국의 환경과 풍습 그리고 그곳에 사는 사람들을 경험적 사실주의에 입각해 체계적으로 설명하려는 저자의 복잡한 인식작용이 개입하고 있다. 그런데 이때 작용하는 것은 단순히 외부 세계와 그곳에 사는 타자를 유럽적인 시각에서 재구성하는 일방적인 전유의 사유 과정, 다시 말해 문화적 동화주의cultural assimilation에 입각한 유럽인에 의한 타자의 개념화만이 아니었다.

이를 염두에 두고, 특히 나는 포지오의 텍스트에 재현된 타자의 이미지가 어떻게 유럽의 지식인, 다시 말해 저자 포지오의 자아-만들기 과정에 개입하는지를 추적하려 한다. 이 때문에 이번 장에서 내가 의도하는 것은 엄밀한 의미에서의 서양과 동양의 만남에 관한 연구라기보다, 그것이 결과한 서양에 관한 연구라 할 수 있다. 즉, 나는 타문화와의 접촉이 유럽 세계에 야기한 문화적 변화 과정을 유럽의 정치적목적이 투사된 이데올로기적 결과물로 단순화하는 사이드적 시각이 아니라 두 문화 사이의 대화적 상호작용 속에서 도출된 문화 변용의산물이라는 관점에서 고찰하려고 한다.

그리고 궁극적으로 이를 통해 이번 장에서 나는 그리스도교적 전통의 틀로부터 보다 세속적인 차원으로 변화하는 르네상스기의 인식론적 전환이 어떻게 유럽인들의 타문화에 대한 이해와 수용의 방식을변화시켰는지 고찰하고, 더 나아가 그것이 결과한 인간관, 보다 엄밀히 말해 자아관의 변화를 좀 더 넓은 지성사적 맥락에서 검토할 것이다. 역사상에 나타난 문화적 충격과 경이의 경험은 어떠한 목적론적관점이나 도구적 일반론이 아닌 당시의 문화적 맥락에서 해석해야 한다. 타자와의 새로운 경험이 한 문화 세계 속에서 내화되는 과정에 대한 해석 또한 마찬가지이다. 이를 염두에 두고 이번 장에서 나 역시 낯설음과 새로움에 직면한 르네상스기의 한 인물에 대한 여정을 낯설고 새로운 시각으로 밟아 보려 한다.

II. 포지오의 텍스트와 르네상스의 세계인식

여타의 다른 기록들처럼 어떠한 여행기도 역사적·문화적 콘텍스트에 대한 고려 없이는 결코 올바르게 이해할 수 없다. 포지오가 자신의 대표적 도덕철학 논고 《운명의 가변성에 관하여De varietate fortunae》의 제4권으로 넣었던,[219] 동양에 대한 여행기록 역시 이 점에서 예외일 수 없다. 포지오의 텍스트는 여행기를 연구하는 역사학자들에게 매우 독특하고 흥미로운 자료 가운데 하나이다. 무엇보다 이 점은 포지오 자신이 낯선 이국의 땅에 발을 들여 놓은 진정한 여행가가 아니라, 다른 여행가의 구술을 토대로 이국의 관습과 문화를 특정 주제에 맞추어 정리한 기록자라는 사실에서 기인한다.

　이 때문에 중세나 르네상스기의 다른 여행기들과 달리, 포지오의 텍스트에는 낯설음에 대한 '사실적 묘사'보다 그것에 대한 '해석'이 중요한 주제로 부각된다. 두말할 나위 없이 이것은, 포지오가 제3의 인물이 자신의 경험을 바탕으로 전달한 이국의 경이로운 관습을 하나의 일관성 있는 지식 체계로 구축하기 때문이다. 그러므로 포지오의 이 특이한 텍스트에 접근하기 위해서는, 다른 텍스트들을 연구할 때와는 질적으로 다른 새로운 시각과 이에 상응하는 세심한 주의가 필요하다.

단순히 지리적인 차원에서 본다면, 포지오의 텍스트는 인도[220]와 에티오피아라는 두 지역을 다룬다. 하지만 인도에 관한 부분은, 전체적인 서사 구조와 주제의 측면에서 다시 세 부분으로 나눌 수 있다. 첫번째 부분은, 포지오 여행기의 가장 중요한 정보 제공자였던 니꼴로 꼰띠Niccolò Conti의 여행에 관한 기록으로서, 여기에서 포지오는 꼰띠의 구술을 3인칭 서술자의 시각에서 그대로 옮긴다. 그리고 앞서 다룬 꼰띠의 경험을 기본 자료로 삼아 두 번째 부분에서 포지오는 인도의 특이한 관습이나 종교, 문화 등을 체계적이고 일관성 있게 재구성한다. 한편 마지막 부분에서 포지오는 익명의 아시아인에게 얻은 다른 정보들을 덧붙임으로써 인도에 관한 부분을 마친다.

내용과 형식의 차원 모두에서, 포지오의 텍스트는 이전 세대의 여행기들과는 질적으로 구별된다. 무엇보다 그의 텍스트에는 이전 세대 여행기를 특징짓곤 하던 선험적·목적론적 세계관이 일차적 경험에 기초한 사실주의로 대체된다. 그리고 이를 통해 포지오는 낯선 세계의 관습을 그들 세계의 문화와 가치 체계의 일부분으로 다루면서 변화된 시대상의 징후를 표출한다.[221] 특히 포지오의 텍스트에는, 맨더빌John Mandevill의 기행문[222]으로 대표되는 중세의 종교적 모티브가 배제되어 있다. 이 허구의 작품이 중세인들에게 받아들여진 이유는, 단순히 맨더빌이라는 미지의 인물이 이전까지 유럽인들이 지닌 지리적 지식을 축적적으로 활용하여 그럴듯한 세계를 만들었기 때문만은 아니다. 이보다 허위라는 개념을 이단과 동일시하면서 '위조forgery'

르네상스기
이탈리아인들의 자아와
타자를 찾아서

를 공인했던 중세의 세계관에,[223] 이 작품이 표방한 초월적 우주관이 그리스도교적 세계 질서의 구축을 위한 하나의 '진실truth'을 제공했기 때문일 것이다.

하지만 포지오의 텍스트와 중세의 여행기 사이의 차별성이 단순히 세속성이라는 측면에서만 논의될 수 있는 것도 아니다. 주지하다시피, 마르코 폴로Marco Polo의 여행기는 종교적 편견을 배제한 체 이국의 관습을 비교적 객관적으로 기술함으로써, 르네상스 이후의 여행기에 한 선례를 남겼다.[224] 그런데 이보다 더욱 중요한 점은, 조숙하다고 평가될 만한 이러한 상대주의적 문화관에도 불구하고, 폴로의 작품이 백과사전식으로 이국의 관습을 묘사할 뿐 이를 비교라는 관점에서 해석하지 못한다는 사실이다. 이러한 맥락에서 볼 때, 폴로 역시 어쩔 수 없는 중세의 원자론적 세계관의 적자였던 셈이다.

그러므로 맨더빌이나 폴로에게 이국의 타자는 원천적 '다름'의 존재가 아니었다. 오히려 그들에게 있어 타자는 팽창의 대상이라는 중세의 십자군적 관념의 또 다른 소산이었다. 이를 고려한다면, '우리-그들'이라는 이분법적 관념이 그들 작품의 기저에 흐르고 있다고 해도 과언이 아닐 것이다. 한마디로 말해 문화적 차이에 대한 인식에도 불구하고, 폴로와 맨더빌의 여행기는 세계가 여전히 하나라는 중세적 우주관에서 벗어나지 못했다. 이와 달리 포지오는 다름otherness을 일탈이나 비정상이 아닌 다양한 문화 속에서 생산된 하나의 '유형type'으로 취급한다. 그러므로 이전 세대와 달리 포지오의 텍스트에는 세계를 '복수'의 리얼리티로 간주하는 새로운 세계관이 흐르고 있다.[225]

포지오가 작품의 첫 부분에 기술했듯이, 콘티는 소아시아에서 인도

차이나 반도 남부에 이르는 광대한 지역을 여행한 베네치아 출신의 상인이었다. 유럽으로 돌아온 후 그는 곧, 여행 동안 필요에 의해 어쩔 수 없이 그리스도교를 버렸던 자신의 잘못에 대해 참회하고 이에 대한 용서를 구하고자 교황 에우제니오 4세Eugenius IV를 찾아오게 되었다.[226] 물론 이를 계기로 포지오가 콘티를 만나고 그의 경험을 듣게 되었던 것이다. 그런데 이 책의 주제와 관련해 중요한 것은 콘티가 포지오에게 전한 경험 자체가 아니다. 오히려 포지오가 어떻게 콘티의 경험을 일관성 있는 내러티브로 구성하고 또 체계적인 지식으로 재생산하는가의 문제가 더욱 중요하다. 만약 콘티의 여행이나 그에 관한 내러티브가 르네상스와 함께 팽창하기 시작한 상업 중심적 세계관이 지리학적 차원에서의 세계 발견으로 재현된 것이라고 한다면, 포지오의 이에 대한 해석은 비지식인 콘티가 경험한 타자의 세계를 휴머니스트 지식인의 관점에서 정교하면서도 일관성 있게 정리한 결과물이라고 할 수 있다.

그렇다면 하나의 서사 구조 속에서 이 둘이 어떻게 대화적으로 작용하는지를 이해하는 것이 바로 포지오의 텍스트를 규명하는 관건이라고 해도 지나친 말이 아니다.[227] 콘티가 전달한 타자의 이미지를 어떻게 포지오가 수용하고, 또 그와의 창조적 대화 과정을 통해 어떻게 포지오가 자신의 자아 이미지를 새롭게 구성하는지를 포착하는 유용한 단초를, 이 문제를 규명하면서 얻을 수 있기 때문이다. 포지오의 텍스트는 다양한 내러티브를 담고 있으며, 이 때문에 여기에 재현된 타자의 이미지 역시 다층적이고 다원적일 수밖에 없다. 이를 고려할 때, 포지오 텍스트의 다원성은 콘티의 '사실적factual' 경험과 그에 대한 포지오의 해석 사이의 관계를 어떻게 이해해야 하는가에 관해 독자들에게 여러 도전거리를 제기한다.

　무엇보다 염두에 두어야 할 점은, 비록 콘티의 내러티브라는 서사 구조를 띠고 있을지라도, 이 작품의 첫 번째 부분 역시 콘티의 구술을 바탕으로 포지오가 직접 기술했다는 사실이다. 이 때문에, 콘티의 실제 경험이나 이에 대해 그가 포지오에게 이야기했던 것과 포지오가 이 텍스트에 기록한 것 사이에는 여러 차이가 존재할 수 있다. 하지만 적어도 작품 전체의 구조에서, 포지오는 이 첫 번째 부분을 경험적 사실에 근거한 믿을 만한 자료로 취급하고 있으며, 더 나아가 이를 바탕으로 두 번째 부분을 재구성한다. 두 부분에 나타난 이와 같은 구조적 상이성은 외견상 드러나는 형식적 차이 이상의 의미를 지닌다. 무엇보다 이를 통해 포지오가, 단순히 이국의 땅에 존재하는 새로운 타자뿐만 아니라 비지식인 유럽인 타자와 대립되는 인물로 자신을 부각시키기 때문이다.

　한마디로 말해 포지오의 내러티브는 단순히 콘티의 경험을 지식인의 관점에서 일목요연하게 정리한 것이 아니다. 오히려 여기에는, 새롭게 인식된 타자(인도인)와 기존의 타자(다른 유럽인)라는 타자의 복수성을 포지오가 인식하고, 이렇게 인식된 타자들과의 관계 조율을 통해 그가 새롭게 자신의 자아를 창조하는 일련의 과정이 문학적으로 재현되어 있다. 그러므로 콘티의 내러티브와 포지오의 내러티브 사이의 행간에 숨어 있는 것은, 새로운 자아에 대한 관념, 즉 자아의 다양성과 변화 가능성에 대한 자각이다. 타자를 해석하면서 포지오가 '자연적인 것the natural'과 '비자연적인 것the unnatural'의 관계를 새롭게 규정하고, 이러한 인식의 과정 속에서 자신의 세계를 반추하는 하나의 거울로 타자의 세계를 이해하게 되었던 것이다. 더욱이 낯선 세계와 낯선 사람들에 대해 기술하면서, 그는 타자와의 관계 속에서 '다원적multiple'이고 '이식 가능한portable' 인공물로서의 새로운 자신의 자아 이미지를 창조하게 된다.

포지오가 어떤 목적에서 콘티를 인터뷰하게 되었고, 또 어떤 동기에서 그에게서 들은 이야기를 기록으로 남기게 되었는지를 한마디로 단언할 수는 없을 것이다. 물론 로저스Francis M. Rogers가 주장하듯이, 당시 유럽인들 사이에 팽배했던 동·서 교회의 통합이라는 종교적 열정이, 피렌체 공의회를 주도했던 교황 에우제니오로부터 자신이 신뢰하던 비서 포지오로 하여금 동방의 그리스도교에 대한 여러 정보를 수집하도록 고무했을 가능성을 무시할 수 없다.[228]

하지만 이보다 더 신빙성 있는 가설은 15세기의 지적 환경, 좀 더 자세히 말해 낯선 이국의 관습과 문화에 열광적으로 반응하던 휴머니스트들의 문화가 포지오에게 끼친 영향이다. 일반적으로 이해되는 것과 달리, 르네상스기의 휴머니스트들은 지리학이나 민속학적 지식의 추구를 결코 도외시하지 않았다. 특히 프톨레마이오스Ptolemy와 스트라보Strabo의 저작이 발굴되면서, 르네상스기 이탈리아에서는 지리학이나 이와 관련된 여러 학문 분야에서의 괄목할 만한 발전이 이루어졌고, 이러한 환경 속에서 '르네상스의 고향' 피렌체는 15세기 유럽 세계에서 지리학의 메카로 발돋움하게 되었다.[229] 피렌체의 저명한 점성술가이자 물리학자 그리고 지리학자였던 토스카넬리Paolo Toscanelli가 콜럼버스에게 끼친 영향을 새삼 거론하지 않더라도, 바로 이러한 맥락에서 피렌체의 지식인들에 의해 축적된 지리학적 지식들이 이후 세

대 포르투갈과 스페인인들의 위대한 항해에 토대가 되었던 것이다.[230]

당시의 지식인 사회에서 포지오가 차지했던 지위나 그와 교류했던 다른 지식인들을 고려하면, 포지오의 콘티 인터뷰가 어쩌면 순수한 지적 동기에서 유발되었다고 해도 큰 무리는 없을 듯하다.[231] 그리고 이와 같은 지적 관심을 염두에 두고 콘티의 내러티브에서 포지오의 이에 대한 재구성으로 시선을 옮겨 보면, 둘 사이의 차이는 더욱더 확연하게 드러난다. 콘티의 내러티브가 상인–여행가의 지리적·경제적 관심사를 반영한다면, 콘티의 경험을 포지오가 재구성한 것에는 이와 다른 휴머니스트 지식인의 문화적·비교적 관점이 녹아 있기 때문이다.

형식 면에서 볼 때 콘티의 내러티브는 이 도시에서 저 도시로 이동해 가는 상인의 유랑기와 크게 다를 바 없다. 또한 내용적인 측면에서도 유랑의 목적이 이국의 땅에서 값나가는 물건과 교역시장을 찾으려는 것 이상으로 보이지 않는다.[232] 이 때문에 비록 낯선 관습과 사회제도 혹은 여타의 특이한 사항에 대해 전한다고 할지라도, 그의 내러티브는 서사적 계획 없이 진술된 일화들의 나열에 가깝다. 물론 역설적으로 이와 같은 경제적 관심과 상인으로서의 입장 때문에, 콘티가 이전 세대의 편견이나 개인적 감정을 배제하고 보다 정확하고 사실적으로 이국의 세계를 묘사할 수 있었을 것이다. 하지만 이것은 결국, '경이wonder'의 경험과 경이의 대상의 사실성facticity을 강조했던 중세적 우주관과,[233] 그것에 기초한 백과사전식 나열이라는 이전 시대의 내러티브 양식에 기초한 것에 지나지 않았다.[234]

콘티와 달리, 포지오에게 중요한 것은 '무엇이 사실을 구성하는가' 혹은 '어떻게 사실이 구축되는가'의 문제였다. 앞서 언급했듯이 이 때문에 포지오의 내러티브는 여행 경로에 따른 기계적 기술이나 사실의 단순 나열이 아닌, '다름'에 대한 체계적인 분석과 해석에 주안점을 둔다. 그리고 더 나아가 그는 콘티에게 경이로움을 불러 일으켰던 이국의 낯선 관습을 원초적 경이의 대상이 아니라 자신 밖의 세계를 이해하는 문화적 지표cultural marker로 취급한다. 그런데 궁극적으로 포지오에게 이 문화적 지표가 바로 타자의 세계를 이해하는 개념적 틀거리 혹은 외부 세계와 자신을 구분하는 정체성의 척도가 되었다. 이전에는 알지 못했던 극단적 타자성otherness이 콘티의 입을 통해 포지오에게 전달되었고, 이것이 다시 그로 하여금 이전과 다른 새로운 시각으로 자신의 자아를 창조하는 매개로 작용했기 때문이다.

먼 이국의 타자들이 제공하는 전혀 다른 낯설음에 노출된 포지오에게, 다름을 해석하는 것은 곧 새로운 타자와 해석주체 사이의 '새로운' 관계 조율을 의미하는 것이었다. 한마디로 말해 포지오에게 이제 자아 정체성의 문제는 단선적인 주체-타자 사이의 관계만으로는 해명될 수 없는 보다 복잡하고 발견적인heuristic 인식작용의 결과물이 되었다. 이러한 맥락에서 포지오의 인도에 대한 해석, 달리 표현해서 타자에 대한 그의 문학적 재구성은 자아재현self-representation의 문제와 결부될 수밖에 없으며, 결국 문화 충돌과 문화 해석이라는 이 연쇄의 과정에서 타자에 대한 담론의 중심에 자아의 문제가 자리하게 된다.

그러므로 포지오의 주된 관심사는 단순히 타자를 재현하는 것이라기보다, 타자의 이미지를 구성하면서 이와 동시에 자신의 자아 역시 새롭게 창조하는 것이었다. 타자의 해석학에 작용하는 이와 같은 "귀환의 작업the work of return"[235]이라는 모티브와 관련해서, 인도인들이

유럽인들을 어떻게 인식하고 있었는가에 관한 포지오의 언급은 특히
인용할 만한 가치가 있다. 인도에 관한 자신의 재구성 부분에서, 포지
오는 인도인들이 유럽인들을 포함한 타자들을 어떻게 인식하는지를
다음과 같이 적는다.

> 그들은 우리를 프랑크인들이라고 부른다. 그리고 분별력의 차원에서 자신
> 들이 더 우월하다고 판단하면서, 그들은 다른 사람들을 눈이 먼 사람들이
> 라고 부르는 한편, 자신들은 두 개의 눈을 가지고 있고, 우리는 하나를 가
> 지고 있다고 이야기한다.[236]

위 인용문은 타자가 자신을 어떻게 보는가에 관한 주체의 관심을 반
영한다. 맨더빌의 텍스트에서도 비슷한 문구가 나온다는 점을 고려한
다면, 이와 같은 인도인들의 타자인식을 중세 이래 유럽인들이 지니
고 있었던 일반적인 관념의 소산으로 이해할 수도 있을지 모른다.[237]
하지만 기존의 다른 텍스트에 나타난 일회적·일화적 언급과 달리, 포
지오의 작품에서는 자아성selfhood 문제와 관련된 저자의 관심이 중심
화두로 떠오른다. 이 점은 특히, 타자에 의해 관찰되고 판단되는 주체
의 입장에서 포지오가 주목한 것이 바로 인도인들이 지니는 '지적 우
월감'이었다는 점에서 잘 확인된다.

　　루비에스Joan-Pau Rubiés가 지적한 것처럼, 아시아의 고급문화를 직
접 보고 경험한 콘티에게, 유럽인들이 지녀 오던 우월감은 이제 더 이
상 검증될 수 없는 허구로 인식되었을 것이다.[238] 그리고 이러한 각성
은 다시 당대의 자기-선언적 지식인 포지오에게 지울 수 없는 강한

인상으로 남게 되었을 것이다. 이러한 맥락에서 이 진술에 곧이어, 포지오는 언어 사용이나 사법제도와 같은 인도의 문화적 우수성을 열거한다.[239] 그리고 바로 포지오의 부러움 섞인 듯한 언급, 즉 인도인들 사이에서는 흑사병이 발견되지 않는다는 말이 뒤따른다.[240] 에티오피아에 관한 부분에서도 역시 흑사병의 부재를 언급한다는 점을 고려한다면,[241] 이것은 흑사병에 휩싸인 당시 유럽인들의 공포나 관심을 반영하는 것이라고 할 수 있다. 결국 포지오의 텍스트는 복수로서의 세계, 복수로서의 타자라는 르네상스의 새로운 세계관, 그리고 이 다양한 '다름' 의 세계와 마주하게 된 유럽인의 자아성을 반영한다.

III. 타자를 통해 자아 만들기

지금까지의 논의에서 밝혔듯이, 포지오의 텍스트에 나타난 주된 관심사는 다름이나 타자성에 대한 단순한 확인이라기보다, 그들과 마주하게 된 저자 자신의 세계 혹은 자기 자신이었다. 그러므로 포지오의 타자에 대한 해석은 단순히 '다름에 대한 유럽적인 관념' 을 넘어서, 포지오 스스로 구축한 '다름에 대한 한 유럽인의 관념' 을 담고 있다. 낯선 이국의 세계를 증명하는 콘티의 경험적 사실이 포지오에게 인간관계의 다의성을 확인하는 계기가 되었고, 더 나아가 이를 통해 포지오가 인도인 그리고 심지어 자신 밖의 다른 유럽인들을 포함하는 타자들과 대화적 통합이나 대립을 통해 복수로서의 자아 정체성을 구성하게 되기 때문이다. 다시 말해 낯선 타인과의 조우가 콘티에게 제공한 문화적 거리감이 포지오에게는 자신의 세계 밖에 존재하는 다양한 타자의 개념을 인식시키는 촉매가 되었다. 그러므로 포지오의 타자에 대한 재해석에는 '다름의 다양성the multiplicity of otherness'을 인식한 한 개인의 갈등이 담겨 있다.

포지오에게 타자 혹은 객체는 다원적으로 존재한다. 그러므로 이들에 조응하는 자아 역시 다양하게 변화하는 문화적 인공물일 수밖에 없다. 르네상스 자아성의 역사적 의미와 관련된 이 복잡한 문제, 특히 포지오가 인식한 복수로서의 타자라는 관념을 해명하려 할 때, 그가 어떤 개념 범주를 통해 낯선 이국의 세계를 해석하는지를 살펴 보는 것이 중요하다. 첫째, 위에서 간략히 언급했던 인도인들의 지적 우월감에 대한 관심에서 잘 나타나듯이, 포지오의 타자-재현 과정에서 '지적 능력intellectuality'은 한 사회나 문화를 이해하는 가장 중요한 기준이었다. 특히 포지오는 이것을 가늠자 삼아 자신과 타인 사이의 문화적 거리를 비교한다. 그런데 포지오에게 지적 능력은 단순히 유럽인과 비유럽인을 구분하는 도구적 만능 척도가 아니었다.

오히려 포지오는 '유럽인을 포함한' 다른 모든 타자들과 차별되는 자신의 자아를 지적 능력이라는 지표를 통해 구성한다. 이를 명확히 해명하기 위해서는, 콘티가 인도에서 발견한 특권계급, 브라만 Brahmans에 대한 묘사를 좀 더 세심하게 규명해야 한다. 포지오의 내 러티브 가운데 "귀환의 모티브"가 가장 뚜렷하게 나타난 것은 바로 이 브라만에 대한 재현을 통해서이다. 또한 여기에는 포지오의 타자-재현이 내포하는 담론적discursive 대화의 방식 역시 극적으로 투영되어 있다. 무엇보다 이는, 포지오가 브라만을 자기 자신의 자아 이미지가 투영된 객체object로 재현하다는 점에서 잘 확인될 수 있다. 쉽게 말해, 포지오의 인식작용에 침투한 이국의 타자—브라만—는 다른 유럽인들과 대립하면서 포지오의 자아상 자체를 반영한다.

그러므로 포지오의 내러티브에는 문화적·인식론적 역투사로 묘사될 수 있는 주체와 타자 사이의 대화적 상호작용이 발생한다. 그리고 이를 통해 그는 브라만이 아닌 여타의 유럽인들을 자신의 궁극적인 타자로 재현한다. 포지오는 다음과 같이 기술한다.

> 인도 전역에 걸쳐 브라만이라 불리는 철학자 계급이 존재한다. 그들은 천문학과 미래를 예언하는 일에 전념하고, 보다 영예로운 문화와 보다 존경받을 만한 삶과 관습에 헌신한다.[242]

위의 인용문은 콘티의 직접적인 구술이 아니고, 브라만에 대한 포지오의 재해석이다. 이를 작품의 첫 번째 부분에 나타난 콘티의 내러티브와 비교하자. 콘티는 다음과 같이 이야기한다.

> [이 지역의] 섬들은 다른 사람들보다 더 지혜로운 브라만이라는 계급에 의해 통치된다. 일생에 걸쳐 브라만들은 천문학에 매진하고 보다 영예로운 삶에 헌신하면서, 철학을 추구한다.[243]

두 인용문에 나타난 표현상의 미세한 차이는, 단순한 문맥상의 차이를 넘어서는 커다란 의미를 지닌다. 콘티의 보고서에서 브라만이 특정 지역 즉, 주로 세일론 섬에 거주하는 '통치계급'으로 표현된 것과 달리, 포지오는 그들을 인도 세계 전역에 널리 퍼져 있는 '지식인 계급'으로 재현한다. 즉 포지오는 한정된 특정 지역에서 인도 전역으로 브라만이 발견되는 세계를 확대시키는 한편, 이와 동시에 권력관계를 통해 이루어지는 사회적 계서질서를 지성intellectuality의 수준에 따라 이루어지는 새로운 질서로 전환시킨다.

3장에서 보았듯이 르네상스의 작고 위험한 정치 세계에서, 포지오는 권력과의 관계 조율이라는 존재론적 갈등 속에서 자신의 자아를 가변적인 인공물로 창조했다. 이와 같은 권력관계에 대한 포지오의 첨예한 관심을 염두에 둘 때, 브라만이라는 인도의 특정 계급에 대한 묘사는 포지오의 현실 정치권력과의 거리두기를 상징적으로 암시한다고 할 수 있을 것이다. 왜냐하면, 콘티와 달리 포지오가 '정치적' 권력집단과 유리된 '지식인' 집단으로 브라만을 재현했으며, 이를 통해 후자의 삶이 전자의 그것보다 우월하다는 점을 문학적으로 암시하기 때문이다. 더욱이 그는 인도 전역에 걸친 브라만의 편재성을 언급하면서 유럽 사회에서의 지식인 공동체 형성에 대한 자신의 희망을 은밀히 노출한다.

요약하자면, 콘티와 약간 다른 버전으로 재현된 포지오의 브라만에 대한 해석은, 휴머니스트 지식인으로서 포지오가 지녔던 자기 정체성을 반영한다. 쉽게 말해 브라만은 먼 타자라기보다 이국에서 발견된 자아 이미지의 반영이었으며, 이 때문에 포지오가 하나의 이상적인 계급으로 브라만을 고양했던 것이다. 그러므로 그가 브라만 계급에서 발견했던 것, 좀 더 정확히 말해 브라만을 통해 그가 재현했던 것은, 단순히 먼 이국의 땅에서 발견되는 타자가 아니라, 자신의 자아에 관한 또 다른 버전의 상상의 이미지였다.

즉 그것은 의도적인 창조물이었다. 그리고 여기에서 이국의 타자가 다른 유럽인들에 대한 타자로서의 포지오의 자아를 확인하는 반사적 이미지로 작용한 것이다. 결국 포지오의 텍스트에서는, 타자의 해석에 개입하는 "귀환의 모티브"가 사이드나 드 세르토Michel de Certeau가 강조했던 일방적·지배적 전유의 양식이 아닌, 대화적·등가적 상호작용의 방식으로 작용한다. 포지오에게 자신이 속해 있고 또 대변하는 지식인 계급만이 유럽인들 가운데 유일하게 브라만과 비교될 수 있는 대상이었다.

둘째, 그리스의 역사가 헤로도토스Herodotus 이래 다른 문화를 이해하는 유럽의 전통적 인식틀, 즉 '문명civility의 계서화'라는 다소 진부한 관념[244] 역시 포지오가 이국의 세계를 해석하는 한 기준이 되었다. 콘티에 따르면, 중국Cathay의 두 도시는 인도에서 그가 보았던 그 어느 곳보다 이탈리아의 도시들과 "유사하다." 그 이유는 단순히 그곳의 궁궐이나 장식물에서 발견되는 물질적 재료나 외양이 유럽의 그것들과 닮았기 때문만이 아니었다. 오히려 그는 그곳에 사는 사람들이 삶의 방식에서도 역시 다른 어떤 사람들보다 "분별력 있고," "세련되고," "풍부했다"라고 적는다.[245]

여기에서 콘티는 중국과 유럽 두 세계를 물질적 부와 사회적 풍습, 즉 문명 사이의 유비적 관계를 통해 비교한다. 췌언의 여지없이 이러한 인식 과정에는, 야만과 대립하는 문명의 창조자로 자신들을 정의해 왔던 유럽의 오래된 정체성 관념이 흐르고 있다. 더욱이 중국의 문화적 업적에 뒤이어 자바인들의 비인간적이고 잔인한 관습을 거론하면서, 포지오 역시 둘 사이의 극명한 대조를 통해 이 점을 더욱 드라마틱하게 강조한다.[246] 이 점에서 콘티와 마찬가지로, 포지오 역시 문명과 비문명적 야만성이라는 대립 구도를 다양한 문화를 평가하는 중요한 틀로 삼았음이 분명하다.

하지만, 포지오에게 이 척도는 단지 이국의 세계만이 아니라 자신의 세계를 바라보는 기준으로도 여전히 작용한다. 이 점은, 지리적 구분에 따라 인도 지역을 설명한 콘티와 달리, 자신의 내러티브를 각각의 지역이 보여 주는 '문명의 수준'이라는 기준에 맞추어 재구성하는 포지오의 내러티브 방식에서 잘 나타난다. 이러한 구분법에 맞추어, 콘티의 지리적 구분에서 극동 지역에 해당하는 셋째 지역을, 포지오는 지리적 차원이 아닌 문화적 업적이라는 맥락에서 다음과 같이 기술한다.

[셋째 지역은] 부, 인간성, 위대함, 그리고 삶과 시민적 관습에서 우리에 필적할 만하다. ……그들은 야만성이나 야성과는 거리가 먼 문명화된 삶에 헌신하고 있으며, 훨씬 더 인간적이다. ……이들만이 유일하게 식사 중에 테이블과 은 접시를 사용한다. 반면, 다른 인도인들은 카펫으로 덮인 바닥 위에서 식사한다.……[247]

여기에서 포지오는 '문명'을 유럽의 특정 생활관습과 연결시키면서, 이를 다시 자기 문명의 정체성을 확인하는 척도로 삼는다. 그리고 더욱 중요하게는, 바로 이를 토대로 유럽과 구별되는 이국의 관습을 비문명적 '야만성'이라는 전통적 잣대로 규정한다.

이 점에서, 식사관습과 관련된 그의 언급은 근대 초 유럽인들의 편견에 사로잡힌 문명 개념을 암시하는 것처럼 보인다. 엘리아스Nobert

Elias의 "문명화 과정"에 관한 고전적 연구가 밝히듯이, 인간의 사회적 행위를 규제하는 통제 메커니즘으로서의 "문화 규율rule of civility"의 성립은 근대 초 유럽 사회를 가늠하는 가장 중요한 문화 코드 가운데 하나였다. 문명 혹은 그와 관련된 예절civility이라는 이데올로기적 관념을 창출하면서, 근대 초 유럽 사회는 일상생활의 광범위한 영역에서 개인들의 행위를 통제하기 시작했다. 그리고 더 나아가 이 문화적 콘텍스트 안에서 만들어진 특정한 규율이 개개인들에게는 조작 가능한 행동양식으로 내화되었고, 또 궁극적으로는 지속적이고 효과적인 자기 통제수단으로 발전하게 되었다.[248]

그렇다면, 포지오의 인식 과정에 개입한 것은 단순히 문화 대 야만의 이분법이라는 오래된 관념이라기보다, '문명화 과정'을 통한 사회 규율의 창출이라는 근대 초 유럽 사회의 문화상이다. 포지오는 이 같은 "시대의 눈period eye,"[249] 즉 문화 규율이라는 틀을 통해 타자의 세계를 보았던 것이다. 인도의 식인풍습과 종교에 대한 포지오의 묘사는 이 점을 명확히 보여 준다. 왜냐하면, 이에 대한 분석을 통해, '문명−야만'의 이분법이 '문명−폭력'이라는 새로운 이항 체계로 전환되는 것을 확인할 수 있기 때문이다.

포지오는 바로 이 새로운 이항 체계를 통해 자신과 타자의 차이 혹은 자신 밖의 세계를 이해했다. 콘티에게 있어 식인풍습을 목격하는 일이 충격적인 경험이었음은 의심의 여지가 없다. 아마도 이 때문에, 수마트라Sumatra 섬의 바텍Batech이라는 지역에서 자신이 목격한 식인종과 그들의 풍습에 관해 그가 포지오에게 이야기를 전했고, 포지오는 이를 콘티의 내러티브 부분에 기록했을 것이다. 하지만 텍스트의 두 번째 부분, 즉 포지오의 해석에는 식인풍습이 다시 거론되지 않는다. 콘티가 포지오에게 전했던 이국의 특이한 관습 대부분이 포지오의 내러티브에 다시 등장한다는 사실을 고려한다면, 포지오가 식인풍습을 거론하지 않았다는 점은 독자들의 호기심을 불러일으키기에 충분한 문제이다. 특히 식인풍습이야말로 타문화의 야만성을 가장 극적으로 보여 주는 예일 수 있다는 점을 감안한다면 더욱 그러하다.

그렇다면 왜 포지오는 이 이야기를 생략했는가? 한 가지 가능성은 포지오에게 식인풍습이 오직 이국의 땅에서만 발견될 수 있는 경이의 사건으로 받아들여지지 않았다는 점이다. 실제 포지오는 자신의 대표작 《파케티아이*Facetiae*》에서, 인육을 즐겨 먹던 한 소년에 관한 이야기를 소개한 바 있다. 이 이야기에 따르면 롬바르디아 출신의 한 10대 소년은 인육을 다른 어떤 것보다 맛이 좋다고 생각했고, 또 이 때문에 어린 아이들을 잡아먹곤 했다.[250] 이 같은 행위를 저지르게 된 까닭을 묻는 질문에 그 소년이 침착하게 대답한 것으로 미루어, 사람들의 일반적인 생각과 달리 광기dementia기 아니라 야성feritas 때문에 그 소년이 식인과 같은 악마적 행위에 빠지게 되었다고 포지오는 판단한다.[251] 한마디로 말해 포지오에게 식인풍습은 경이로운 사건이 아니었다. 그리고 두말할 나위 없이 《파케티아이》에 수록된 이 이야기에서, 포지오는 그리스 이래의 유럽의 지적 전통 내에 작용하던 문명-야만(야성)의 이분법이라는 전통적 틀 속에서 식인풍습을 해석한다.

하지만 포지오의 여행기는 이 작품에서와는 다른 시각으로 식인풍습에 접근한다. 만약 콘티의 내러티브 역시 포지오가 직접 쓴 것이라는 점을 다시 한번 상기한다면, 식인풍습에 관한 포지오의 침묵에 담겨 있는 숨겨진 의미는 콘티의 내러티브를 통해 역추적해야 한다. 비록 콘티가 식인풍습을 야만 행위로 표현한다고 할지라도, 그의 내러티브는 《파케티아이》에서의 그것과는 미묘한 차이를 노출한다. 무엇보다 콘티는 식인풍습을 타자들의 삶의 한 방식이라는 맥락에서 기술한다. 다시 말해 그는 문명-야성의 이분법에 근거해 유럽인들이 자신의 정체성을 찾아 왔던 가치-개입적 차원에서 식인풍습을 기술하지 않는다. 그리고 이 때문에 콘티의 내러티브에 나타난 식인풍습은 타자를 재현하기 위한 상대주의적이고 가치중립적인 기준과 크게 다를 바 없어 보인다. 물론 식인풍습이 포지오에게 자신의 세계와 그 너머를 구분하는 잣대임은 두말할 나위가 없다.

하지만 가치를 배제한 콘티의 식인풍습에 대한 무미건조한 서술 그리고 이에 대한 포지오의 침묵은, 식인풍습이 도구적인 이항 체계 내에서 타문화를 가늠하는 교조적 분석틀로만 작용하지 않았음을 암시한다. 오히려 포지오는 이 기준을 통해 단순히 이국의 세계만이 아니라 자신의 세계 역시 보았던 것이다. 이 점을 보다 명확히 이해하기 위해서, 콘티의 내러티브를 약 1세기 반 이후에 프랑스 지식인 몽테뉴Michel de Montaigne가 기술한 식인풍습과 비교하는 것이 유용할 것이다. 몽테뉴는 《에세이*Essays*》에서 당시의 유럽 세계를 돌아보며, '문명'이라는 기준을 자의적으로 사용하면서 먼 이국의 식인풍습을 자연의 질서에 위배되는 야만성의 표상으로 매도하는 것이 얼마나 부당한지를 냉소적으로 비판했다.[252]

식인풍습을 바라보는 방식에 있어, 포지오와 몽테뉴는 중요한 관점을 공유하고 있다. 그것은 바로 문화적 다양성에 대한 인식과 그 속에 내포된 도덕적 관심이며, 이를 토대로 그들은 식인풍습을 단순히 외부의 세계뿐만이 아닌 자신들의 세계를 이해하기 위한 가늠자로 삼았다.[253] 결국 포지오와 몽테뉴가 강조했던 것은, 어떤 맥락에서 식인풍습이 '문명'이라는 개념에 위반되는가라는 오래된 문제가 아니었다. 그들은 단지 그것이 지니는 잔인성과 폭력성에 주목했을 뿐이다. 그렇다면 고도로 문명화된 유럽 세계에서도 수많은 폭력이 횡행하는 한, 그들에게 '문화—야만'이라는 오랜 이분법은 더 이상 타당하지도, 중요하지도 않았다.

이러한 문명과 폭력 사이의 명백한 대조는, 르네상스기를 거치면서 변화하기 시작하던 유럽 세계의 사회상을 반영한다.[254] 그리고 이 관념은 인도의 종교에 관한 포지오의 묘사에 다시 나타난다. 쉽게 예상할 수 있는 것처럼, 콘티는 중세 그리스교도 보편 체제의 이념적 근거라 할 수 있는 '그리스도교—우상숭배'라는 이분법적 토대 아래에서 타자의 종교를 기술했다.[255] 무엇보다 이 점은 콘티가 우상숭배idolatry라는 경멸적 용어를 통해 인도의 종교를 묘사했으며, 또 성 도마St. Thomas의 무덤을 발견하거나 예기치 않게 동양의 그리스도교도 네스토리아교도와 조우했을 때 아무런 여과 없이 환호의 감정을 노출한다는 점에서 잘 나타난다.[256]

하지만 비록 콘티의 이야기를 바탕으로 했을지라도, 포지오의 내러티브는 인도인들의 우상숭배에 나타난 '교리적 오류'를 지적하지 않는다. 오히려 그는 인도의 특정한 종교적 '관행'에 주목할 뿐이다. 포지오 스스로 기술했던 것처럼, 인도인들의 사원이 유럽의 그것과 비슷하고[257] 인도인들의 신에 대한 기도와 숭배의 양식이 유럽의 이교적 고대인들의 그것과 아주 유사하다고 한다면,[258] 그들은 포지오에게 낯설음의 대상이 아니었을 것이다. 요약하자면 신학적 혹은 교리적 차원에서 우상숭배의 문제를 다루기보다, 포지오는 어떤 종교적 관행이 인간에게 부과할 수 있는 극단적인 폭력에만 주목했던 것이다.[259] 결국 인도의 종교에 대한 이러한 포지오의 재현에는, 유럽의 우월적 종교관이 그 설 자리를 잃게 된다.

마치 노련한 수사가의 솜씨를 자랑이라도 하듯이 장황하면서도 시각적인 방식으로, 포지오는 인도인들이 신의 가호를 얻기 위해 행한 종교적 관행, 즉 자기-파괴적인 의식에 대해 설명한다.[260] 여기에 나타난 묘사는, 젊은 시절 포지오가 절친한 친구 브루니L. Bruni에게 보냈던 프라하의 제롬Jerome of Prague의 재판과 처형에 관한 편지를 연상시키기에 충분하다. 이 편지에서 그는 한 인간의 내적 경건성과 인간의 행동을 통제하는 제도 종교 사이의 갈등을 제롬에 대한 짙은 연민을 통해 표출했다.[261]

이 편지에 나타난 그리스도교의 반종교성 혹은 반인간성에 대한 비판적 태도와 마찬가지로, 포지오는 여행기에서 단순히 그리스도교적 관점에서 인도의 종교를 경멸적으로 묘사하기보다, 인간의 의지에 역행하여 종교가 인간에게 부과하는 폭력성에 초점을 맞춘다.[262] 이 점에서도 몽테뉴와의 비교가 도움이 될 것이다. 그는 이탈리아 여행기에서 당시의 그리스도교가 인간에게 부과했던 폭력성에 대해 부정적인 시각을 피력했다. 특히 그에게 있어 잔인한 채찍고행flagellation이나 의식행렬과 같은 종교적 관행은 단순한 놀라움을 넘어서 그리스도교의 불합리한 폭력성을 대변하는 것이었다. 이 점을 고려한다면, 포지오의 인도 종교에 대한 묘사는 자신의 종교의 현실 모습, 특히 그것이 인간의 삶에 부과하는 폭력의 남용과 무관하지 않다고 할 수 있다.[263]

지금까지 논의했듯이 포지오의 여행기에 녹아 있는 타자, 그들의 본성, 그리고 그들의 관습에 대한 묘사는 겉으로 드러나는 지리학적‐민속학적 관점만으로 이해될 수 없다. 15세기의 지적·문화적 콘텍스트에서 형성된 포지오의 자아에 대한 자각과 르네상스기 자아성의 특징적인 면모가, 이 작품에 짙게 드리워져 있기 때문이다. 인도인들과의 의사소통의 부재를 보여 주는 콘티의 일화적 경험이 예증하듯이,[264] 이 여행기는 상이한 세계 사이에 가로 놓인 비대칭성 혹은 대화의 불가능성을 인정한다. 하지만 바로 이 때문에 작가로서의 포지오의 주된 임무 가운데 하나는 이국의 관습이나 문화를 비교 가능한 언어로 해석하고 정리하는 것이 된다. 달리 말해, 낯설고 경이로운 타자라는 존재를 기록할 필요성이 포지오로 하여금 타자와 대화적으로 상호작용하게 만들었고, 이를 통해 그는 타자의 이미지를 통해 자신의 자아를 구성하는 계기를 마련하게 되었다.

두말할 나위 없이, 포지오가 타자를 바라보고 이해하는 몇몇 관점들은 유럽인들의 오래된 전통과 시대적 한계에서 기인한 편견으로부터 자유롭지 못하다. 하지만 적어도 포지오의 경우에, 이것을 일반적으로 일컫는 '유럽중심주의Eurocentrism' 라는 말로 일갈할 수는 없어 보인다. 포지오가 살았던 15세기 중반의 이탈리아는 전통과 혁신 혹은 오래된 관념과 새로운 발견들이 서로 충돌하면서 공존하던 문화적 혼란의 시기였다. 그래프톤Anthony Grafton에 따르면, 타자에 대한 르네상스인들의 묘사, 특히 그들의 타자에 대한 편견은, 르네상스기의 유럽인들이 지니고 있던 인종적 우월감의 단순한 표현이라기보다 역사적·민속학적 훈련의 부재로 인한 자연스러운 지적 결함의 결과에 가까웠다.[265] 그렇다면 이와 같은 변화하는 환경 속에서, 포지오의 타자에 대한 재현은 단순히 타자를 자아의 세계에 맹목적으로 편입하는 것을 의미하지 않는다. 오히려 그것은 복잡하고 다원적인 인간관계 속에서 끝없이 변화하는 다원적인 자아의 발현을 보여 준다.

약 반세기 가량 후, 밀라노 의원 크리스토포로 다 볼라테Cristoforo da Bollate는 피에트로 카라Pietro Cara에게 한 통의 편지를 보냈다. 이 편지에서 그는, 인도에 관해 그동안 알려지지 않은 지식을 유럽인들에 소개한 포지오의 공적을 그의 범상치 않은 재능과 성실성에 대한 칭송과 함께 언급하면서, 포지오의 여행기를 일독할 것을 권고했다.[266] 이 짧은 편지에서도 역시, 다 볼라테의 눈길을 사로잡은 것은 인도인들의 우월감이었다.[267] 르네상스 세계에서 그들이 우리를 어떻게 보고 또 우리가 우리 자신을 어떻게 보는가 하는 문제는 첨예한 관심의 대상이 되었다.[268] 결국 르네상스의 자아성은 '보고seeing', '보이는being seen' 것 사이의 긴장에서 출현했다. 그런데 더욱 중요한 점은, 이 긴장 자체가 인간의 경험에 따라 변화하고 또 때로는 증폭된다는 점이다. 이를 고려한다면, 포지오의 기행문은 한 인간의 자기 정체성 혹은 자아-만들기의 지평이 낯선 세계에 대한 지식의 확대와 함께 더욱 복잡하게 팽창해 가는 것을 극화한다고 할 수 있다.

IV. 새로운 시대의 경계선에서

나는 포지오의 기행기에 관한 이번 장을 사이드의 오리엔탈리즘에 대한 비판적 문제제기에서 시작했다. 특히 오리엔탈리즘 이전 시기의 텍스트를 분석하면서, 그것에 내재한 인식론적 폐쇄성과 극단적 주체성의 한계를 극복하는 것을 주된 목적으로 삼았다. 그리고 이를 위해 15세기 포지오의 여행기가 주체와 타자, 즉 유럽인과 비유럽 인도인 사이의 대화적 관계를 어떻게 조율하는지를 저자의 '자아성' 문제와 결부하여 검토하였다. 마지막으로 여행이라는 모티브가 서양 역사에서 차지하는 의미를 보다 넓은 역사적 시각에서 검토하고, 이 속에서 포지오의 텍스트가 차지는 위치를 가늠해 보면서 이번 장을 마무리하고자 한다.

어느 사회에나 그렇듯이, 여행이라는 메타포는 서양 역사의 거의 모든 시대에 출현했다. 하지만 각 시대가 여행에 대해 인식하고 그것을 시대정신으로 전유하는 방식은 각기 달랐으며, 이 때문에 여행과 그것의 사회적 의미를 하나의 관점에서 해석하는 것은 비역사적인 일반론에 의지하는 오류로 평가해도 무방하다. 예를 들어, 오디세우스의 영웅적 여정이 반증하듯이, 그리스의 서사시에 나타난 여행의 메타포가 인간에 대한 깊은 파토스와 인간 존엄에 대한 열정을 투사한다면, 중세의 순례기적 모델은 인간의 자기-소거적 영적 추구를 극화한다고 할 수 있다. 이와 달리 르네상스는 경험과 사실에 대한 추상적 체계화를 통한 자기 탐색이라는 새로운 인간관의 출현을 웅변한다.

과도한 일반화를 무릅쓰고 이를 존재론적 관점에서 이야기하면, 고대인들과 중세인들은 기존의 우주관을 확인하는 도구로 여행의 모티브를 이용했으며, 이 때문에 그들에게 여행 자체의 공간적 이동이나 그것을 통해 얻게 된 이질 문화와의 접촉은 부차적인 문제나 다름없었다. 결국 고대나 중세 시대의 여행은 선험적a priori 진리의 추구 과정과 다름없었던 것이다.[269] 이와 달리 르네상스 시대의 여행은 일차적 경험에서 기인한 낯설음을 수용하면서, 세계와 타자에 대한 열린 비전을 제시하기 시작했다. 지금까지 포지오의 기행문을 통해서 살펴본 르네상스 자아의 문제도 이와 같은 개방성과 밀접한 연관성을 지닌다. 르네상스 여행기의 열린 비전이, 객관적으로[270] 존재하는 타자성에 대응하는 주체의 인식작용의 변화를 포함하기 때문이다.

좀 더 쉽게 말하자면, 르네상스는 여행이라는 메타포를 통해 '복수'로서의 세계에 살고 있는 인간 존재의 실존적 문제와 존재의 변화 가능성을 재현했던 것이다. 예를 들어 《신곡》의 오디세우스에 대한 칸토에서 잘 나타나듯이, 단테Dante Alighieri의 영적 순례기가 결국은 섭리라는 목적론적 세계관 속에 용해되는 것과 달리, 르네상스의 아버지 페트라르카F. Petrarca의 〈방뚜산 등정기〉에는 저자의 주관적 경험과 개인적 심리가 내러티브의 핵심을 이룬다.[271] 결국 선험적 세계관에 따라 미리 결정된 세계의 객관화와, 세계에 대한 주체적 인식이 이 두 역사적 인물을 가르는 분기점이 되었다.

의심의 여지없이 포지오는 페트라르카에게서 나타나는 주체주의를 계승했다. 그리고 이 점에서 페트라르카와 마찬가지로, 그의 타자에 대한 재현의 한복판에는 자기 자신이 자리 잡고 있다. 하지만 포지오의 타자인식에는 또 다른 새로움이 존재한다. 무엇보다 페트라르카의 극단적 주체주의와 달리, 포지오는 인간을 타자와 영속적으로 분리할 수 없는 존재로 보았기 때문이다. 그러므로 그에게는 주체-타자 사이의 명확한 이분법이 존재하지 않는다. 이러한 맥락에서 지리적, 민속학적 지식의 팽창이 그에게 복수로서의 타자라는 관념을 인식하도록 이끌었고, 또 이를 통해 그가 복수로서의 타자와 조응하는 복수로서의 변화하는 자아를 창조하도록 만들었다고 평가할 수 있다.

그러므로 포지오의 텍스트에는, 더 이상 맨더빌의 목적론적 세계관도 폴로나 콘티의 백과사전적 원자론적 세계관도 존재하지 않는다. 오히려 그것에는 이후 세대 바르테마Ludovico di Varthema[272]에게서 뚜렷이 발견되는 새로운 자아의식이 잠재해 있다. 버크의 지적처럼 타자를 보고 이해하는 순진무구한 눈은 존재하지 않을 것이다.[273] 하지만 이 눈이 항상 "제국의 시선imperial eye"[274]일 필요도 없다. 포지오의 텍스트는 이 점을 보여 준다.

치리아코의
지중해 기행과
고전고대의 발굴

I. 르네상스의 아이콘, 치리아코

주지하다시피 옛것에 대한 동경과 관심은
역사 개념으로서의 르네상스를 특징짓는
가장 중요한 요소이다. 물론 과거, 더 정
확히 말해, 고전고대에 대한 관심이나 열
정은 비단 르네상스기만의 현상이 아니었
다. 르네상스인들이 암흑 시대라는 경멸
적인 말로 폄훼했던 중세 시대에도 과거
에 대한 관심은 결코 사라진 적이 없었기
때문이다. 하지만 과거를 그 자체의 역사
적 맥락이라는 새로운 시각에서 이해하려
고 노력했다는 점에서, 르네상스인들의
과거에 대한 태도는 이전 세대의 그것과
는 본질적으로 달랐다.[275] 그런데 보다 흥
미로운 사실은 이와 같은 르네상스기의
소위 과거 지상주의가 당대를 대표하던
소수의 지식인이나 예술가들에게만 국한

된 현상이 아니었다는 점이다. 옛 그리스와 로마의 여러 지역을 여행하며 지중해 전역에서 고대 문화의 자취와 흔적을 직접 목격했던 르네상스 시대의 상인들 역시, 그들 본연의 물질 문화에 대한 관심과 함께 고대 세계를 새롭게 인식하고 고대의 발굴을 자신들의 소명으로 느끼기 시작했다.

콰트로첸토 전반기 동방무역을 위해 이탈리아와 에게 해 전역을 여행했던 앙코나 출신의 한 상인의 삶과 기행에서 이러한 흔적을 찾을 수 있다. 그가 바로 이번 장에서 논의하려는 치리아코Ciriaco de' Pizzecolli, ca.(1390~1455)이다. 인생 초기부터 말기에 이르기까지 그는 지칠 줄 모르는 여행가로 지중해와 이탈리아 전역을 누볐다.[276] 이러한 그에게 1420년대 초반의 두세 해는 스스로의 정체성을 새롭게 정립하는 의미 있는 시간이었다. 어린 나이에 부친을 잃고 가장이 된 치리아코는 열 살 무렵부터 상업 여행을 시작했으며, 30대에 접어든 1420년대 초반에는 이미 이탈리아의 여러 도시들뿐만 아니라 알렉

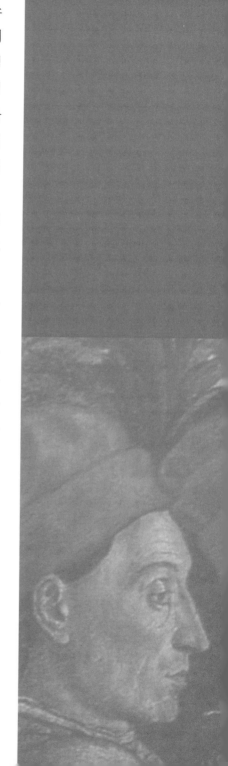

산드리아나 콘스탄티노플 같은 동지중해 지역을 왕래하던 앙코나의 대표적인 상인으로 자리매김되고 있었다. 또한 그는 뛰어난 상업적 재능을 인정받아 20대 초반부터는 틈틈이 고향 앙코나의 여러 공직을 수행하기도 했으며, 1420년부터는 후일 교황 에우제니오 4세로 등극하게 되고 당시에는 교황의 특사로 앙코나에 파견되어 있던 추기경 콘둘메르Gabriele Condulmer를 도와 도시의 재정공무원으로 일하고 있었다.

조부의 손에 이끌려 처음 상인으로서의 여행을 떠났던 베네치아에서의 경험은, 어린 치리아코에게 더 넓은 세상에 대한 동경과 열망을 자극한 첫 계기였다. 아울러 미처 스무 살이 되기 전에 떠난 알렉산드리아로의 상업 여행을 통해, 그는 처음으로 낯선 문화와 풍광을 경험하고 이와 함께 고대 유물에 대한 관심을 가지게 되었다. 한편 달마티아를 경유하여 콘스탄티노플에 다녀 왔던 최근의 여행은, 인간의 욕망과 욕심 때문에 점차 사라져 가는 과거 문화에 대한 애잔한 향수가 그의 마음 한자락에 지울 수 없는 그림자로 자리 잡도록 만들었다. 이러한 인생 초기의 경험들은 그를 단순한 상인 이상의 새로운 인간으로 만들기에 충분했다. 낯선 세계와 고대 문명의 자취를 경험한 그에게 자신의 눈에 비친 일상의 삶과 대상은 더 이상 이전과 같을 수 없었다. 그리고 이로 인해 그는 자신도 모르게 또 다른 인간—어쩌면 다소 모호하게나마 르네상스인으로 표현할 수 있는 그러한 인간—으로 태어나고 있었다.

이러한 까닭 때문인지 몰라도 오늘날의 여러 연구자들은 치리아코를 르네상스기 최고의 고대 유물 발굴자, 그리고 더 나아가 학문 분과로서의 고고학이 성장하는 데에 그 주춧돌을 놓은 인물로 평가하곤 한다.[277] 하지만 이러한 해석은 겉으로 드러나는 치리아코의 삶과 많이 달라 보이는 것이 사실이다. 이것은 무엇보다 치리아코가 당대의 여러 상인들처럼 동방과의 무역을 통해 부와 사회적 지위를 축적했던 전형적인 상인이었기 때문이다. 한편 그는 동·서 교회의 통합과 대투르크 성전을 꿈꾸었던 교황 에우제니오를 위해 일종의 외교적 스파이로 활동하기도 했다. 이것은 수차례에 걸친 동방 여행을 통해 그가 그곳의 여러 사정에 정통한 전문가로 인정받았고, 심지어 투르크의 술탄과도 좋은 관계를 유지했기 때문에 가능한 일이었다. 아무튼 외견상 드러나는 치리아코의 삶의 흔적은 상인과 외교관이라는 사회 활동을 통해 특징되며, 이 때문에 치리아코의 행적은 전형적인 르네상스 지식인이나 휴머니스트들의 그것과는 다를 수밖에 없었다.

그렇다면 오늘날의 연구자들은 어떤 이유에서 그에게 '고고학의 아버지' 혹은 '고대의 발굴자'라는 자못 거창한 이름을 부여하는가? 아마도 새로울 것이 없어 보이는 1421년 어느 가을날, 치리아코가 경험한 정체성의 변화에서 그에 대한 해답의 단서를 찾을 수 있을지도 모른다. 바로 그날도 치리아코는 언제나 그래왔듯이 앙코나 항구 주위를 걷고 있었다. 바로 그때 로마 시대부터 자신의 시대에 이르기까지—그리고 오늘날까지도—앙코나 항구 앞의 같은 자리에 위치하고 있는 트라야누스의 개선문이 새롭게 그의 시선에 다가왔다.[278] 의심할 바 없이 치리아코는 상인으로서 수없이 이 개선문 앞을 드나들었을 것이다. 하지만 이전까지 이 개선문이 그의 눈길이나 관심을 사로잡은 적은 없었다. 왜 그러한 변화가 생겼는지 정확히 알 수는 없지만, 어쨌든 이제 그는 이 역사적 기념물이 앙코나에 어떠한 영예를 가져

왔는지, 그리고 시간의 변화 속에서 어떻게 유실되어 왔는지를 깨닫게 되었다. 치리아코의 전기를 남긴 그의 친구 스칼라몬티Francesco Scalamonti의 기록에 나타나듯이, 이 개선문은 고대 세계의 가치 있는 기념물들을 조사하고 탐구하도록 치리아코를 이끈 "최초의 영감"과도 같은 것이었다.[279]

왜냐하면 바로 그것을 통해 치리아코가 "현재 남아 있는 고대의 유물들이 조만간 사라질 운명에 처해 있으며, 이 때문에 너무 늦기 전에 후손들을 위해 그것들을 보존하고 또 조금이라도 그것들에 관한 기록을 남기려고 노력하는 것이 자신의 소명"이라는 점을 깨닫게 되었기 때문이다. 위스Roberto Weiss의 지적처럼, 고대 세계야말로 그의 열정을 지배하는 힘이었고,[280] 트라야누스의 개선문 앞에서 그는 고대의 유적을 지키고 기록하는 것을 자신의 소명으로 인식하게 되었던 것이다. 물론 치리아코는 이후 인생의 말년에 이를 때까지 지중해 전역을 끝없이 여행했다. 하지만 1421년 이후의 여행은 이전의 그것과 같을 수 없었다.[281] 다시 말해 이후의 그의 모든 여행은 상인이나 외교관으로서의 관심보다는 고고학적 열망에 의해 추동되었다. 한마디로 그는 물질적 대상의 영향을 받아 스스로의 정체성을 새롭게 재창조했다.

다른 어떤 기록보다 그가 라구사Ragusa의 주교 라칸티Jacques Veniero de Racanti에게 남긴 편지는 이 같은 소명의식, 혹은 정체성의 변화상을 가장 잘 보여 준다. 이 편지에 따르면 1420년대 초반의 어느 날 치리아코는 피에몬테Piemonte 지역의 작은 마을을 돌아보고 있었다. 낯선 지방을 여행할 때마다 그 고장의 유물과 유적에 대한 답사를 병행했던 치리아코는, 이번 경우 그곳에 남아 있는 로마 시대의 원형극장,

명각, 수로 등을 조사하고 있었다. 마치 오늘날의 도굴꾼처럼 폐허로 뒤덮인 옛 유적지를 뒤지고 파헤치던 그의 모습은 당시 그리 흔한 광경은 아니었을 것이다. 아무튼 이러한 그에게 그 고장의 어떤 무지한 수사가 그의 행동을 의아해하며 무엇을 하고 있는지 물었다고 한다. 라칸티에게 이 단순한 일화를 전하며 치리아코는, 자신이 그에게 "죽은 자를 깨우는 것이 나의 일이요"라고 대답했다고 이야기했다.[282] 이처럼 치리아코는 상인이나 외교관이 아니라 '죽은 자를 깨우는 사람,' 즉 고대의 부활자로 스스로를 자리매김했다.

이 점에 주목하여 이번 장에서 나는 치리아코의 여러 여행들을 더듬으며 상인이나 외교관이라기보다는 고대 발굴자로서의 그의 삶에 주목하려고 한다. 비록 과장이 없지는 않지만 스칼라몬티는 치리아코야말로 프톨레마이오스 이래 약 1,300년 만에 나타난 최고의 여행가이며, 자신이 보고 찾은 고대의 모든 유물을 조사하고 기록한 고고학자라고 적었다.[283] 비록 상인으로서의 삶을 살았고 그것에 기초해 상업 여행과 정치적 여행을 병행했지만, 언제나 치리아코가 자신이 방문한 지역의 유적과 유물을 답사하고 그에 대한 기록을 남겼기 때문이다.[284] 또한 치리아코는 수많은 여행 중에 목격한 명각들을 옮겨 적어 르네상스 금석학의 초석을 놓았을 뿐만 아니라, 동상이나 동전 등 고대의 여러 유물들을 수집하였으며, 또 오늘날 소실된 고대 유적에 대한 여러 스케치를 남겼다.

당연히 이러한 그의 기록과 수집품들은 고대의 부활을 꿈꾸던 당대인들에게 커다란 영감으로 작용했다. 이를 고려한다면 치리아코와 당대 지식인 그리고 예술가 사이의 관계에 대해 고찰하는 것도 의미 있는 작업이 될 것이다. 다양한 성격을 지니고 다양한 주제에 천착하며 경쟁적으로 파르나소스의 왕좌를 다투던 르네상스기의 지식인들, 그리고 새로운 미적 주제나 대상을 앞다투어 추구하던 당대 예술가들의 공통된 특징을 한마디로 일갈하는 것은 거의 불가능하다. 그러나 굳이 그들을 모호하나마 르네상스인이라는 말로 일별한다면, 그들을 한데 묶을 수 있는 공통된 실타래는 아마도 고전고대에 대한 탐닉과 모방이라고 해도 큰 무리가 없다. 치리아코는 다양한 관심을 가지고 때로는 서로간에 적대적이기까지 했던 르네상스기의 지식인이나 예술가들 모두에게 자신이 직접 보고 목격한 고대 세계에 대한 정보를 제공했다. 이 때문에 그는 주로 문헌 기록에만 의존하여 과거의 체취를 더듬던 당대 휴머니스트 지식인들로부터 많은 찬사와 환영을 받았다. 아울러 고대를 모티브 삼아 새로운 창작활동을 시도하던 당대의 미술가들은 치리아코가 기록하고 수집한 유물을 통해 고대의 부활이라는 꿈을 현실에서 구현할 수 있었다.

그렇다면 치리아코를 단순한 상인이라기보다 고대의 부활과 재생을 시대의 가치로 여겼던 르네상스의 '아이콘'으로 평가해도 대과는 없을 듯하다. 또한 이 점에서 치리아코의 여행기와 여행에 대한 생각을 검토하고 그와 당대인들 사이의 관계를 살펴 보는 것은 자연스럽게 르네상스기 여행이 지니던 의미에 대한 사회·역사적 고찰로 연결될 것이다. 그리고 더 나아가 이러한 고찰은 역사상의 르네상스라는 이미지 속에 은밀히 숨어 있는 또 다른 이면으로 우리를 인도할 수 있을 것이다. 즉 그것은 한 상인의 새로운 정체성 만들기의 계기이자 그 반영이었다. 이제 그가 걸었던 발자취를 뒤쫓으며, 르네상스기의 지중해 세계로 여행을 떠나도록 하자.

II. 과거로의 여행과 과거의 부활

치리아코에 대한 본격적인 논의에 앞서 그보다 약 한 세대 가량 늦게
태어나 북이탈리아 화파의 대표자로 명성을 날린 만테냐Andrea
Mantegna(1431?~1506)의 한 그림에서 논의의 실마리를 찾아보도록 하
자. 만테냐는 일찍이 스승 스콰르치오네Francesco Squarcione가 수집한 고
대 유물에서 예술적 모티브와 영감을 얻었고, 당대 최고의 조각가였던
도나텔로로부터 많은 영향을 받은 것으로 알려졌다. 이러한 만테냐에
게 1456년경 도시 베로나는 개선문에 묶인 채 화살을 맞고 죽어가는
성 세바스티아노의 순교 모습을 화폭에 담아 달라고 주문했다. 도나텔
로의 영향을 분명히 보여 주듯이 이를 묘사한 작품[285]에서 그는, 마치
화살이 파고들 수 없는 돌처럼 세바스티아노의 육신을 딱딱하게 표현
함으로써 회화에 견고한 조각적 성격의 이미지를 구현했다.

그런데 르네상스라는 시대와 관련하여 더욱 흥미롭고 중요한 부분
은, 성 세바스티아노의 발 옆에 나뒹구는 고대 로마의 돌조각들이다.
왜 그는 아무런 의미 없이 나뒹구는 것처럼 보이는 돌조각들을 이 그
림에 넣었을까? 주지하다시피 고고학에 심취했던 스콰르치오네는 이
작품에 나타난 것과 비슷한 돌조각들을 수집하여 학생들에게 데생 훈
련을 시키곤 했다. 아마도 〈성 세바스티아노의 순교〉에 표현된 돌조
각들도 만테냐가 이러한 스승의 교실에서 자주 접하던 것이었을 가능

성이 높다. 더욱이 그는 이 흩어진 돌조각들 뒤로 무너져 가는 로마 시대 도시의 모습을 묘사했다.

그렇다면 스콰르치오네처럼 고고학에 매료된 만테냐 또한 역사적인 모든 것이 마치 '돌처럼' 남는다고 믿었던 것은 아닐까? 단순히 말하자면, 고고학적 발굴이란 땅 속에 있는 역사의 증거물을 지상 위로 올려 내는 일이라고 할 수 있다. 만테냐는 고고학적 유물, 즉 로마의 돌조각들을 통해, 이 작품의 역사적 진실성을 확보하려 한 듯 보인다. 요약하자면, 이에 대한 어떤 평자의 지적처럼, "만테냐는 땅 속에 있는 역사를 파 내어 그 안에 숨어 있는 성 세바스티아노의 이야기를 발굴해 보여 주자는 것을 이렇게 표현했다." 그러므로 여기에는 "땅에서 파 낸 역사의 증거물들이 우리가 읽는 역사의 눈으로 볼 수 있는 증거라는 의미가 담겨 있다."[286]

앞으로 간략히 언급하겠지만, 치리아코의 사후 그가 수집한 방대한 양의 명각들은 펠리치아노Felice Feliciano 같은 다음 세대의 금석학자들에 의해 광범위하게 사용되었고, 그가 수집하고 스케치한 고대의 건물이나 조각들 역시 동시대의 그리고 후대의 여러 예술가들이 과거를 형상화하고 재구성하는 데에 중요한 모델이 되었다. 만테냐 또한 치리아코가 스케치한 고대 도시들의 모습이나 유물들을 자신의 그림 속에 이용하곤 했다.[287] 이를 감안한다면, 만테냐와 그의 스승 스콰르치오네 모두 치리아코가 발굴한 고고학적 유물로부터 커다란 영향을 받았으며, 그것들에 기초해 고대예술의 부활이라는 시대적 이상을 구현하려 했다고 해도 대과는 없어 보인다. 그렇다면 치리아코에게 과거의 유물이나 유적은 어떠한 의미를 지니고 있는가? 치리아코의 여

르네상스기
이탈리아인들의 자아와
타자를 찾아서

행기를 더듬는다면, 이에 대한 해답의 단서를 포착할 수 있을 것이다.

앞서 보았듯이 치리아코는 트라야누스의 개선문을 통해 스스로의 정체성을 깨닫게 되었다. 그리고 이후 곧 그는 자연스럽게 영원한 고대 도시 로마로의 여행을 열망하게 되었고, 1424년 늦은 겨울 이를 실행에 옮겼다. 하지만 치리아코가 본 15세기 전반의 로마는 과거의 찬란한 위용과 거리가 먼 폐허의 무덤이라고 해도 과언이 아니었다. 그와 동시대를 살았던 피렌체의 휴머니스트 포지오Poggio Braccioloni에 따르면, 만약 과거의 로마인들이 현재의 모습을 본다면 이 도시를 자신들의 도시로 생각하기 힘들 정도로, 당시 이 세계의 수도는 마치 신체 마디마디가 부패하고 찢겨 나간 "거인의 시체"와 다를 바 없었다.[288] 이러한 포지오의 언급은 콘스탄츠 공의회를 통해 교황으로 등극한 마르티노 5세Martinus V의 기록에서도 확인된다. 그의 눈에 비친 로마 역시 더 이상 세계의 수도라는 명성과는 거리가 멀었다. 오히려 많은 건물들이 폐허로 변해 버렸고, 교회 역시 무너져 내렸으며, 도시의 곳곳은 기아와 무질서 속에 방치되어 있었다.[289]

아무튼 로마에 도착한 후 치리아코는 이미 앙코나에서 친분을 쌓았던 콘둘메르의 거처에 약 40일간 머물렀다. 그리고 도시 곳곳의 다양한 신전, 극장, 궁정, 목욕탕, 오벨리스크, 아치, 수로, 열주 기둥 등을 면밀히 돌아보고 조사한 후, 이에 대해 자세히 기록했다. 어쩌면 이 로마 답사는 진정한 의미의 고고학적 맥락에서 시작된 그의 첫 여행으로 평가되어 마땅하다. 왜냐하면 스스로 말했듯이, 그가 이 여행을 통해 "시간의 흐름과 인간의 부주의 때문에 파괴된 중요한 기념물들이 후손들에게 더 이상 완전히 소실되어서는 안 된다"는 점을 각성하고, 또 이를 계기로 "세계 전역에 흩어진 다른 모든 고대의 유물들을 직접 목격하고 그것들에 대해 기록하기로 결심"했기 때문이다.[290] 다시 말해, 폐허가 되어 버린 세계의 수도에서 치리아코는 고대의 유물을 발굴하고 기록했으며, 더 나아가 그것들에 기초해 과거를 부활시키려는 생각을 가지게 되었다.

이를 고려한다면, 치리아코를 르네상스의 아버지 페트라르카의 진정한 후손으로 평가할 수 있을지도 모른다. 주지하다시피 약 1세기 전 페트라르카 역시 로마를 답사한 바 있었다. 그리고 그 또한 날아가 버린 지붕과 무너져 버린 성벽 너머로 허름하게 그 명맥만 유지하던 베드로 성당 앞에서, 모든 것이 사라져 버린 당시 로마의 쇠락을 한탄했다. 그런데 콜론나Giovanni Colonna에게 보낸 편지에서 나타나듯이, 바로 이 폐허 속에서 페트라르카는 과거의 문헌 하나하나를 머리에 떠올리며 옛 로마의 영광스러운 모습을 마음속으로 상상하고 동경했다.[291] 그렇다면 치리아코가 역사상의 로마를 있는 그대로 부활하고 싶어 했던 그의 꿈을 계승했다고도 할 수 있다. 요약하자면 로마 답사는 그에게 고고학적 유물의 역사적 가치를 깨닫게 한 소중한 경험이었다. 또한 그는 이를 계기로 스스로를 고대의 발굴자로 규정하기 시작했다.

이듬해 앙코나로 돌아온 치리아코는 이후 서너 해 가량을 도시의 행정관료로 일하게 된다. 하지만 고대 세계에 대한 그의 열정은 사그라들지 않았고, 드디어 1428년 키프로스로 여행을 떠나게 되었다. 1431년 앙코나로 돌아올 때까지 약 3년간 지속된 이번 여행은 콘스탄티노플, 다마스쿠스, 키프로스, 테살로니키, 아드리아노플, 시지쿠스

등지를 둘러보는 기회가 되었다. 물론 이 여행의 표면상의 목적은 베네치아 상인 자카리아 콘타리니Zacaria Contarini의 무역 문제를 해결하기 위한 상업적인 것이었다. 하지만 로마 답사 이후 또 다른 고대 세계, 즉 그리스 문화권에 대한 치리아코의 관심이 더욱 높아졌고, 이 때문에 그는 이 여행을 이 세계를 둘러보고 답사하는 기회로 삼으려고 했다. 이 점은 키프로스로 가기 위해 콘스탄티노플에 도착하자마자, 그가 고대의 명각이나 비문들을 스스로 읽고 해독하기 위해 기초 그리스어를 학습한 것에서도 잘 나타난다.

아무튼 콘스탄티노플에서 시리아를 경유하여 키프로스에 이르는 여정은, 표면상의 상업적 목적보다는, 고대 세계와 이국의 문명에 대한 답사로 점철되었다. 먼저 키오스에서 그는 자신처럼 고대 유물에 관심을 가지고 그것들을 열정적으로 수집하는 평생의 친구 안드레올로Andreolo Giustiani를 만나 그로부터 신약성서의 그리스어 사본을 구입했다. 또한 또 다른 고대 도시 다마스쿠스에서는, 그곳의 여러 유적들이 파괴된 것을 개탄하기도 했으며, 또 그곳의 지인들로부터 이국적인 화병을 구입했다.[292] 이후 그는 키프로스에 도착하여 약 1년 가량을 머물렀다. 그리고 이곳에서 본래의 여행 목적이었던 자카리아의 사업 문제를 해결하는 한편, 그와 동시에 그곳의 여러 수도원을 돌아보며 호메로스, 유리피데스 등의 고대 필사본을 구입했다. 키프로스에서 모든 일을 마친 후 그는 로도스 섬으로 향했고, 그곳에서 고대의 여러 유적과 유물을 답사한 후 베누스와 바쿠스 상을 구입하여 앙코나로 보냈다.

그의 다음 목적지는 아드리아노플이었다. 아드리아노플 여행 역시 투르크와의 효율적인 교역이라는 상업적인 목적에서 기획되었다. 그러나 이번에도 그는 이 기회를 고대의 여러 도시들을 둘러보는 데에 이용했다. 특히 그는 오비디우스Ovidius와 플리니우스Plinius 같은 고대 저술가들의 문헌을 참조하며 그들이 언급한 고대의 중요한 유적지를 돌아보고 그들의 기록과 자신이 목격한 것들을 비교했다. 일례로 그는 오비디우스의 구절에 영감을 받아 마케도니아의 빌립보 지역을 답사하고 그곳에서 알렉산드로스와 관련된 유물을 발견했다.[293] 이 점에서 그를 이 유명한 '바울의 도시'로 이끈 것이, 결코 그리스도교적인 관심이 아니라 고대 문명의 유혹이었음을 알 수 있다. 이후 그는 투르크의 직접적인 지배 아래에 있던 아시아 지역을 답사하기로 결심하고 다시 아드리아노플과 갈리폴리를 경유하여, 플리니우스가 언급한 터키 연안의 고대 도시 시지쿠스에 남아 있는 여러 유물과 유적을 답사했다.

분명 치리아코는 이 기간 투르크의 영향 아래에 있던 여러 지역에서 많은 고대의 유물과 유적을 보았고, 또한 그것들이 점차 파괴되어 가는 것을 목격했다. 그리고 의미심장하게도, 이러한 경험을 바탕으로, 그가 단순한 고대 문명의 애호가에 머물기보다 그것의 보호자가 되기로 마음먹게 된 것으로 보인다.[294] 이 점은 그가 시지쿠스의 투르크 행정관에게 더 이상 유적이 훼손되는 것을 방치하지 말라고, 간곡하지만 분명한 어조로 이야기한 것에서도 감지할 수 있다. 더욱이 이 여행 중에 치리아코는 이탈리아로부터 추기경 콘둘메르가 교황으로 등극했다는 소식을 듣게 되고, 이에 대해 이탈리아의 여러 친구들에게 교황 에우제니오를 이탈리아와 그리스도교의 부활을 위한 최고의

인물로 칭송하는 편지를 보냈다.[295]

널리 알려진 것처럼 에우제니오는 재위 기간 내내 동·서 교회의 통합을 주장하고 이와 함께 지중해 지역에서 점차 세력을 확장해 가던 투르크에 대한 성전을 부르짖던 전투적이고 정치적인 교황이었다. 물론 치리아코가 이러한 새 교황의 등극을 환영한 이유가 단순한 개인적 친분 때문이었을 수도 있다. 또한 유럽인으로서 그 역시 교황의 이데올로기에 동감했을 가능성도 배제할 수 없다. 하지만 치리아코가 평생 투르크인들과 긴밀하고 우호적인 관계를 유지했다는 점을 고려한다면, 이와 함께 생각할 수 있는 또 다른 이유는 어쩌면 그가 교황의 과업에 동참하면서 이를 통해 이교도의 지역에 남아 있는 옛 고전 문화를 보존할 수 있으리라 생각한 때문이었을 수도 있다.

아무튼 치리아코는 새 교황과 투르크와 관련된 정치적 문제를 협의하기 위해 귀국을 결심하고, 1431년 레스보스, 페르가뭄, 헤시오도스의 고향인 아이올리안 쿠마이, 호메로스가 태어난 스미르나 등을 경유하여 앙코나로 돌아왔고, 곧 지체하지 않고 로마로 가 교황에게 동·서 교회의 통합에 대한 자신의 견해를 제시했다. 이듬해 교황은 그에게 새로운 임무를 주었다. 그것은, 새로운 황제로서의 대관식을 거행하기 위해 이탈리아에 온 헝가리의 왕 지기스문트Sigismund를, 교황사절단의 일원으로 치리아코가 영접하는 것이었다. 당시 시에나에 머물던 지기스문트를 영접한 후 치리아코는 그와 함께 로마로 돌아왔다. 그리고 드디어 1433년 지기스문트가 새로운 황제로 등극했으며, 그의 대관에 맞추어 치리아코는 그와 함께 로마 곳곳의 유적을 돌아보았다.

지기스문트의 눈에 비친 로마 역시 치리아코가 몇 해 전 본 모습과 별반 다르지 않았다. 여전히 고대의 찬란한 유물들이 폐허 속에 나뒹굴었고 도시 곳곳은 철저히 파괴된 채 방치되어 있었다. 이러한 도시의 곳곳을 함께 돌아보며, 치리아코는 지기스문트에게 고대 유물의 가치에 대해 열변을 토했다. 그에 따르면, 현대인들의 "게으르고, 야만적이며, 무분별한 행위" 때문에 고대 로마의 많은 것들이 파괴된 채 방치되어 있는데, 이러한 행위야말로 그 무엇과도 견줄 수 없는 범죄와 다를 바 없는 것이었다. 더욱이 그는 무관심하게 버려진 바로 이 유물들이 역설적으로는 "고대의 영광을 증명하는 징표" 그 자체이며, 이것들 속에는 인간들로 하여금 "최고의 행위와 사라지지 않은 명예를 추구"하게 하는 특별한 힘이 존재한다고 주장했다.[296] 어쩌면 그가 지기스문트에게 이야기한 것은, 1424년 자신이 로마에서 깨닫게 된 고고학적 발굴과 유물의 중요성에 대한 재확인이며, 이와 동시에 황제에게 그러한 대의에 동참할 것을 권유하는 의식적인 호소였다.

이러한 그의 태도는 인생의 말년에도 지속된다. 1440년대에도 치리아코는 또다시 동지중해 전역을 장기간 여행한 바 있는데, 특히 1444년 7월 마지막 날 다시 한번 시지쿠스에 들르게 되었다. 이번에도 그를 이곳으로 인도한 것은 오비디우스와 플리니우스의 유혹이었다. 고대인들의 손에 이끌려 재방문한 이곳에서 그는 14년 전 처음 이곳을 방문했을 때와 비교해서 더욱 심각하게 훼손된 고대의 유물들을 보고 개탄하게 된다.[297] 그런데 흥미롭게도 이번 경우 그는 이러한 고대 문명의 훼손을 투르크 이교도들의 탓으로 돌리면서, 고대 세계의 복원과 부활을 대투르크 항전이라는 맥락에서 주장했다. 하지만 '십자군' 혹은 '성전'이라는 자극적인 용어에도 불구하고, 치리아코가 강조한

228

르네상스기
이탈리아인들의 자아와
타자를 찾아서

것을 굳이 투르크의 지배 아래에 있던 옛 고전 세계에서의 그리스도교의 재건으로 해석하기는 힘들어 보인다. 왜냐하면 그가 남긴 여러 기록에는 그리스도교적 관념이 거의 나타나지 않으며 또한 그가 줄곧 투르크인들과 긴밀한 관계를 유지했기 때문이다. 그렇다면 그에게 성전이란 고대 유물의 보존을 역설하기 위한 자극적인 레토릭이었을 가능성이 높다.

1446년 봄 그는 피타고라스의 고향이었던 사모스 섬을 비롯한 소아시아 여러 도시를 답사했다. 그 여행 동안 그는 "고대의 위대하고 더 주목할 만한 유물 가운데 하나를 방문하려는 목적"으로 밀레토스에 들렀다. 이곳에서 그는 "시간의 오랜 흐름과 우리 시대 인간의 게으름"으로 이 고대 도시에 대한 기억이 잊혀져 가고 있다고 아쉬워했다.[298] 이러한 시각은 1448년의 스파르타 답사기에도 그대로 유지된다. 그곳에서 그는 고대 스파르타의 체육관 유적을 돌아보고 그곳에서 발견한 동상 받침대와 거기에 새겨진 명각들을 기록에 옮겼다. 하지만 이곳에서도 그는 "시간의 유린과 후대인들의 게으른 무관심" 때문에 찬란했던 옛 역사의 자취가 소멸되어 가는 것에 대한 한탄을 멈추지 않았다.[299]

요약하자면, 그는 고대 세계를 만나기 위해 여행을 떠났고, 그러한 여행에서 확인하게 된 고대 문명의 파괴에 안타까움을 느꼈다. 그리고 그렇게 만난 고대 세계를 지키는 것이 바로 자신의 사명이라고 생각했다. 즉 그는 르네상스적 인간으로서 스스로의 자아 이미지를 수립하고, 이를 통해 고전적 전통이라는 인식틀에 맞추어 동방의 이교도와 구별되는 유럽적 정체성을 강조했다. 그러므로 두말할 나위 없이 이러한 그의 여행과 여행관, 그리고 자아인식은 같은 시대를 살던 다른 이들과 충분히 조화로운 공명을 울리는 것이었다.

III. 상인에게 길을 묻다

정확하지는 않지만 1445년 이전의 어느 해에 치리아코의 어머니였던 마시엘라Masiela가 죽었던 것으로 추정된다. 그런데 흥미로운 사실은 파노르미타Il Panormita라는 필명으로 시대를 풍미하던 괴짜지식인 안토니오 베카델리Antonio Beccadelli가 바로 그녀의 비문을 적었다는 점이다. "앙코나의 영예이며, 고전 세계와 치리아코의 어머니였던, 마시엘라가 여기에 잠들다"라는 말로 끝나는 비문에, 그는 치리아코를 기리기 위한 다음과 같은 글을 함께 적었다.

> 고상한 웅변을 자랑하는 시인들 가운데에서도 높은 평가를 받을 만한 당
> 신 치리아코여, 당신은 고대의 모든 기념비적인 유물들을 지켜 냈고, 바다
> 와 육지의 아주 먼 곳까지 여행을 했으며, 고대의 건물들을 면밀히 조사했
> 다. 만토바가 지적 웅변의 소유자였던 베르길리우스를 기념하는 것만큼이
> 나, 지금 앙코나는 자신의 아들 치리아코를 자랑스러워하고 있다.[300]

여기에서 베카델리는 치리아코를 지칠 줄 모르는 여행가이자 고대 문명의 수호자로 칭송하고 있다. 여행가, 고대의 수호자 그리고 탐구자라는 이러한 평가는, 어쩌면 당대의 여러 사람들이 치리아코에 대해 가지

고 있던 일반적인 생각이었을 가능성이 높다. 그리고 이 점은 그가 당대 지식인이나 예술가들과 나누었던 친밀한 교류에서도 확인된다.

어쩌면 고대의 부활을 꿈꾸던 르네상스인들을 시대착오적인 몽상가로 평가해도 큰 무리는 아니다. 왜냐하면 자신들이 지각하고 포착할 수 있는 시대를 부정하면서, 이와 반대로 만질 수도 없고 경험하지도 못한 노스텔지어의 세계를 그들이 꿈꾸었기 때문이다. 기실 당대의 휴머니스트 지식인들에게 허용된 과거의 세계는 먼지 그득한 문헌 속에 마치 박제처럼 남아 있는 관념의 공간이었고, 옛 그리스와 로마의 예술을 모방하려던 예술가들에게 남아 있는 것 역시 실제로는 그리 많지 않았다. 이들과 비교할 때 치리아코는 고대 세계에 대한 직접적인 발굴자였고 기록자였다. 또한 그는 자신이 발굴하고 기록한 것을, 책상에 앉아 머릿속으로만 사유하던 지식인과 공방이나 화실에서 지표 없이 고대예술의 부활을 염원하던 예술가들에게 전달한 과거로의 매개자였다. 그러므로 비록 전형적인 휴머니스트나 예술가와는 거리가 멀었지만, 그는 당대 최고의 지식인들과 예술가들에게 많은 영향을 끼쳤으며 또 그들과 광범위한 친분을 쌓을 수 있었다.[301]

당대 휴머니스트 지식인들은 열렬한 호고주의자들이었다. 그들은 문헌 자료뿐만 아니라 고대의 유물이라면 무엇이든 수집하고 소유하려는 욕구로 가득 차 있었고, 이 때문에 가능한 모든 경로를 통해 그것들을 손에 넣고 싶어 했다. 치리아코가 그들과 교류할 수 있던 것은, 무엇보다 바로 그들의 이러한 욕구를 충실하게 채워 주었기 때문인 것으로 보인다. 이 점은 당대 최고의 논쟁적 휴머니스트였던 필렐포F. Filelfo의 기록에서도 확인된다. 당시로선 흔치 않던 그리스학의 전문가로서 필렐포는 종종 치리아코에게 에게 해 지역에서 발굴할 수 있는 고대의 명각이나 금석문의 사본을 요청했다. 그럴 때마다 치리아코는 정확한 사본을 발굴하거나 기록하여 전달함으로써 그에게 만족을 주었다.[302] 15세기 초반의 여러 휴머니스트들은 이와 비슷하게 해당 지역을 여행하던 수도사나 상인들에게 여러 자료를 부탁하곤 했다. 하지만 포지오의 편지에서 나타나듯이 이러한 요구가 만족스럽게 충족된 경우는 많지 않았던 것으로 보인다.[303] 이와 비교할 때 치리아코는 희귀한 고대의 유물이나 기록을 제공할 수 있는 가장 신뢰할 만한 구입처였다고 할 수 있다.

하지만 스칼라몬티의 기록에 나타나듯이 치리아코는 전문적인 교육을 받은 학자가 아니었다. 또한 이 때문에 그가 남긴 기록이나 자료에 여러 흠결이 없지 않았다. 이 점은 특히 포지오의 치리아코에 대한 비판에서 잘 나타난다. 주지하다시피 포지오는 사라져 버린 고대 문헌을 발굴하여 '책사냥꾼'으로 이름을 날렸고,[304] 치리아코는 고대 유물과 명각을 기록하여 보전함으로써 '고대 애호가palaiophilon; lover of antiquity'라는 명성을 얻었다.[305] 이러한 공통점에도 불구하고, 포지오는 그리스어와 라틴어가 무분별하게 혼용되고 있으며 특히 적절치 못한 문투나 부정확한 동사가 사용되는 등 치리아코의 기록에는 여러 오류가 나타난다고 힐난하곤 했다.[306] 하지만 르네상스 시대가 학문적 전문성을 두고 치열한 경쟁을 벌인 말 그대로의 위험한 시기였고, 또 포지오가 당대 최고의 독설적인 비평가였으며, 특히 포지오의 라이벌인 필렐포가 치리아코와 매우 친밀한 관계를 유지하고 있었다는 점을 감안한다면, 이러한 그의 비판을 당대 휴머니스트들의 공통된 감정으로 해석할 수는 없어 보인다. 오히려 치리아코는 서로 다른 경향의 휴머니스트들 모두에게 좋은 평판을 얻은 몇 안 되는 인사 가운데 하나였다.

처음 치리아코는 상업적인 목적에서 라틴어 교육을 받았으며, 열다섯 남짓한 시기부터는 자신이 직접 쓴 시를 여러 지식인들과 함께 나누기 시작했던 것으로 보인다. 하지만 그가 본격적으로 라틴어를 학습하고 완전히 익히게 된 것은 아마도 스스로의 정체성을 자각하게 된 1420년대 초반이었던 것으로 생각된다. 트라야누스의 개선문에 관심을 가지게 될 무렵부터 약 3년간 그는 앙코나에 머물며 라틴어를 공부했다. 흥미로운 것은 그가 초보 과정을 거치지 않고 바로 베르길리우스의 《아이네이드》를 읽으면서 라틴어를 익혔다는 점이다. 이것은 단순히 이미 기초적인 라틴어 능력을 보유하고 있었기 때문만은 아니었다. 오히려 그는 베르길리우스를 통해 고대 세계를 이해하려고 했다. 스칼라몬티의 이야기에 따르면, 마치 "치리아코가 단테의 시를 통해 베르길리우스에 대한 지식에 접근하게 되었던 것처럼, 베르길리우스 읽기는 그의 마음속에 호메로스의 위대한 시와 그리스어에 대한 고귀한 열망을 불러 일으켰다."[307]

그리고 몇 해 후 에게 해 지방을 여행하면서 치리아코는 그리스어를 공부하면서 실질적인 고대 세계 탐구자로서의 기본적인 소양을 갖추게 되고, 이를 바탕으로 고대의 금석문 기록자로서 그리고 명각의 보존자로서 인정받게 되었다. 이와 같은 평가는 다시 한번 필렐포의 편지에서 분명히 나타난다. 1427년의 늦은 가을, 그는 치리아코에게 다음과 같은 편지를 보냈다.

자네를 사랑하네, 치리아코. 내가 자네를 사랑하는 것은 단지 자네가 내게 보여 준 애정 때문만은 아니라네. 그와 함께 나는, 특히 시간의 오랜 흐름과 우리 선조들의 무지 때문에 잃어 버리게 된 그러한 것들에 대해 자네가 세심한 주의를 기울였기 때문에, 자네를 사랑하는 것이라네. 자네가 지금 그러하듯이, 그와 같은 고귀하고 찬사를 받을 만한 일, 즉 고대를 부활시키고 또 죽음으로부터 그것들을 구하는 일에 계속해서 매진하기 바라네.[308]

또한 같은 해 12월, 그는 베르길리우스에 관해 새롭게 해석하고 이러한 자신의 해석에 대한 견해를 구하고자 치리아코에게 편지를 보내기도 했다.[309] 이처럼 1420년대에 접어들면서 이미 치리아코는, 고대의 수호자 그리고 학문적 논의를 함께 나눌 수 있는 동료 학자로서 당대의 지식인들로부터 인정을 받기 시작했던 것으로 보인다.

그렇지만 당대 르네상스 지식인 세계의 문화와 사조를 지배한 것은 피렌체였다. 주지하다시피 고전의 부활이라는 페트라르카의 이상을 계승한 살루타티C. Salutati의 후견 아래, 15세기 초반 피렌체에서는 이후 르네상스 지성계를 주름잡게 되는 수많은 지식인이 성장하고 있었다.[310] 한마디로 15세기 전반기의 피렌체는 아방가르드 지식인들이 경쟁하던 위험한 각축장이었다.[311] 이뿐만이 아니었다. 피렌체에서는 다른 어느 곳에서보다 고대예술이 적극적으로 수용되었고, 이러한 분위기 속에서 도나텔로와 브루넬레스키로 대표되는 소위 르네상스 예술이라는 새로운 시도가 역동적으로 태동하고 있었다. 이 점을 감안한다면, 피렌체의 저명인사들에게서 인정받는 것은, 치리아코에게 고대의 부활이라는 자신의 노력이 그 정당성을 얻게 되는 하나의 징표가 될 수 있었다.

앞서 언급했듯이 1433년 치리아코는 새로운 황제 지기스문트와 로마 유적을 답사하고, 그에게 고고학적 유물의 소중함과 역사적 가치를 역설했다. 그 후 치리아코는 약 2년 동안 이탈리아 지역을 여행했다. 중북부 이탈리아의 여러 도시를 방문하고 그 지방의 곳곳을 답사한 그에게 피렌체는 다른 어느곳보다 의미 있는 곳이었다. 당시의 피렌체에서는 여러 새로운 예술작품이 생산되고 있었고, 치리아코는 브루넬레스키가 건설 중이던 산타 마리아 델 피오레 성당을 비롯한 여러 예술품을 보는 기회를 놓치지 않았다. 하지만 그가 피렌체에서 더욱 기대한 것은 시대를 선도하던 여러 지식인들과의 만남이었다. 마치 그의 기대를 충족시키려고 한 듯이, 니꼴로 우자노Niccolò Uzano, 팔라 스트로찌Palla Strozzi, 카를로 아레티노Caro Aretino 등의 지식인은 물론이고, 그들의 친구이자 후원자인 코지모 데 메디치Cosimo de' Medici와 같은 피렌체의 저명인사들은 경쟁적으로 치리아코를 환대했다. 더욱이 당시 피렌체의 서기장이던 당대 최고의 휴머니스트 레오나르도 브루니Leonardo Bruni는 직접 그에게 도시 곳곳을 소개하기도 했다.[312]

아마도 이것은 그들 모두가 그리스 지역에서 치리아코가 목격하고 발굴한 고대 유물이나 유적에 관한 직접적인 목격담을 듣고 싶었기 때문일 것이다. 이 점은 완전무결한 고대의 복원을 꿈꾼 피렌체의 괴짜지식인 니꼴로 니꼴리Niccolò Niccoli와의 만남에서 더욱 확연히 드러난다.[313] 스칼라몬티에 따르면, 치리아코는 누구도 범접할 수 없었던 '책수집가' 니꼴리와의 만남에 특별한 기쁨을 느꼈다고 한다. 또한 니꼴리 역시 치리아코가 지중해 전역에서 발굴한 여러 고대 유물에 관심을 가졌고, 특히 그가 기록하고 스케치한 시지쿠스의 신전에 관해 남다른 흥미를 보였다. 그와 여러 이야기를 나눈 후 치리아코는 니꼴리의 개인 도서관을 둘러보면서 그곳에 보관된 많은 고대의 유물들을 구경했다.[314]

순수한 상업적인 맥락에서 보자면, 치리아코가 피렌체에서 만난 저명인사들은 그의 잠재적인 고객일 수 있었고, 또 그들에게 그는 단지 신뢰할 만한 고대 유물의 구입처로 생각되었을 수도 있다. 그러므로 피렌체에서 그가 받은 환대를 지극히 단순한 상업적인 차원에서 해석할 수도 있을지 모른다. 하지만 이후 브루니와 치리아코가 지속적으로 편지를 주고받으며 고대 문화에 관해 의견을 나누었다는 점을 고려한다면, 그들의 관계는 일종의 고대 애호가로서의 동일한 관심사에 기초한 것으로 보인다. 이 때문에 치리아코는 피렌체의 지식인들이 보여 준 환대를 단순한 상업적 맥락으로 인식하지 않았다. 오히려 그는 이를 자신의 고고학적 발굴이 그들에게 끼친 자극으로 생각했고, 이를 통해 자신의 노력이 고대 문명의 부활이라는 시대적 소명과 그 궤를 함께 한다고 느꼈을 것이다.[315]

비단 휴머니스트 지식인들만이 치리아코에게 호의를 표시한 것은 아니었다. 브루넬레스키는 건축 중이던 공사장으로 그를 안내했고, 그의 라이벌이었던 기베르티 그리고 당대 최고의 조각가로 성장하던 도나텔로 역시 자신들의 공방으로 그를 초대했다.[316] 초기 르네상스 예술의 시조라 할 수 있는 이들은 모두 고대의 부활을 꿈꾸며 치리아코가 그랬듯이 로마를 답사한 바 있으며, 이를 통해 고전적 모티브를 자신들의 작품에 담아 내려고 했다. 이러한 그들의 시각에서 볼 때, 치리아코는 자신들과 마찬가지로 고대라는 꿈을 꾸는 친구이자 그곳으로 가는 하나의 매개였다. 여러 차례 언급했듯이 치리아코는 자신이 직접 목격한 많은 유적이나 유물들을 수집하고, 또 틈나는 대로 그것들을 스케치하여 기록에 옮겼다. 그들은 바로 이러한 기록을 통해 고대 유물들의 모습을 알 수 있었던 것이다. 다시 말해 그들은 '고대의 부활이라는 르네상스의 극장'에서 가장 중요한 관객이자 비평가였다.

특히 이 점은 당시 사람들이 쉽게 접근할 수 없었던 그리스 예술의 경우에는 더욱 그러했다. 두말할 나위 없이 15세기 초반의 상황에서 그리스 본토로의 여행은 흔치 않은 일이었다. 무엇보다 유럽인들은 그곳을 과거 이교도들의 고향이자 현재 이단적인 그리스정교의 본향으로 생각하고 있었다.[317] 이 때문에 이 지역은 당시 유럽인들에게는 신비에 감싸여 있을 수밖에 없었다. 그런데 치리아코는 바로 이 지역을 직접 목격하고 또 자신이 목격한 역사의 자취를 기록했다. 1452년에 이르기까지 수차례 반복되는 그의 그리스 여행이 처음 시작된 것은 1430년대 중반이었다. 그의 첫 그리스 기행은 북부 델포이에서 펠로폰네소스 반도의 스파르타에 이르는 거의 모든 지역을 아우르는 장기간의 여정이었다. 그리고 그 가운에서도 특히 1436년의 아테네 답사는 그가 꿈꾸던 그리스 기행의 백미였다. 무엇보다 그는 당시까지 그리스도교적 맥락에서 변형되어 있던 파르테논 신전을 플루타르크와 스트라보의 기록에 따라 순수한 고대적 맥락에서 돌아보고, 이에 대한 글과 기록을 남겼다.[318]

이와 같은 치리아코의 아테네, 특히 파르테논 답사와 그에 대한 기록은 오늘날까지도 그 의미가 퇴색될 수 없는 중요한 역사적 의의를 지닌다. 실제 고대 세계 이래 고전적 유산이라는 관념 아래 이곳을 여행한 사람이 치리아코 이전에는 거의 없었다. 아울러 그 이전에는 어느 누구도 파르테논의 모습을 정확하게 기록하지 않았다. 또한 이와 함께 간과될 수 없는 더욱 중요한 사실은, 치리아코가 파르테논을 답사한 후 스케치한 여러 그림, 그리고 그가 그곳에서 옮겨 적은 여러 비문이나 명각들이 완전히 파괴되기 이전의 파르테논의 마지막 모습이었다는 점이다. 그의 마지막 여행 이후 약 20년이 지난 뒤 이 지역은 투르크의 수중에 떨어지게 되었고, 다음 약 200여 년 동안 이 지역을 둘러싸고 베네치아와 투르크 사이의 분쟁이 계속되었다. 그리고 1687년 그 갈등의 소용돌이 속에서, 베네치아가 쏜 포탄에 의해 파르테논 신전이 파괴되었다.[319] 비록 건물의 크기나 비율 등에 있어 여러 오류가 없지는 않지만,[320] 바로 이 때문에 치리아코가 남긴 파르테논의 스케치는 이후 오늘날에 이르기까지 그것의 재건 및 복원 사업에 중요한 기초 자료가 되고 있다.

그런데 현재의 논의와 관련해 더욱 중요한 사실은, 치리아코가 스케치하고 기록한 자료들이 당대의 예술작품에 끼친 영향이다. 앞서 몇 차례 언급된 바 있는 도나텔로는 고대의 조각, 특히 그리스의 조각에서 예술적 모델을 찾으려 했던 선구자였다. 친구이자 동료로서 치리아코는 자신이 발굴한 그리스 예술품들을 모방할 만한 모델로 그에게 제공하곤 했다. 이러한 흔적이 가장 잘 남아 있는 작품 가운데 하나가 도나텔로의 유명한 기사인물상인 가타멜라타Gattamelata이다. 베르그스타인Mary Bergstein의 최근 연구에서 잘 나타나듯이, 이 기마상을 주조하면서 도나텔로는 치리아코가 스케치한 파르테논 신전, 특히 프리즈Frieze에 부조로 묘사된 기사의 이미지를 적극적으로 차용했다.[321] 또한 이에 대해 치리아코 역시 고대를 부활시킨 조각상으로 이 작품을 기리는 비문을 작성하기도 했다.[322]

또 다른 예는 15세기 중엽 건축된 한 공공건물에서 찾을 수 있다. 1440년대의 어느 해, 아드리아 해 연안의 라구사Ragusa는 도시의 고전적 기원과 영예를 기리고 또 이를 통해 도시 정부의 시민정신을 널리 알리기 위해 몇 해 전 파괴된 시의 청사 건물을 새로 짓기로 결정했다. 그런데 정의가 구현된 이상적인 정부의 이미지를 이 건물에 담아 내기 위해, 도시 정부는 치리아코가 기록한 고대의 여러 비문과 명각의 내용을 새겨 넣었다. 또한 이와 함께 치리아코가 스케치한 고대의 동상에서 그 모티브를 차용하여 건물을 장식하는 천사상을 조각했다.[323]

지금까지 논의해 왔듯이 치리아코는 이탈리아, 그리스 그리고 에게 해 전역을 답사하며 그곳에서 발굴한 모든 고대에 관한 유물들을 수집하고 기록했다. 그리고 이러한 그의 기록들은 고대의 부활을 꿈꾸던 소위 르네상스인들에게 더할 나위 없는 소중한 자료로 이용되었다. 치리아코가 죽은 후 약 2년 뒤인 1457년, 그를 따랐던 휴머니스트 안토니오 디 레오나르도는 "이렇게 쇠퇴한 우리의 시대에 잃어 버린 고대 유물의 애호가요 보호자요 소생자"인 친구 펠리치아노에게 편지를 보내며, 자신의 친구에게 영감을 준 치리아코에 대해 다음과 같이 적었다.

자네는 내게 보낸 자네의 지난 편지에서 앙코나의 치리아코에 대해 많은 이야기를 한 바 있네. 그가 여전히 살아 있다면 과연 지금 세계가 어떠할까! 하지만 아쉽게도 몇 해 전 자연이 그의 목숨을 ~~빼앗아~~ 갔네. 아마 그는 고대주의자들 가운데에서도 최고의 고대주의자로 간주될 수 있을 것이네. 지금 우리 주위에 남아 있는 그의 여러 작품들이 증언하듯이, 그는 여러 문제들, 특히 그리스와 로마의 문학에 아주 조예가 깊었지. 요약하자면 그는 거의 모든 세계를 여행했네. 그리고 그의 눈으로 건물, 신전, 대리석 동상, 그리고 기타 고대의 모든 유물들을 조사했지. ……따라서 내가 언급할 수 있는 많은 것들 가운데 이 몇 가지 사실을 자네에게 이야기하는 것이 즐겁게 느껴진다네. 왜냐하면 나는 자네가 훌륭하게도 치리아코의 발자취를 따르고 있다는 점을 알고 있기 때문이라네. 덕의 길에 헌신하는 이들이라면 그것을 추천하고 인정해야 하네. 그러므로 우리의 치리아코가 이룩한 훌륭한 업적을 칭송하고, 그것을 탐구하고, 또 그것의 가치를 인정하고, 사랑하고, 소중히 간직하게.[324]

한마디로 말해 안토니오와 펠리치아노에게 치리아코는 모방해야 할 자기 시대 최고의 고대인이었다. 그는 전 세계를 여행하며 잃어 버린 고대 문명을 발굴하고 소생시켰으며, 또 고대의 길로 동시대인들을 인도했다. 이것이야말로 고대의 부활을 꿈꾸던 르네상스인들에게 치리아코가 드리운 지울 수 없는 그림자였다.

IV. 치리아코를 통해 르네상스 다시 읽기

부활 혹은 재생이라는 말 뜻 그대로, 르네상스인들은 과거, 더 엄밀히 말하자면, 고전고대의 모든 것을 생의 모범으로 삼고 그 가치를 따르려고 했다.[325] 이와 같은 르네상스 본연의 의미를 고려한다면, 여행이 곧 고대 유적지에 대한 답사를 의미했던 치리아코에게 여행이나 그에 대한 기록이 가장 '르네상스적'인 인간활동의 한 양태로 인식되었다고 해도 대과는 없어 보인다. 1부에서 보았듯이 중세인들은 기존의 선험적 세계관을 재확인하는 인식론적 도구로 여행이나 여행의 모티브를 이용했고, 이 때문에 그들의 여행에 대한 관념에서 여행 자체의 경험은 어쩌면 부차적인 것으로 취급되곤 했다. 하지만 치리아코에게 여행은 이러한 중세의 반–경험적 관념과는 거리가 먼 것이었다. 오히려 여행이라는 경험을 통해 자신의 개인적 심리상태와 그것에 투사된 외부 세계를 이해하려 한 페트라르카처럼, 치리아코는 자신이 직접 보고 목격한 것들에 기초해 스스로의 정체성을 확립하고, 더 나아가 자신을 둘러싼 사회적 관계를 만들어 갔다.

인간은 왜 여행을 하는가? 아마도 이 질문에 대한 답은 수없이 많은 차원에서 구해질 수 있을 것이다. 그렇다면 치리아코에게 여행은 어떠한 의미를 지니는 것이었을까? 지금까지의 논의에서 암시되었듯이, 치리아코에게 여행은 단순한 공간적 기행이 아니었다. 오히려 그것은 과거로의 시간 이동이었고, 그렇기에 여행지 곳곳에 남아 있는 과거의 흔적, 즉 유적들은 시간 이동자에게 과거로의 복귀를 허락하는 일종의 타임머신 티켓과도 같은 것이었다. 이러한 맥락에서 로마 답사 후 그는, 과거 유물의 잔해들, 즉 "돌덩이 그 자체가, 책에서 발견되는 것보다 로마인들의 찬란한 역사에 관한 더욱 신뢰할 만한 정보를 제공한다"[326]고 주장했고, 또 그렇기 때문에 자신을 비롯한 현대인들에게 남겨진 과업 중의 하나가 바로 과거의 유물을 보존하여 후손에게 남기는 것이라고 생각했다. 이 점에서 지금까지 나는 치리아코를 시대의 아이콘으로 해석했고, 이러한 '르네상스인' 치리아코의 답사기를 통해 그의 여행과 여행관 그리고 그것들의 사회적 영향을 조명해 왔다.

그렇지만 만약 그가 르네상스라는 시대상을 반영한 새로운 유형의 여행가였다면, 그러한 그의 모습 속에는 바로 그 시대의 이면이 함께 존재할 것이다. 그러므로 치리아코에 대한 논의를 마무리하면서 나는 그의 여행과 여행의 목적에 투사된 르네상스 시대상의 또 다른 측면을 사족처럼 덧붙이고자 한다. 이와 관련하여 무엇보다 치리아코가 자신의 사명을 고대 유물을 지키고 보존하는 것으로 생각했는데 이러한 그의 생각과 행위에는 단순한 호고적 관심을 넘어서는 사회적 의미가 담겨 있다는 점이 강조되어야 한다. 무엇보다 이것은 시간 기행으로서의 여행이 그에게 과거를 전유하는 자의식적인 경험으로 인식되었기 때문이다. 르네상스기의 이탈리아는 단순한 고대의 부활뿐만 아니라 수많은 상품과 대상의 출현을 목격했던 복잡다기한 사회였다. 그리고 이러한 물질문화의 성장은 곧 특정 대상의 소유와 유통을 통해 사회적 관계가 형성되도록 만들었다. 그런데 여기에서 무시할 수 없는 가장 중요한 상품 가운데 하나가 바로 지식 더 나아가 고대에 관한 지식이었다.[327] 그렇다면 그것을 소유하고 유통시킬 수 있는 능력은 곧 무형의 권력을 행사하고 공유한다는 것을 의미한다.

치리아코에게서 이와 유사한 몇몇 흔적을 발견할 수 있다. 앞서 보았듯이, 자신을 포함한 당대의 모든 이들에게 비판적이던 완전주의자 니꼴리는, 피렌체의 다른 누구보다 치리아코를 환대했고 그와의 만남을 진심으로 즐겼다. 어쩌면 시대착오적으로 느껴질 만큼 고대의 모든 것을 그대로 모방하려 했던 니꼴리의 입장에서 본다면, 치리아코야말로 고대의 유물을 '직접' 목격하고 발굴하여, 그것을 '소유'한 이였기 때문이다. 한편 1432년 치리아코는 시에나에서 황제 지기스문트를 만났을 때, 모방해야 할 올바른 군주의 표상으로서, 황제 트라야누스의 동전을 그에게 선물했다. 이러한 행위에는 동전이라는 유물을 통해 그것의 상징적 의미를 전유하고 유통시키면서, 서로간의 관계를 형성하는 일종의 사회적 의미가 내포되어 있다. 비슷한 예는 1444년에도 반복된다. 이번 경우 그는 대투르크 성전을 독려하기 위한 상징적인 제스처로 카스틸리오네Raffael Castiglione에게 황제 베스파시아누스의 동전을 선물했다. 이 점에서 고대의 유물은 어쩌면 당시 사람들에게 정치, 사회, 경제적 교역이나 흐름을 결정짓는 중요한 "명예의 통화currency of fame"[328]로 기능했다고 해도 무리는 아니다. 그리고 치리아코는 이 대상들의 통화에 참여하는 주체로 활동하면서, 당대의 지식인이나 권력가의 이미지로 스스로의 정체성을 창조했다. 한마디로 그는 소위 르네상스적 인간으로 자신의 자아를 재현했다.

두 번째 문제는 치리아코의 투르크에 대한 모호하고 이중적인 태도에서 그 일면을 드러낸다. 앞서 어디에선가도 언급했듯이, 치리아코는 투르크와 아주 긴밀한 관계를 유지했다. 일례로 그는 술탄 무라드 2세Murad II에게 그리스와 로마의 역사를 가르쳐 주기도 했고 술탄은 그에게 투르크 지역 내의 안전한 통행을 보장했다.[329] 하지만 이와 반대로, 1444년 헝가리의 후냐디John Hunaydi에게 보낸 편지에서 명백히 드러나듯이,[330] 그는 교황이나 유럽의 그리스도교 군주들에게 대투르크 성전을 촉구하기도 했다. 이러한 그의 이중적인 태도를 어떻게 해석할 것인가의 문제는 여전히 논란거리로 남는다. 하지만 중요한 것은, 그가 투르크 지역 내의 고대 유적지를 답사할 때마다, 무관심하게 방치된 채 버려져 있던 그곳의 사정에 개탄을 금치 못했으며, 더 나아가 이 모든 고대 유적과 유물의 쇠퇴를 투르크의 탓으로 돌렸다는 점이다.

다른 어느 경우에서보다 1444년 그의 프로폰티스 여행에서 이러한 시각이 가장 적나라하게 드러난다. 특히 여기에서 그는 에르덱Erdek과 시지쿠스가 자신의 이전 방문과 비교할 때 "야만인들에 의해a barbaris" 너무나 심하게 파괴되어 있다고 이야기했다.[331] 그러므로 만약 치리아코를 반–투르크주의자로 규정할 수 있다면, 그의 투르크에 대한 반감이 단순한 정치·종교적인 문제보다 지적 혹은 문화적인 차원에서 기인한 것으로 해석할 수 있다. 사실의 진위 여부에 관계없이 중요한 점은, 치리아코가 고대 특히 그리스 문명의 파괴자로 투르크를 지목했으며, 더 나아가 고대 문화의 파괴자라는 측면에서 그들을 "야만인"으로 규정했다는 사실이다. 적어도 언어 관례라는 측면에서 본다면—물론 1453년 콘스탄티노플 함락 이후에는 비교적 증가하지만—1440년대 중반까지 이탈리아 휴머니스트들 사이에서 투르크인들을 "야만인"으로 부르는 경우는 많지 않았다.

이를 고려한다면, 투르크인들을 야만인으로 부르는 치리아코의 용례는 자못 의미 있게 다가온다. 더욱이 그는 이 용어를 투르크와 관련된 콘텍스트 속에서 단순하게 사용하는 차원을 넘어, 심지어 그들을 가리키는 일종의 별칭으로 이용하기도 했다.[332] 오늘날, 보다 넓은 세계사적인 차원에서 르네상스기 문화 교류의 제 측면을 검토하고 있는 몇몇 연구자들은, 당시의 투르크가 동일한 고전적 전통을 계승하고 또 그에 대한 소유권을 두고 르네상스 기간 내내 서방 세계와 경쟁을 벌였던 하나의 문화권 속의 세계였다고 주장한다.[333] 만약 이러한 주장을 받아들인다면, 치리아코의 투르크인에 대한 묘사는 일종의 자기-기만이라고 할 수 있다. 하지만 이러한 자기-기만 속에는 다음 세기부터 점차 정치하게 전개되는 유럽의 자기 정체성 확립의 전조가 희미하게나마 숨어 있다.

15세기 전반과 달리 16세기 동방 지역을 방문했던 유럽의 여행가나 학자들은 투르크인들을 고전 문명의 파괴자, 과거와 현재에 대한 역사적 감각이 부족하여 고대 유물의 역사적 가치를 파악하지 못한 무지한 사람들로 규정하곤 했다.[334] 결국 고대 문화나 유적의 가치를 알고 있는 '문명적' 주체와 그렇지 못한 '야만적' 객체 사이의 구분을 통해 16세기 이후의 유럽인들은 자기 정체성을 만들기 시작했고, 치리아코는 이러한 후대의―우리가 그렇게 부를 수 있다면― '제국의 시선'[335]으로 투르크인들을 보았던 것이다. 달리 표현하자면 16세기 유럽인들에게, 그리고 희미하게나마 치리아코에게, 고전 문화는 유럽적 정체성의 원천이었다. 그리고 그것으로의 회귀를 부르짖으며, 그들은 어쩌면 동일한 원천을 공유해 왔던 타자, 즉 투르크인들을 배제한 것이다. 가장 '르네상스적' 이었던 여행가 치리아코는 가장 '유럽적인' 타자-만들기를 그렇게 시작했다.

III 부

혼란과 변화의
친퀘첸토

문학과 회화의 만남:
언어적 초상화로
《궁정인》 읽기

I. 회화로서의 《궁정인》,
화가로서의 카스틸리오네

카스틸리오네의 《궁정인》은 동시대 마키아벨리의 《군주론》과 비교되면서, 이후의 서양 문화에 가장 커다란 반향을 불러온 르네상스기 이탈리아의 가장 대표적인 저작 가운데 하나로 손꼽힌다. 이 책은 1528년 처음 출판된 이후 18세기 말까지 유럽 각국의 언어로 번역되어 대략 150종이 넘는 다양한 판본으로 재출간되었다.[336] 카스틸리오네가 우르비노Urbino 궁정에서 4일간 벌어졌던 가상의 대화를 통해 재현한 이상적 궁정인 혹은 교양인의 상은, 라블레, 세르반테스, 몽테뉴, 셰익스피어 등에게서 그 흔적을 발견할 수 있는 것처럼, 16세기 이후 특히 '신사'로 일컬어지던 유럽의 지성인이나 엘리트 계층에게 그들

삶의 교양지침서로 많은 각광을 받았
다.[337] 《군주론》,《성경》과 함께 《궁정인》
을 언제나 자신의 침대머리 맡에 두었다
는 당대 최고의 권력가 신성로마제국 황
제 칼 5세의 일화는, 이 책의 영향력을 소
리 없이 웅변하는 것이라고 할 수 있다.[338]

《군주론》과 함께 자주 거론된다는 점
은, 이 책의 성격과 의미를 가늠하는 데에
있어 중요한 시사점을 제공한다. 무엇보
다 이것은, 뚜렷한 현실주의적 정치관을
반영하는 마키아벨리의 저작과 달리, 카
스틸리오네 스스로 언급하는 것처럼 《궁
정인》이 초현실적 이상주의의 외피를 통
해 참된 궁정인의 모습을 그려 낸다는 점
에 기인한다. 이 점에서 그동안 이 작품에
접근하는 르네상스 학자들에게 '이상주
의'와 '현실주의'라는 상반된 틀이, 그들
해석의 중요한 기준이 되어 왔던 것은 어
쩌면 당연한 일처럼 보인다. 혹자들은 행
위와 규범에 관한 규정집rule-book이나
이를 포함한 보다 광범위한 현실주의적
도덕논고 혹은 우르비노 궁정에 대한 사
실적 묘사라는 측면에서 이 작품에 접근

해 왔으며, 또 다른 이들은 이 작품이야말로 플라톤적 이데아 관념에 맞추어 기술된 이상론의 전형 혹은 문학적 상상력이 빚어 낸 허구의 결과라고 주장하곤 한다. 근자에 들어서는 이 둘의 견해를 종합하여, 낙관적 이상주의와 냉철한 현실인식 사이에 존재하는 문화적 긴장을 표출하는 상징적 존재로 카스틸리오네를 평가하고, 이를 토대로 그의 《궁정인》을 그러한 갈등이 재현된 문학적 정수로 해석하는 것이, 카스틸리오네를 둘러싼 비평의 주요 담론을 형성하고 있다.[339]

하지만 나는 이 작품에 나타난 이와 같은 현실과 이상 사이의 갈등이나 괴리 혹은 이 두 세계의 조화라는 측면을 또 다른 각도에서 조명하려고 한다. 좀 더 자세히 말해 나는 텍스트로서의 《궁정인》에 나타나는 회화적 성격을 분석하면서, 이를 통해 르네상스기의 문학과 미술에 대한 관념을 고찰하려고 한다. 검증된 군사기술을 보유한 능력 있는 용병, 수완과 술수에 뛰어난 일급의 외교관, 휴머니즘 이상을 간직하고 구현한 뛰어난 문인 등 카스틸리오네를 꾸며 주는 수식어는, 그가 이 작품에서 묘사한 궁정인의 다양한 덕목만큼이나 다채롭기 그지없다. 하지만 이 책의 전체적인 주제와 관련하여 더욱 흥미로운 사실은, 카스틸리오네가 《궁정인》을 하나의 초상화로 간주하고, 저자로서의 자신 또한 이 '비시각적' 그림을 문헌 텍스트라는 이질적인 화폭에 담은 한 명의 화가로 규정한다는 점이다. 최종 출판본에 추가된 헌정서격의 서문에서, 카스틸리오네는 돈 미구엘 다 실바Don Miguel da Sylva에게 다음과 같이 말한다.

나는 이 책을, 라파엘로나 미켈란젤로가 아닌 단지 윤곽선만을 그릴 줄 알

뿐 우아한 색조로 진실을 장식하거나 시각적 기술을 통해 존재하지 않는 것을 존재하는 것처럼 만들 수 있는 역량을 지니지 못한, 격이 낮은 미술가 pittor ignobile의 손으로 그려진 우르비노 궁정의 한 초상화un ritratto di pittura로 당신에게 바칩니다.[340]

카스틸리오네의 이 언급은 문학과 미술이라는 두 예술 영역에 대한 의미 없는 수사적 비교에 불과한 것인가? 만약 그렇지 않다면, 카스틸리오네는 어떠한 이유에서 자신의 작품을 초상화로 규정했으며, 또한 자신 스스로를 화가로 정의하면서 그가 의도했던 것은 과연 무엇인가? 위 인용문과 관련된 이와 같은 여러 질문들은 그린블랫S. Greenblatt의 셀프-패셔닝Self-fashioning 개념을 차용해 우즈-마스던J. Woods-Marsden이 주장하거나 사코네E. Saccone가 부르크하르트의 개인주의 테제를 비판하면서 제기하는 것처럼, 텍스트로서의 《궁정인》의 성격과 저자의 집필 동기 등과 관련해서 나타나는 르네상스 자아의 문제를 가늠케 하는 중요한 단서를 제공하기도 한다. 즉 예술품으로서의 《궁정인》은―다음 장에서 보다 자세히 논의하겠지만―개인적 삶의 세계에서 자아가 만들어지는 과정을 미학의 과정과 동일시하는 르네상스의 연극적·수행적 자아표현의 한 양태로 해석될 수 있다.[341] 하지만 르네상스 자아성에 관한 통찰력 있는 시각에도 불구하고, 이와 같은 해석은 왜 미술, 더 정확하게 말하자면 '회화'가 논의의 핵심이 되는가의 문제에 대해서는 침묵한다.

이 질문에 답하기 위해서는, 페트라르카 이래의 휴머니즘 전통과 그 속에서 배태된 르네상스기 이탈리아인들의 회화에 대한 관념을 다른 무엇보다 먼저 이해해야 한다. 박산달M. Baxandall의 연구가 밝히듯이, 페트라르카와 함께 시작된 키케로적 문학과 수사학에 대한 르네상스 휴머니스트들의 열정은, 곧 회화에 대한 적극적인 평가로 이어졌다. 키케로를 통해 그들이 회화적 구성양식과 문학적 구술양식 사이의 유비적 관계를 이해하고, 이를 통해 비언어적 세계를 언어적으로 해독하고 구현하는 내러티브의 가능성을 발견했기 때문이다.[342] 좀 더 구체적으로 말하자면, 그들은 말, 구문, 문장 등이 균형 있고 조화롭게 구성된 문학과, 색, 빛, 공간 등이 하나의 시각적 재현으로 통합된 회화에서, 두 예술 영역 사이의 본질적 유사성을 발견했다. 결과적으로 르네상스의 휴머니스트들에게 문학과 미술은 겉으로 드러나는 형식적 차이에도 불구하고, 본질적인 측면에 있어서는 그 구성방식이나 내용 등이 거의 동일한 자매와도 같았다.[343]

《궁정인》에 뚜렷이 나타난 고전의 영향, 특히 키케로적 문학 스타일의 모방은 카스틸리오네가 이와 같은 휴머니즘의 전통에 심취해 있음을 반증한다. 또한 이러한 전통 속에서 그 역시 회화와 문학을 동일한 것으로 인식했으며, 더 나아가 라파엘로나 미켈란젤로 같은 당대의 위대한 미술가를 의도적으로 거명하면서 그들과 같은 한 사람의 화가로 자처했다. 그렇다면 이 문학 텍스트는 어떠한 회화적 모티브를 담고 있으며, 또 어떠한 고전적 혹은 르네상스적 미술 전통 속에서 재현되고 있는가? 나는 이번 장에서 이 두 질문에 대한 해답을 찾아보면서, 이를 기초 삼아 카스틸리오네의 저작이 반영하는 르네상스의 시대적 성격을 가늠하고자 한다. 달리 말하자면, 당대인들이 공유하고 있던 회화의 성격과 회화 구성의 모티브가 이 문헌작품에 어떻게 스며들어 있는지를 구체적인 텍스트 분석을 통해 살펴 보고, 이를 통해 《궁정인》을 르네상스라는 역사적 맥락에서 해석하는 새로운 가능성을 모색하려고 한다.

II. '파괴자' 시간과 예술의 저항

앙드레 말로가 현대미술의 창시자로 평가했던 고야F. Goya는 특유의 몽환적이고 음산한 분위기의 연출가로 유명하다. 그의 여러 작품 가운데에 프라도 미술관이 자랑하는 말기의 작품 〈사투르누스〉는 이번 장의 논의와 관련해 특별한 주목을 끈다. 잔인한 카니발적 모티브를 담고 있는 이 작품에서 고야는, 두 눈을 부릅뜨고 자식을 잡아먹는 사투르누스의 이미지를 격정적으로 표현한다. 분명 고야의 그림이 담고 있는 표면적인 내용은 자식을 낳은 족족 잡아먹는 신들의 아버지 크로노스의 이미지이다.[344] 하지만 파노프스키E. Panofsky의 '시간'에 대한 도상해석학적 분석을 이 작품에 확대·적용해 보면, 이 이미지는 단순히 그리스 신화에서 유래한 문헌적 의미를 넘어 색다르게 다가온다. 고대 이후의 시간에 관한 광범위한 자료를 해석하면서 파노프스키는, 고전 미술에서는 시간의 도상적 이미지가 오직 순간적인 기회Kairos나 항구적인 창조성Aion으로만 표현되었다고 주장한다. 하지만 이후 고대 말과 중세를 통해 여러 문헌적·도상학적 "위변형Pseudomorphosis"을 거치게 되면서, 궁극적으로는 르네상스기 이후의 도상에서 시간이 잔인한 파괴자로 재현되기 시작했다.

파노프스키에 따르면, 잔인한 파괴자로 재현된 시간의 회화적 이미지는 오비디우스 등이 묘사한 시간에 대한 고대의 문헌 전통과 중세의 시간에 대한 이미지를 사투르누스라는 신화적 존재와 결합하여 르네상스가 창조한 도상학적 결과물이었다.[345] 이러한 시각에서 본다면, 비록 그가 논의하지 않았지만, 고야의 〈사투르누스〉는 르네상스의 도상학적 전통에서 유래한 시간의 속성, 즉 '파괴자 시간Time as a Destroyer'의 모티브를 계승한 것이라고 해도 대과가 없을 듯하다. 당연한 논리적 귀결이겠지만 서양 회화의 도상학적 전통에 나타나는 이 시간의 파괴적 성격은 르네상스기를 거치면서 죽음의 모티브와 연결되었다.[346] 고야의 그림에서 확인되듯이 결국 시간이 자신의 자식, 즉 시간 속에 존재하는 모든 것을 파괴하는 절대적인 힘을 상징하면서, 다시 '죽음'이라는 섬뜩한 이미지를 내포하게 되기 때문이다.

그렇다면 기억, 특히 이미 시간의 힘에 의해 사라져 버린 존재, 즉 죽은 자에 대한 기억은 시간의 파괴적 힘에 대한 도전이나 거부를 의미하게 된다. 이러한 맥락에서 볼 때, 카스틸리오네가 다른 무엇보다 죽음과 기억 사이의 눈에 보이지 않는 대립을 통해 작품을 시작한다는 점은, 《궁정인》을 더욱 흥미롭게 만드는 한 가지 요인이라고 할 수 있다. 그는 다음과 같은 말로 이 작품의 문을 연다.

우르비노의 공작 구이도발도 몬테펠트로Guidobaldo di Montefeltro가 세상을 떠났을 때, 그를 모셨던 여러 다른 신사들과 함께 나는 우르비노에 계속 남아 그의 후계자이며 계승자였던 프란체스코 마리아 델라 로베레 Francesco Maria della Rovere를 위해 봉사했다. 구이도 공작이 보여 주었던 덕의 향취와 당시 우르비노 궁전을 드나들었던 그토록 훌륭하고 사랑스러운 사람들에게서 내가 느꼈던 기쁨이 여전히 내 마음속에 생생하게 남아 있어, 나는 기억을 통해 이 궁정인에 관한 책을 써야겠다고 마음먹었다(서문 1장).

이렇게 시작된 죽음과 기억이라는 모티브는 서문 전반을 통해 지속적으로 되풀이된다. 그는 "이 대화집에 소개된 사람들 대부분이 이미 죽었다는 사실을 기억했을 때," 특히 우르비노 궁전에서 벌어진 가상의 대화에서 좌장의 역할을 담당한 공작부인 엘리자베타Elizabetta Gonzaga의 죽음에 즈음하여 "그토록 훌륭한 여인과 다른 이들에게 진 빚을 더 이상 미루지 않기 위해" 자신이 《궁정인》의 수정과 출판을 결심했다고 기술한다. 더욱이 돈 미구엘에게 그는, "그들의 생전에는 당신[돈 미구엘]이 ……이미 저세상 사람이 되어 버린 공작부인과 그 외의 다른 이들을 알지 못했기 때문에, 내가 할 수 있는 한, 그들의 죽음 이후에 당신이 그들을 알게 하기 위하여, 이 책을 우르비노 궁정의 초상화로 바친다"라고 말하여, 헌정 이유를 밝힌다(서문, 1장).

죽음과 기억의 대립적 모티브는, 나흘 동안 벌어진 가상의 대화가 벌어진 셋째 날 밤 다시 한번 되살아난다. 카스틸리오네는 주로 여성의 지위와 덕에 관해 논의하는 이날의 대화를 어쩌면 주제와 별로 상관없어 보이는 우르비노 궁전에 대한 칭송으로 시작한다. 그리고 그는, "나는, 내가 할 수 있는 한, 죽음의 망각으로부터 이 행복한 기억을 보존하고, 나의 저술을 통해 그것이 후대의 마음속에 살아 숨 쉬도록 모든 노력을 기울여야 한다고 생각한다"라고 말하며 죽음과 기억을 대비시킨다(3권, 1장). 아마도 총 4권으로 구성된 《궁정인》 가운데, 아리오스토Alfonso Ariosto에게 전한 이 말이야말로, 카스틸리오네가 가장 분명하게 이 책의 집필 의도를 표현한 부분이라고 평가할 수 있다.

두말할 나위 없이 이 책을 출판할 무렵, 대화의 무대가 되었던 우르비노 궁전과 그가 등장시킨 많은 인물들은 더 이상 존재할 수 없는 시간의 희생물이 되어 버렸다. 이 점에서 카스틸리오네의 《궁정인》은 "사라진 세계에 대한 기록"이요,[347] 시간에 묻혀 버린 우르비노 궁전에 대한 "영속적인 기념비"[348]와 다름없다. 즉, 그것은 죽음에 저항하는 기억의 기록물인 것이다. 요약하자면 카스틸리오네는 《궁정인》이라는 예술품을 통해 파괴자 시간에 도전하고 저항한다.

물론 그가 사용한 이 죽음과 기억이라는 대립적 모티브에는, 재생이라는 르네상스 본연의 부활 관념이 숨어 있다. 그러나 보다 중요한 점은, 카스틸리오네가 부활의 동인을 모든 것을 "먹어 치우는 시간 devouring time", 즉 파괴자 시간에 저항하는 예술의 힘에서 발견한다는 사실이다. 좀 더 구체적으로 말하자면, 시·공간적 주체의 부재를 극복하는 "기억 기능commemorative function"이라는 초상화의 생산적 메타포를 차용하면서, 카스틸리오네는 《궁정인》을 또 다른 초상화로 규정한다. 그리고 이를 통해 그는 죽음이 상징하는 파괴자 시간에 의해 소멸되어 버린 우르비노 궁정과 궁정인들을 부활시키고 있는 셈이다.[349] 결국 카스틸리오네의 '언어적 초상화'는 죽음으로 인한 존재의 부재에 대한 부정이요, 시간의 파괴적 성격에 대한 도전을 뜻한다.

카스틸리오네가 쓴 한 편의 시는, 그가 염두에 둔 초상화의 사회적 기능과 의미를 가늠케 하는 중요한 실마리를 제공한다. 아내 이폴리타Ippolita가 카스틸리오네에게 이야기를 건네는 형식으로 쓴 이 시에서, 그는 먼곳으로 떠나 버린 남편의 부재를 이폴리타가 어떻게 견디고 있는지를 노래한다. 특히 여기에서 그는 라파엘로가 그린 자신의 초상화를 언급하며 존재하지 않는 자신을 대신하는 회화의 힘과 기능을 넌지시 암시한다. 분명 카스틸리오네가 직접 쓴 이 시에서, 이폴리타라는 허구의 목소리는 남편의 부재로 인한 고통을 남편의 대리물인 초상화를 통해 달래며 다음과 같이 이야기를 풀어 놓는다.

나는 그것을 어루만지고,
그것과 웃고 농담을 나누고,
마치 그것이 말이라도 할 수 있는 것처럼 그것과 이야기를 나눕니다.
때때로 그것은 마치 대답하는 듯이 보이고,
무엇인가를 말하고자 하는 바람을 나타내는 듯하기도 하고,
입을 열어 당신의 말을 되풀이하는 것처럼 보이기도 합니다.
우리 아이는 [그림 속에서] 아버지를 알아봅니다.
그리고 재잘거리며, 그것에게 인사를 전합니다.
이렇게 나는 긴 나날을 속이고 나를 위로합니다.[350]

이 시에서 초상화는 존재하지 않는 남편과 아버지를 대신해 가족들의 삶에 깊숙이 들어가 그들을 위로한다. 달리 표현하자면, 라파엘로가 창조한 회화적 이미지가 '존재하지 않는 카스틸리오네를' 가상의 삶의 세계 속으로 다시 초대하는 것이다. 물론 여기에 나타난 주체의 부재가 공간적 거리감에서 비롯된 것임에는 의심의 여지가 없다. 하지만

존재의 부재라는 관념은 궁극적으로는 시간의 힘에 의한 존재의 소멸로 확대될 수 있고, 로잔드D. Rosand가 설득력 있게 논의하는 것처럼, 이것은 다시 죽음이라는 모티브로 자연스럽게 연결될 수 있다.[351]

그렇다면《궁정인》처럼, 초상화를 죽음에 대한 부정 또는 피할 수 없는 죽음이라는 현실에 대한 저항적 제스처로 이해해도 큰 무리가 없을 것이다. 그런데 더욱 흥미로운 사실은, 시간의 파괴에 의한 존재의 부재나 소멸과 이에 저항하는 부활 혹은 지속의 모티브가 르네상스 회화 이론의 중요한 한 전통으로 자리 잡고 있었다는 점이다. 르네상스 회화이론의 선구자로 평가되는 알베르티L. B. Alberti는《회화론》에서 이를 다음과 같이 표현한다.

> 회화는 진정으로 신적인 능력을 소유하고 있다. 우정이 그러한 것처럼, 그를 통해 회화는 존재하지 않은 사람들을 존재하게 만들 뿐만 아니라, 죽은 사람들을 수백 년 후에도 거의 살아 있는 것처럼 보이게 만든다.[352]

여기에서 알베르티가 "신적 능력forza divina"이라는 말로 예찬한 회화의 기능은, 분명 파괴자 시간에 도전하며 존재의 영속성을 가져 오는 회화의 힘을 뜻한다. 더욱이 이러한 맥락에서 그는, "이미 죽은 자의 모습도 회화를 통해per la pittura 긴 삶lunga vita을 살게 된다는 점을 의심하지 않는다"라고 역설하기에 이른다.[353] 분명 알베르티 역시 '기억 기능'이라는 관점에서 회화에 적극적인 가치를 부여했던 것이다. 그렇다면 알베르티가 말했던 회화의 신적 능력을, 카스틸리오네가 초상화를 통해 재확인하는 것이라고 해도 대과가 없다.

이를 미술의 가치에 관해 논의하는《궁정인》의 한 부분에서 좀 더 자세히 살펴 보도록 하자. 주로 이상적 궁정인의 덕목에 관해 논의하는 1권의 마지막 부분에서 카스틸리오네는, 주 화자인 루도비코Count Ludovico Canossa로 하여금 궁정인이 습득해야 할 중요한 덕목으로 미술을 거론케 한다. 여기에서 루도비코는 만약 자연이 신이 만든 예술품이라면, 이를 모방하는 미술은 그 자체로 신성한 것이라고 주장하며, 미술의 가치를 역설한다(1권, 49장). 미술의 효용과 가치에 관한 논의는 곧 회화와 조각 사이의 상대적 우월성을 비교하는 논쟁으로 발전하게 된다. 뒤에서 다시 살펴 보겠지만, 이 논쟁에서 회화를 적극적으로 옹호하는 루도비코의 입장은 르네상스라는 역사적 맥락에서 카스틸리오네의 예술관을 이해하는 중요한 단초를 제공한다. 하지만 현재의 논의에서 주목되는 것은 루도비코에 반대하며, 조각의 우월성을 강조하는 또 다른 대화자 로마노Giancristoforo Romano의 입장이다. 여기에서 그는, 자연에 대한 보다 완전한 모방이라는 관념과 함께, 기록 혹은 기념물로서 회화가 결코 따라올 수 없는 조각의 장점으로 항구성을 거론하기 때문이다(1권, 50장).

죽음과 삶 그리고 존재의 부재와 그에 대한 기억. 이 상반된 개념들은 시간의 흐름 속에서 맞이할 수밖에 없는 소멸과 예술을 통한 불멸이라는 모티브를 통해 대비된다. 당대 미술가들의 회화 및 예술에 대한 관념에서 예술의 기억 기능이라는 모티브를 발견한 카스틸리오네는 이를《궁정인》이라는 문학 텍스트 속에 시각화하였다. 이 점에서 카스틸리오네 스스로 자처하듯이《궁정인》은 언어로 쓴 회화, 다시 말해 우르비노 궁전에 대한 초상화인 것이다. 르네상스기 미술가들의 회화에 대한 예찬은, 무엇보다 죽음이라는 피할 수 없는 운명 때문에 가변적인 자연의 세계가 결코 도달할 수 없는 덧없는 아름다움의 영역을 회화를 통해 영속적으로 살아 숨 쉬게 할 수 있다는 데에 근거를 두고 있다. 바로 이러한 맥락에서 레오나르도 다빈치에게 미술은 "놀라운 과학"이 될 수 있었고, 티치아노Tiziano Veccelio는 "자연보다 강한 예술의 힘Natura potentior Ars"을 주장할 수 있었다.[354]

결국 파괴자 시간에 대한 저항적 기능, 다시 말해 존재의 영속화에서 그들은 회화의 가치를 발견했다. 동일한 맥락에서, 언어적 초상화로서의 《궁정인》은 더 이상 존재하지 않는 우르비노 궁전이라는 "즐거운 거주지il proprio albergo della allegria"(1권, 4장)를 기억에 남기기 위한 초상화인 것이다.

III. 창조적 모방과 내러티브적 회화의 이상

앞에서 잠깐 언급한 바 있는 카스틸리오네의 초상화는 라파엘로가 절친한 친구 카스틸리오네를 위해 그린 작품이다. 현재 루브르 박물관에 소장되어 있는 이 그림에 대한 뵐플린H. Wölfflin의 비평을 통해 논의를 이어나가자. 그는 다음과 같이 이야기한다. "이 남자는 그림에서 조용하고 영적인 눈길로 바라본다. 라파엘로가 그린 사람은 고귀하게 태어난 궁정인이다. 카스틸리오네 자신이 작은 책자 《궁정인》에서 요청했던 그대로 완벽한 기사의 모습인 것이다. 이 고귀한 사람은 어떤 특별한 포즈를 취하지 않고도 요구가 크지 않고 절제된 조용한 본질

260

을 보여 준다."[355]

비단 뵐플린뿐만 아니라 이후의 많은 르네상스 미술비평가나 미술사가들은 라파엘로의 〈카스틸리오네〉와 카스틸리오네의 《궁정인》 사이에 흐르고 있는 상관관계에 주목하면서, 두 작품의 동질성을 비교하곤 한다. 일례로 이러한 맥락에서 콜A. Cole은 라파엘로가 그린 이 초상화가, 카스틸리오네가 《궁정인》에서 강조한 '데코룸decorum'과 '그라찌아grazia' 이상의 시각적 표현과 다름없다고 주장한다.[356] 뵐플린과 콜의 지적처럼, 라파엘로가 친구의 이미지를 이상화된 전형으로 표현했음은 의문의 여지가 없어 보인다.

그렇다면 이 작품에는 라파엘로를 위시한 르네상스기의 화가들이 특히 초상화를 그릴 때 봉착하지 않을 수 없었던 중요한 딜레마가 은밀히 숨어 있다고 해도 과언이 아니다. 한마디로 말해 그것은 사실과 이상 사이의 괴리를 의미한다. 예술 장르로서의 회화 고유의 형식과 내용이라는 측면에서 르네상스기의 미술가들은 이상적인 아름다움을 추구해야 하면서, 이와 동시에 실제reality에 대한 충실한 기록으로서의 사실성과 정확성을 잃지 않아야 하는 역설적인 과제에 직면해 있었다.[357] 1516년 라파엘로는 이와 관련된 고민을 담아 카스틸리오네에게 다음과 같은 편지를 보낸 바 있다. "아름다운 여인을 그리기 위해 더 많은 아름다운 여인을 보는 것이 작품을 만드는 데 도움이 될 경우 나는 그녀들을 보아야 했네. 하지만 아름다운 여인의 수가 매우 적고 또한 적절한 판단이 이루어지기 어려울 때 나는 머릿속에 떠오른 확실한 이데아를 따른다네. 그 이데아가 예술적인 가치를 갖는지 아닌지는 말할 수 없네. 그러나 나는 그러한 이데아를 갖기 위해 노력한다네."[358] 결국 그는 이상적인 아름다움을 창조하기 위해 자신의 판단에 따라 사실을 왜곡할 수도 있음을 인정한 것이다.

카스틸리오네의 언어적 초상화는 이 역설을 어떻게 해소하고 있는가? 이 질문에 대한 해답을 모색하면서, 우리는 예술과 자연 그리고 미술가로서의 역사가라는 카스틸리오네의 관념에 도달하게 될 것이다. 미술을 둘러싼 로마노와 루도비코의 대립은 다시 한번 논의의 실타래를 푸는 열쇠가 된다. 조각의 상대적 우월성을 주장하는 로마노는, 적어도 자연의 완전한 모방이라는 측면에서 볼 때 조각이 회화가 따라올 수 없는 보다 완벽한 사실성을 획득할 수 있는 반면, 평면에 재현된 회화는 자연에 대한 모방이라기보다 색과 표면에 의한 눈속임에 가깝다고 주장한다(1권, 50장). 로마노처럼 루도비코 역시 회화와 조각이 모두 자연의 모방이라는 점은 인정한다. 하지만 그는 이 때문에 단순히 조각이 실제를 보다 완벽하게 재현하는 데 비해, 회화가 그것의 외양만을 재현하는 것에 머무르는 것으로 판단할 수는 없다고 강조한다. 오히려 그는 조각가들이 도달할 수 없는 방법으로 화가들은 빛과 어둠을 통해 "필요에 따라secondo il bisogno" 재현 대상에 대한 자연스러운 모방에 도달할 수 있다는 점을 강조한다(1권, 51장).

이러한 로마노와 루도비코의 논쟁에는 무엇이 진정한 모방인가라는 르네상스적 관념이 자리하고 있다. 페트라르카가 '꿀벌의 비유'를 통해 보여 주었듯이, 르네상스인들에게 '모방'은 단순한 복사 이상을 의미했다. 오히려 그것은 다양한 모방의 대상 가운데에서 필요한 것들을 선택하고, 그렇게 선택된 것을 종합하여 원래의 것을 능가하는 새로운 무엇을 만들어야 한다는 창조의 개념을 내포하고 있었다.[359]

카스틸리오네 역시 이러한 휴머니즘의 모방 개념을 공유하고 있었다. 이 점은 무엇보다 언어의 용례와 성격에 관해 논의하는 《궁정인》의 한 부분에서 잘 나타난다. 여기에서 루도비코는 단순한 모방은 능가를 가져오지 못하기 이 때문에, 언어를 올바르게 사용하기 위해서는 고전에 대한 모방뿐만 아니라 개인적인 재능' ingegno과 나름대로의 자연적 판단력il lor proprio giudico naturale이 가미되어야 한다고 언급한다(1권, 37장). 물론 페트라르카 이래의 문학적 전통 내에서는 고전이 모방의 대상이었다. 그런데 미술에서는 자연이 그 자리를 대신하게 되었다는 점에서 분명히 문학적 전통과의 차이가 존재한다. 하지만 '창조적 모방'이라는 본질은 르네상스 미술에도 그대로 적용된다.

이를 증명이라도 하듯이, 《궁정인》에서 루도비코는 고대의 화가 제욱시스Zeuxis를 예로 들면서, 어떻게 참된 아름다움이 시각적으로 재현될 수 있는지를 소개한다. 제욱시스는, 많은 시인들이 천부적인 아름다움을 소유했다고 칭송하던 크로톤Crotone 섬의 다섯 명의 처녀들을 모델로 선정하고, 그들로부터 제각기 가장 뛰어나게 아름다운 부분을 선택하여 한 사람의 최고의 미녀를 재창조하여 화폭에 담았다(1권, 53장). 분명 제욱시스의 예를 통해 루도비코가 보여 주는 것은 선택과 능가라는 르네상스기의 창조적 모방 개념이다. 에코U. Eco는 르네상스 미술의 마술적 아름다움을 특징짓는 것은 다른 무엇보다 창조와 모방의 조화였고, 또 바로 그 점에서 르네상스의 미술가들은 "모방자"이며 동시에 "창조자"가 될 수 있었다고 지적한 바 있다.[360]

그렇다면 카스틸리오네가 그려 낸 우르비노 궁전의 초상화는 과거 우르비노의 실제 모습인가 아니면 창조물인가? 카스틸리오네는 《궁정인》의 서문에서, 자신이 이 책에서 그리게 될 궁정인의 모습이 어쩌면 현실 세계에서는 실제로 이루어질 수 없는 허상에 가깝다는 점을 인정한다. 하지만 플라톤, 크세노폰 등 고대의 문인들처럼, 자신은 "완전한 궁정인의 이데아la idea del perfetto cortegiano"를 그리는 것에서 소중한 가치를 발견한다고 항변한다. 비록 누구도 이룰 수 없는 이데아일지라도, 그것에 도달하려고 노력하면서 비로소 우리가 이상적 궁정인의 완전함에 한걸음 더 가까이 갈 수 있기 때문이다(서문, 32장). 분명 여기에서 카스틸리오네는 기억으로서의 초상화가 지니는 허구성을 인정하고 있다.

이를 고려하면, 그가 그린 초상화는 한편으로는 시간 속에 존재하는 역사의 세계를 묘사하면서도 다른 한편으로는 시간을 초월하여 존재하는 이상적인 세계를 동시에 담아 내는 모순을 내포하는 셈이다. 그리고 이 점에서 카스틸리오네 자신은 역사가이며 동시에 예술가라는 이중적 존재가 된다. 보다 구체적으로 말하자면, 시간 세계의 현실을 옮긴다는 점에서 카스틸리오네는 한 사람의 역사가이다. 하지만 이와 동시에 시간적 제약을 넘어서는 이상 세계를 재현한다는 점에서 그는 화가요 예술가인 것이다. 그렇다면 저자 카스틸리오네가 재현하고 있는 이 이중적 성격은 모순적 존재로서의 그를 증명하는 것인가? 만약 아니라면, 우리는 이를 어떻게 해석해야 하는가?

적어도 《궁정인》이 우르비노 궁정과 그곳에 살았던 많은 이들에 대한 역사적 기억이요 기록이라는 측면에서, 카스틸리오네는 한 명의 '궁정 역사가' 이상도 이하도 아니다. 더욱이 자신의 이야기에 사실성을 부여하기 위해 그는 텍스트의 곳곳에 도시 우르비노의 역사와 이

르네상스기
이탈리아인들의 자아와
타자를 찾아서

책의 등장인물들이 실제 경험한 여러 사건들을 곁들이는 것을 주저하지 않는다. 특히 1권에서는 구이도발도Guidobaldo da Montefeltro를 대신해 영국으로 떠났던 자신의 경험과 교황 율리오 2세Julius II의 우르비노 방문이라는 실제 사실들을 혼합하면서 자신이 부재하는 동안 이 가상의 대화가 열렸다고 이야기하고(1권, 3·5장), 이를 통해 그는 이 대화를 구체적인 시·공간적 맥락 속에 위치시킨다. 하지만 레브혼Wayne A. Rebhorn의 연구가 밝히듯이, 비록 카스틸리오네의 영국 여행과 교황의 우르비노 방문이 분명한 사실일지라도, 이 가상의 대화가 벌어지는 동안 그가 우르비노에 없었다는 것은 허구적 창조이다.

결국 역사적 실제 상황을 삽입하면서, 카스틸리오네는 정교하게 구성된 허구의 세계에 역사적 진실성을 부여하고 있는 셈이다.[361] 요약하자면 카스틸리오네는 하나하나의 검증된 단편 사실들 혹은 그와 관련되어 자기가 빚어 낸 허구적 상황 등의 개별적인 부분들을 종합하여, 이상화된 우르비노 궁전이라는 역사 세계를 창조한다. 이러한 문학적 작업은 다양한 차원의 부분들을 일련의 연쇄적 관계 속에서 파악하고 이를 다시 종합하여 단일한 작품, 즉 하나의 이야기를 구성하는 것을 의미한다. 이와 관련하여 더욱 흥미로운 것은, 그가 제시하는 이상적인 궁정인도 다양한 덕의 종합적 총체로 구성된다는 점이다. 궁정인의 행위 규범에 대해 이야기하면서 카스틸리오네는 다음과 같이 이야기한다.

우리의 궁정인은 모든 행동에 주의를 기울여야 하고, 언제나 분별력 있게 말하고 행동해야 한다. 그리고 궁정인은 다양한 부분과 자질에서 우수해야 할 뿐만 아니라, 그의 삶의 색조도 그와 마찬가지로 개별적인 부분들과 일치해야 하고, 언제 어디에서나 모순 없이 모든 훌륭한 자질들이 하나의 전체를 구성하도록 해야 한다. 따라서 그의 모든 행동은 모든 덕에서 유래하고 모든 덕으로 구성되어야 한다(2권, 7장).

여기에서 그가 강조하는 것은, 궁정인은 어떤 특별한 덕목이 아니라 모든 덕의 종합적 총체를 체득하고 구현해야 한다는 점이다. 그리고 이것이 하나의 색조로 삶에 표현되었을 때 비로소 이상적 궁정인이 될 수 있음을 뜻한다. 그런데 다른 무엇보다 더욱 흥미로운 점은, 카스틸리오네가 이러한 이상에 도달하기 위한 과정을 미술가의 작업 과정과 동일한 것으로 평가한다는 사실이다. 그는, "개별적 행위가 특별한 덕에 의해 지배된다고 하더라도, 모든 덕은 서로 긴밀히 연결되어 같은 목적을 지향해야 한다"라고 주장한다. 그리고 이에 덧붙여 그는, 이것이야말로 빛과 그림자 혹은 다양한 색의 조합을 통해 개별적인 부분들의 특징을 부각시키면서도, 궁극적으로는 하나의 단일한 목적, 즉 회화적 이미지를 창조하기 위해 "훌륭한 화가들i boni pittori"이 작업하는 과정과 동일한 것이라고 강조한다(2권, 7장).

췌언의 여지없이 카스틸리오네는, 다양한 부분들의 종합을 통해 하나의 단일한 상을 만들어 낸다는 점에서, 미술가와 궁정인 사이의 유사성을 발견한다. 이 점에서 본다면 미술가의 작업과 궁정인의 자기표현은 단순한 속임수inganno라기보다 예술arte의 과정이요, 창조invenzione의 과정으로 평가되어야 마땅하다.[362] 그렇다면 '궁정인'은 곧 하나의 예술작품, 다시 말해 조화롭게 채색된 총체적 덕의 구현이며, 이와 동시에 예술가 자체인 셈이다. 이를 고려한다면, 다양한 사실과 허구를 조합하여 하나의 이상적 궁정인의 초상화를 그려 내는 《궁정인》의 텍스트 구성과 이상적 궁정인의 자아재현 과정은 동일한 차원에서 이루어진다고 평가할 수 있다. 즉, 카스틸리오네는 이상적 궁정인과 그에 대한 텍스트를 동일한 미학적 과정에서 창조하고 있는 것이다. 더욱이 스스로 화가임을 자처하는 것에서 극명하게 드러나듯이, 카스틸리오네의 문학적 재현 과정은 당시의 회화적 관행과 전통에서 그 모티브를 얻었다.

지금까지의 논의를 통해 확인할 수 있듯이, 카스틸리오네는 언어적 혹은 허구적 '초상화'를 그림으로써, 우르비노 궁전을 동시대인 더 나아가 후대인들에게 기억시키려고 했다. 더욱이 그는 이 목적을 달성하기 위해, 실제 이 책에서 다양하고 광범위한 주제를 다루었을 뿐만 아니라, 고도로 위엄 있는 모습으로 표현된 개별 인물들의 군상을 다채롭게 창조했다. 그리고 궁극적으로 이를 통해 그는 하나의 '이상화'된 우르비노 궁정의 모습을 문헌적 화폭에 담아 냈다. 결국 그렇다면 그가 언어적 문헌 텍스트에 그린 그림은, 알베르티가 주장한 내러티브적 회화 이상의 구현, 다시 말해 '이스토리아istoria'의 창조와 다름없었다.

그렇다면 '이스토리아istoria'란 무엇인가? 알베르티의 진술에서 해답의 실마리를 찾아 보자.

미술가의 위대한 작품은 대작uno collosso이 아니라 이스토리아istoria이다. 화가의 재능에 대한 칭송은 대작보다 이스토리아istoria에 더 많이 주어진다. 이스토리아istoria를 이루는 부분들이 인체이고, 인체의 부분들은 지체이며, 지체의 부분들은 표면이다. 미술작품의 기본적인 부분들은 표면이다. 그것에서 지체가, 지체에서 인체가, 그리고 인체에서 이스토리아, 즉 궁극적이고 절대적으로 완성된 미술가의 작품이 유래한다.[363]

여기에서 알베르티는 미술의 완성을 이스토리아istoria로 파악하고, 그것을 각 부분들이 최종적으로 결합된 양태라고 이야기한다. 그런데 중요한 것은 각 부분들의 집대성 혹은 단순한 종합은 비록 대작collosso은 될 수 있을지라도 결코 이스토리아라는 최고의 경지에 도달하지 못한다는 사실이다. 무엇보다 부분들의 단순한 집성이 회화의 '구성적' 이상, 다시 말해 내러티브의 이상을 구현하지 못하기 때문이다.

그에게 "화가의 최고 작품은 이스토리아istoria이다."[364] 정교한 회화이론의 정립을 위해, 알베르티는 키케로를 위시한 고대의 수사가들에게 주목하고, 그들로부터 얻은 수사학적 개념과 방법을 통해, 물론 전적으로 새롭다고는 할 수 없지만, 독특한 주장을 제기했다. 회화는 "윤곽circonscrizion," "구성compozione," "빛의 수용ricevere di lumi"이라는 세 요소로 이루어진다고 알베르티는 말한다. 윤곽이란 회화에서 외적 경계선을 그리는 과정을 뜻하고, 빛의 수용은 명암과 관련된 색채의 문제를 의미한다. 그렇다면 구성은 표면이든, 지체이든, 아니면 인체이든 모든 부분들을 그림 속에 하나로 조합하는pongono insieme in pittura 과정으로 정의된다.[365] 즉 그에게 구성이란, 개별적 요소들을 종합하여 '하나의 형상'으로 재현하는 일을 뜻하며, 이것은 다시 최고 형태의 회화인 이스토리아istoria에 도달하는 구성원리가 된다. 결과적으로 그는 비서사적 단순 이미지의 구현이 아닌, 이야기 혹은 사건들의 재현으로서의 회화를 강조한다. 한마디로 말해 알베르티는 이스토리아istoria를 강조하면서, 단순 이미지로서의 회화에 도전한다.

단순 이미지로서의 회화와 내러티브로서의 회화 사이의 구분은 적어도 14세기 이후 르네상스기 이탈리아인들의 미술에 대한 일반적인 관념이었다.[366] 이를 고려할 때, 알베르티의 《회화론》이 어떤 새로운 회화이론이나 특별한 회화기법 따위를 제시한다고 평가할 수는 없을 것이다. 하지만 고전 수사학 전통에서 유래한 '구성'이라는 용어를 빌려 이스토리아istoria, 즉 내러티브적 회화를 우위에 두면서, 알베르티는 르네상스의 휴머니즘 전통과 미술 사이의 동질성을 뒷받침하는 이론적 교량을 놓을 수 있었다.[367] 이를 통해 문학과 미술 사이의 경계가 사라지고, 한 분야의 용어가 다른 분야에서도 적용될 수 있게 된 것이다. 그결과 알베르티처럼 르네상스기의 미술가들은 자신들이 화폭에 담은 장면을 이스토리아istoria라고 부를 수 있게 되었고, 또 카스틸리오네와 같은 르네상스의 문인들이 화가로 자처하는 일도 가능하게 되었다.

이러한 맥락에서 볼 때, 《궁정인》에 나타난 '회화적 내러티브'는, 알베르티가 주장한 '내러티브적 회화'라는 같은 동전의 반대 면이라고 해도 과언이 아니다. 그리고 바로 이 점에서, 레브혼이 강조한 것처럼, 비록 카스틸리오네 스스로 정확한 용어를 사용하지 않았더라도, 이 작품은 하나의 이스토리아istoria인 것이다.[368] 물론 알베르티에게 이스토리아istoria가 내러티브라는 수사적 서사성, 즉 이야기적 성격이 강조된 것이라면, 카스틸리오네에게 이것은 말 그대로의 이야기story적 차원과 더불어 '역사history'라는 의미 역시 포함한다. 앞에서 살펴 보았듯이 이것은, 그가 이 허구의 이야기를 구체적이고 특정한 시공간적 세계 속에 위치시키면서 그것에 '역사적' 진실성을 부여하려 했기 때문이다. 물론 그럼에도 불구하고, 그가 문헌적 화폭에 그린 우르비노의 이야기는 사실 그 자체라기보다 그것의 왜곡, 좀 더 완화된 그리고 카스틸리오네가 요구하는 표현을 빌려 말하자면, 이상화된 형태라는 점은 두말할 나위가 없다. 즉, 그는 허구적 역사라는 모순의 세계를 만들어 냈다.[369]

사실에 대한 이러한 태도는 결코 당대의 역사인식과 유리된 것이 아니었다. 르네상스 휴머니스트들의 역사 서술은 과학적 연구 방법의 측면보다 문학적·문화적인 면에 치중한 점이 적지 않았고, 이런 까닭에 수사학적 문체나 웅변조의 주장을 펴기 위하여 그들이 종종 역사 사실이나 상황 등을 왜곡하였기 때문이다.[370] 더욱이 그들의 역사이론의 핵심에는 다른 무엇보다 '도덕적 고려'가 우선시 되곤 하였기 때문에, 르네상스기의 휴머니스트들은 개별 사실에 대한 세세하고 사실적인 묘사를 역사의 진실성과는 무관한 문제로 간주하면서 오히려 실제를 이상적으로 재구성함으로써 그 본질을 재현할 수 있을 것이라고 생각하기도 했다.[371] 이를 감안할 때, 카스틸리오네가 언어적으로 재현한 우르비노의 초상화를 라파엘로가 시스틴 성당에 그린 〈아테네 학당〉에 비교할 수 있을지도 모른다. 라파엘로가 플라톤, 아리스토텔레스를 위시한 고대의 여러 지식인들을 '역사적 소재'로 삼고 그들의 개별적 특징을 종합하여, 지식인 세계의 논쟁이라는 단일한 모티브를 담은 가상현실을 재현했기 때문이다. 마찬가지로 《궁정인》을 통해 카스틸리오네는, 다양한 역사적 인물들의 삶과 행동을 묘사함으로써 우르비노라는 잃어 버린 세계를 '즐거운 거주지'라는 이상향으로 회고한다.

Ⅳ. 카스틸리오네 그리고 시간과 역사

흔히들 카스틸리오네를 이탈리아와 그 너머의 유럽 세계 사이에서 르네상스 휴머니즘 문화의 가교를 놓은 인물로 평가하곤 한다. 그리고 어떤 이들은 그의 《궁정인》에서, 엘리아스N. Elias가 개념화한 "문명화 과정"의 씨앗을 발견하기도 한다.[372] 물론 이와 같은 해석들이 나름대로 카스틸리오네를 이해하는 중요한 시각들을 제공한다는 것은 결코 부인할 수 없다. 그의 해박한 고전지식과 고전문헌에 대한 적극적인 수용 그리고 이후 이 책의 출판의 역사를 고려한다면, 고전고대에 대한 열정이라는 휴머니즘 문화가 그를 통해 유럽 세계 전역에 유포되는 계기가 되었다고 말할 수도 있기 때문이다. 또한 다음 장에서 자세히 다루게 되겠지만, 《궁정인》 전반을 통해 흐르는 권력에 대한 첨예한 관심이야 말로 궁정인의 행위 규범을 통제하는 보이지 않는 손이었다. 이 점에서 그의 책에서 "문명화 과정"이라는 자기—규율적인 사회적 통제 메커니즘을 발견하는 것 역시 의미 있고 설득력 있는 논의임에 분명하다.

하지만 우리는 이러한 논의들에 공통으로 흐르고 있는 하나의 암묵적인 전제에 주목할 필요가 있다. 그것은, 카스틸리오네를 '구체적인' 르네상스라는 문화 속에서 논의하기보다, 그의 영향을 강조하면서 르네상스를 이후의 세계와 연결하는 전통적인 시각이다. 근래 르네상스 학자들 사이에 이에 대한 비판이 늘어나면서, 신화로 화석화된 르네상스가 아니라 역사화된 실체로 르네상스를 보려는 움직임이 확산되고 있다.[373] 이러한 입장에서 이번 장에서 내가 주목한 것은 르네상스 도상학에 나타나는 시간 개념과 알베르티와 라파엘로 등이 공유한 창조적 모방이라는 예술 개념이었다. 무엇보다 이것은 카스틸리오네에게, 《궁정인》이 삶과 죽음의 문제와 관련된 초상화이며, 소멸된 세계에 대한 미학적 기억이었기 때문이다. 그렇다면 《궁정인》에 숨어 있는 것은, '르네상스적' 예술관과 역사관이라고 해도 대과가 없을 것이다.

그리스, 중세 그리고 근대에 이르기까지 서양의 철학적 전통 내에서, 시간에 대한 관념은 존재의 초시간적timeless 영역과 변화의 순간적temporal 영역이라는 상반된 개념의 대비를 통해 지배되었다.[374] 이것은 항구성과 파괴성이라는 시간의 두 측면을 의미한다고 할 수 있을 것이다. 앞에서 논의했듯이 서양의 회화 전통에서 '파괴자 시간'이 도상학적으로 재현되는 것은 르네상스기를 거치면서였다. 카스틸리오네는 이러한 르네상스적 시간 개념을 자신의 초상화에 차용했다. 물론 카스틸리오네가 파괴자 시간에 저항하면서 존재의 영속성을 염두에 둔다는 점에서, 그에게 '초시간적 영역'이라는 또 다른 측면이 완전히 도외시되지는 않았다. 하지만 그는 이를 시간 고유의 영역이 아니라, 예술의 힘에 의해 구현될 수 있는 미학적 영역으로 취급했다. 그리고 바로 이 점에서 그의 시간관은 르네상스의 예술 관념과 논리적으로 연결될 수밖에 없는 역사적인 면모를 보여 준다.

맥C. R. Mack은, 적어도 내용과 주제라는 측면에서만 이야기하면, 이탈리아에서 르네상스기의 미술이 중세를 대체한 것은 아무것도 없다고 이야기한다. 이 점에서 그는, 대체보다 추가라는 가늠자를 통해, 르네상스 미술의 역사적 특징을 살펴 볼 것을 제안한다. 그렇다면 르네상스기의 미술에 추가된 것은 무엇인가? 그것은 종교나 세속주의 등을 대비하며 회자되어 온 주제나 내용이 아니라 방법론적 문제, 즉 재현의

272

르네상스기
이탈리아인들의 자아와
타자를 찾아서

대상을 개별적인 사건이나 부분으로 방치하는 것이 아니고 내러티브적 양식에 맞추어 재구성하는 것이다. 맥은 이렇게 재현된 미술의 세계를, 하나의 통합 욕구urge to unity에 의해 구성된 가상현실virtual reality이라고 부른다. 결국 그에게 내러티브적 구성양식, 가상현실의 구현, 통합에 대한 추구 등이 르네상스 미술에 새롭게 더해진 것이었다.[375]

맥이 정리하는 르네상스 미술의 구성 원리나 목적 등을 수용한다면, 카스틸리오네의《궁정인》은 미켈란젤로나 라파엘로의 작품에 결코 뒤지지 않는 미술품 자체이다. 회화적 메타포를 통해, 다시 말해 르네상스적 미술의 원리에 따라, 그가 충실하게《궁정인》을 저술했기 때문이다. 즉, 지나간 세계의 군상들에 대한 노스텔지어를 하나의 통합된 기억으로 남기기 위해, 그는 이상적 궁정인 그리고 그들만의 행복한 장소 우르비노라는 가상현실을 그려냈다. 이 점에서 카스틸리오네는 르네상스 회화이론을 문헌 텍스트의 내러티브 전략으로 이용하여 언어적 회화를 실천에 옮긴 전형적인 르네상스인이었다. 그리고 그 속에는 문학과 미술을 자매로 간주하는 휴머니즘의 이상이 조용히 자리하고 있다. 또한 이와 함께 예술품으로서의 텍스트 그리고 예술품으로서의 자아라는 새로운 세계관이 조용히 흐르고 있다.

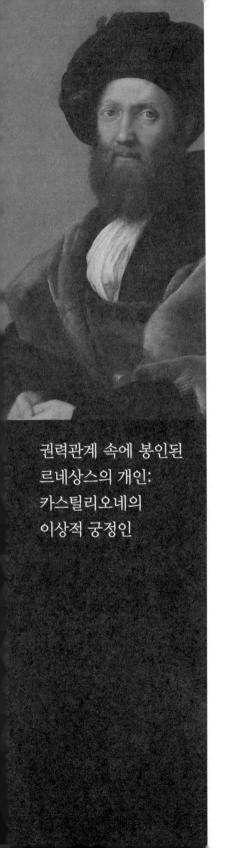

권력관계 속에 봉인된
르네상스의 개인:
카스틸리오네의
이상적 궁정인

I. 르네상스의 궁정과 궁정인 그리고 《궁정인》

르네상스 이후의 수세기를 거치면서 '궁정'은 유럽의 문화와 역사 발전의 본향으로 자리 잡았다. 특히 르네상스의 고향인 이탈리아의 여러 도시들에서는 이전 수세대에 걸쳐 지속되던 다양한 정치 실험이 막을 내리고, 적어도 15세기 말부터는 궁정과 그곳에서 향유되던 관습이나 문화가 이탈리아인들의 정치·사회적 삶을 지배하는 중요한 요인으로 성장했다. 이러한 외부 환경의 변화는 소위 문명인을 자처하던 르네상스인의 모습 자체에도 커다란 변화를 가져왔다. 일찍이 가린E. Garin은 이를, "궁정인은 더 이상 모든 주권을 부여받은 자유로운 공화국의 자유시민이 아니다. 그는 통치자에게 봉사하면서 군주

르네상스기
이탈리아인들의 자아와
타자를 찾아서

의 조력자들 근처에 존재하는 한 인물에 불과하게 되었다. ……[이탈리아 르네상스기의] 문화는 더 이상 완전히 자유로운 개성을 형성하지 못하게 되었으며, …… 오직 형식적인 것, 다시 말해 특별한 관계를 명확히 규정하기 위한 외적 형식이 되었다"[376]라는 자못 비관적인 어조로 표현한 바 있다.

부르크하르트에서 바론으로 이어지는 전통적 르네상스 개념에 따라, 가린은 15세기의 이탈리아 특히 피렌체에서 새로운 시민정신과 비판의식의 출현을 목도했고, 이를 근대의 성장이라는 측면에서 적극적으로 평가했다. 이러한 그의 시각에서 볼 때, 궁정 사회로의 변화는 정치적 자유와 인간 존엄이라는 르네상스의 이상이 쇠퇴한 일종의 문화적 역행을 뜻하는 것과 다름없었다. 더욱이 이러한 맥락에서 그는 카스틸리오네B. Castiglione의 《궁정인》[377]과 같은 저작이 단순한 "기예 교육l'eucazione tecnica" 즉 궁정에서 살고 활동하는 이들이 갖추어야 할 특정한 양식과 태도의 문제를 다룬 문학적 매뉴얼에 지나

혼란과 변화의 친퀘첸토

지 않는다고 폄하한다.[378] 물론 한 비평가의 지적처럼, 가린의 16세기에 대한 저평가와《궁정인》에 대한 비호의적인 시선은 공화주의 정치이념에 대한 현대적 관심이 투영된 편견이라 할 수 있다.[379]

아무튼 이러한 한계에도 불구하고 16세기 궁정 문화에 대한 그의 해석은,《궁정인》전반을 흐르고 있는 권력관계라는 틀을 통해 르네상스 개인의 문제를 조망하려는 이번 장의 주제에 의미 있는 몇몇 시사점을 제공한다. 첫째, 군주로 대변되는 권력의 총화를 중심으로 작동하던 궁정 사회에서, 궁정인은 더 이상 자유롭고 독립된 개체라기보다 권력관계를 구성하는 한 요소로 전락하게 되었다는 점이다. 더욱이 이러한 수직적 권력의 위계 질서 속에서 자기 보호라는 궁정인들의 의식적 생존전략이 그들 삶에 가장 중요한 화두로 대두되었다. 또한 이 때문에 이상화된 도덕률에 기초하여 교리적인 삶의 지침을 강조하던 이전 세대의 문화가, 뚜렷한 현실주의적 관념에 기초한 실용적인 세계관으로 대체되었다.《궁정인》은 바로 이러한 변화를 문학적으로 재현한 시대적 상징이었다.[380]

둘째는 16세기 초의 통제된 궁정 문화가, 역설적으로는 보다 다채롭고 복잡다기한 인간 존재에 대한 관념이 출현하는 사회·정치적 매트릭스가 되었다는 점이다. 지금까지 내가 이 책에서 줄곧 논의해 왔듯이 부르크하르트와 그의 테제를 수용한 이후의 학자들에게 르네상스는 외부 세계를 객관적으로 판단할 수 있는 인식 주체의 출현으로 특징되며, 이렇게 탄생한 르네상스기의 개인은 어떠한 외부의 영향에도 구속되지 않은 자율적 존재, 즉 근대적 개인을 의미했다. 하지만 이러한 부르크하르트적 르네상스인과 달리, 카스틸리오네의 궁정인은 외부 환경으로부터 독립된 본질적 개체가 아니었다. 오히려 그는 궁정이라는 가변적인 무대 위에서 주어진 상황에 맞추어 자신에게 주어진 역할을 수행해야 하는 연기자와 같은 존재, 다시 말해 자신을 둘러싼 사회와의 상호작용 속에서 만들어진 인위적 구성물이었다. 이를 고려한다면 인간 존엄의 이상을 쇠퇴시킨 요인으로 가린이 폄하했던 권력의 강제가, 또 다른 한편으로는 유연하고 탄력적인 인간의 자기 만들기를 위한 비옥한 토양이 되었다고 할 수도 있다.

적어도 외양만을 보자면, 《궁정인》은 데코룸decorum이라는 휴머니즘의 문학적 규범을 토대로 이상적 궁정인의 상을 제시한 교양지침서 이상으로 보이지 않는다. 더욱이 앞 장에서 보았듯이 이를 위해 카스틸리오네는 '초시간적 역사의 세계'라는 모순어법으로 규정될 수밖에 없는 가상의 현실 세계를 창조하고, 그 속에서 살아가는 궁정인의 덕목과 소양을 제시했다. 하지만 피누치V. Finucci의 지적처럼, 행위 규범에 관한 책은 그것의 출현과 수용을 가능케 하는 특정 지배이데올로기와 문화적 관행, 그리고 그 사회의 일반적인 태도나 가정 등을 재생산한다는 점에서 "정치적"인 책이 될 수밖에 없다.[381] 이를 고려한다면 《궁정인》은 궁정 사회로의 변화가 강제한 현실 세계에 대한 뚜렷한 정치 감각과 이상주의라는 허구의 세계 사이에서 끊임없이 부유하는 이중적인 작품으로 평가될 수 있다. 다시 말해 《궁정인》을 감싸고 있는 이상주의의 외피 아래에는, 정치의 문제와 관련된 뚜렷한 현실인식이 흐르고 있다. 또한 바로 이러한 맥락에서, 이 작품을 통해 카스틸리오네가 재현한 이상적 궁정인의 이미지에는 권력관계 속에서 구성된 인간 존재의 실존적 모습 역시 투영되어 있다.

이 점에 주목하면서 나는 권력이라는 외부의 힘에 의해 통제되고 재구성되는 르네상스 개인의 모습을 카스틸리오네가 그려 냈던 이상적 궁정인의 소양과 덕목을 통해 추적하려고 한다. 이를 위해 이번 장에서 나는 세 가지 주제를 집중적으로 살펴 볼 것이다. 《궁정인》이 이상적 궁정인의 덕목과 소양을 기술한 교양지침서인 한, 카스틸리오네가 제시한 궁정인의 기본 덕목에 대한 논의는 피할 수 없게 된다. 이점에서 나는 가장 먼저 이상적 궁정인이 체득해야 할 덕목과 그가 피해야 할 행위 규범을, 개인과 권력과의 관계 조율이라는 측면에서 고찰할 것이다. 두말할 나위 없이 궁정 생활의 정점은 군주이다. 다시 말해 그를 구심점으로, 또는 그와의 물리적·추상적 거리를 통해, 궁정의 모든 문화와 생활이 결정된다.

이를 감안한다면, 어떻게 군주와의 관계를 설정할 것인가의 문제는 궁정인의 생존 자체를 결정하는 가장 근본적인 요인이라고 할 수 있다. 그러므로 두 번째로 나는 《궁정인》에 논의된 군주와 궁정인의 관계를 분석하면서, 궁정인의 자율성 문제를 검토할 것이다. 궁정인의 자율성에 관한 논의는 르네상스 인간에 관한 주제로 자연스럽게 연결된다. 이러한 맥락에서 권력관계 속에 재현된 이상적 궁정인의 덕목을 통해 르네상스의 자아와 개인에 대한 관념을 역사적 지평 위에서 고찰하는 것이 이번 장의 마지막 주제가 될 것이다. 《궁정인》의 세계는 인간 존재의 자유와 자율성을 당연하다고 여기는 지금의 우리 세계와는 다른 세계였다. 한마디로 그곳은 위계적 권력의 역학이 응축된 폐쇄적인 덩어리였다. 이제 카스틸리오네가 초대하는 이 작고 복잡한 세계로 들어가 보자.

II. 궁정인의 의사소통 기술:
그라찌아Grazia의 이상과 스프레짜투라Sprezzatura의 행위 규범

16세기 이후의 서유럽 세계에서 《궁정인》이 각광을 받았던 커다란 이유 가운데 하나는, 이 작품이 시대가 요구하는 새로운 인간의 덕목을 제시했기 때문이다. 다시 말해 카스틸리오네가 "전제주의"의 대두라는 급박한 외부의 상황에 의해 "재단된" 인간 행위의 기예를 제시했으며, 이 점이 이후의 유럽 궁정 사회에 호소력 있게 와 닿았던 것이다.[382] 이를 고려한다면, 그가 강조한 궁정인의 기예가 단순히 추상적인 차원에서의 이상적 덕목을 의미하는 것이라기보다, 뚜렷한 목적의식 아래에서 수행되어야만 하는 행위의 규범을 뜻하는 것이라는 점이 분명하다. 특히 이 점은 카스틸리오네 스스로의 언급에서도 확인할 수 있다. 작품의 서술 목적과 의도를 아리오스토A. Ariosto에게 전하는 《궁정인》의 첫 부분에서 그는 다음과 같이 말한다.

너는 궁정인의 어떤 모습la forma di cortegiania—그것에 의해 모든 합리적인 차원에서 군주들에게 봉사할 수 있는 지식과 능력을 궁정인이 보유하게 되고, 또 그럼으로써 그들로부터 그라찌아grazia를 그리고 다른 이들로부터 칭송laude을 얻을 수 있는—이, 군주의 궁정에 살고 있는 신사들에게 가장 적합한지에 관해 내 의견을 묻고 있다. 즉, 아무런 결함도 없는 완전한 궁정인이라는 이름을 얻을 만한 사람이, 과연 어떠한 유형의 인물인지에 관해 질문하고 있는 것이다(1권, 1).

여기에서 특히 관심을 끄는 것은《궁정인》전체에서 가장 중요한 개념이라고 할 수 있는 그라찌아의 첫 등장이다. 15세기의 알베르티L. B. Alberti부터 16세기 중엽의 바자리G. Vasari에 이르기까지, 르네상스 예술가나 미술가들은 조화가 깃든 우아함이나 세련미의 완성이라는 예술적 성취를 개념적으로 표현하기 위해 이 용어를 사용해 왔다. 하지만 이 인용문에서 카스틸리오네는 그러한 예술적 전통에서 확인될 수 있는 미학적 규범이나 양식과는 다른 개념으로 그것을 사용한다. 특히 이 점은 이상적 궁정인이 되기 위해서는 '군주의 그라찌아'와 '다른 이들의 칭송'을 얻어야 한다는 카스틸리오네의 언급에서 잘 확인된다.

더욱이 이 인용문에 나타난 것처럼 만약 그라찌아가 군주로부터 부여되는 것이라면, 그것의 획득 여부가 궁정인의 모든 행위 미학의 성패를 결정하는 것이라고 해도 과언이 아니다.[383] 어원적·의미론적 분석을 통해《궁정인》의 그라찌아 개념을 추적한 사코네E. Saccone에 따르면, 라틴어 그라티아gratia의 가장 본원적인 의미는 호의, 즉 누군가를 잘 대해 주려는 마음의 상태를 뜻하며, 이로 인해 이 용어에는 호의를 베푸는 사람과 호의를 받는 사람 사이의 사회적 관계가 내재해 있다.[384] 위에서 인용한《궁정인》1권의 첫 장은 바로 이와 같은 그라티아의 본원적 의미가, 그라찌아라는 용어를 통해 더욱 정교하게 재생되고 있음을 보여 준다. 그렇다면 앞서 말했듯이, 카스틸리오네에게 그라찌아란 예술적 차원에서 가늠될 수 있는 순수 미학적 개념이 아니라, 그것을 포함한 보다 복잡하고 미묘한 행위 미학의 이상을 뜻하는 것이라고 해석할 수 있다.

이와 같은 그라찌아의 용례는 《궁정인》 전체를 통해 여러 차례 등장한다. 특히 궁정인의 행위 규범에 관해 본격적으로 논의하는 2권에서 그날의 대화를 주도한 페데리코는 "당연한 칭송과 모든 분야에서의 좋은 평판 그리고 자신이 봉사하는 군주의 그라찌아"(2권, 7)를 얻기 위해서, 궁정인은 어떻게 자신의 삶을 조율해야 하고 또 자신에게 필요한 자질이 무엇인지를 알아야 한다고 말한다. 여기에서 칭송과 좋은 평판은 그라찌아와 거의 같은 의미를 지닌다. 하지만 좀 더 중요한 사실은 카스틸리오네가 분명 대동소이해 보이는 '칭송'과 '그라찌아'를 명확히 구분해서 사용한다는 점이다. 췌언의 여지없이 두 개념은 모두 궁정인의 어떤 행위에 대한 외부로부터의 보상을 뜻한다. 하지만 그는 전자가 동료 궁정인이나 다른 이들로부터 오는 것이라면, 그라찌아는 오직 군주가 궁정인에게 부여하는 것으로 한정하여 사용한다. 이와 같은 그라찌아의 제한된 용례는 카스틸리오네가 수직적 권력관계 내의 상호작용을 표현하는 개념으로 이 용어를 사용하고 있음을 보여 준다.[385]

그러므로 이 경우의 그라찌아는 궁정인의 특정한 행위 그 자체라기보다, 그것을 통해 그가 궁극적으로 얻게 되는 목적이나 대상, 다시 말해 군주의 시혜나 보상 혹은 총애가 된다. 물론 특정 행위에 대한 보상의 수혜자와 시혜자를 규정하는 것만을 카스틸리오네의 진정한 의도라고 볼 수는 없다. 오히려 목적 달성을 가능케 하는 수혜자의 행위 기예를 가늠하는 것이 이 책의 주된 내용이다. 이를 감안할 때, 카스틸리오네가 개념화한 그라찌아는 이와 다른 의미 역시 분명 포함하고 있다. 그렇다면 행위의 목적이 아닌 또 다른 맥락에서의 그라찌아는 과연 무엇인가?

1권에서 이상적 궁정인의 덕목에 관해 논의하는 루도비코는 이를 이해하는 중요한 단서를 제공한다. 궁정인이 갖추어야 할 육체적 기예의 중요성과 중용의 도를 강조한 후, 그는 "만약 아주 높게 평가될 만한 보편적인 호의를 받을 만한 궁정인이라면, 어떤 훌륭한 판단력과 그라찌아un certo bon giudicio e grazia를 통해 자신의 모든 행동을 조율해야 한다"(1권, 21)고 말한다. 또한 다른 곳에서 그는, 훌륭한 궁정인은 "어떤 그라찌아una certa grazia"를 통해 모든 이들에게 좋은 첫 인상을 심어 주어야 한다고 강조한다. 왜냐하면 이러한 그라찌아야말로 궁정인의 모든 덕성을 외부에 드러내고, 또 그것에 외적인 가치를 부여하는 중요한 "장식"이기 때문이다.

더욱이 여기에 덧붙여 그는 이러한 그라찌아를 통해 궁정인들이 모든 위대한 군주들의 "신뢰와 그라찌아del commerzio e grazia"를 얻게 된다고 말한다(1권, 14). 결국 카스틸리오네는 '그라찌아를 통한 그라찌아의 획득'이라는 동어의 반복을 통해 궁정인의 덕목과 목적을 동시에 표현하는 셈이다. 두말할 나위 없이 여기에서 뒤에 나온 그라찌아는 지금까지 논의해 온 궁정인의 행위 미학의 목적으로서의 그라찌아를 의미한다. 그렇다면 이와 비교할 때 앞에 나온 그라찌아는 그것을 가져오는 궁정인의 행위양식이나 규범 자체를 가리키는 것이라고 할 수 있다. 왜냐하면 그것을 통해 궁정인이 바라는 궁극적인 결과가 이루어질 수 있기 때문이다. 이러한 맥락에서 루도비코는 궁정인은 자신의 행동과 제스처, 습관 등의 모든 측면에서 언제나 그라찌아를 수반해야 한다고 강조한다.

그에게 있어 그라찌아는, 그것 없이는 궁정인의 모든 다른 자질이나 좋은 점들이 가치를 잃을 수밖에 없는 삶의 "양념un condimento"과도 같은 것이다. 그렇다면, 루도비코의 표현처럼, 오직 "그라찌아를 소유한 사람이 그라찌아를 얻는다chi ha grazia è grato"(1권, 24). 요약하자면 카스틸리오네에게 그라찌아는, 한편으로는 권력의 보상 다시 말해 군주의 호의라는 궁정인의 궁극적인 행위의 목적을, 그리고 또 다른 한편으로는 궁정인으로 하여금 그것에 도달할 수 있게 해 주는 스스로의 행위 규범이나 능력을 뜻하는 이중적 개념이다. 또한 바로 이 점에서 카스틸리오네에게 그라찌아는, 위계화된 권력의 질서를 구축하고 지탱하는 인간 행위의 "최고 보편법칙una regula universalissima"이다.

그렇다면 이러한 그라찌아를 어떻게 획득할 수 있는가? 이에 대해 루도비코는 다음과 같이 궁정인이 지켜야 할 덕목과 피해야 할 덕목에 대해 말한다.

비록 매우 힘들고 위험한 일일지라도 그것은 아페타찌오네affettazione를 피하고, 그리고 새로운 말로 표현하자면, 모든 문제에서 어떤 스프레짜투라sprezzatura를 행하는 것이다(1권, 26).

루도비코의 논의에 따르면, 아페타찌오네는 자신의 능력과 자질을 외부에 보여 주려는 과도한 바람에서 비롯된 인간 행위의 그릇된 표현 양태이다. 그는 일부 그릇된 궁정인들이 군주의 그리찌아를 얻으려는 목적에서 이러한 오류에 빠져들기도 한다고 지적한다. 스프레짜투라는 아페타찌오네의 반대 개념을 표현하기 위해 카스틸리오네가 만들어 낸 신조어이다. 그는 루도비코의 입을 통해 이를 모든 "그라찌아의 진정한 원천"이자, 궁정인의 모든 행동에 수반되어 그것의 진가를 드러내 주는 "또 다른 장식물"(1권, 28)이라고 규정한다.

여기에서 중요한 것은 스프레짜투라와 아페타찌오네가 모두 궁정인의 자기재현과 관련된 행위의 '표현양식'이라는 점이다. 이미 이야기한 것처럼 후자가 과도한 보여주기의 문제에서 유래한 일종의 과장이나 허세의 오류를 뜻한다면, 전자는 이것의 반대 개념이다. 루도비코는 스프레짜투라를 행함으로써 궁정인은 모든 기예의 인위성을 감추게 되고, 그럼으로써 자신이 행하고 말한 바가 노력 없이 그리고 그것에 관해 깊이 생각하지 않고 이루어진 것처럼 보이도록 만들 수 있다고 이야기한다. 그러므로 스프레짜투라는 군주의 호의를 얻기 위한 무기교의 기교, 루도비코의 말을 그대로 옮기면, "기교를 기교로 보이지 않도록 만드는 진정한 기교"이다(1권, 26).

바로 이러한 맥락에서, 스프레짜투라는 사회적 관계, 더 엄밀히 말해 권력의 위계 질서 속에서 스스로를 낮추는 행동 윤리 그 이상도 이하도 아니다. 그렇다면 스프레짜투라가 단순히 자신의 모든 것을 감추고 숨기는 절대적인 겸양의 미덕을 뜻하는가? 4장에서 살펴 본 바와 같이 일찍이 15세기의 현실주의적 휴머니스트 알베르티는 인간에게 가장 필요한 것이 "덕이나 부가 아니라, 내[알베르티]가 무엇이라고 이름 붙이지 못한 어떤 것[이며] ……이것은 내가 모르는 어딘가에 있는 무엇이다. 이것은 한 인간의 얼굴 속에, 눈 속에, 행동방식 속에, 그리고 외양 속에 있다"[386]고 말한 바 있다. 그렇다면 알베르티의 지적 전통을 계승한 카스틸리오네는, 알베르티가 말로 표현하지 못한

바로 이와 같은 행위의 기예를 스프레짜투라라는 새로운 말로 표현했다고 볼 수 있다.[387]

한마디로 스프레짜투라는 단순히 무엇인가를 숨기기 위한 위장의 기술이라기보다 그것을 통해 스스로를 이상적인 이미지로 재현하려는 역설적인 자기 과시의 행위 기교라 할 수 있다. 이 점은 다른 어디에서보다 스프레짜투라를 일종의 장식물로 표현한 루도비코의 언급에서 잘 확인된다. 그는 스프레짜투라에 대해 다음과 같이 말한다.

아무리 작은 것일지라도 인간의 행동과 함께 나타날 경우, [스프레짜투라는] 무엇인가를 행하는 사람이 자신의 행동에 대해 얼마나 잘 알고 있는지를 드러내 준다. 또한 이뿐만 아니라 종종 그것은 그를 실제보다 더 위대하게 생각되도록 만든다. 왜냐하면 무엇인가를 매우 능숙하게 행하는 사람이 [실제로는 겉으로 보이는] 그 이상의 능력을 소유하고 있다는 점이, 그것[스프레짜투라]을 통해 보는 이의 마음에 각인되기 때문이다(1권, 28).

그러므로 스프레짜투라를 실천한다는 것은, 궁정인이 자신에게 부여된 모든 역할을 완벽하게 알고 수행하고 있음을 외부에 연기하는 것과 다름없다.[388] 이러한 맥락에서 사코네는 "무기교의 기교," "무관심한 노력," "부주의한 주의"라는 모순어법을 통해 스프레짜투라를 개념화한다.[389] 달리 생각한다면 스프레짜투라는 일종의 역설적인 의사소통의 기술과 다름없다. 또한 이 때문에 그라찌아와 마찬가지로 그것은 사회적 관계 속에서 그 의미가 발현되는 행위양식이다. 지금까지의 논의가 암시하듯이 스프레짜투라가 그라찌아의 획득을 위한 행위 규범이라면, 그것의 성공 여부는 군주의 수용 여부에 달려 있다. 이 점에서 카스틸리오네가 주장한 스프레짜투라는 한편으로는 권력의 형상화이면서, 또다른 한편으로는 개인적 고뇌의 형상화라고 해도 대과는 아니다.[390]

물론 스프레짜투라의 규범은 인간 행위의 본질과 외양 사이의 차이를 도외시하고 후자를 과도하게 강조한다. 하지만 바로 그 점에서 그 것에는 사회적 존재로서의 인간이 봉착할 수밖에 없는 실존적 문제가 내재해 있다. 이러한 맥락에서 스프레짜투라는 인간 존재와 존재의 자기표현 사이의 괴리에서 오는 개인적 고뇌의 외적 표현인 셈이다. 이 같은 본질과 외양의 차이에 대한 의도적인 무시는, 두말할 나위 없이 한 개인의 삶에 영향을 미치는 외부의 시선과 비판에 대한 사회적·현실적 고려에서 기인한다. 궁정 사회에서 그러한 고려의 기본 대상은 군주이며, 권력의 메커니즘을 통해 그와 궁정인 사이의 관계가 형성된다. 이 점에서 궁정인의 스프레짜투라는 또다른 한편으로는 인간의 행동이 미학적 윤리라는 모습으로 재현된 권력관계의 형상화인 것이다.

III. 궁정인의 자율성: 권력관계 속의 군주와 궁정인

지금까지 나는 이상적 궁정인이 갖추어야 할 덕목과 그것을 통해 그가 도달하려 했던 삶의 목표를 스프레짜투라와 그라찌아라는 개념을 통해 논의해 왔다. 앞선 논의에서 암시되었듯이, 군주로부터 궁정인에게 수직적으로 작동하는 권력의 역학이 이 두 개념 아래에 흐르고 있다. 이를 염두에 둔다면, 군주를 대하는 궁정인의 실제적인 행위 규범이 《궁정인》의 가장 중요한 주제 가운데 하나가 될 수밖에 없다. 또한 바로 이 때문에 카스틸리오네는 궁정 여인에 관해 다루는 3권을 제외한 이 작품의 거의 모든 논의들을 바로 그 주제에 집중시킨다.[391] 실제 《궁정인》의 모델이 된 우르비노의 궁정은 폐쇄적인 권력 경쟁의 각축장이었다. 또한 그곳에서의 삶과 문화 역시 군주와 그의 신민들 사이의 관계를 통해 결정되었다. 그러므로 궁정인과 군주의 관계를 다루는 텍스트로서의 《궁정인》의 문학적 재현 속에, 카스틸리오네의 실제 경험과 현실인식이 농축되어 있다고 해도 지나친 말이 아니다.

카스틸리오네가 구성한 내러티브 구조에 따르면, 《궁정인》은 즐거운 저녁 시간을 보내기 위해 공작부인과 한 자리에 모인 여러 궁정인들이 저녁의 여흥을 위한 오락거리를 찾는 과정에서 시작된 가상의 대화를 옮긴 것이다. 마치 고대의 철학자들이 주어진 주제에 대해 각기 다른 의견을 제시하고 이를 통해 수사와 지식의 능력을 교환했던 것처럼, 그들은 일종의 언어게임을 즐기기로 결정한다. 이때 그날의 대화 주제로 결정된 것이, "언어를 통해 완전한 궁정인의 모습을 표현"하자는 프레고소의 제안이었다. 이 주제를 공작부인 엘리자베타와 다른 궁정인들이 받아들이면서 나흘 동안 이에 관한 대화가 지속되었고, 이것이 각각 4권의 책으로 엮이게 되었다.[392]

그런데 선정된 주제와 마찬가지로, 주제의 선정 과정 자체에서도 이미 《궁정인》이 그 자체로 권력관계의 총체적 구현물이라는 점이 명확히 제시되고 있다. 엘리자베타를 대신하여 전체적인 대화를 이끌어간 궁정 여인 에밀리아가 "공작부인을 즐겁게 할 수 있다면, 이것이 오늘의 게임이 될 것"이라고 말하면서 대화의 주제가 결정되는 장면에서, 특히 이 점이 극적으로 연출된다(1권, 12). 그렇다면 프레고소 이전에 제시된 다른 주제들은 이 책의 전체적인 주제와 아무런 관련이 없는가? 대화의 초기에 폐기된 다른 제안들을 살펴 보면서, 이에 대한 해답의 실마리를 찾아 보자.

먼저 팔라비치노는 모든 연인들은 언제나 자기 기만적인데, 만약 그렇다면 각각 사랑하는 사람에게서 찾고 싶은 덕과 악이 무엇인지에 관해 논의하자고 제안한다. 체자레 곤자가는 인간은 누구나 나름대로의 어리석음을 지니고 있으며, 이 점에서 오늘의 대화에서는 스스로 지니고 있는 어리석음을 공개적으로 이야기하자고 한다. 한편 옥타비아노는 만약 누군가가 자신이 사랑하는 사람을 화나게 만들었다면 상대방이 느낀 분노의 원인이 어디에 있는지를, 그리고 벰보는 만약 사랑하는 사람이 어떤 이유에서이든지 화가 났다면, 그것의 원인이 스스로에게 있는지 아니면 그 상대방 때문인지에 관해 논의해 보자고 이야기한다(1권, 7~11). 이처럼 폐기된 각각의 주제들은 프레고소의 제안과 아무런 관련이 없어 보인다. 더욱이 심지어, 적어도 외양적인 면에서만 보자면, 그들 사이에는 어떠한 공통점도 존재하지 않는다.

하지만 개인적인 선덕이나 악덕, 어리석음, 분노의 원인 등 인간 감정의 불균형이나 무지, 그리고 맹목과 같은 사회적 부조화와 관련된 문제를 다룬다는 점에서, 그들 사이에는 최소한의 일관성이 존재한다. 이들이 모두 사회적 일탈을 조장하거나 사회적 조화를 깨뜨릴 수 있는 인간 존재의 오류와 관련이 있고, 또한 이 점에서 궁정이라는 폐쇄적이고 자기-충족적인 권력의 세계에서 그 질서를 훼손시킬 수 있는 요소들로 해석될 수 있기 때문이다.[393] 뚜렷한 자기 이해만이 이러한 사회악에 대한 치유제이다. 그리고 이 때문에 팔라비치노, 체자레 곤자가, 옥타비아노 그리고 벰보는 이 같은 인간 오류의 궁극적인 원인을 규명하려고 한다.[394] 그러므로 폐기된 주제들에는 폐쇄된 권력의 세계가 요구하는 성숙한 자기비판 능력과 사회적 통합의 모티브가 담겨 있다. 분명 게임이라는 형식을 통해 카스틸리오네는《궁정인》의 주제를 제시하고 선정한다. 그리고 이를 통해 그는 주제의 선정과 이후의 논의가 마치 우연히 이루어진 것처럼 작품을 재현한다. 하지만 폐기된 제안과 선정된 주제는 모두 권력을 중심으로 권력의 장에서 벌어지는 일종의 "아부"[395]의 경연을 표현하고 있다.

이 때문에 이 대화 자체는 처음부터 권력의 통제에 의해 제한될 수밖에 없는 불완전한 유희일 수밖에 없다. 이와 같은《궁정인》의 성격은 카스틸리오네가 제시한 궁정인의 덕목에도 그대로 적용된다. 루도비코에 이어 2권의 대화를 주도한 페데리코는, 인간은 기본적으로 다른 이의 장점보다 단점을 이야기하기를 더 좋아하고 또 그를 칭송하기보다 비난하기를 일삼기 때문에, 궁정인들은 주어진 장소나 상황, 시간, 대상 등을 고려해서 언제나 적절하게 말하고 행동해야 한다고 이야기한다(2권, 17). 이와 같은 언급은 비평과 비난이 만연했던 르네상스 특유의 사회상을 반영한 것이었다. 더욱이 궁정은 군주의 그라찌아를 얻기 위한 궁정인들 사이의 경합이 눈에 보이지 않는 스프레짜투라라는 연기를 통해 더욱 정교하게 벌어지던 위험한 세계였다.

이 점을 고려한다면 페데리코의 진술은 궁정인에게 가장 필요한 생존전략을 지적한 매우 현실적인 조언이 된다. 또한 이에 덧붙여 페데리코는, 궁정인의 모든 대화가 언제나 적절한 판단에 따라 이루어져야 하며, 자신과 대화하는 상대가 누구인지에 따라 그 양식이나 방법 등도 달라져야 한다고 강조한다. 그는 특히 궁정인이 군주와 대화할 때 유의해야 할 점에 대해 다음과 같이 말한다.

> 그러므로 그는 언제나 ……스스로 가치 있는 존재라는 점을 모든 이들이 분명히 인식하도록 만들어야 한다. 하지만 이외에도 자신의 모든 희망과 습관 그리고 행동양식을 자신이 섬기는 군주를 즐겁게 하는 데에 바침으로써, 궁정인은 다른 무엇보다 그를 사랑하고 존경하는 데에 스스로의 모든 생각과 영혼의 힘을 쏟아 부어야 한다(2권, 18).

분명 페데리코가 묘사한 궁정인의 이미지는, 권력의 위계 질서 속에서 군주에게 봉사할 수밖에 없는 궁정인의 실존적 모습을 솔직하게 표현한 것이다.

하지만 이와 같은 페데리코의 언급은 즉각적인 반론에 직면한다. 특히 피에트로 다 나폴리는, 페데리코가 짧은 말로 표현한 궁정인은 진정한 궁정인의 참 모습이라기보다 단지 "고귀한 아첨꾼"(2권, 18)의 그것에 지나지 않는다고 비아냥거린다. 이에 대한 페데리코의 대응은 단호하다. 그는 궁정인에게 필요한 행위 미학의 궁극적인 목적이 그라찌아를 얻는 것이라면, 궁정인은 언제나 군주에 대한 경의와 존경을 아낌없이 표현해야 하며, 심지어 자신에게 낯선 일이나 자신이 달갑게 생각하지 않는 일조차 군주를 위해 기꺼이 해야 한다고 말한다.

또한 여기에 덧붙여 그는, 이를 위해 궁정인은 언제나 자신의 능력을 알고 스스로를 통제해야 한다고 주장한다(2권, 18, 20).

카멜타와 피오의 질문에서 극적으로 표현되듯이, 이와 같은 페데리코의 진술은 '자율성'이라는 궁정인의 존재론적 문제의식을 함의하고 있다. 그들은 사뭇 냉소적인 어조로, 과연 궁정인들이 아무런 기만이나 속임수 없이 군주의 그라찌아를 얻을 수 있는지, 그리고 사악한 군주에게 봉사해야 할 경우에도조차 언제나 궁정인들이 그의 명령을 따라야만 하는지 페데리코에게 묻는다(2권, 21, 23). 이에 대한 페데리코의 입장은 지극히 이상적이다. 훌륭한 궁정인이라면 선의를 가지고 군주에게 봉사해야 하며, 또 이를 통해 그의 그라찌아를 얻는 것이 가능하다고 말하기 때문이다. 심지어 여기에서 더 나아가 그는, 만약 군주가 사악하다면 그를 떠나라고 조언하기에 이른다(2권, 22).

그렇지만 궁정인이 군주를 선택할 수 있다는 페데리코의 진술은 위험하기 이를 데 없는 생각이다.[396] 주지하다시피 실제 카스틸리오네 스스로도 젊은 시절 만토바의 궁정을 떠나 우르비노로 왔고, 이로 야기된 만토바 군주와의 불편한 관계는 언제나 이후의 그의 삶을 불안하게 만든 중요한 요인이었다. 그러므로 궁정인의 자율성을 염두에 둔 듯한 페데리코의 언급은, 카스틸리오네의 실제 경험에서 유래한 자기반성적 역설이라고도 해도 지나친 말이 아니다. 이 점은 뒤이은 가스파로의 질문과 이에 대한 페데리코의 응답에서 다시 한번 확인된다. 가스파로는 군주의 모든 명령, 특히 그의 명령을 따르지 않을 때 그렇지 않은 경우보다 오히려 더 좋은 결과를 예상할 수 있을 때조차, 궁정인이 과연 이를 따라야 하는지 질문한다. 이에 대해 페데리코는 만약 궁정인 스스로의 그릇된 판단으로 인해 무엇인가 잘못된 상황이 발생할 경우, 거기에는 단순한 실수 이외에도 불복종의 죄가 더해질 수 있다고 경고한다. 이 때문에 그는, "군주의 판단보다 자신의 판단을 더 믿으면서, 지위 높은 이의 명령을 거부하는 것은 지극히 위험한 일"(2권, 14)이라고 적는다.

카스틸리오네는 특히 《궁정인》 4권에서 군주와 궁정인의 관계, 그리고 거기에서 파생한 궁정인의 자율성 문제를 중점적으로 논의한다. 4권의 주 화자인 옥타비아노는 군주를 그릇된 길에서 벗어나게 하고 옳은 길로 인도하는 것이 "올바른 궁정인이 얻을 수 있는 진정한 결실"이라고 강조한다. 그런데 당시의 세계가 군주들의 무지와 오만 등으로 부패하게 되었고, 이 때문에 진리를 깨우치게 하여 그들을 덕의 길로 이끄는 궁정인의 임무가 더욱 어렵게 되었다고, 그는 개탄한다(4권, 9). 하지만 옥타비아노는 이러한 상황 속에서도 진정한 궁정인은 군주의 마음과 호의를 얻어, 그가 알아야 할 모든 진리를 조언해야 한다고 말한다. 이처럼 《궁정인》 4권에서 카스틸리오네는 이전의 논의와 달리, 궁정인을 권력관계 내의 수동적인 피지배자라기보다 군주에 버금가는 자율적 존재로 격상시킨다.

따라서 체자레 곤자가의 지적처럼 4권에 나타난 궁정인의 모습은 더 이상 말 뜻 그대로의 궁정인이라기보다 오히려 한 명의 학교 교사 maestro di scola에 가까워 보인다. 또한 마찬가지로 여기에서 군주는 더 이상 통치자라기보다 오히려 마치 행정가governatore와 같은 인물로 묘사된다(4권, 36). 이 점에서 4권을 《궁정인》 전체를 흐르던 첨예한 권력의 긴장관계가 해소된 파격의 드라마로, 또 같은 맥락에서 4

르네상스기
이탈리아인들의 자아와
타자를 찾아서

권의 대화를 주도한 옥타비아노를 진정한 궁정인의 참모습을 구현한 이상적인 인물로 평가할 수도 있을 것이다.[397] 다시 말해 4권에서 묘사된 궁정인을 더 이상 권력에 통제된 수동적 객체가 아닌 자율적인 주체로 해석할 수도 있다.

하지만 《궁정인》의 출판의 역사는 이와 같은 낙관적 해석이 얼마나 단편적인가를 보여 준다. 일찍이 《궁정인》의 출현과 그 변화의 과정을 역사적으로 추적했던 기나시G. Ghinasi는, 1515년 처음 등장한 이 작품이 뚜렷한 세 단계를 거쳐 발전하고 수정되어 오늘날의 모습으로 1524년 나타나게 되었다고 주장한다. 특히 그는 4권의 정치와 권력에 관한 논의에 주목하면서, 이 부분이 마지막 단계에 이르러 비로소 현재의 모습으로 나타나게 되었다고 지적한다.[398] 한편 이와 약간 달리 최근 풀리에세O. Z. Pugliese는 초기의 여러 판본에도 이미 4권의 앞부분, 즉 정치에 관한 논의가 여러 차례 언급되고 있으며, 이후의 거듭된 생략과 삭제의 과정을 거친 후 이것이 최종본 속에 등장하게 되었다고 주장한다.[399]

4권에서 다루고 있는 민감한 정치적 내용이 과연 초기의 판본에도 등장하는지 그리고 만약 그렇다면 이것이 최종본과 어떻게 같고 다른지를 규명하는 일은, 방대한 고문서 작업을 통해서만 비로소 해명할 수 있는 쉽지 않은 작업일 것이다. 하지만 분명한 사실은 이와 같은 내용의 첨삭 과정이 약 10년의 시간이 경과하면서 발생한 정치적 변화에 대한 카스틸리오네의 냉철한 현실인식을 반영한다는 점이다. 그렇다면 4권은 자신의 실제 경험을 바탕으로 군주와 궁정인의 관계를 규정하려던 카스틸리오네 일생의 고뇌가 농축된 부분이라고 해도 큰 무리가 없다.

　더욱 중요한 점은, 비록 겉으로는 궁정인의 자율성을 강조하지만 옥타비아노 역시 권력의 강제에 의한 궁정인의 실존적 한계를 뿌리 깊게 인식하고 있다는 사실이다. 궁정인이 어떻게 군주를 교육해야 하는가에 관해 논의하는 가운데, 그는 다음과 같이 매우 의미심장한 말을 남긴다.

> 만약 내가 몇몇 알려진 군주들의 그라찌아를 얻고 있으며, 또 그들에게 내가 생각하는 바를 자유롭게 말한다면, 나는 곧바로 내가 그들의 그라찌아를 잃게 되지 않을까 두려워하게 된다(4권, 26).

한마디로 말해 궁정인의 자율성은 그의 행위의 목적이라고 할 수 있는 그라찌아의 상실을 대가로 얻어진다. 여기에서 옥타비아노는 이것을 솔직히 표현하고 있다. 그렇다면 궁정인을 하나의 교육가로 전환시키려는 옥타비아노의 논리는 결국 비현실적인 꿈에 지나지 않는다. 궁정인의 도덕적 행위를 결정하는 전제군주의 권력이 그를 아첨꾼으로 만드는 상황에서, 궁정인에 의한 군주의 계몽이라는 그의 이상 역시 퇴색될 수밖에 없기 때문이다.[400] 그렇다면 궁정인은 언제나 권력 관계 속에서 스스로를 조율하고, 또 권력의 통제 속에서 자기의 자리를 찾을 수밖에 없는 불안한 존재이다.

IV. 카스틸리오네의 궁정인:
권력에 의해 구성된 사회적 인공물

적어도 겉으로 보기에 르네상스는 인간 존재의 완전성 혹은 그것의 이상 상태에 도달하려고 노력한 시대였다. 하지만 이와 같은 이상에 대한 갈망은 15세기 후반을 넘어서면서부터 현실의 억압에 봉착하게 되었다. 인간 존재의 본질을 새롭게 인식하도록 만든 가혹한 현실은, 궁정을 중심으로 재편되던 권력의 집중에서 가장 현저하게 감지되었다. 카스틸리오네는 이와 같은 상황 속에서 삶과 죽음을 결정짓던 외부의 압력에 대처하기 위한 내적 영혼의 평형을 강조했다. 이 점에서 《궁정인》이 추구하는 완전한 인간 존재의 추구, 보다 정확하게 표현하자면 궁정인의 자아의 고양은, 단순한 인간의 존엄성이나 자율성을 예찬한 것이라기보다 존재론적 위기 상황에서 출현한 자기 보호적인 정치의 미학화라고 할 수 있다.

카스틸리오네의 스프레짜투라는 한편으로는 자기겸양이라는 도덕적 관념 그리고 다른 한편으로는 존재의 현시라는 연극적 영역의 경계선 위에 놓여 있는 불안정한 개념이다. 그리고 이 때문에 그것에는 위선 혹은 기만이라는 일견 부정적인 측면이 자리할 수밖에 없다. 존재 자체의 본질보다 그것이 외부에 드러난 양태가 보다 중요하기 때문이다. 이러한 맥락에서 페데리코는 공적으로 자신의 능력을 보여주어 보는 이의 눈을 만족시킬 때 비로소 그라찌아를 얻을 수 있다고 (2권, 8장) 주장한다. 그는 이 점을, 비록 절대적이지는 않지만, 외적인 것이 내적인 본질을 현시한다는 말로 표현한다(2권, 28장).

이와 같은 그의 주장에는 인간 존재나 그의 행위 속에는 본질적이거나 자연적인 그 어떤 것이 존재하지 않고, 다만 반복된 재연을 통해 그것들이 구성될 수 있다는 관념이 은연중에 녹아들어 있다.[401] 달리 말하자면 카스틸리오네가 강조한 이상적 궁정인의 행위 규범은 그 자체의 덕성이나 행동 윤리보다, 외부에 스스로를 어떻게 드러낼 것인가의 문제의식 속에서 도출되었다. 그렇다면 2권에 나타난 페데리코에 대한 팔라비치노의 비판에서처럼, 스프레짜투라는 "기예라기보다는 속임수"에 지나지 않을 수도 있다.

그런데 이러한 비판에 대해 페데리코는, 스프레짜투라는 속임수라기보다 어떤 행위에 수반된 하나의 "장식물"이며, 만약 속임수로 생각될지라도 그것은 결코 비난받을 만한 성질의 것이 아니라고 말한다. 이 점을 뒷받침하기 위해 그는 펜싱 경기에서 승리한 자를 예로 든다. 페데리코에 따르면, 펜싱 경기의 승자는 다른 무엇보다 스스로의 기예 덕분에 승리할 수 있었으며 이 때문에 그를 기만자로 폄훼할 수 없다고 말한다. 하지만 이와 같은 그의 논리는 충분한 설득력을 지니지 못한다. 기예라는 말로 그가 포장하여 강조한 것이, 다른 시각에서 보자면, 승자에게 부여된 일종의 면죄부이기 때문이다.

페데리코, 보다 엄밀히 말해 저자 카스틸리오네에게, 이러한 행위의 기예는 생존의 전제조건이었다. 치열한 경쟁과 자기검열만이 생존을 보장할 수 있는 궁정이라는 정치극장에서, 자신의 능력을 보여 주거나 자신의 단점을 감추는 것이 너무도 당연한 일이기 때문이다(2권, 40장). 하지만 지나친 자기과시나 현시는 보는 이를 불쾌하게 만든다. 그러므로 그는 궁정인에게 "가장 안전한 것"은 언제나 "어떤 고결한 중용una certa onesta mediocrit"을 통해 스스로를 통제하는 것이라고 말한다. 왜냐하면 이것이야말로 "시기"로 가득 찬 외부의 비난을 피하는 "가장 훌륭하고 강력한 방패"이기 때문이다(2권, 41장). 그러므로 스프레짜투라는 과도한 허식을 피하면서도 스스로를 드러내기 위해 좋은 인상을 심어 주는 일종의 중용의 미학이라고 할 수 있다.[402]

하지만 이러한 중용의 도는 한 개인으로 하여금 자신의 자연적인 본성과 어긋나는 행동을 강요하기도 하고, 또 본심과 정반대로 자신을 드러내도록 강제하기도 한다. 이 때문에 행위 미학으로서의 중용은 인간 존재의 무한한 유연성을 전제로 한 개념이다. 다시 말해 이러한 유연성은 외부의 시선에 의해 스스로를 재창조하고 외부의 조건에 맞추어 스스로의 모습을 변화시키는 카멜레온 같은 인간 존재의 모습을 전제로 했을 때 가능하다. 그렇다면 부르크하르트가 강조한 독립된 주체로서의 인간의 모습은, 카스틸리오네의 이상적 궁정인의 상에서는 존재할 수 없다. 궁정인은 언제나 자기 존재의 외부, 특히 자기를 바라보는 권력의 시선에 맞추어 유연하게 스스로를 포장하고 연기하는 존재이기 때문이다.

이를 고려한다면 페데리코의 다음 진술은 의미심장하기 그지없다.

만약 중요한 일을 처리하는 데에 능숙한 어떤 궁정인이 군주와 사적으로 만나게 된다면, 그는 또다른 사람un'altra persona이 되어야 한다. 그는 무거운 문제를 다른 시간 다른 장소에 제쳐 놓아야 하며, 군주의 여가를 방해하지 않고 그를 즐겁고 기쁘게 만들 수 있는 대화를 나누어야 한다(1권, 19).

일견 단순해 보이는 그의 말은, 르네상스기의 이탈리아인들을 주관적 "영적 개체" 혹은 "근대 유럽의 첫 아이"[403] 등으로 규정한 부르크하르트 이래의 전통적 해석을 수정할 것을 강하게 요구한다. 독립적인 개체로서의 인간을 강조한 부르크하르트와 달리, 페데리코는 상황에 따라 "다른 사람"이 될 것, 문자 그대로 직역하면 다른 가면을 착용하라고 주장하기 때문이다. 궁정인은 군주에 의해 연출되고, 군주와 다른 궁정인들이 관객으로 참여하고 있는 궁정이라는 무대 위의 드라마에 출연한 연기자이다.

그런데 궁정인에게 더욱 커다란 문제는, 외양적으로는 본심을 숨기면서도 실제로는 그것을 더욱 드러내도록 요구하는 스프레짜투라의 규범이, 보는 이에게 이미 하나의 꾸며진 행위로 인식되고 있다는 점이다. 이 점은 남녀간의 사랑에 관해 논의하는 3권에서 분명히 확인된다. 베르나르도는 비록 사랑하는 여인에게 봉사할지라도 궁정인은 자신의 사랑이 겉으로 드러나지 않도록 주의해야 한다고 말한다. 하지만 만약 이 때문에 그 여인이 자신의 사랑을 인식하지 못할 경우 궁정인은 다른 방법을 통해 사랑을 전달해야 하고, 여인 또한 그의 사랑을 알고 있다는 점을 외부에 숨겨야 한다고 말한다(3권, 64장). 다시 말해 절제된 양식으로 감추어지지만, 사랑이라는 본질 자체가 연인들 사이에서 인식되어야만 한다는 점이다.

결국 드러난 연기와 연기를 통해 감추어진 진실 사이의 허구게임이 궁정의 문화를 지배한다. 그리고 게임의 당사자는 모두 가면 뒤의 진실을 알고 있다. 이 때문에 궁정인의 연기는 동일한 문화와 관행을 공유한 폐쇄적인 공간에서 수행될 수밖에 없는 일종의 집단적 행위 규범이다. 물론 이 폐쇄적 공간이 바로 궁정이었다. 16세기 초 카스틸리오네가 살았던 궁정은 단순한 정치 활동의 공간을 넘어서, 군주를 중심으로 불평등한 관계를 맺고 있던 다양한 인간 군상이 경합을 벌이던 문화적 유희의 장이었다. 즉, 궁정은 그곳에 거주하던 전 공동체가 군주라는 권력의 정점에 대한 복종의 드라마를 연출했던 하나의 '극장'과 다름없었다. 그곳에서 궁정인은 스스로 연기자였으며, 또 동시에 다른 이들의 연기를 보는 관객이었다. 그들 모두는 비난과 비평의 주체였으며, 객체였다. 그러므로 그들은 권력의 규율 속에서 스스로를 제한하고 통제했다. 한마디로 말해, 궁정인은 외부와 분리된 독립된 개체라기보다 외부의 상황에 조응하여 스스로를 재구성하는 인공물이자, 궁정이라는 공간 자체였다.

돈 미구엘 다 실바에게 쓴 헌정서격의 서문에서 카스틸리오네는, 아마도 다른 이들이 저자 스스로 자신을 모델 삼아 이상적 궁정인의 모습을 그리고 있다고 비아냥거릴 수도 있다는 점을 지적한다. 하지만 그는 비록 간절히 원하더라도 자신은 결코 이 책에서 논의된 모습의 완전한 궁정인이 될 수 없다고 이야기한다(서문, 3장). 물론 이와 같은 카스틸리오네의 언급은 저자 스스로 보여 주는 스프레짜투라의 재현일 수도 있다. 하지만 이와 함께 이러한 그의 자기-낮추기가, 독립된 개체가 아닌 궁정 속의 궁정인으로 스스로를 표현하는 문학적 자기-만들기의 과정일 수도 있다. 더욱이 이러한 매락에서 그는 《궁정인》을 한 궁정인에 대한 초상화 혹은 스스로에 대한 자화상이라기보다, 우르비노 궁정의 군상들에 대한 집단 초상으로 재현하고,[404] 또 저자로서의 자신을 소거하면서 이 작품을 마치 자신이 소속된 궁정인들

의 집단창작인 것처럼 보이도록 만든다.[405]

앞에서 언급했듯이 그린T. Greene은 《궁정인》의 앞 부분에 등장하는 게임의 제시와 주제의 선택 과정이 이미 조화와 일탈이라는 문제를 내포한다고 지적한 바 있다. 한편 콜스키S. Kolsky는, 왜 춤과 음악이 궁정인의 덕목으로 제시되었는가의 문제를 논의하면서, 이들이 모두 궁정인 사이의 조화와 유대를 가르치는 기예였다는 점에 주목한다.[406] 이 점을 고려한다면, 카스틸리오네가 재현한 궁정인은 독립된 개인이라기보다 우르비노의 모든 궁정인의 집단초상이면서, 더 나아가 우르비노 궁정의 의인화인 셈이다.[407] 또한 이 점에서 이상적 궁정인의 규범은, 권력의 통제 원리에 따라 그가 속한 집단 내에서 합의된 행위의 양식이 된다. 결국 《궁정인》에 재현된 이상적 궁정인의 이미지는 권력에 의해 봉인된 전체 속의 개인이자, 전체 그 자체이다.

V. 궁정인과 문명화 과정 그리고 다중적 인간

르네상스기의 궁정 사회는 새로운 문화와 관행의 출현지였다. 각국 혹은 각 도시의 대사들이 이해타산의 실리를 다투던 곳이라는 점에서 그곳은 근대적 외교관행의 시험장이었다.[408] 또한 궁정은 그곳의 여러 궁정인들이 휴머니즘 특유의 데코룸을 무기로 치열한 자기검열과 상호경쟁을 다투던 정치적 경합의 무대였다. 뮤어E. Muir에 따르면 '암흑 시대'라는 잘못된 표현으로 폄훼되는 중세 초부터 우리 시대로까지의 역사의 과정은 문명 사회로의 점진적인 변화의 과정이라고 할 수 있다. 특히 그는 이러한 변화의 원천 가운데 하나가 세련된 예절을 강조한 독특한 문화의 출현이었고, 이러한 문화가 16세기 이후의 궁정 사회를 중심으로 탄생했다고 지적한다.[409] 군주와 그에게 종속된 궁정인을 중심으로 형성된 사회에서, 권력에 의해 매개된 독특한 예절과 행위 규범이 창출되었기 때문이다.

즉 군주의 호의를 두고 궁정인들 사이에 벌어지던 정치적 경합 그리고 권력자와 그의 신민 사이에서 맺어진 통제와 순응의 관계 속에서, 궁정 사회는 '문명'이라는 말로 개념화될 수 있는 독특한 문화를 창출했다. 《궁정인》은 이와 같은 궁정 문화와 궁정의 행위 규범을 문학적으로 재현한 작품이다. 이를 고려한다면 이 작품은, 16세기 궁정이라는 폐쇄된 정치 공간의 규범이 사회 전체의 윤리나 문화로 확장되는 역사적 변화의 과정, 즉 사회·문화적 통제가 곧 정치적 통제와 연결되는 권력의 문화사를 보여 주는 중요한 작품으로 평가될 수 있을 것이다.[410] 신사 혹은 교양인을 자처하던 후대의 많은 유럽인들이 이 작품에 열광했던 이유는 바로 이처럼, 점차 중앙집권화되어 가던 유럽의 정치 세계에서 이 작품이 그에 걸맞는 인간의 행위 규범을 제시했기 때문이다.

오솔라C. Ossola의 지적처럼 궁정 사회는 본질적으로 궁정이라는 문화에 부합하는 형식적인 측면을 지니고 있으며, 또 이 속에서 자기 통제와 규율이라는 독특한 행위 규범이 발현했다. 카스틸리오네는 바로 유럽 궁정 사회와 그곳에서 출현한 문화를 거의 최초로 문학적 재현을 통해 표현한 인물이다.[411] 또한 이 점에서 《궁정인》의 출현과 이후 이 책의 수용의 역사는 엘리아스N. Elias가 "문명화 과정"이라고 개념화한 유럽 사회의 발전 과정과 무관하지 않다.[412] 길들여진 동의, 권력에 의해 강제된 예절, 외부의 시선을 의식한 자기 통제적 연출, 이것이 궁정인의 모습인 셈이다. 이 점에서 《궁정인》에 재현된 궁정인 더 나아가 인간은 외부와의 관계 속에서 빚어지고, 다시 빚어지고, 또다시 빚어지는 영속적인 가변성의 구현물이자, 다양한 목소리를 지닌 다중적인 인간이다.

15세기 피렌체의 신플라톤주의자 피코 델라 미란돌라부터 16세기 북유럽의 대표적 휴머니스트 에라스무스에 이르기까지, 소위 르네상스인들은 태어나는 것이 아닌 만들어지는 존재로서의 인간의 모습을 강조했다. 이러한 인간의 자기-만들기는 무분별한 자아의 고양이나 신화화된 이상으로서의 인간 존엄이라는 개념을 통해서는 불가능한 것이었다. 뚜렷한 현실인식과 권력과의 조율을 통해 카스틸리오네는 인간은 언제나 '다른 가면'을 착용하면서 변신하는 존재라는 점을 이 작품을 통해 웅변한다. 바로 이 점에서 신화가 아닌 역사의 세계에 존재하는 르네상스의 인간 그리고 인간관이 존재한다. 한마디로 말해 카스틸리오네의 궁정인이 재현하는 것처럼 역사 속의 르네상스인은, 본질적 개체나 고양된 자아가 아니라 사회적 관계 속에서 빚어진 고뇌의 결정체, 즉 인공물이었다.

르네상스의
수수께끼 여행가:
바르테마의 기행기에
나타난 저자의식과
세계인식

I. 수수께끼 여행가 바르테마와
    그의 여행기

1510년 11월 17일 교황청의 서기관이었
던 본피니스Mattheus Bonfinis는 교황 율리
오 2세Julius II의 명을 받아 어떤 한 책에
대해, 마치 오늘날의 지적 재산권과 크게
다를 바 없어 보이는, 일종의 특권을 공표
했다. 그 책은 바로 그 해에 로마에서 출
판된 루도비코 디 바르테마Ludovico di
Varthema의 여행기[413]였다. 교황청은 향후
10년간 저자인 바르테마나 그의 친족의
동의 없이는 어떤 인쇄업자도 이 책을 출
판하거나 인쇄할 수 없으며, 만약 이를 어
길 시 100두카토ducat의 벌금형에 처하게
될 것이라는 점을 명시하면서, 이전의 어
떤 여행가도 누리지 못한 부와 명예를 그
에게 선사했다. 이 교서를 통해 교황청에

서 분명히 밝힌 것은, 짧지 않은 기간 아시아와 아프리카의 여러 지역을 여행하고 그곳의 자연 환경과 관습 등을 기록한 바르테마의 이 책이 "공공의 효용"을 위해 봉사해야 하며, 또 그것이 담고 있는 유용한 정보로 인해 단순한 칭송뿐만 아니라 그에 걸맞는 "응분의 보상"을 받아야 한다는 점이었다.[414]

출판과 거의 동시에 교황청이 정식으로 공공적 가치와 유용성을 인정한 것에서 확인할 수 있듯이, 바르테마의 책은 16세기 초반 인쇄술의 초기 역사에서 가장 놀랄 만한 성공을 거둔 여행기 가운데 하나였다. 1510년 로마에서 이탈리아어로 초판본이 출현한 이래 1523년까지 적어도 다섯 개 이상의 이탈리아어 본, 하나의 라틴어 본, 세 개의 독일어 본, 그리고 하나의 스페인어 본이 출판되었고, 다음 세기에는 다수의 프랑스어, 네덜란드어, 그리고 영어 본의 작품이 유럽 각지에서 자국어로 번역되어 등장했다.[415] 이러한 성공은 당시의 유럽인들에게 바르테마를 마르코 폴로 이후 등장한 최고의 여행가로 각인시키

기에 충분했으며, 또 이로 인해 그는 동시대인들로부터 콜럼부스나 마젤란에 버금가는 명성을 얻었다.[416] 더욱 중요한 점은 바르테마 여행기의 인기가 단순한 유행이나 흥미의 차원을 넘어서는 것이었다는 사실이다. 당시 독일의 유명한 우주지학자 요하네스 보이무스Johannes Boemus의 예에서 볼 수 있듯이, 바르테마의 여행기가 긍정적이든 부정적이든 16세기 초 경쟁적으로 쏟아져 나오기 시작하던 인류학적·민속지학적 저술들의 출판에 커다란 영감으로 작용했기 때문이다.[417]

그렇다면 그는 언제 그리고 어디로 여행을 떠났는가? 만약 그의 여행기를 그대로 받아들인다면, 바르테마의 길고 험난했던 아시아와 아프리카 기행은 1502년 말 시작된 것으로 보인다. 그는 그 해 겨울 유럽을 떠나 그 이듬해 초 이집트의 알렉산드리아에 도착한 후 나일 강을 거슬러 카이로로 갔으며, 곧 그곳을 떠나 베이루트, 트리폴리 등을 거쳐 다마스쿠스로 여행했다. 특히 다마스쿠스에서 바르테마는 아라비아어를 공부한 후 맘루크 군대의 일원으로 배속되어 이슬람 세계의 심장부인 메카와 메디나를 방문했다. 당시부터 오늘날까지 대부분의 연구자들이 동의하듯이, 적어도 기록의 차원에서만 보자면, 바르테마는 비-이슬람교도로서 메카로의 성지순례, 즉 하지Hajj를 떠난 최초의 유럽인이었다. 그러므로 메카와 메디나의 이슬람 성소나 이슬람교도들의 의식 등에 관한 그의 기록은 풍문으로만 전해져 의구심과 호기심의 베일에 감싸여 있던 이슬람 성지에 대한 목격담을 유럽에 전한 최초의 사례라 할 수 있다. 이후 그는 그리스도교도라는 신원이 발각되어 잠시 동안 수감한 후, 우여곡절 끝에 탈출해 남서아라비아 반도를 육로로 기행했다. 그리고 남아라비아의 최대 항구도시인 아덴

Aden을 떠나 페르시아 만을 거쳐 소말리아와 인도 지역을 방문했다.

짧은 인도 여행 후 호르무즈Hormuz로 다시 돌아온 바르테마는 페르시아 기행을 꿈꾸며 헤라트Herat, 쉬라즈Shiraz 등의 중앙아시아 지역으로 떠났고, 그곳에서 이후 그의 여행의 동반자가 되는 페르시아 상인 "코가지오노르Cogazionor"를 만나게 된다. 두말할 나위 없이 페르시아에서 그가 의도했던 목적지는 사마르칸트Samarkand였다. 하지만 시간적 문제와 정치적 상황이 결부된 여러 정황 때문에 그곳으로의 여행이 불가능하게 되자, 그는 다시 쉬라즈로 귀환하게 되었고 결국 인도로의 상업 여행을 기획하고 있던 코가지오노르와 함께 여행의 경로를 동쪽으로 바꾸었다. 이때부터 바르테마 여행의 백미라 할 수 있는 인도와 동남아시아 여행을 본격적으로 시작했다. 호르무즈에서 첫 발을 내딛던 그의 인도 여행은 인도 북서부의 캄베이Cambay에서 시작하여 해안을 따라 실론Ceylon 섬을 포함한 인도 전역을 돌아본 후 벵골Bengal 지역까지 계속되었다. 특히 인도 내륙 지방을 여행하면서 바르테마는 당시 인도 최고의 이슬람 왕국이 자리하던 데칸Deccan을 돌아보았으며, 데칸과 경합을 벌이던 최고의 힌두 도시 비자야나가르Vijayanagr도 여행했다. 이후 여행의 경로가 인도차이나 반도를 비롯한 동남아시아 지역으로 확대되어, 바르테마는 오늘날의 미얀마, 태국 등을 거쳐 보르네오, 자바는 물론이고 반다Banda 섬 등 이전의 어떤 유럽인도 가보지 못했던 동남아시아의 향료 제도를 여행했다.[418]

1506년 초 인도로 돌아온 바르테마는 고향에 대한 향수와 그리스도교도로의 귀환을 열망하며 당시 인도에 와 있던 포르투갈 군에게 귀순했다. 이후 약 1년 반 가량 인도의 포르투갈 군에 배속되어 다양한 전투를 치르고 그 공로를 인정받아, 바르테마는 당시 포르투갈의 인도 총독으로 와 있던 프란시스코 달메이다Francisco d' Almeida로부터 기사 작위를 수여받았다. 그의 귀환은 1507년 12월에 시작되었고, 그는 바스코 다 가마Vasco da Gama 이후에 발견된 신항로를 따라 희망봉을 경유하여 1508년 초반 리스본으로 귀국했으며, 국왕으로부터 자신이 인도에서 받은 작위를 승인받았다. 바르테마의 여행기에 기초하여 간략하게 살펴 본 이와 같은 여행의 경로는 단순한 지리적 차원에서는 물론이고, 질적인 차원에서도 '최초'라는 수식어를 여러 차례 필요로 하는 깊이와 방대함을 자랑한다. 또한 바르테마의 여행기에는 단순한 여행의 경로뿐만 아니라 그가 방문했던 지역의 관습이나 제도 등에 관한 수많은 다양한 정보 또한 담겨 있다.

이 때문인지는 몰라도 바르테마의 여행기가 출현한 직후부터 오늘날까지, 그의 여행과 그가 남긴 기록의 신뢰성에 대한 문제가 끊임없이 제기되어 왔다. 16세기 초반 스스로의 경험과 박물학자로서의 권위에 기초하여 바르테마가 진술한 인도의 관습에 의구심을 표명한 가르시아 다 오르타Garcia da Orta 이래, 많은 학자들은 바르테마의 여행 기간과 방문지 사이의 거리에 주목하여 여행 자체의 물리적 불가능성을 거론하기도 했으며, 또 해당 지역의 계절적인 기후 상황을 염두에 두고 바르테마의 여행 시기가 이치에 맞지 않는다는 점 등을 지적하고 있다.[419] 더욱이 이러한 비판적 시각에 입각해서 오늘날 바르테마에 대해 가장 회의적인 시각을 표명하고 있는 오뱅Jean Aubin은, 바르테마가 기록한 인도 여행 자체를 재구성해야 한다고 주장할 정도이다.[420] 결국 이러한 해석에 따른다면, 바르테마의 여행은—물론 그의 여행 모두가 해당되는 것은 아니지만—설득력 있는 정보로 잘 만들어진 허구의 이야기에 지나지 않게 될 수도 있다.

하지만 이러한 회의적 해석이 바르테마의 모든 여행을 거짓 그 자체로 만들 수는 없다. 무엇보다 이것은 그가 처음으로 기록한 내용—무엇보다 메카의 하지와 관련된 기술이나 보르네오 동쪽의 향료 제도에 대한 묘사, 그리고 포르투갈의 인도 지배와 관련하여 그가 목격하고 경험한 바에 관한 진술—들이 이후의 여행가들이 묘사한 내용과 크게 다르지 않을 뿐더러,[421] 당시의 역사적 정황과도 잘 부합하기 때문이다.[422] 더욱이 바르테마는 중세 시대부터 존재하던 전통적인 육로를 통해 아시아 여행을 시작했으나, 돌아올 때는 바스코 다 가마 이후에 발견된 새로운 해상 항로를 이용했다. 일견 단순한 이러한 여행 경로 또한 지리상의 발견과 함께 변화하던 당시의 시대상을 그대로 반영한다. 이를 고려한다면, 비록 바르테마의 기록에서 허구나 과장 또는 위조의 흔적이 간혹 발견되더라도, 그의 여행 자체를 공상으로 치부해 버리기는 힘들어 보인다. 오히려 그러한 모순들이 자신을 드러내기 위한 바르테마 특유의 내러티브 전략에 기인한 것이라고 보는 편이 타당할지도 모른다.[423]

그렇다면 바르테마의 여행기를 해석할 때 중요한 문제는 단순히 그가 기록한 내용들의 세세한 진위 여부를 확인하는 것이 아니라, 오히려 그것들이 어떠한 방식으로 표현되고 있으며 또 그러한 표현방식에는 어떠한 시대적 요인이 작용하고 있는가를 살펴 보는 것이라고 해도 대과는 아니다. 이를 감안할 때 바르테마의 여행기에 나타난 가장 흥미로운 사실은, 그가 이 여행기를 단순한 여행에 관한 기록이라기보다 자신의 삶과 개인적 세계관을 보여 주는 하나의 자서전처럼 기술하고 있다는 점이다.[424] 다시 말해 바르테마는 이 여행기 속에 자신의 삶의 궤적을 추적할 수 있는 여러 실마리를 남기는 한편, 이와 동시에 단순한 사실의 기록자나 전달자가 아닌 '이야기의 저자'로서의 자신의 모습을 드러내려고 시도한다. 그렇다면 바르테마의 여행기는 페트라르카의 〈방뚜산 등정기〉에서 그 전조를 발견할 수 있는 르네상스 시대의 자서전적 기행문학이, 넓어진 지리적 세계와 그것이 배태한 문화적 다양성에 대한 인식과 함께 더욱 정치하게 그 특징적인 모습을 발현하는 시대적 변화상을 보여 준다고 할 수 있다.[425]

유럽인들에게 바르테마 시기의 아시아는 낯설면서도 익숙한 곳이었다. 한편으로 그곳은 극복과 경멸, 또 때로는 경외의 감정이 교차하는 낯설고 먼 비-그리스도교 세계였으며, 또다른 한편으로는 중세 마르코 폴로나 이전 세대 콘티Niccolò Conti 등의 방문으로 이미 유럽에 소개되어 유럽인들에게 가까이 다가온 친숙한 세계이기도 했다. 아시아에 대한 이러한 상반된 감정은 궁극적으로 유럽인들의 이 세계에 대한 태도에 점진적인 균열을 가져왔다. 전통적인 의미에서 유럽인들은 "그리스도교"와 "문명"이라는 두 언어를 통해 타자를 규정했고, 또 이를 통해 자신 스스로를 정의했다.[426] 하지만, 콘티의 구술을 바탕으로 이를 재구성하여 출판했던 포지오Poggio Bracciolini의 예에서 잘 나타나듯이, 15세기 이후 다른 세계에 대한 여행이 확대되면서 이 두 언어 사이의 긴장과 균열이 르네상스기 유럽 세계를 잠식하기 시작했다. 그리고 결국 그 균열의 틈에 간문화적 이해나 문화적 동화 관념에 입각한 타문화에 대한 해석과 이해의 싹이 조금씩 발아했다.[427]다양성의 시각에서 이국의 관습을 기록하고 이를 '문명' 적 관점에서 새롭게 해석했다는 점에서, 바르테마의 여행기도 예외가 아니다. 바르테마의 여행기에 나타난 이러한 특징적인 모습을 염두에 두고, 이제 '바르테마는 누구인가' 그리고 '그가 이국의 세계를 어떤 관점에서 해석했는가' 라는 두 문제에 주목하여 그의 여행기에 접근해 보자.

II. 바르테마, 여행가 혹은 내러티브 저술가?

바르테마와 그의 여행기를 연구하려는 학자들은 대개의 경우 그 시작부터 난관에 부딪히게 되곤 한다. 그것은 직접 쓴 여행기 이외에, 오늘날 그에 관해 알 수 있는 정보가 거의 남아 있지 않기 때문이다. 또한 약간이라도 그에 관해 언급한 경우에서조차, 당대부터 20세기 초반까지 그를 소개하는 여러 자료들에는 상당한 모순과 오류가 들어 있다.[428] 아마도 이와 같은 바르테마에 대한 혼란 혹은 무지는, 바르테마 자신이 그리 높지 않은 신분으로 태어났다는 사실에서 연유할 가능성이 높다. 하지만 이보다 더욱 중요한 점은 바르테마 스스로 창조한 자신에 대한 정체성과 관련되어 발생하는 문제이다. 앞으로 보다 자세히 논의하겠지만, 이 여행기에 나타난 바르테마의 모습은 하나둘이 아니다. 그는 필요하다고 판단되면 상황이 요구하는 역할에 따라 수시로 자신의 모습을 바꾸면서, 한마디로 평가하기 어려운 다원적인 정체성multiple identities을 창조했다. 그리고 그는 자신이 구성한 이러한 이야기에 그 권위와 신빙성을 부여하는 원천으로서 스스로의 일차적 경험을 강조하고 우선시했다. 그렇다면 어떤 역사가의 지적처럼, 바르테마 여행기의 핵심 주제는 그가 보고 해석한 동양의 이미지라기보다, 그것을 관찰하고 기록한 저술가로서의 '저자 이미지' 라고 해도 무리는 아니다.[429]

바르테마가 창조한 다원적 정체성 혹은 복수로서의 자아의 문제를 해명하기 위해서는, 다른 무엇보다 여행의 목적이나 동기에 관한 그의 직접적인 진술을 살펴보는 것이 유용하다. 당시 로마 최고의 명문 귀족가문 가운데 하나였던 콜론나 가의 아그네시나Agnesina Feltria Colonna 에게 바친 헌정서격의 서문에서, 바르테마는 자신의 여행과 그에 관한 저술의 동기를 다음과 같이 적는다.

이 세상의 모든 것을 탐구하기 위해 많은 사람들이 헌신해 왔습니다. 그리고 그들은 다양한 학문과 여행 그리고 매우 정확한 진술로 자신들의 바람을 실현하기 위해 노력해 왔습니다. ……이 모든 것들로부터 저는 그들 각자가 다른 이들로부터 그에 어울리는 최고의 칭송과 만족을 얻었다는 것을 알고 있습니다. 따라서 비슷한 결과에 대한 열망을 느끼며 ……저는 우리가 살고 있는 이 세계의 조그만 부분이라도 조사해야겠다고 결심하게 되었고, 제 자신의 학식이 매우 부족하다는 점을 알고 있기 때문에 학문이나 추측만으로 제 열망을 충족시키려는 그 어떤 생각 대신에, 적절한 가면을 쓰고 제 눈으로con la propria persona e con le occhi medesmi 이집트, 시리아, 아라비아, 페르시아, 인도, 그리고 에티오피아의 지역적 상황, 사람들의 자질, 다양한 동물들, 그리고 여러 달콤한 과수들을 확인해 보기로 결심했습니다. 저는 한 번의 직접적인 목격이 열 마디의 풍문보다 더 가치 있

다는 점을 기억하고 있습니다.[430]

이 서문을 통해 바르테마는 이 세상의 사물을 탐구하는 것이 여행의 참된 목적이라고 했다. 특히 이후 여행기의 곳곳에서 그는 새로운 것 그리고 더 먼 곳에 대한 열망이, 그의 여행을 지배했던 중요한 모티브였다는 점을 되풀이해서 강조했다.[431] 그런데 흥미롭게도 바르테마는 학식의 부족함을 스스로 언급하면서, 한편으로는 이를 상쇄하는 전거이자 도구로서 또다른 한편으로는 그토록 무지한 자신의 이야기에 신빙성을 더해 주는 권위로 일차적 경험이나 목격의 중요성을 언급했다. 기실 페트라르카 이래 일차적 경험에 입각한 사실주의는 르네상스 기행문학에서 그 신뢰성을 담보하는 가장 중요한 요소로 자리 잡기 시작했다. 이 점에서만 본다면, 바르테마의 경험에 대한 강조에는 그리 새로울 것이 없다.

하지만 이 진술을 통해 바르테마가 단순히 경험만을 강조했던 것은 아니었다. 오히려 여기에서 그는 은연중에 그리고 의미심장하게 휴머니스트 전통에 입각한 지식인들과 자신을 구별한다. 즉 그는 보이무스 등에게서 확연히 나타나는 고전적 권위나 전통을 과도하게 존중하는 태도에서 탈피하고, 이에 대한 대안으로 오직 자신의 눈으로 확인한 경험만을 강조했다. 예를 들어 그는 수마트라 동쪽 지방에서 그곳의 토착민들로부터 전해들은 이야기를 옮긴 후, "인간을 가장 즐겁게 만들고 또 유혹하는 것은 사물들의 다양성이다. 따라서 내게는 나의 경험으로 확신하게 된 다른 점을 [이러한 그들의 이야기에] 덧붙이는 것이 더욱 적절해 보인다"고 적었다.[432] 이런 언급에서 알 수 있듯이, 그에게 경험은 자신이 보고 기록한 것에 신뢰를 부여할 뿐만 아니라, 저자로서의 자신의 권위를 지켜 주는 일종의 지지대와도 같은 것이었다.

경험에 대한 강조와 함께, 바르테마의 여행기에는 세속적 열망이 은밀하게 깔려 있다는 점 역시 소홀히 보아서는 안 된다. 위 인용문에서 바르테마는 앞선 세대의 여행가들이 얻은 보상을 언급하면서, 자신 역시 그들과 "비슷한 결과"를 얻을 수 있기를 희망한다고 밝혔다. 두말할 나위 없이 이러한 그의 열망에는 낯선 곳에 대한 지식욕이 담겨 있다. 하지만 이보다 더욱 의미 있는 것은, 바로 그러한 표현 속에 세속적 명예의 추구라는 르네상스 특유의 관심이 숨어 있다는 사실이다. 아마도 이를 고려한다면, 그의 여행기 곳곳에 나타나는 낯선 이국의 산물에 대한 관심과 묘사는 경제적 이윤의 추구라는 세속적 관심의 발로라 해도 틀린 말이 아니다. 또한 적어도 출판과 관련된 결과만을 놓고 볼 때, 이와 같은 그의 세속적 관심은 커다란 성공을 거두었다. 앞서 이야기했듯이 그가 이 책의 가치를 인정받아 커다란 부와 명예를 획득할 수 있었기 때문이다. 또한 그의 여행기에 담긴 여러 이야기가 인도를 정복하려던 동시대의 포르투갈인들에게 유용한 정보적 가치로 기능했을 것이라는 점도 무시할 수 없다.[433]

그런데 그의 여행기에서 이러한 세속적 열망과 경험적 사실주의는 위와 같은 표면적 가치 이상의 의미를 지닌다. 만약 이것들이 그의 여행을 추동한 동기라면, 그의 여행기에서는 이 두 요소가 문학적으로 정치하게 결합되어 저자의 자아의식을 드러내는 주요한 내러티브적 토대로 작용하고 있기 때문이다. 그는 계속해서 다음과 같이 언급한다.

신의 도움으로 저는 어느 정도 제 목적을 완수하여 다양한 지역과 다른 나라들을 조사했습니다. 이 때문에 저는 만약 제가 경험하고 목격한 것을 제 안에 숨겨 두고 그에 관해 다른 사려 깊은 이들과 소통하지 않는다면, 제가 아무 일도 하지 않은 것과 다름없다고 생각했습니다. 따라서 제 보잘것없는 능력에 의존하여 제 이 여행에 관해 충실히 기술하기를 원하게 되었고, 그럼으로써 독자들이 원하는 일을 저 스스로 할 수 있게 되리라 생각했습니다. 그러므로 제가 커다란 위험과 견디기 힘든 고난 끝에 새로운 관습과 풍속 등을 목격하는 즐거움을 누리게 되었다면, 독자들은 [제가 겪었던 이러한] 불편과 위험 없이, 단지 읽기만으로도 똑같은 즐거움과 이익을 향유하게 될 것입니다.[434]

여기에서 바르테마는 저자로서의 자아의식을 뚜렷이 표출한다. 그리고 이를 통해 여행기의 진정한 목적이 지식의 확대라기보다 이러한 지식을 전달하는 저술가로서의 자신의 정체성을 독자들에게 각인시키는 것이라는 점을 분명히 드러낸다. 결국 직접적인 경험가라는 바르테마의 권위 때문에, 독자들은 그가 인도하는 대로 낯선 세계로 여행을 떠날 수 있게 되고, 그 결과 그들에게 남겨진 몫은 저자 바르테마가 기록한 것에 대한 단순한 "읽기"의 즐거움뿐이다. 한마디로 바르테마는 뚜렷한 작가로서의 의식을 가지고 독자들을 대한다.

이러한 저자의식authorship은 형식과 내용이라는 두 측면에서 그의 여행기에 특징적으로 드러난다. 먼저 형식이라는 차원에서 바르테마는 자신의 여행기를 1인칭 시점으로 서술해 나간다. 물론 1인칭 시점을 르네상스 기행문학의 역사에서 완전히 새로운 것으로 평가할 수는 없다. 중세 이래 아우구스티누스적 자아의 관점에서 개인의 경험을 보편적 세계관과 연결하려는 시도가 계속되어 왔고, 소위 르네상스의 아버지 페트라르카 역시 모델로서의 아우구스티누스와 작가로서의 자신 사이의 긴장을 1인칭 시점을 통해 표출하고 해소했기 때문이다. 더욱이 2부의 포지오나 알베르티의 예에서 보았듯이 자아를 3인칭 객체로 재현한 르네상스 내러티브 양식의 출현과 비교할 때, 1인칭 시점의 사용은 어쩌면 시대적 역행으로 보이기까지 한다. 하지만 바르테마에게서 발견되는 것은 보편적 세계관에 대한 1인칭 주체의 확인이나 목격이 아니다. 오히려 1인칭 화자로 등장한 한 개인의 인간적 경험에 기초하여 내러티브가 만들어지고 이야기되는 새로운 징후가 그의 여행기의 저변에 흐르고 있다.

이 점에서 여행기에 나타난 1인칭 화자, 즉 바르테마는 스스로의 경험에 의해 권위를 부여받는 저자가 된다.[435] 다시 말해 1인칭 시점의 화자가 자신의 경험을 내러티브로 구성하여 여행기를 이끌어 가고 그 방향을 설정하는 주체로 기능한다는 점이다. 예를 들어 바르테마는 페르시아에서 돌아온 후 인도에 관한 여행을 시작하는 첫 부분에서, "만약 내 기억이 옳다면 이 책의 처음 부분에서 나는 내 이야기가 지루하지 않도록 모든 주제를 간략히 다루겠노라 약속했다. 이 때문에 나는 [이번 장에서는] 내가 보기에 최고의 가치 있는 지식과 흥미로운 사실들로 생각되는 것들을 간략하게 다룰 것이다"[436]라고 진술한다. 또한 인도에 관한 두 번째 이야기를 마치면서 그는 "이제 내가 캘리컷 Calicut의 관습과 삶의 방식, 종교와 희생의식 등에 관해 네게 충분히 이야기한 것 같다. 따라서 이제 그곳을 떠나면서, 나는 여행 도중 내게 일어났던 모든 일들을 비롯하여 그와 함께 이후의 나머지 여행에 대해서도 하나씩 차례로 네게 이야기할 것이다"라고 적는다.

위 인용문은 특히 흥미롭다. 그것은 그가 단순한 1인칭 시점과 함께, 이 여행기가 여행에 관한 기록의 차원을 넘어서 스스로에 대한 준-자서전적 내러티브라는 점을 암시하고 있기 때문이다. 즉 그는 다양한 이국의 관습과 문화뿐만 아니라 '자신의 이야기', 즉 그곳에서 자신에게 "일어났던 모든 일"을 여행기의 주제로 삼고 있다. 그러므로 바르테마는 여행기의 곳곳에 약간이나마 자신의 이전 행적을 가늠할 수 있게 해 주는 이야기들을 곁들인다. 적어도 그의 진술에 따르면, 바르테마의 아버지는 아마도 의사였을 것으로 추정되며, 바르테마 자신은 전문적인 군사 지식을 소유한, 자녀를 둔 기혼남성이었을 것이다.[437] 물론 이와 같은 바르테마의 이야기를 어느 정도까지 신뢰할 수 있는지 검증할 방법은 아무것도 없다. 하지만 내러티브의 차원에서 보자면, 이와 같은 과거 자신의 흔적을 이야기하면서, 바르테마는 여행지에서의 경험과 자신의 삶을 결합시켰다. 즉, 그의 과거는 스스로 구성한 여행기 속에서 그 신뢰성을 획득한다.

이 점은 바르테마가 이 여행기를 통해 다양한 자신의 모습을 창조했다는 점에서 가장 극명하게 드러난다. 처음 다마스쿠스에서 맘루크 용병으로 위장하여 메카로의 하지에 참여한 이래, 그는 여러 상반된 모습으로 자신의 모습을 창조했다. 때로는 부유한 상인으로, 때로는 겸손한 무슬림 순례자로, 간혹은 군사 기술자로, 또 때로는 운 좋은 돌팔이 의사로, 또 다른 경우에는 신실한 이슬람 성인으로, 그리고 그리스도교 성인이자 전사로 그의 정체성은 처한 상황에 따라 변화무쌍하게 그 외양을 달리했다. 그러므로 서문에서 그가 밝힌 것처럼, 그의 여행은 "적절한 가면con la propria persona"을 쓰고 그가 경험한 것이며, 이 때문에 자칫 과장이나 거짓으로 폄훼될 수도 있는 자신의 이야기에 권위를 부여하는 길은 오직 스스로를 저자로 자리매김하는 것뿐이었다.[438] 두말할 나위 없이 이러한 복수로서의 자아 정체성의 수립에는, "극장으로서의 세계theatrum mundi"라는 메타포로 특징되는 르네상스 특유의 문화상이 반영되어 있다. 즉, 자신에게 맡겨진 임무와 의무를 외부의 시선에 맞추어 수행하는 르네상스의 연극적 문화가,[439] 적어도 바르테마에게는 여행 도중 맞닥뜨리게 된 다양한 상황 속에서 그가 연기해야만 했던 역할-수행role-playing을 통해 표출되고 있다.

그러므로 이 가운데 과연 무엇이 진정한 바르테마의 모습인지 가늠하거나 확인하는 것이 불가능할 뿐만 아니라, 이를 규명하는 것 역시 그리 의미 있는 일이 아닐 수도 있다. 여기에서 그가 보여 주는 것은 관계적relational 혹은 수사적rhetorical 자아라는 르네상스 특유의 인간관이며, 또한 그것에 기초하여 구성된 인간의 모습이 스스로 창조한 내러티브 속의 주인공으로 재현되고 있는 르네상스의 시대상이기 때문이다. 그러므로 다양한 가면 뒤의 실체보다, 자신에게 강제된 역할-수행을 위해 어떻게 그가 그러한 가면들을 이용하고 기술하는가가 중요한 문제로 대두한다. 결국 여행기의 진실은 그가 말하는 내용 자체의 사실성보다는 자신 스스로 창출한 저자로서의 이미지의 신뢰성에 기초한다고 할 수밖에 없다.[440] 그는 이를 일차적 경험에 대한 강조와 여행기의 자서전적 내러티브화를 통해 구현했으며, 따라서 그의 여행기에는 이러한 바르테마의 다원적 정체성과 의식적으로 이를 창조하려는 자아의식이 발현되고 있다.

요약하자면 바르테마 여행기의 중심에는 저자로서의 자신이 자리한다. 그리고 이러한 자신을 재현하기 위해, 그는 자신의 여행에 어떠한 선험적 의미나 사회적 책무를 부과하지 않았다. 이 점에서 바르테마는 종교적 의미나 선험적 세계관에서 여행의 목적과 모티브를 찾았던 이전 시대의 여행가들과 다른 존재였으며, 또 지리상의 발견 이후 선교나 정복 등의 사회적 압력 속에서 여행을 떠났고 또 그것의 의미를 찾았던 후대의 여행가들과도 비교될 수 있는 또 다른 인물이었다. 어쩌면 그는 르네상스라는 혼돈과 혼란의 시기를 살았던, 그리고 바로 그 때문에 출현할 수 있었던 말 그대로의—펜로즈Boise Penrose의 표현을 빌리자면—"프리랜서 여행가"였다.[441] 그리고 이 프리랜서 여행가에게 그의 여행기는 단순한 사실의 기록이 아니라 사회적 존재로서의 자아의 발현을 실험하고 재현하는 장이었다.

III. 종교와 문명이라는 두 언어

1505년 말 언젠가 바르테마는 유럽으로의 귀환을 결심하고 자바를 떠나 말라카를 경유하여 이듬해 초반 캘리컷으로 돌아왔다. 물론 그가 귀환을 결심한 데에는, 벵골에서 만나 이후 그의 동남아시아 여행에 동행했던 익명의 두 동방 그리스도교도와의 대화가 불러온 고향에 대한 향수가 커다란 요인으로 작용했을 것이다.[442] 하지만 그들과의 대화 이후에도 바르테마는 여전히 "모든 측면에서 새로운 것을 배우기 위해" 보르네오로 향했고, 그의 여행은 이후 다시 자바로 이어졌다.[443] 그렇다면 그리스도교도와의 만남과 그것이 불러온 향수에 관한 이야기는 어쩌면 진정한 바르테마의 귀환 이유라기보다, 이후의 자신의 행적에 정당성을 부여하기 위한 회고담에 불과할 수도 있다. 오히려 이와 달리 그의 귀환 결심은 자바에서의 경험을 통해 비로소 확고해진 것으로 보인다. 자바에서 14일을 보낸 후 바르테마는 "한편으로는 잔인한 자바인들의 식인풍습이 가져온 두려움 때문에, 또다른 한편으로는 극심한 추위로 인해" 더 이상의 여행을 포기하고 귀환을 결심하게 되었다고 적었다.[444] 그리고 이에 덧붙여 그는 아래와 같이 진술한다.

지금까지 이 책에서 서술한 다양한 나라들에 관한 긴 논의를 통해, 이제 모든 독자들은 나와 내 동료들이 점차 지쳐 가고 있다는 것을 쉽게 알 수 있을 것이다. 상상할 수 있는 것처럼, [우리가 피로를 느낀 이유는] 아마도 부분적으로는 낯선 대기의 온도 때문이며, 또 다른 차원에서는 지금까지 묘사해 온 것처럼 매 단계마다 우리가 만났던 다른 관습 때문이다. 특히 짐승과 다를 바 없는 야만적인 사람들inumani omini 때문에 나는 귀환을 결심했다.[445]

"자바인들의 잔인성," "짐승과 다를 바 없는 야만적인 사람들" 따위의 표현에서 잘 드러나듯이, 바르테마는 여기에서 이국의 관습을 이해하고 해석하는 특징적인 언어로서 '야만'이라는 용어를 구사한다. 루비에스Joan Pau Rubiés의 논의처럼 만약 문명이 야만이라는 범주와 함께 이해되고 논의될 수 있는 개념이라면,[446] 바로 그 점에서 바르테마에게 고향으로의 귀환은 비인간적 야만 세계로부터 문명 세계로의 회귀를 의미하는 것이었다.

주지하다시피 인간과 사회를 문명과 야만이라는 기준을 통해 계서적으로 구분하는 것은, 고대 그리스 이후 서양의 전통적 관념 가운데 하나였다.[447] 이를 고려한다면 바르테마의 이국에 대한 묘사에는 낯선 점이 그리 많지 않으며, 오히려 그가 오래된 유럽의 인식론적 틀 속에서 다양한 세계의 관습과 풍속을 설명하는 것처럼 보일 수도 있다. 하지만 이와 함께 간과할 수 없는 중요한 사실은 그리스도교의 출현과 함께 등장한 종교적 관념 역시 서양의 인종지학적 혹은 민속지학적 세계인식의 또 다른 뿌리가 되었다는 점이다. 비록 고대 말 이후 두 언어 사이의 강조점이 상황에 따라 끝없이 변화해 왔지만, 중세 이후의 유럽 세계에서 "문명"과 "그리스도교"라는 별개의 두 언어는 대개의 경우 동의어처럼 간주되었다.[448] 즉, 분리될 수 없는 하나의 용어인 양 '그리스도교–문명'이라는 말은 마치 하나의 합성어처럼 유럽인들의 자아와 타자에 대한 관념을 상징하는 언어적 기호로 자리 잡았다. 그런데 바르테마의 여행기에는 이 두 언어 사이의 괴리와 분열의 징후가 선명하게 드러나고 있으며, 더 나아가 그리스도교라는 언어에 앞서 문명이라는 개념이 타자를 묘사하기 위한 보다 중요한 인식의 틀로 자리 잡고 있다.

한마디로 말해 세속적 문명 개념이야말로 이국의 관습이나 문물에 관한 바르테마의 묘사에 등장하는 가장 특징적인 측면 가운데 하나였다. 그리고 이 점에서 바르테마는 자신의 여행기에서 좁게는 그리스도교 특유의 보편적 세계관, 그리고 더 넓게는 종교적인 관심사 자체를 거의 드러내지 않았다. 다른 무엇보다 이 점은 그의 여행기에서 전통적인 그리스도교 성지나 순례지에 대한 언급이 거의 나타나지 않으며,[449] 적어도 그의 기록을 그대로 따르자면, 인근 지역을 여행할 때조차 간혹 풍문을 접하거나 예기치 않게 지방의 그리스도교도들과 조우하게 될 경우를 제외하면, 그가 스스로 그리스도교 관련 지역을 찾지 않았다는 점에서 확연히 드러난다. 물론 그의 여행이 개종한 이슬람교도라는 위장된 신분으로 또 대부분 페르시아 출신의 이슬람 상인과 함께 이루어졌다는 점을 고려한다면, 이는 어쩔 수 없는 문제였을 것이다. 하지만 이 여행기가 바르테마가 유럽으로 돌아온 후 출판되었으며,[450] 특히 그가 인도의 포르투갈 군에 귀순한 후 이슬람교도들과의 여러 전투에 참가했다는 점을 고려하면, 이러한 해석에 그리 설득력이 많아 보이지 않는다.

그렇다면 세속적 문화 해석이라는 점과 관련하여, 오히려 에티오피아의 한 도시 제이라Zeila에 대한 일견 단순한 묘사가 이를 이해하는 하나의 단서를 제공할 수도 있을 것이다. 이 도시에 대해 그는 다음과 같이 적는다.

앞서 말한 도시 제이라는 광대한 교역, 특히 황금과 상아 교역이 이루어지는 곳이다. 또한 이곳에서는 많은 노예들이 팔리고 있는데, 그들 대부분은 무어인들이 전쟁 중에 사로잡은 프레스터 존의 사람들이고, 이곳에서 그들은 페르시아, 아라비아 펠릭스, 메카, 카이로, 인도 등지로 팔려간다. 이곳의 사람들은 매우 부유하며, 이곳에서는 사법 정의 역시 훌륭하게 이루

어지고 있다.[451]

여기에서 그는 제이라의 노예무역에 대해 언급하고 있으며, 그곳에서
거래된 대부분의 노예들이 "프레스터 존Prester John의 사람들", 즉 동
방의 그리스도교도들이었다고 지적한다. 하지만 그는 이전의 그리고
동시대의 다른 여행가들과 달리, 그들에 대한 어떠한 연민이나 동질
감을 표현하지 않는다. 두말할 나위 없이 이러한 바르테마의 무심한
태도는, 프레스터 존에 대한 중세적 환상과 그것을 통한 그리스도교
세계의 통합이라는 이전 세대의 세계관이 퇴색하고 있음을 암시한
다.[452] 더욱이 그는 여기에서 한걸음 더 나아가, 오히려 "사법 정의"의
구현이라는 측면에서 제이라를 칭송했다.[453]

그의 여행기에, 특히 인도와 관련하여, 되풀이하여 등장하는 사법
정의의 실현이라는 관념은 바르테마에게 그리스도교라는 종교적 관
념의 제약 없이 낯선 이국의 문명을 확인하고 검증하는 징표로 작용
했다. 즉, 그는 문명과 그리스도교의 동일시라는 전통적인 세계관으
로부터 결별했다. 이를 잘 이해하기 위해서는 여행기에 등장하는 또
다른 도시에 대한 그의 묘사를 살펴 보는 것이 도움이 된다. 힌두 왕
국 나르싱가Narsinga의 최대 도시 비자야나가르를 방문한 후, 그는 다
음과 같이 기록한다.

나르싱가의 왕이 통치하고 있는 앞서 말한 도시 비자야나가르는 매우 크
고 강한 성벽으로 둘러싸여 있다. 이 도시는 산허리에 위치하고 있으며, 그
주위가 7마일에 달하며, 3중의 성벽으로 둘러싸여 있다. 비자야나가르는

매우 비옥한 곳이다. 이 때문에 이곳에서는 많은 산물이 생산되며, 또 이곳은 모든 가능한 종류의 고귀함gentilezze으로 가득 차 있다.……이 때문에 내게는 이 도시가 마치 제2의 낙원처럼 보인다.[454]

여기에서 바르테마는 비자야나가르의 풍부한 자원을 거론하고, 이와 함께 "고귀함"이라는 수수께끼 같은 용어를 통해 마치 그곳이 지상에서 구현된 또다른 에덴동산인 것처럼 표현한다. 그런데 더욱 흥미롭게 바로 뒤이어, 바르테마는 "이 도시의 왕은 이교도이며, 그의 전 왕국은 이교를 신봉한다. 즉, 다시 말해 그들은 우상숭배자들이다"[455]라는 말을 덧붙이며 비자야나가르의 종교에 관한 긴 이야기를 시작한다.

췌언의 여지없이 바르테마는 비자야나가르의 종교를 "우상숭배"처럼 자신이 알고 있던 전통적인 그리스도교 언어를 통해 묘사했다. 한 마디로 말하자면 그곳의 사람들은 "캘리컷의 주민들이 그렇듯이 악마를 숭배하는"[456] 사람들이었다. 하지만 가치가 개입된 그리스도교적 언어를 통해 비자야나가르에 대해 이야기하면서도, 그는 역설적으로 그곳을 "낙원"이라는 또다른 종교적 관념을 통해 칭송한다. 바르테마는 다른 어느 곳과 달리 이 도시에서는, 우연히 길을 걷다가 사자와 같은 맹수를 만나게 될 경우가 아니라면, 누구든지 "안전하게 어디든 갈" 수 있다고 적는다.[457] 물론 이와 같은 도시의 안정과 평화가 강력한 왕권에 의해 유지된 것이 사실이지만, 그가 이 도시와 비교하고 있는 캘리컷의 경우에서처럼, 이것은 이곳에서도 완벽한 사법적 정의가 실현된 때문이었다.[458]

이를 고려할 때, 그가 여행기에서 묘사하고 인도의 종교적 관행이 지극히 단순하고 표피적이라는 인상을 지울 수 없다. 즉, 그는 이전의 마르코 폴로가 그랬듯이 이국의 종교의 공적인 겉모습—즉, 종교적 이데올로기나 관념이 아닌 그것의 외양적인 의식—만을 다룰 뿐이다.[459] 이 때문인지는 몰라도 바르테마가 기술하고 있는 인도의 여러 종교에 대한 묘사들—예를 들어 미얀마의 불교에 대한 진술에서 잘 확인할 수 있듯이—에는 여러 오류가 표출되곤 한다.[460] 그런데 중요한 점은, 이러한 오류가 단순한 무지나 오해의 소산이라기보다 종교에 대한 바르테마의 무관심에서 비롯된 것으로 보인다는 사실이다. 예를 들어 그는 양을 제물로 바치는 메카의 희생의식에 대해 언급하면서 흥미롭게도 이를 종교적 차원이 아닌 사회문화적 관점에서 해석했다. 그의 눈에 비친 메카의 많은 가난한 하층민들은 "죄를 씻기 위해서라기보다 허기를 채우기 위해" 이 의식에 참여한다.[461] 결국 그에게 메카 이슬람교도들의 제의의식은 종교적 차원에서 그 의미나 이데올로기가 해석되기보다 문명 세계에서 행해지는 일종의 구호 사업과 같은 개념으로 간주되었다.

그렇다면 백과사전식으로 단순하게 이국의 종교를 열거했던 마르코 폴로나 선험적인 그리스도교적 윤리관에 입각하여 폄훼하기 급급했던 맨더빌John Mandeville 류의 중세 여행가들과 달리, 바르테마가 이를 세속적 문명 개념으로 재해석했다고 해도 그른 말이 아니다. 또한 만약 이러한 해석이 타당하다면, 그것에 기초해 바르테마가 비자야나가르를 묘사하면서 사용한 난해한 용어 "고귀함gentilezza"을 이해하는 실마리를 찾을 수 있을 것이다. 한마디로 요약하자면, gentilezza는 문명 세계의 행동과 관습을 규정하는 르네상스의 시대의 새로운 문화 현상을 반영하는 용어이다.[462] 그렇다면 그것이 단순한 경제적 풍요나 풍부한 산물 또는 종교의 문제를 함의하는 것이라기보다, 특정 생활패턴이나 습관 속에서 내화되고 통제된 문화 규율rule of civility 로서의 새로운 문명 개념을 상징하는 것이라고 할 수 있다.[463] 그리고 바르테마에게 이 문명 개념이 그리스도교적 세계관으로부터 분리되어 낯선 세계를 이해하고 해석하는 독립적인 인식의 틀로 작용했다.

보르네오 동쪽의 반다Banda 섬에 대한 바르테마의 묘사는 이 점을 분명하게 확인시켜 준다. 바르테마는 보르네오를 떠나 약 15일 가량 항해한 후, 이전의 어떤 유럽인들도 발을 들여 놓지 못한 향료 제도 가운데 하나인 이 섬에 도착했다. 그리고 그는 "이곳에는 왕도 그리고 심지어 어떠한 통치자도 존재하지 않는다. 이곳에는 아무런 지식도 소유하지 못한, 마치 짐승과도 같은, 몇몇의 농부들만이 살고 있을 뿐이다"라고 이곳의 첫 인상을 적는다. 이후 그들의 의복과 종교, 그리고 그곳에서 생산되는 산물들에 대해 언급한 후, 바르테마는 다음과 같은 흥미로운 언급을 덧붙인다. 그의 이야기에 따르면 "이곳에서는 사법 정의가 구현될 필요가 없다. 왜냐하면 이곳에 살고 있는 사람들이 너무도 무지해서, 만약 사악한 일을 범하려고 해도 그들이 어떻게 그것을 실현할 수 있는지 알지 못하기 때문이다."[464]

일견 여기에서 바르테마가, 소위 '고귀한 야만noble savage'이라는 개념을 통해, 반다 주민들의 무지를 순수의 상태라고 옹호하는 것처럼 보이기도 한다. 하지만, 이곳 더 넓게는 몰루카Moluccas 제도의 모든 섬에 대한 그의 묘사가 육두구나 정향 등 그곳에서 생산되는 향신료에 집중하고 있다는 점을 고려할 때, 그가 염두에 둔 것은 분명 상

르네상스기
이탈리아인들의 자아와
타자를 찾아서

업적 관심사 이외의 다른 무엇이 아니었다. 더욱이 바르테마에 따르면, 이곳의 주민들은 캘리컷의 상업적 네트워크의 변방에 위치하고 있었기 때문에, 적어도 문명이라는 계서적 위계 구조의 가장 아래 부분을 차지하는 사람들이었다. 즉, 그들은 힌두 세계 카스트 구조에서 최하층을 이루었던 캘리컷의 "폴리아Poliar"나 "히라바Hirava"처럼, 문명의 변두리에 존재하는 "짐승"과도 같은 존재들이다.[465] 결국 바르테마는 근대 초 유럽에 출현하기 시작한 새로운 문명 개념으로 이국의 세계를 판단하고, 그것을 기준으로 세계를 기술했다. 그러므로 이러한 그에게 그리스도교라는 종교적 언어는 이국의 관습이나 인종을 가늠하는 척도로서의 지위를 잃게 되고, 이제 새로운 문명 개념이 홀로 그 자리를 차지하게 되었다.

전통에 대한 존중과 변혁에 대한 기운이 교차하던 르네상스기의 혼탁한 상황을 고려한다면, 바로 이 점에서 바르테마는 그러한 시대상을 반영하는 가장 르네상스적인 인물로 평가되어 마땅하다. 앞서 이야기했듯이 독일의 우주지학자 보이무스는 휴머니스트 지식인 세계를 중심으로 강조되어 오던 고전적 전통을 무시하고 일차적 경험만을 강조했다는 점에서 바르테마와 그의 여행기를 신랄하게 비판했다.[466] 또한 자신 스스로 인도를 여행하고 그에 대해 기록을 남겼던 포르투갈의 가르시아 다 오르타 역시 바르테마를 조소하는 데 일말의 주저함이 없었다. 그런데 특히 그는 바르테마의 종교적 변절에 주목하면서 다음과 같이 비판의 수위를 높였다.

네가 루도비코 바르토마노에 대해 이야기한 문제와 관련해서, 나는 이곳에서 그리고 포르투갈에서 또 여기 인도에서, 그를 알고 있었던 사람들과 이야기를 나누었다. 그리고 그들은 내게 그가 무어인의 복장을 하고 돌아다녔고 또 자신의 죄를 참회하면서 우리에게 돌아왔으며, 이 사람이 결코 캘리컷과 코친 너머로 여행한 적이 없으며, 또 우리가 지금 항해하고 있는 바다를 우리 가운데 당시의 누구도 알지도 못했다고 이야기했다.[467]

즉, 바르테마에 대한 다 오르타의 비판의 칼날은 단순히 사실의 차원만을 겨냥하지 않는다. 이와 함께 바르테마가 종교적인 변절자였다는 점을 그가 강하게 지적했기 때문이다. 어쩌면 유럽인들이 한 사회와 문화를 가늠하는 척도로 사용해 오던 종교라는 인식틀의 쇠퇴는, 일부 사람들에게는 쉽게 받아들이기 힘든 문제였을 수도 있다. 다 오르타 역시 그러한 인물이었다. 다른 무엇보다 그리스도교를 버렸다는 점에서 그가 바르테마의 이야기를 신뢰할 수 없었기 때문이다. 결국 바르테마는 한편으로는 유럽의 문화적 맥락 내에 존재하면서도, 또 다른 한편으로는 그러한 사회로부터 탈맥락화하기 시작하던 새로운 여행가였다.

IV. 혼란과 변화의 소용돌이에 선 바르테마

근대 초 유럽 사회에서 이국의 낯선 지역에 대한 여행이나 그에 대한 기록은 여러 차원에서 다양한 유형의 여행가들의 출현을 배태하고 목격했다. 전통적인 의미에서의 종교적 순례자는 물론이고 중세 말부터 시작된 보편교회의 혼란으로 인해 선교여행가 역시 증가했다. 마지막으로 상업이나 항해의 목적으로 여행을 떠나는 이들 역시 또 다른 유형의 여행가 가운데 하나로 확고히 자리 잡기 시작했다.[468] 그렇다면 바르테마는 과연 어떤 유형에 속하는 여행가일까? 물론 순례자나 선교여행가는 분명 아니었다. 또한 비록 여행기 곳곳에 상업적 관심이 나타나고 있지만, 한마디로 그를 상업여행가로 단정하는 것도 옳지 않다. 특히 스스로 창조한 다양한 정체성과 이질적인 행적들을 고려한다면, 오히려 그는 여행 자체를 목적으로 삼았을 뿐 그것에 외적 의미를 부여하기를 거부했던 새로운 유형의 여행가로 보인다. 이러한 독립적인 여행가의 시각에서 바르테마는 아그네시나에게 바친 여행기의 서문을 다음과 같이 마무리한다.

만약 이러한 제 노력이 당신을 즐겁게 만들고 또 당신에게 만족을 줄 수 있을 만한 것이라면, 저는 제 긴 여행, 아니 오히려 무시무시한 유배생활이라고 할 만한 경험에 대해, 이미 충분한 칭송과 성과를 얻었다고 생각합니다. 그 기간 저는 셀 수 없는 시간 동안 허기와 갈증, 추위와 더위, 전쟁, 수감 그리고 수많은 다른 불편한 위험을 감수했습니다. 그리고 만약 그러하다면, 저는 다시 제가 조만간 착수하려고 계획하고 있는 또 다른 여행을 위해 새로운 용기를 얻게 될 것입니다. 이미 동쪽, 서쪽 그리고 남쪽의 여러 나라들과 섬들을 조사했기 때문에, 저는 만약 신이 또 다른 기회를 허락하신다면, 북쪽 지방을 조사하기로 마음먹었습니다. 그리고 이러한 일 이외에 다른 어떤 일도 제 자신에게 어울리지 않는다고 생각합니다. 이러한 이유로 저는 이제 길게 남지 않은 제 삶을 이 가치 있는 일에 사용할 것입니다.[469]

이 인용문만으로 바르테마가 과연 어떤 지역으로의 여행을 꿈꾸었는지 한마디로 가늠하기는 쉽지 않다. 또한 실제 이후 그가 이 계획을 실행에 옮겼는지에 대해서도 전혀 알려진 바가 없다. 하지만 1517년 이전 어느 시점에 그가 사망한 것으로 추정컨대,[470] 아마도 그의 또다른 여행은 성사되지 못했을 가능성이 높다. 하지만 분명한 것은, 위에서 인용한 서문의 마지막 언급에서 어렴풋하게 나타나듯이, 적어도 표면적으로나마 그에게 있어 여행의 목적이나 가치가 세계를 보려는 열망의 실현 그 자체였다는 점이다. 그리고 바로 이 때문에 바르테마의 여행기는 선험적 세계관이나 시대적 가치를 확인하고 실현하는 공론의 장이라기보다, 자신을 둘러싼 세상 속에 스스로를 발현시키는 자서전과도 같은 새로운 문학 장르로 서술될 수 있었다. 자신이 경험하고 목격한 것을 잘 짜인 내러티브로 구성하면서, 바르테마는 스스로를 화자이자 주인공 삼아 자신의 목소리로 이국의 정보를 전달했다. 이 점에서, 캠프벨Mary B. Campbell의 지적처럼, 기행문학이라는 장르가 근대 소설과 자서전의 출현에 기여했다면,[471] 적어도 바르테마의 여행기는 후자와 관련되어 등장하기 시작한 르네상스 기행문학의 원형적인 모습이라고 할 수 있다.

그런데 더욱 흥미를 끄는 것은 바로 이러한 자서전적 여행기를 서술하면서, 바르테마가 르네상스라는 시대적 환경과 유럽인으로서의 문화적 경험 사이에서 끝없는 동요를 보여 준다는 점이다. 지금까지 논의했듯이 화자이자 주인공으로서 여행기를 쓰면서, 바르테마는 유럽의 지적 전통과 결별했다. 또한 일차적 경험을 강조하면서 그는 당시의 문화 세계를 지배하던 지식인 집단과 구별되는 경험가이자 발견자로 스스로를 규정했다. 아울러 그는 문명과 그리스도교라는 두 언어의 결합을 통해 세계와 인간을 이해하던 중세 이후 유럽의 인류학적 관념 세계와도 시각을 달리했다. 이 점에서 그는 분명 새로운 여행가였다. 하지만 바르테마가 상징적으로 보여 주는 이러한 르네상스의 특징적 변화가, 일반적인 오해와 달리, 급진적이고 과격하게만 이루어진 것은 아니었다는 점을 간과해서는 안 된다.

종교와 유리된 세속적 관점에도 불구하고, 바르테마의 이국의 관습이나 문화에 대한 해석이 전통적인 유럽의 언어를 통해 이루어지고 있다는 점이 이를 확인해 준다. 앞서 보았듯이 그는 인도의 종교를 우상숭배, 낙원, 악마 등과 같은 그리스도교적 언어를 통해 묘사했다. 또한 여행기의 곳곳에서 그는 힌두교나 불교 등 인도에서 만날 수 있었던 종교 세계의 지도자들의 모습이 마치 "사도들과 같았다alla apostplica"고 적었다. 또한 그는 여행 도중 방문했던 여러 도시들을 기술하면서, 그것들을 로마나 밀라노 등의 이탈리아 도시들과 비교하기도 했다. 분명히 그리스도교적 언어를 통해 이국의 관습을 묘사하고 그곳의 환경과 문화를 유럽의 그것과 비교한다는 점에서 바르테마의 시각은 전통적이면서도 자가당착적이다. 하지만 그럼에도 불구하고 흥미롭고 중요한 사실은 이러한 그의 진술에 유럽의 문화적 우월성에 대한 관념이 잘 드러나지 않는다는 점이다.

그러므로 이러한 단순 비교는 낯선 세계를 경험하고 이를 옮기는 과정에서 노출된 역사학적·민속학적 훈련이나 지식의 결함을 보여 주는 것이라 할 수 있다. 다시 말해 낯선 것을 친숙한 것으로 옮기는 과정에서 본래의 문화적 전통에 귀의할 수밖에 없었던 르네상스의 시대적 한계가,[472] 바르테마에게서 표출되는 셈이다. 그리고 그 결과 타문화에 대한 바르테마의 해석에는 이후 제국주의 시대의 여행가들에게서 나타나는 "제국의 시선"이 명확하게 드러나지 않는다.[473] 낯선 세계를 돌아본 후, 비록 이를 유럽의 언어로 옮겼지만, 오히려 역설적으로 바르테마는 '그리스도교-문명'의 동일시라는 전통적인 유럽의 인류학적·민속학적 인식틀에서 멀어지게 되었다. 어쩌면 이것은 근대 초 여행의 확대와 그에 대한 기록의 증가가 유럽에 끼친 의도하지 않은 영향이었을지도 모른다.

마지막으로, 나는 포르투갈로 귀순한 후의 바르테마의 변화된 모습에 대해 덧붙이며 이번 장을 마무리하고자 한다. 몰루카 제도에서 인도로 돌아온 후 그는 고향으로의 귀환과 그리스도교도로의 재개종을 계획한다. 어쩌면 이때부터 이 여행기가 자신의 무용담을 기술하는 개인적 이야기로 완전히 탈바꿈한다고 해도 틀린 말이 아니다. 아무튼 그의 이야기에 따르면, 이슬람 세계에서 탈출하기 위해 바르테마는 이슬람 성인으로 위장하여 주위의 시선을 분산시킨다. 결과적으로 이러한 철저한 신분 위장과 바르테마 특유의 탁월한 연기는 주위의 이슬람인들을 속이기에 충분했다. 이에 대해 그는 "그들로부터의 탈출을 바라면서 나는 위선을 가장하여 그들을 속일 수 있을 것이라고 생각했다. 왜냐하면 무어인들은 이 세상에서 가장 어리석은 인간들이기 때문이다"[474]라고 적었다. 처음으로 여기에서 바르테마는 이슬람교도들을 비하하는 직접적인 표현을 사용한다. 어쩌면 이러한 그의 언어 용례는, 진실한 태도의 변화라기보다, 그리스도교도로 자신의 정체성을 재확립하기 위한 의도된 계산의 결과일지도 모른다. 이후 인도의 포르투갈 군에 배속되어 다양한 전투를 치르고 이를 통해 그리스도교 전사로 거듭나게 되는 그의 모습이 이를 웅변한다.[475]

그런데 의미심장하게도 우리는 바로 여기에서 두 모습의 바르테마를 발견할 수 있게 된다. 첫째는 상황에 맞추어 자신의 모습을 변화시키는 바르테마의 연극적 자아의 측면이고, 둘째는 타문화를 인정하고 복수로서의 세계를 인식하던 여행가 바르테마에서 이제는 조금씩 자신의 문화를 통해 타문화를 전유하면서 일방적 문화 동화의 선두주자로 변모하는 근대 유럽인의 어두운 초상이다. 다시 말하자면 바르테마의 여행과 그에 대한 여행기는, 다양한 세계를 경험한 독립적인 한 프리랜서 여행가가 자신을 둘러싼 사회 속에서 스스로를 재현하는 르네상스적 인간의 출현을 웅변하는 동시에, 그러한 개인이 점차 제국주의로 물들어 가던 자신의 문화가 강제한 시대적 압력에 조금씩 용해되는 씁쓸한 단면을 보여 준다.

종장 :

가까워지는 시선

지금까지 이 책은 1300년대 초반에서 1500년대 초반의 약 200여 년에 걸쳐 등장했던 여러 이탈리아인들의 모습을 통해 소위 르네상스 자아재현 양식의 탄생과 변화 과정에 대해 살펴보았다. 그들의 모습에서 내가 발견하고 주목한 것은 사회와 세계라는 복잡한 인간관계의 그물망에 자신을 위치시킴으로써 스스로의 자아를 공적으로 재현하고 구성하는 새로운 인간의 등장이었다. 이 점에서 르네상스기의 인간들은 수사적이고 연극적인 인간의 탄생을 경험하고 목도한 이들로 정리할 수 있다. 때로는 첨예한 권력과의 관계 속에서 또 간혹은 생경한 경이의 순간에, 그들은 자신과 자신 밖의 세계 사이에 가로 놓인 수많은 경계들을 발견했고, 또 그 경계선들을 의식적으로 가로지르면서 자신들을 무대 위의 연기자로 재현했다.

르네상스기
이탈리아인들의 자아와
타자를 찾아서

만토바Mantova 곤자가Gonzaga 궁전의 '신부의 방camera degli sposi', 일명 카메라 픽타camera picta로 불리는 이 방의 한복판에 서 있는 우리를 상상해 보자. 우리는 그속에서 인간 군상에 대한 단순한 회화적 이미지뿐만 아니라, 회화라는 형태로 현란하게 묘사된 정치적 주장을 발견하게 된다. 더욱이 거스를 수 없는 정치적 권위로 곤자가 가문의 삶을 묘사한 여러 벽화들의 이미지에 위압되어 하늘을 올려다보았을 때, 우리는 만테냐가 초대하는 수수께끼 같은 새로운 권력의 세계에 빠져들게 된다. 아치형 천장에 묘사된 둥근 원의 주위에 자리 잡은 신원을 알 수 없는 인물들이 여러 동물 그리고 천사상과 함께 우리를 내려다보고 있기 때문이다.[476] 과연 그 그림을 보는 것은 우리인가, 아니면 그림 속의 대상들이 우리를 보고 있는가? 만테냐는 우리에게 보고seeing 보이는being seen 것 사이의 복잡하고 미묘한 대화적 상호작용에 대해, 특히 우리 역시 타인의 시선 속에 살고 있는 연기자가 아닌지, 묻고 있다.

나는 이탈리아 르네상스기의 대미를 장

식했던 피렌체의 정치사상가 마키아벨리N. Machiavelli의 한 편지에서 바로 이러한 새로운 인간, 즉 보고 보이는 주체와 타자 사이의 경계에서 고뇌하는 르네상스 연극적 자아의 모습을 발견할 수 있다고 본다. 메디치 가문의 재집권으로 모든 공직에서 밀려난 마키아벨리는, 이 편지에서 한편으로는 한가하면서도 또다른 한편으로 허망한 권력의 뒤편에서 괴로울 수밖에 없었던 하루하루의 나날들을 자신이 어떻게 보내고 있는지에 대해 친구인 베토리Francesco Vettori에게 적어 보냈다. 이 편지에 따르면 그는 어쩌면 평범하다고 할 수 있는 시골에서의 한량 같은 여유로운 시간을 즐겼다. 하지만 그는 저녁이면 완전히 새로운 인간으로 탈바꿈했다. 아니 탈바꿈할 수밖에 없었다. 그는 이를 다음과 같이 적는다.

> 저녁이 오면 나는 집으로 돌아와 서재로 들어간다네. 문지방에서 나는 진흙투성이로 덮혀 있는 옷을 벗고, 궁정의 법복으로 갈아입는다네. 이처럼 보다 어울리는 옷을 입고 나서야, 나는 고대인들이 살고 있는 고대의 궁전으로 들어가 그들의 따뜻한 환영을 받는다네. 그리고 그곳에서 나는 오직 나만을 위한 음식을 맛본다네. 나는 바로 그것을 위해 태어났다네. 또한 그곳에서 나는 아무런 부끄러움도 없이 그들에게 이야기를 건네고, 또 그들이 한 일에 대해 그 이유를 묻지. 친절하게도 그들은 나에게 대답을 해 준다네. 네 시간 동안 내게는 지루할 겨를이 없고, 또 모든 고통도 사라진다네. 나는 더 이상 가난을 두려워하지도 않고, 죽음이라는 생각이 가져온 공포에 떨지도 않는다네. 나는 완전히 그들의 일부가 된다네.[477]

뒤이은 이 편지의 이야기에 분명하게 표현되었듯이, 이 고대인들과의 대화를 통해 마키아벨리는 유명한 《군주론Il Principe》의 영감을 얻었다. 또한 그는 그렇게 탄생한 이 작품이 편지의 수신자인 친구 베토리 뿐만 아니라 군주, 좀 더 엄밀히 말해 메디치 가문의 "새로운 군주"에게 환영받을 수 있기를 열망한다.[478]

이 점에서 이 편지는 권력 앞에 홀로 선 고뇌에 찬 지식인의 모습이 여과없이 표출된 르네상스기 개인 드라마의 백미로 평가할 만하다. 다시 말해 권력의 핵심에서 밀려난 인간 마키아벨리의 연극적 자아가 여기에 농축되어 있다. 새로운 권력을 얻기 위한 방안으로 마키아벨리는 고대인들의 지혜를 얻기 위해 그들의 세계의 문을 두드린다. 그리고 이를 위해 그는 마치 의식을 치르기라도 하듯이, 진흙투성이의 일상의 옷을 벗고 권위 있는 고대의 법복으로 성장한 후 책을 읽는다. 그러면서 그는 자신이 읽던 책과 그 책의 저자들을 자신을 위로하고 또 지식의 세계로 인도하는 권위로 의인화하면서, 결국 그들과 하나가 된다. 마키아벨리에게 그의 서재는 그 스스로가 창출한 삶의 무대였다. 하지만 더 의미심장하게 이 무대는 보다 넓은 외부 권력이라는 잠재된 관객 앞에 그를 세웠다. 한마디로 마키아벨리는, 우리가 지금까지 이 책에서 살펴본 포지오, 알베르티, 그리고 카스틸리오네처럼, 바로 권력이라는 외부의 세계 앞에 자신을 노출하는 연기자가 되었다.

이제 르네상스기의 자아재현에 관한 우리의 긴 여정은 거의 종착역에 다다랐다. 하지만 마지막 몇 마디의 언급은 여전히 필요해 보인다. 나의 논의에서 그 핵심은 15세기의 이탈리아였다. 이것은 콰트로첸토의 이탈리아가 가장 통렬하게 르네상스라는 시대의 변화가 인지되고 시험된 격동의 무대였기 때문이다. 페트라르카로부터 잉태된 휴머니즘의 이상이 새로운 사회문화적 환경에 맞추어 재편되기 시작했고, 또 이러한 변화의 분위기는 세계에 대한 새로운 감각의 탄생을 낳았다. 더욱이 경제 성장에 대한 자신감과 함께 적극적인 문화 활동의 징후 역시 이 시기 이탈리아의 도처에서 목격되었다.[479] 아울러 이에 발맞추기라도 하듯이 우리가 살펴 본 15세기의 이탈리아인들은 보다 적극적으로 스스로에 대해 질문하고, 또 자신을 사회적 존재로 재현하기 시작했다.

이 점에서 본다면 14세기에 관한 우리의 이야기는 격동의 15세기를 예기하는 하나의 서곡과 다름없으며, 16세기의 두 인물의 모습은 그것이 종합된 변주곡이라고 해도 대과가 없다. 다시 말해 단테와 페트라르카에게서 시작된 존재에 대한 질문은 15세기의 포지오와 알베르티 그리고 치리아코에게 계승되었다. 즉, 그들은 이전 세대의 세계와 인간에 대한 고민을 자신들을 둘러싼 문화적·정치적 환경 속에서 수용하여, 수사적이면서 연극적인 다원적 자아의 이미지를 재현했다. 아울러 이러한 자신들의 모습을 어떻게 이해해야 할지 몰랐던 15세기의 인간들과 달리, 16세기 초반의 카스틸리오네와 바르테마는 이를 르네상스라는 말 뜻 그대로의 의미에서 받아들이고 종합하기 시작했다. 그리고 위의 편지에서 나타나듯이, 그렇게 탄생한 새로운 인간의 모습은 마키아벨리의 고뇌 속에서 농축되었고, 또 북유럽 르네상스의 아버지 에라스무스의 "인간은 태어나는 것이 아니고 만들어지는 것"이라는 말로 종합되었다.

르네상스의 자아인식 그리고 자아재현은 바로 이러한 고대의 부활

르네상스기
이탈리아인들의 자아와
타자를 찾아서

이라는 문화적 회춘의 분위기와 그것이 가져온 시대적 변화 속에서 배태된 역사적 산물이었다. 그러므로 많은 르네상스 사회사가들이 주장하고 전투적인 중세연구자들이 도전하듯이, 르네상스기에 본질주의적 의미에서의 독립적·개체적 인간이라는 관념이 나타나지는 않았다는 데에는 의심의 여지가 없다. 오히려 페트라르카에서 카스틸리오네에 이르기까지 이 책의 주인공들이 보여 주는 것은, 그들이 살던 사회와 문화의 상징 체계, 계급관 그리고 권력 구조 등에 깊이 연루된 공적 자아의 이미지였다. 이를 고려하면 그들이 스스로를 사회적 존재로 인식했다는 바로 그 점에서만, 그들의 자아재현 양식에 역사적 의미를 부여할 수는 없어 보인다. 오히려 우리는, 그들이 공적 존재로 자신들을 창조했고 또 그럼으로써 중세의 명쾌한 존재론적 경계를 허물 수 있었으며, 또 그러기에 중단 없이 변화하는 조작 가능한 대상으로서의 자아의 이미지를 창조했다는 점에 주목해야 한다.

어쩌면 이 책의 주인공들 대부분을 '존재being'의 문제를 도덕주의적 담론을 통해 표현한 이른바 '비도덕주의자amoralists들'로 평가해도 큰 무리가 아닐지 모른다. 물론 이것이 이들 모두가 부도덕한 사람들 immoralists이었다는 것을 뜻하지 않는다. 단지 표면적인 행동이나 그 행동의 진실성과 관련된 도덕적 함의의 문제가 아니라 그것을 지켜보는 외부 세계의 반향이, 그들의 자아에 대한 감각과 자아재현에 중요한 요인으로 작용했다는 것을 의미할 뿐이다. 물론 이러한 태도의 변화는 세계에 대한 현실주의적 시각뿐만 아니라 르네상스 문화의 극장적 성격을 반영한다. 그리고 그러한 문화에서 개인의 정체성은 가변적인 허구의 대상이 되었고, 이와 마찬가지로 사회 질서나 인간관계 역시 고정되지 않은 채 사회 속에서 끝없이 부유하는 인공물로 간주되었다.

지금까지 줄곧 논의해 왔듯이, 이러한 관념의 변화는 곧 새로운 자아 감각의 출현을 낳았다. 다시 말해 만약 한 인간의 자아가 타고난 것이 아니라 사회적 관계 속에서 만들어지는 것이라면, 그 관계 속에서 그가 수행해야 하는 역할 또한 사회적 강제력과 그 자신의 상호작용 속에서 도출된 가변적인 허구로 인식되었다. 따라서 자아와 관련된 르네상스기의 담론에서 자주 발견되는 고정된 자아의 부재나 인간관계의 조작 가능성에 대한 인식을 중세적 의미에서의 반개인적 집단주의나 자아-소거의 관념으로 폄훼하는 것은 단견이다. 르네상스기를 거치면서 유럽인들이 한 개인으로서 느끼는 존재론적 불안감이 더욱 증가했고, 또 당대의 여러 작가들이 뚜렷한 저자로서의 의식을 가지고 자신들의 텍스트에 의도적인 모호성을 창출했다는 것은, 모두 이러한 의미 있는 변화를 반증하는 징후였다.

달리 생각해 보면, 이 책에서 내가 다룬 르네상스기의 이탈리아인들은 그들이 모두 비도덕주의자인 것만큼이나, 다른 측면에서는 '호모 레토리쿠스homo rhetoricus'로 불려도 크게 거부감이 들지 않는 미학자들이었다. 그들에게 글쓰기의 작업은 설득의 예술art of persuasion이자, 저자와 청중이 만나고 충돌하는 전략적 공간이었다.[480] 그들은 모두 타자와의 대화를 위한 전략적인 도구로 자신들의 작품을 적극적으로 이용했다. 따라서 내가 이 책에서 분석한 그들의 작품에는 텍스트의 표면에 나타난 진술이나 그것의 의미 자체가 아닌 저자에 의해 정교하게 창출된 "텍스트적 수행textual performance" 과정에 따라 표현된 저자의 의도가 반영되어 있다.[481] 한마디로 저자가 사회 속에서 자신의 역할을 수행하는 것처럼, 예술로서의 글쓰기는 그 자체로 우리에게 자신들에 대해 이야기하는 것이다.

이제 마지막으로 르네상스기의 자아재현이라는 이 책의 주제와 관련하여 르네상스의 역사적 의미에 대해 간략하게 언급하면서 모든 이야기를 마무리하고자 한다. 부르크하르트에 대한 비판과 함께 19세기 이래 르네상스와 결부되어 오던 전통적인 이미지는 오늘날 많이 퇴색했다.[482] 하지만 어떤 시대가 이전 시대의 발자취를 필연적으로 따를 수밖에 없다면, 역사가들이 천착해야 할 중요한 문제는 어떤 시대에 남아 있는 이전 시대의 흔적이나 자취라기보다 어떻게 그것들이 재해석되고 새롭게 콘텍스트화 되는지를 해명하는 것이 되어야 한다고 나는 생각한다. 물론 이러한 재해석과 재콘텍스트화의 과정을 통한 과거의 수용이 한계에 봉착했을 때, 그 사회에 근본적인 변화의 압력이 부상하게 된다.[483]

문화운동으로서의 르네상스는 어쩌면 그러한 변화의 극적인 예로 해석할 수 있다. 르네상스기를 거치면서 세계의 팽창과 함께 인간에 대한 새로운 개념이 물리적, 인지적 차원 모두에서 일어났기 때문이다. 전기나 자서전, 초상화나 자화상 같은 특정 유형의 예술 장르의 예외적인 성장은 모두 이러한 변화의 징후로 보인다. 만약 우리가 인간 개념을 오직 이상 세계에서만 발견할 수 있는 통합되고 자기−결정적이며 절대적인 어떤 것으로 신화화하지 않는다면, 나는 우리의 자아에 대한 관념이 자신의 자아를 대상화하고 또 그것을 외부 세계와 관계시켰던 르네상스인들의 그것과 얼마나 다른지 가끔 회의에 빠지

기도 한다.[484]

이 점을 언급하면서 나는 지금 르네상스와 관련된 진부하고 오래된 르네상스의 성격 논쟁이나 역사시기 구분 논쟁을 다시 거론하거나 재점화하려는 것이 아니다.[485] 하지만 나는 르네상스의 역사적 의미를 약화시키거나, 한 르네상스 역사가가 그랬듯이, 그것을 서양의 역사라는 거대한 서사 드라마에 등장한 하나의 간막극처럼 간주하고 싶지도 않다.[486] 르네상스가 포스트모던 이론가들의 놀이터요 경연장이 되었다는 사실[487]은 바로 이 시기에 무엇인가가 일어났다는 역설적인 웅변일지도 모른다. 이 책의 주인공들은 우리에게 '인간은 태어나는 것이 아니라 만들어지는 것'이라는 익숙하면서 낯선 관념이 이 시기에 비로소 태동하고 있었음을 우리에게 이야기한다.

344

서장: '개인'의 역사에서 '자아'의 역사로

1 이 이야기는 Antonio Manetti, *La novella del Grasso Legnaiuolo*라는 제목으로 *Prosatori volgari del Quattrocento*, a cura di Claudio Varese (Milano, 1955), pp. 769~82와 *letteratura italiana del quattrocento*, a cura di Gianfranco Contini (Firenze, 1976)에 실려 있다. 나는 주로 1955년 판을 이용했으며, 이와 함께 영역본으로 Lauro Martines, ed., *An Italian Renaissance Sextect: Six Tales in Historical Context* (New York, 1994), pp. 171~212를 참조했다. 아울러 이 이야기를 르네상스의 자아와 남성중심적 문화라는 맥락에서 해석한 논의로는 Lauro Martines의 책에 실린, id., "Who Does He Think He Is? The Fat Woodcarver," pp. 213~24l과 Guido Ruggiero, "Mean Streets, Familiar Streets, or The Fat Woodcarver and the Masculine Space of Renaissance Florence," Roger J. Crum and John T. Paoletti, eds., *Renaissance Florence: A Social History* (Cambridge, 2006), pp. 295~310을 보라.

2 Jacob Burckhardt, *The Civilization of the Renaissance Italy*, trans. by S. G. C. Middlemore (New York, 1990), ch. II, esp., p. 98.

3 Alison Brwon, "Historians and Their Times: Jacob Burckhardt's Renaissance," *History*

Today 38 (1988), pp. 20~26.

4 Poggio Bracciolini, *Lettere* I, a cura di Helene Harth (Firenze, 1987), p. 69.

5 오늘날 역사학뿐만 아니라 인문학 분야 전반에서 '재현representation' 이라는 용어는 하나의 전문적 상투어가 된 듯하다. 이 용어가 야기하는 혼란을 피하기 위해서는, 과연 그것의 의미가 무엇이며 이 용어를 사용하면서 내가 의도한 바가 무엇인지에 대한 해명이 선행될 필요가 있다. 이에 대한 나의 견해를 아래와 같이 간략히 밝힌다.

아리스토텔레스 이래 재현은 무엇인가를 '대변standing for' 하거나 누구를 위해 '대신 행동하는acting for' 따위의 의미로 사용되어 왔다. 그런데 이처럼 원뜻 그대로 이 용어를 사용할 경우, 재현하는 것the representing과 재현된 것the thing represented 사이의 관계는 후자의 전자에 대한 복제 혹은 복사를 의미한다. 따라서 재현이라는 용어보다 '재연' 이나 '표현presentation or expression' 따위의 용어가 이들 사이의 관계를 보다 적절하게 나타낸다.

그러나 이와 달리 재현이라는 용어에는 재현의 대상과 재현된 대상 사이의 단순한 일차원적 관계를 넘어서는 또다른 의미가 담겨 있는데, 이것은 재현의 주체와 그에 의해 재현된 대상을 보고 판단하는 사람들 사이의 의사소통적 관계communicative relation이다. 예를 들어, 어떤 화가가 비둘기 한 마리를 그렸다면, 이것은 새 한 마리에 대한 회화적 표현duplication or presentation일 수도 있고, 또 평화의 상징을 재현representation한 것일 수도 있다. 그러므로 이것을 '재현' 이라고 부를 경우에 문제가 되는 것은, 생물학적 새(재현의 대상)와 회화적 표현으로서의 새(재현된 새) 사이의 사실적·지시적 관계라기보다, 이것을 그린 화가와 화가의 그림을 보는 청중들 사이의 의사소통적 관계이다.

이 단순한 모델을 보다 복잡한 문학적 작품에서 이야기하면, 재현의 기능은 그것의 의사소통 가능성이라는 문제와 결부되어 더욱 복잡한 양태를 띠게 된다. 때로는 재현된 대상을 보는 사람이 이것의 숨은 의미를 이해하지 못한다는 단순한 사실에서부터, 재현의 주체가 의도적으로 재현대상의 이해가능성을 모호하게 만든다는 것에 이르기까지 다양한 차원에서 문제를 발생시키기 때문이다. 이 점에서 '재현' 은 단순히 재현된 것의 의미, 주제, 개념 혹은 이와 유사한 무엇들과 관련된 것만이 아니라, 재현과 결부되어 발생하는 의사소통의 관계와도 밀접히 연결되어 있다. 특히 이와 같은 관점은, 재현의 과정에 대한 고찰을 통해 재현의 주체(저자)가 어떻게 재현의 관객(사회)과 상호작용을 하는 가를 이해하는 데에 유용한 개념틀을 제공한다.

르네상스기
이탈리아인들의 자아와
타자를 찾아서

문학비평계에서 사용되는 재현의 개념에 대해서는, W. J. T. Mitchell, "Representation," Frank Lentricchia and Thomas McLaughlin, eds., *Critical Terms for Literary Studies* (Chicago, 1990)를 보라. 아울러 르네상스 극장이라는 맥락과 재현의 관계를 논한 유용한 논의로는, Alison Brown, *The Renaissance* (London, 1988), pp. 91~96을 참조하라.

[6] Desiderius Erasmus, *Declamatio de pureis statim ac liberaliter instituendis*; Wayne A. Rebhorn, *Foxes and Lions: Machiavelli's Confidence of Men* (Ithaca, 1988), p. 27에서 재인용.

[7] 이 가운데 가장 눈에 띄는 것이 모리스와 울만의 연구이다. Coloin Morris, *The Discovery of the Individual, 1050~1200* (New York, 1972)는 중세 성기 그리스도교 사상이 성숙하면서 그와 동반하여 개인에 대한 관심 역시 확대되어 가는 모습을 추적하고 있으며, Walter Ullman, *The Individual and Society in the Middle Ages* (Baltimore, 1966)은 정치사적 측면에서 중세 말부터 예속적 신민subject에서 정치적 자결권을 지닌 시민citizen으로 인간에 대한 개념이 변화기 시작했고 이것이 곧 개인주의의 원천이 되었다고 강조한다.

[8] Cf. John Jeffries Martin, *Myth of Renaissance Individualism* (New York, 2004). 다양한 수정주의적 경향을 일목요연하게 정리하는 일은 쉽지 않다. 르네상스 사회사가들의 부르크하르트 테제에 대한 비판이 지니는 포괄적 함의에 대해서는 Samuel L. Cohn, "Burckhardt Revisited from Social History," Alison Brown, ed., *Language and Image of Renaissance Italy* (Oxford, 1995), pp. 217~234와 William J. Connell, ed., *Society and Individual in Renaissance Florence* (Berkeley, 2002)를 보라. 르네상스기 피렌체의 가족 및 결혼 구조에 대해서는, F. W. Kent, *Household and Lineage in Renaissance Florence: The Family Life of the Cappono, Ginori, and Ruccellai* (Princeton, 1977)과 Anthony Molho, *Marriage Alliance in Late Medieval Florence* (Cambridge, 1994)를 참조하라. 르네상스기 피렌체에서 인간의 사회적 행동에 끼친 이웃 사이의 결속에 대해서는, Dale Kent and F. W. Kent, *Neighbours and Neighbourhood in Renaissance Florence: The District of the Red Lion in the Fifteenth Century* (Florence, 1982)와 Samuel K. Cohn, *The Laboring Classes in Renaissance Florence* (New York, 1980)을 보라. 보다 넓은 시각에서 르네상스기 인간관계를 후견-피후견 관계로 파악하고 그에 기초하여, 르네상스 후원관계를 고찰한 연구로는, Dale Kent,

Friendship, Love, and Trust in Renaissance Florence (Cambridge, 2009); Peter Burke, *The Italian Renaissance: Culture and Society in Italy* (Princeton, 1986); Paul D. McLean, *The Art of Network: Strategic Interaction and Patronage in Renaissance Florence* (Durham, 2007); F. W. Kent, "Individuals and Families as Patrons of Culture in Quattrocento Italy," in *Language and Image*, pp. 171~192를 보라. 르네상스기의 민중생활과 시민적 의례에 대해서는, Richard C. Trexler, *Public Life in Renaissance Florence* (Ithaca, 1980)과 Carlo Ginzburg, *The Cheese and the Worms: The Cosmos of a Sixteenth~Century Miller*, trans., John and Anne Tedeschi (Baltimore, 1976)을 참조하라. 여성의 삶에 대해서는, Jan Kelly, "Did Women Have a Renaissance?" in her *Women, History and Theory: The Essays of Joan Kelly* (Chicago, 1980), pp. 19~50과 Christiane Klapisch~Zuber, *Women, Family and Ritual in Renaissance Italy*, trans. by Lydia Cochrane (Chicago, 1985)를 보라.

9 기어츠는 간–문화적 접근법에 기초하여 인간에 대한 개념이 다양한 문화적 패턴 속에서 상이하게 출현한다고 주장할 뿐만 아니라, 개인주의를 비유럽 세계의 집단 중심적 문화와 비교되는 서양 특유의 자기중심적 문화의 산물로 해석한다. 이에 관해서는 Clifford Geertz, "From the Native's Point of View: On the Nature of Anthropological Understanding," P. Rabinow and W. M. Sullivan, eds., *Interpretive Social Science: A Reader* (Berkeley, 1979), pp. 225~241; id., "The Impact of the Concept of Culture on the Concept of Man," in his *The Interpretation of Cultures* (New York, 1973), pp. 33~54를 참조하라.

10 실제로 부르크하르트는 《이탈리아 르네상스의 문화》에서 자기 확신, 개별성, 도덕적 자율성과 같은 다양한 개념들을 포함하는 일종의 포괄적인 담요 같은 용어 blanket term로 개인주의라는 용어를 사용했으며, 후일 스스로 그것의 문제를 인식하고 개인주의라는 용어의 타당성을 폐기했다. 이에 대해 Norman Nelson, "Individualism as a Criterion of the Renaissance," *The Journal of English and Germanic Philology* 32 (1993), pp. 316~334; Peter Burke, "The Renaissance, Individualism and the Portrait," *History of European Ideas* 21 (1995), pp. 393~394를 보라.

11 Karl J. Weintraub, *The Value of the Individual: Self and Circumstance in Autobiography*

르네상스기
이탈리아인들의 자아와
타자를 찾아서

(Chicago, 1978). 특히 옥스퍼드 영어 사전에서의 사전적 정의를 참조하면서 그는 개인주의를 한 개인의 자유롭고 독립적인 행위를 옹호하는 사회이론으로 간주하고, 이와 구별하여 개체성을 한 개인이 추구하는 자아의 형태, 즉 개성과 관련된 개념으로 취급한다. (p. xvii).

[12] Caroline Walker Byunm, "Did the Twelfth Century Discover the Individual," in her *Jesus as Mother: Studies on the Spirituality of the High Middle Ages* (Berkeley, 1982), pp. 82~109; John Benton, "Individualism and Conformity in Medieval Europe," A. Banani and S. Vryonis Jr., eds., *Individualism and Conformity in Classical Islam* (Wiesbaden, 1975), pp. 145~158. 이 논문에서 벤튼은, 바이넘과 마찬가지로, 중세의 개인주의 관념이 언제나 사회 구조에 대한 개인의 합일을 전제로 한다고 주장한다.

[13] 나는 이 용어를 Rom Harré, "The Second Cognitive Turn," *American Behavioural Scientist* 36 (1992), pp. 5~7에서 빌려 왔다. 이와 함께 포스트모던적 자아 관념, 특히 푸코와 데리다의 자아관념에 대해서는 Edward E. Sampson, "The Deconstruction of the Self," John Shotter and Kenneth J. Gergen, eds., *Texts and Identity* (London, 1989), pp. 1~19를 보라.

[14] 예를 들어 Kenneth J. Gergen, *The Saturated Self: Dilemmas of Identity in Contemporary Life* (New York, 2000)은 광범위한 의사소통 네트워크의 편재성, 기계기술의 발전 그리고 복잡한 사회관계의 성장과 함께, 인간은 수많은 관계와 다양한 행동양식에 "흠뻑 빠지게" 되었고, 결국 그 속에서 인간의 삶은 자아에 관한 일관되지 못하고 관계없는 복수적 언어들로 가득 차게 된다고 주장한다. 결론적으로 그에 따르면 "완전히 흠뻑 빠진 자아는 결코 자아가 아니게 된다."

[15] 주체를 선호하는 포스트모던 언어 용례는, 주체가 다른 객체에 의존하고 있으며, 따라서 후자를 지배하는 잠재적 능력을 소유하고 있지 못하다는 점을 강조한다. 인간 주체에 관한 포스트모던 담론에 관한 전반적인 이해를 위해서는, Madan Sarup, *An Introductory Guide to Post-Structuralism and Postmodernism* (Athens, 1988)을 참조하라. 또한 이러한 관점에서 근대 초 문학작품을 다룬 대표적인 연구 성과로는, Cynthia Marshall, *The Shattering of the Self: Violence, Subjectivity and Early Modern*

Texts (Baltimore, 2002)를 보라.

16 그린블랫과 르네상스 연구에 끼친 그의 영향에 관해서는, 나의 〈문학과 역사의 세계에 날아든 녹색 탄환, 스티븐 그린블랫〉, 《역사와 문화》 12 (2006), pp. 229~253 과 〈신역사주의의 도전과 르네상스 신화 허물기〉, 《백양인문논집》 14 (2009), pp. 253~277를 보라.

17 Stephen Greenblatt, *Renaissance Self-Fashioning: From More to Shakespeare* (Chicago, 1980).

18 Peggt Rosenthal, *Words and Values: Some Leading Words and Where They Lead Us* (New York, 1984), pp. 3~44. 로센달에 따르면 적어도 영어의 경우로만 한정한다면, 자아self라는 용어는 대략 900년경부터 사용되기 시작한 것으로 추정된다. 하지만 당시 그 용어는 소유나 정체성 등과 관련된 함의를 지니며 "자신의own" 혹은 "동일한same" 등과 비슷한 의미로 사용되었다. 하지만 이러한 언어 용례가 변화하여 르네상스기부터 오늘날과 비슷한 인간 사고의 주체라는 의미로 사용되기 시작했다. 그리고 그러한 용례와 함께 "형성shaping"이라는 메타포와 "재귀적reflexive" 의미가 자아라는 단어와 결부되었다. 또한 Marcel Mauss, "A Category of the Human Mind: The Notion of Person; The Notion of Self," Michael Carrithers, Steven Collins and Steven Lukes, eds, *The Category of the Person: Anthropology, Philosophy, History* (Cambridge, 1985), pp. 1~25는, 사회구조에 따라 인간에 대한 범주와 자아에 대한 관념이 언제나 변화한다고 주장한다.

19 이러한 자아개념에 대해서는 Ian Burkitt, "The Shifting Concept of the Self," *History of the Human Science* 7 (1994), p. 15을 참조하라.

20 나의 자아에 대한 이해와 개념화는 George Herbert Mead, *Mind, Self, and Society from the Standponit of a Social Behaviorist*, ed. by Charles W. Morris (Chicago, 1962; reprint of 1934)와 Tzvetan Todorov, *Imperfect Garden: The Legacy of Humanism*, trans. by Carol Cosman (Princeton, 2002)에서 많은 도움을 받았다.

21 Jerrod E. Seigel, "Problematizing the Self," Victoria E. Bonnell and Lynn Hunt, eds., *Beyond the Cultural Turn: New Directions in the Study of Society and Culture* (Berkeley,

1999), p. 287. 아울러 자아의 이중적 성격에 대해서는 Thomas Nagel, *The View from Nowhere* (Oxford, 1986)을 참조하라.

22 Nobert Elias, *The Society of Individuals*, ed. by Michael Schröter, and trans. by Edmund Jephcott (New York, 2001).

23 Ronald F. E. Weissman, "The Importance of Being Ambiguous: Social Relations, Individualism, and Identity in Renaissance Florence," Susan Zimmerman and id., eds., *Urban Life in the Renaissance* (Newark, 1989), p. 279.

24 와이즈만에게 끼친 사회행동주의의 영향은 그 스스로의 언급에서 잘 드러난다. id., "Reconstructing Renaissance Sociology: The 'Chicago School' and the Study of Renaissance Society," Richard C. Trexler, ed., *Persons in Groups: Social Behavior as Identity Formation in Medieval and Renaissance Europe* (Binghamton, 1985), pp. 39~46.

25 Natalie Zemon Davies, *The Return of Matin Guerr* (Cambridge, 1983).

26 Stephen Greenblatt, "Psychoanalyis and Renaissance Culture," in his *Learning to Curse: Essays in Early Modern Culture* (New York, 1990), pp. 131~145.

27 공적 정체성과 역할 수행이라는 맥락에서 르네상스기의 대표적 인물을 분석한 유용한 논의로는, Wayne A. Rebhorn, *Foxes and Lions*을 보라.

28 Cf. Thomas Green, "The Flexibility of the Self in Renaissance Literature," Peter Demetz, Thomas Greene, and Lowry Lelson, Jr., eds. *The Discipline of Criticism: Essays in Literary Theory, Interpretation, and History* (New Haven, 1968), pp. 241~264.

29 Karl J. Weintraub, *The Value of the Individual*, p. 295.

30 John J. Martin, "The Myth of Renaissance Individualism," Guido Ruggiero ed., *A Companion to the World of the Renaissance* (Oxford, 2002), pp. 208~224.

31 Cf. Richard A. Lanham, "The Self as Middle Style: Cortegiano," in his *The Motives of Eloquence: Literary Rhetoric in the Renaissance* (New Haven, 1976), pp. 144~164.

32 몇 가지 측면에서 나의 텍스트 읽기는 신역사주의적 텍스트 읽기와 유사하다. 하지만 비록 텍스트의 역사성을 강조하는 신역사주의자New Histoicist들의 이론적 관점에서 많은 시사를 받았지만, 나는 권력에 대한 저자의 복종을 지나치게 강조

하는 그들의 주장과는 거리를 둔다. 신역사주의자들의 텍스트 접근법에 대해서는, Stephen Greenblatt, "Toward a Poetics of Culture," in his *Learning to Curse*, pp. 146~160; Jan R. Veenstar, "The New Historicism of Stephen Greenblatt: On the Poetics of Culture and the Interpretation of Shakespeare," *History and Theory* 34 (1995); H. Aram Veeser, *The New Historicism: Reader* (New York, 1994); Clair Colebrook, *New Literary Histories: New Historicism and Comtemporary Criticism* (Manchester, 1997); Catherine Gallagher and Stephen Greenblatt, Practicing New Historicism (Chicago, 2000); Jürgen Pieters, ed., *Critical Self-Fashioning: Stephen Greenblatt and the New Historicism* (Frankfrut, 1999)을 보라. 아울러 앞의 주 16에서 소개한 나의 글 두 편을 참조하라.

33 나는 여기에서 한 번 더 나의 텍스트에 대한 시각이 데리다적인 의미에서 텍스트의 자율성을 강조하는 극단적 포스트모더니스트들의 그것과 거리를 두고 있다는 점을 지적하고 싶다. 단순히 말해, 텍스트가 그것을 둘러싼 환경과 언제나 상호작용하는 한, 텍스트의 자율성은 언제나 의심받을 수밖에 없기 때문이다. 따라서 콘텍스트화contextualization라는 단어에 접두사 재re를 붙임으로써 나는 나의 텍스트 읽기 방식이 전통적인 콘텍스트주의와 텍스트 지상주의를 결합한 것이라는 점이 부각되기를 원한다. 한편으로 나의 시각은 하나의 텍스트를 전통적 의미에서 그것과 관계된 콘텍스트의 지평 위에서 해석하는 것을 목적으로 한다. 하지만 다른 한편으로 나는 텍스트보다 콘텍스트를 우위를 두는 전통적인 콘텍스트주의자들과 달리 양자 사이의 상호 의존성을 추적하기 위해 둘 사이의 뚜렷한 경계선을 흐리게 만든다. 이 점에서 이 책에서 내가 염두에 두고 있는 시각은, 자딘Lisa Jardin과 퀼렌Carol Everhart Quillen이 각각 *Erasmus, Man of Leteters* (Princeton, 1993)와 *Rereading the Renaissance: Petrarch, Augustine and the Language of the Renaissance* (Ann Arbor, 1998)에 사용했던 텍스트 접근법에서 많은 시사점을 얻었다.

34 Hayden White, *Tropics of Discourse: Essays in Cultural Criticism* (Baltimore, 1985), p. 88.

35 여기에서 나는 기어츠의 문화 개념을 나의 텍스트 접근법에 차용한다. 기어츠에 따르면 어떤 주어진 사회에서 문화는 인간의 행동을 통제하는 일단의 기제로, 그리

고 행동 패턴 자체의 복합체라는 다양한 기능을 담당한다. 이러한 그의 논의에 함의된 것은, 문화가 "현실의 모델model of reality"이며 이와 동시에 "현실을 위한 모델model for reality"이라는 점이다. 기어츠의 문화개념과 역사 및 텍스트 연구에서 문화의 유용성에 대해서는, Clifford Geertz, *The Interpretation of Culture*; Sherry B. Otner, ed., *The Fate of Culture: Geertz and the Beyond* (Berkeley, 1999), 특히 이 책에 실린, William H. Sewell Jr., "Geertz, Cultural System, and History," pp. 35~55와 Stephen Greenblatt, "The Torch of the Real," pp. 14~22를 보라.

36 Michel Foucault, "What is an Author?" Paul Rabinow, ed., *The Foucault Reader* (New York, 1984), pp. 101~120.

37 Poggio Bracciolini, *Lettere* I, p. 153.

38 Poggio Bracciolini, *Facetiae*, in *Opera Omnia* I, a cura di Riccardo Fubini (Torino, 1963), reprint of the Basel, 1538, edition of Poggio's work, *Poggii Florentini oratoris et philosophi opera*, p. 446. 아울러 나는 *Facezie*, introduzione, traduzione, e note di Marcello Ciccuto (Milano, 2002)를 참조했다.

39 Giovanni di Pagolo Morelli, *Ricordanze*, a cura di Vittore Branca (Firenze, 1956), pp. 280~282.

1장. 두 명의 단테: 《신곡》에 등장한 오디세우스에 대한 한 해석

40 나는 1939년 싱클레어가 여러 사본들을 수집·정리하여 출판한 이탈리아 본과 이에 대한 그의 영어 번역본을 이번 장의 논의를 위한 기본 텍스트로 삼았다. 이후 이 장에서 인용하는 《신곡》의 원문은 특별한 명기가 없는 한 모두 이 텍스트를 따른다. 또한, 이후 이번 장에서 원문이 인용될 경우, 주로 처리하는 대신 본문의 괄호 안에 편명, 칸토 번호, 그리고 줄 번호를 약기해서 기입할 것이며, 이에 대한 번역은 모두 나의 것임을 미리 밝혀 둔다.[Dante Alighieri, *The Divine Comedy*, 3 vols. (New York, 1939)].

41 George Holmes, *Dante* (Oxford, 1980), p. 41.

42 단테는 《신곡》의 제 3 부 〈천국〉편을 자신의 오랜 친구이자 후원자였던 칸 그란데 델라 스칼라Can Grande della Scala에게 헌정했으며, 이와 함께 이 작품을 어떻게 읽어야하는지에 관한 편지를 그에게 보냈다. 이 편지에서 그는 《신곡》의 내용과 주제가 많은 부분 다의적polysemous이며, 이 때문에 단순한 축자적literal 독해를 넘어서는 알레고리적allegorical 해석이야말로 이 작품을 올바르게 이해하는 중요한 관건이라고 적었다. 이에 대해 *Translations of the Later Works of Dante*, trans. by P. H. Wicksteed (London, 1904)를 보라.

43 Giuseppe Mazzotta, "Ulysses: Persuasion and Prophecy," Allen Mandelbaum, Anthony Oldcorn and Charles Ross, eds., *Lectura Dantis: Inferno* (Berkeley, 1998), p. 348.

44 Teodolinda Barolini, *The Undivine Comedy: Detheologizing Dante* (Princeton, 1992), p. 52.

45 《신곡》에 등장한 오디세우스의 에피소드에 관한 해석사에 대해서는, Teodolinda Barolini, *The Undivine Comedy*, pp. 49~51과 Richard Kay, "Two Pairs of Tricks: Ulysses and Guido in Dante's Inferno XXVI~XXVII," *Quaderni d italianistica* I, 2 (1980), pp. 107~8을 보라. 또한 1981년 이전에 출판된 이에 관한 중요한 저술에 대해서는, Anthony K. Cassel, "Ulysseana: A Biography of Dante's Ulysses to 1981," *Italian Culture* 3 (1981)을 참조하라.

46 Sara Strum, "Structure and Meaning in Inferno XXVI," *Dante Studies* XCII(1974), pp. 93~95.

47 Gaetano Cipolla, "Dante's Ulysses: A Case of Inflation," Charles Franco and Leslie Morgan, eds., *Dante: Summa Medievalis* (Stony Brook, 1995), pp. 147~149.

48 Pietro Boitani, "Beyond the Sunset: Dante's Ulysses in Another World." *Lectura Dantis* 9 (1991), p. 35.

49 Bruno Nardi, "Ulisse e la tragedia intellettuale di Dante," *La struttura morale dell universo dantesca*, a cura di Luigi Valli (Roma, 1935), pp. 26~40.

50 Rocco Montano, *Dante's Thought and Poetry* (Chicago, 1988), p. 211; Kenneth Gross, "Infernal Metamorphoses: An Interpretation of Dante's 'Counterpass'," *MLN* 100, 1 (1985), pp. 44~47.

르네상스기
이탈리아인들의 자아와
타자를 찾아서

51 단테 연구자들 사이에는 여전히, 오디세우스가 보았던 '산', 특히 이 산이 연옥의 정죄산을 의미하는지 아닌지에 대한 이견이 존재한다. 비록 단테가 이를 해결할 수 있는 명확한 단서를 제공하지 않는다고 할지라도, 나는 이 산을 연옥에서 그가 발견하게 되는 높은 산으로 해석하는 것이 《신곡》의 전체적인 구조에 어울린다고 생각한다. 특히 〈천국〉편에서 단테가, 오디세우스가 여행했던 경로를 다시 한번 언급한다는 점을 고려할 때, 이러한 해석이 작품 전체의 주제와 관련해서도 더욱 일관성 있어 보이기 때문이다.

52 Giuseppe Mazzotta, "Poetics of History: Inferno XXVI," *Diacritics*, 5, 2 (1975), p. 39.

53 단테는 이 메타포적 비유에서 예언자 엘리야와 그의 제자 엘리사에 관한 성서를 이용한다. 이에 대해, 구약성서 〈열왕기 (하)〉 2장을 참고하라. Cf. 《성경》 (천주교중앙협의회, 2005)

54 Anthony K. Cassell, "The Lesson of Ulysses," *Dante Studies* 99 (1981), pp. 117~120.

55 Magherita Frankel, "The Context of Dante's Ulysses: The Similes in Inferno XXVI, 25~42," *Dante Studies* 104 (1986), p. 107.

56 Giuseppe Mazzotta, "Poetics of History," p. 40. 단테의 죄에 대한 관념은 '그리스도교적 진리 추구로부터의 후퇴 혹은 잘못된 방향 선택'이라는 아퀴나스의 관념과 '신으로부터 벗어나는 행위나 마음의 상태'라는 아우구스티누스의 관념을 절충한 것이다. 이에 따라 그는 죄를 '신의 섭리 또는 인간의 회심'에 반대되거나 역행하는 어떤 것으로 판단하였다. 이에 따라, 그가 《신곡》의 〈지옥〉편에서 죄인들을 벌하는 방법은, 죄인들의 행위 자체를 역전시키는 방식으로 그들을 고통 받게 하는 독특한 양식이다. 즉 전도된 행위 또는 역행 등은, 또다시 그것들의 전도된 행위 혹은 재역행 따위의 모습으로 처리되어야 한다는 것이다. 이러한 의미에서 인과응보retribution 또는 복수retaliation 등을 뜻하는 라틴어 contrapassum은, 단테의 징벌 방식을 이해하는 유용한 개념적 용어라고 할 수 있다. 그러나 단테의 contrapasso는 단순히 외형적인 모습에서의 복수를 의미하기보다는, 죄인의 내적 상태를 상징하는 엠블렘으로서의 기능 역시 수행한다는 점이 강조되어야 한다. 따라서 단테에게 있어 이 용어는 "[신으로부터] 멀어지는 행위step away from," "[신에] 대항하는 움직임step against," "[신

에게로의] 반대로 향하는 움직임reverse step" 따위의 넓은 의미를 지니게 된다. 이에 대한 보다 자세한 논의, 특히 이와 관련해 단테가 사용하는 오비디우스적 변신의 모티브에 대해서는, Kenneth Gross, "Infernal Metamorphosis"을 보라.

57 Daniel J. Donno, "Dante's Ulysses and Virgil's Prohibition: Inferno XXVI, 70~75," *Italica* 50. 1 (1973), p. 28.

58 Teodolianda Barolini, *The Undivine Comedy*, p. 58.

59 박상진, 《단테 신곡 연구: 고전의 보편성과 타자의 감수성》(아카넷, 2011), pp. 191~243. 하지만 박상진은 '기원의 위반'이라는 테제 아래, 순례자 단테는 작가 단테의 육화된 존재이며, 따라서 그의 여정은 단순히 그리스도교적 세계관 속에서 종결되는 것이 아니라 끝없는 문학적 과정에 속에서 계속된다고 주장한다.

60 Teodolidna Barolini, *The Undivine Comedy*, p. 54.

2장. 자아재현의 기록으로서의 기행기: 페트라르카와 그의 〈방뚜산 등정기〉

61 Carol E. Quillen, *Rereading the Renaissance: Petrarch, Augustine, and the Language of Humanism* (Ann Arbor, 1998), esp., pp. 1~14, 106~147.

62 Francesco Petrarch, "To Posterity, an Account of His Background, Conduct, and the Development of His Character and Studies," Aldo S. Bernardo, Saul Levin, and Reta A. Bernardo trans., *Letters of Old Age* X~XVIII (New York, 2005), pp. 672~679.

63 Francesco Petrarch "To Posterity," p. 675.

64 Francesco Petrarch, "To Dionigi da Borgo Sepolcro of the Augustinian Order and Professor of Sacred Scripture, concerning Some Personal Problems," Aldo S. Bernardo, Saul Levin, and Reta A. Bernardo trans., *Letters of Familiar Matters* I~VIII (New York, 2005), p. 172. 이와 함께 나는 Ernest Cassirer, Paul Oskar Kristeller, and John Herman Randall, Jr., eds., *The Renaissance Philosophy of Man* (Chicago, 1948), pp. 36~46에 실린 Hans Nachod의 영역본과, 라틴본 Francesco Pertarch, "Epistola ad Dionysium de Burgo Santi Sepulcri", available from http://www.petrarch.

petersadlon.com/read_letters.html?s=_f_04_01.html; Internet; accessed 2007. 12. 5를 참조했다. (이하 이 편지가 인용될 경우 "The Ascent of Mont Ventoux"로 약기하고, 베르나르도의 쪽수를 표기함).

[65] 김영한, 《르네상스 휴머니즘과 유토피아니즘》(탐구당, 1989), p. 9.

[66] Hans Blumenberg, *The Legitimacy of the Modern Age*, trans., by Robert M. Wallace (Cambridge, 1983), pp. 341~342.

[67] Morris Bishop, *Petrarch and His World* (Port Washington, 1963). p. 104; Hans Nachod, "Introduction," to Petrarch, *The Ascent of Mont Ventoux*, Ernest Cassier, Paul Oskar Kristeller, and John Herman Randall, Jr., eds. *The Renaissance Philosophy of Man*, p. 28.

[68] Carolyn Chiapelli, "The Motif of Confession in Petrarch's 'Mt. Ventoux'," *MLN* 93 (1978), pp. 131~136; Jill Robinson, *Prodigal Don / Elder Brother: Interpretation and Alterity in Augustine, Petrarch, Kafka, Levinas* (Chicago, 1991), pp. 49~70.

[69] 로시는 〈방뚜산 등정기〉가 휴머니스트로서의 페트라르카의 삶을 상징하는 문학적 재현의 정수라고 주장한다. 그리고 이러한 맥락에서 그는 이 편지에 소개된 사건을 사실이라기보다 수사적 허구라고 해석한다. 특히 그는 이 편지에서 페트라르카의 대립적 이미지로 제시되는 게라르도가 1342년에 수도사가 된다는 점을 들어 적어도 이 편지가 이 이후에 쓰였을 것이라고 주장한다. 한편 보다 치밀하게 페트라르카 서간의 유포 과정을 연구한 빌라노비치는, 1340년대에 보카치오를 위시한 그의 절친한 친구들 사이에서 이 편지가 소개되지 않았다는 점을 들어, 〈방뚜산 등정기〉가 1330년대나 40년대의 작품일 수 없다고 주장한다. 한편 빌라노비치와 로시 등의 연구에 힘입어 보다 최근에 리코는 이 편지와 《영혼의 갈등》 사이의 연관성에 주목하고 이를 페트라르카 후대의 작품으로 해석한다. [Vittorio Rossi, "Sulla formazione delle raccolte epistolari pertrarchesche," *Annali della Catedra Petrarchesca* III (1932), pp. 68~73; Guiseppe Billanovich, "Petrarca e il Ventoso," *Italia mediovale e Umastica* IX (1966), pp. 389~401; Francisco Rico, *Vida u obra de Petrarca*, vol. *Letura del "Secretum"* (Padova, 1974), 73ff.] 한편 바론은 비록 실제 연대는 다를 수 있지만, 이 점이 이 편지에 소개된 사건 자체가 거짓임을 증명할 수 없다고 주장하며, 방뚜

산 등정이 실제 사건이었다고 항변한다. 이에 대해서는 Hans Baron, *From Petrarch to Leonardo Bruni* (Chicago, 1968), pp. 19~20를 보라. 이와 함께 Carol E. Quillen, "Introduction," to Francesco Petrarch, *The Secret* (Boston, 2003), p. 30를 참조하라.

[70] Michael O'connell, "Authority and the Truth of Experience on Petrarch's "Ascent of Mount Ventoux"," *Philological Quarterly* 62 (1983), pp. 507~508.

[71] Hans Baron, "Moot Problem in Renaissance Interpretation: An Answer to Wallace K. Ferguson," *Journal of the History of Ideas* XIX (1958), p. 28.

[72] 중세와 르네상스기 기행문학의 역사적 특징을 비교의 관점에서 이해하기 위해서는, Mary Campbell, *The Witness and the Other World: Exotic European Travel Writing 400~1600* (Ithaca, 1998)을 보라.

[73] Francis X. Murphy, "Petrarch and the Christian Philosophy," Aldo S. Bernardo, ed., *Francesco Petrarca, Citizen of the World* (Padova, 1974), pp. 225~226.

[74] Lyell Asher, "Petrarch at the Peak of Fame," *PMLA* 108 (1993), p. 1052.

[75] "The Ascent of Mont Ventoux," p. 36.

[76] "The Ascent of Mont Ventoux," pp. 36~37.

[77] Francesco Petrarch, "To Andrea Dandolo, Doge of Venice, a Justification for His Frequent Moves" Aldo S. Bernardo, Saul Levin, and Reta A. Bernardo, trans., *Letters of Familiar Matters* IX~XVI (New York, 2005), pp. 258~259.

[78] Jesús Carrilo, "From Mt Ventoux to Mt Masaya: The Rise and the Fall of Subjectivity in Early Modern Travel Literature," Jaś Elsner and Jan~Pau Rubiés, eds., *Voyage and Visions: Toward a Cultural History of Travel* (London, 1999), p. 58.

[79] Ronald G. Witt, *In the Footsteps of the Ancients: The Origin of Humanism from Lovato to Bruni* (Boston, 2003), pp. 414~415.

[80] "The Ascent of Mont Ventoux," pp. 174~175.

[81] Jill Robison, Prodigal Son / Elder Brother, pp. 52~54.

[82] Robert M. Durling, "The Ascent of Mt. Ventoux and the Crisis of Allegory," Harold Bloom, ed., *Modern Critical Views: Petrarch* (New York, 1989), pp. 31.

르네상스기
이탈리아인들의 자아와
타자를 찾아서

83 "The Ascent of Mont Ventoux," p. 175.

84 Michael O'connell, "Authority and the Truth of Experience," pp. 510~511.

85 "The Ascent of Mont Ventoux," p. 176.

86 Guiseppe Mazzotta, *The World of Petrarch* (Durham, 1993), pp. 18~20.

87 "The Ascent of Mont Ventoux," p. 176.

88 "The Ascent of Mont Ventoux," p. 176.

89 "The Ascent of Mont Ventoux," p. 176.

90 "The Ascent of Mont Ventoux," pp. 176~177.

91 Francesco Petrarch, *Canzoniere*, trans. by Mark Musa (Bloomington, 1996), p. 107의 소
넷sonnet 68에서 페트라르카는 다음과 같이 노래한다.

"당신의 이 도시가 지니고 있던 신성한 모습이

내 과거의 악행으로 나를 슬프게 만든다.

나는 '일어나라, 이 어리석은 자여, 도대체 무엇을 하고 있느냐'라고 외친다.

그리고 그것은 내게 천상에 이르는 길을 보여 준다.

하지만 이러한 생각과 함께 또 다른 생각이 떠오르고,

그것이 내게 말한다. '왜 달아나느냐?

만약 네가 기억한다면, 시간이 늦을 것이고,

우리는 우리의 아가씨la donna nostra를 보러 돌아가야만 한다.'" (이하 생략)

92 "The Ascent of Mont Ventoux," p. 177.

93 "The Ascent of Mont Ventoux," p. 178.

94 Carol E. Quillen, *Rereading the Renaissance*, pp. 113~124.

95 Pierre Courcelle, "Pétrarque lecteur des Confessions," *Rivista di cultura classica e medioevale* 1 (1959), pp. 26~43.

96 Cf. Augustine, *Confession*, trans. by Henry Chadwick (Oxford, 1991), esp., bk. VIII을
보라.

97 Francesco Petrarch, *The Secret*, pp. 55~56.

98 John Freccero, "The Fig Tree and the Laurel: Petrarch's Poetics," Harold Bloom, ed.,

Petrarch, pp. 43~55.

99 Carol E. Quillen, *Rereading the Renaissance*, p. 144.

100 일부 급진적인 부르크하르트주의자들에게 르네상스 개인주의의 첫 사례로 간주
되기도 하지만 페트라르카는 결코 자신이 살았던 사회와 집단으로부터 유리된
고립된 객체가 아니었다. 특히 그는 문학과 고대에 대한 생각을 공유했던 지식
인 집단과 자신의 관계를 중요시하였다. 이 때문에 본문에서 언급한 공동체는 그
와 교류하던 선구적 휴머니스트 집단이라고 할 수 있다. 이에 관해서는, Dolora
Chapelle Wojciehowski, "Francis Petrarch: First Modern Friend," *Texas Studies in
Literature and Language* 47 (2005), pp. 269~298을 참조하라.

101 Robert M. Durling, "The Ascent of Mt. Ventoux," pp. 32, 42.

102 A. Richard Turner, *The Vision of Landscape in Renaissance Italy* (Princeton, 1966).

103 Thomas M. Greene, "Petrarch and the Humanist Hermeneutic," Giose Rimanelli
and Kenneth John Atchity, eds., *Italian Literature, Roots and Branches: Essays in Honor
of Thomas Goddard Bergin* (New Haven, 1976), p. 204.

104 이와 관련해서는 특히 이 책의 5장을 참조하라.

105 Aldo Scaglione, "Classical Heritage and Petrarchan Self-Consciousness in the Literary
Emergence of the Interior 'I'," Harold Bloom, *Petrarch*, pp. 125~128.

106 David Mash, "Petrarch and Alberti," Andrew Morrogh, Fiorella Superbi Gioffredi
Piero Morsell, and Eve Borsook, eds., *Renaissance Studies in Honor of Craig Hugh
Smyth* I (Firenze, 1985), p. 360.

107 Brian Stock, *After Augustine: The Meditative Reader and the Text* (Philadelphia, 2001), p. 77.

108 Jill Robinson, *Prodigal Son / Elder Brother*, pp. 64~66.

109 Paul Oskar Kristeller, *Eight Philosophers of the Italian Renaissance* (Stanford, 1964), p. 14.

110 E. 카시러, 박지형 역, 《르네상스 철학에서의 개체와 우주》(민음사, 1996), pp. 218~223.

111 "The Ascent of Mont Ventoux," p. 179.

112 "The Ascent of Mont Ventoux," pp. 179~180.

3장. 개인, 사회, 그리고 권력: 포지오와 조작 대상으로서의 자아

113 위의 시각에서 부르크하르트를 비판하는 대표적인 작품으로는, Magareta de Grazia, Maureen Quillian, and Peter Stallybrss, eds., *Subject and Object in Renaissance Culture* (Cambridge, 2000)을 보라.

114 동시대의 다른 휴머니스트들과 비교할 때, 포지오에 대한 체계적이고 종합된 전기적 연구는 아직까지 불완전한 상태에 있는 것이 사실이다. 이와 같은 한계를 감안하면서, 그에 관한 가장 기본적인 연구라 할 수 있는 작품들을 간략히 소개하면 다음과 같다. 그리스도교적 도덕주의자로 포지오를 규정하는 주장에는 비록 동의하지 않지만, Ernest Wasler, *Poggius Florentinus: Leben und Werke* (Leiden, 1924)는 지금까지 저술된 가장 완전하고 포괄적인 포지오에 관한 전기적 연구로 평가될 수 있다. 이와 함께, 그의 생애와 작품들을 연대기적 순서에 따라 이해하려는 독자들에게 William Shepherd, *The Life of Poggio Bracciolini* (Liverpool, 1837)도 여전히 유용하다. 아울러 그의 삶의 여러 측면을 이해하기 위해서는, P. Domenico Bacci, *Poggio Bracciolini nella luce dei suoi tempi* (Firenze, 1959); id., *Cenni biografici e religiosit di Poggio Bracciolini* (Firenze, 1963); R. Rodel, "Poggio Bracciolini nel quinto centenario della morte," *Rinascimento* 11 (1960), pp.51~67; V. Rossi, *Il Quattrocento* (Milano, 1956), pp.80~172; Riccardo Fubini, et al., eds., *Poggio Bracciolini 1380-1982: Nel VI centenario della nascita* (Firenze, 1982)를 참조하라. 또한 포지오의 휴머니스트 서체의 창조에 관해서는 B. Ullman, *The Origin and Development of Humanistic Script* (Rome, 1960), ch. 2, 그리고 그의 역사서술에 관해서는 Donald J. Wilcox, *The Development of Florentine Humanistic Historiography in the Fifteenth Century* (Cambridge, 1959), chs. 5~6을 보라.

115 포지오-발라 논쟁에 관한 간략한 개요에 대해서는, Ari Wesseling, "Introduzione," to Lorenzo Valla, *Antidotum primum: La prima apologica contro Poggio Bracciolini*, ed. by Ari Wesseling (Assen, 1978), pp.25~39와 Arthur Field, *The Origins of the Platonic Academy of Florence* (Princeton, 1988), pp.91~96을 참조하라.

[116] Cf. Gerolamo Mancini, *Vita di Lorenzo Valla* (Firenze, 1891), pp.280 and passim; Salvatore I. Camporeale, *Lorenzo Valla: Umanesimo e teologica* (Firenze, 1972); id., "Poggio Bracciolini contro Lorenzo Valla, *Le orationes in L. Vallam* e la 'teologica umanistica'," *Sapientia* 34 (1981), pp.396~425; id., "Poggio Bracciolini contro Lorenzo Valla. *Le orationes in L. Vallam*," in *Poggio Bracciolini, 1380–1980*, pp.137~161; Charles Trinkaus, "Humanistic Dissidence: Florence versus Milan or Poggio versus Valla?" S. Bertell, N. Rubinstein, and S. H. Smyth, eds. *Florence and Milan: Comparison and Relation* (Firenze, 1989), pp.17~40; id., "Antiquitas versus Modernitas: An Italian Humanistic Polemic and Its Resonance," *Journal of History of Ideas* 48 (1987), pp.11~21.

[117] Jerrold E. Seigel, *Rhetoric and Philosophy in Renaissance Humanism: The Union of Eloquence and Wisdom, Petrarch to Valla* (Princeton, 1968), pp.98ff.

[118] Riccardo Fubini, "La coscienza del latino negli umanisti: An latina lingua romanorum esset peculiare idioma," in his *Umanesimo e secolarizzazione: da Petarca a Valla* (Roma, 1990), pp, 45~46; Sara Stever Gravelle, "Humanist Attitudes to Convention and Innovation in the Fifteenth Century," *Journal of Medieval and Renaissance Studies* 2 (1981), pp.199~201.

[119] Poggio Bracciolini, *Invectivae in Laurentium Vallam*, in *Opera Omnia* I, a cura di Riccardo Fubini (Torino, 1964), reprint of the Basel, 1538, edition of Poggio's work, *Poggii Florentini oratoris et philosophi opera*, p.203.

[120] Nancy Struever, *The Language of History in the Renaissance: Rhetoric and Historical Consciousness in Florentine Humanism* (Princeton, 1970), p.180.

[121] Poggio Bracciolini, *Historia convivalis*, in *Opera omnia*, p.55.

[122] Salvatore I. Camporeale, *Lorenzo Valla*, pp.180~92.

[123] Lorenzo Valla, *Antidoti in Poggium*, in *Opera Omnia*, vol. I, a cura di Eugenio Garin (Torino, 1962; reprint of the Basel edition, 1540), p.385.

[124] Cf. Richard Waswo, *Language and Meaning in the Renaissance* (Princeton, 1987).

르네상스기
이탈리아인들의 자아와
타자를 찾아서

[125] Poggio Bracciolini, *Invectivae in Laruntium Vallam*, p.194.

[126] Ibid., p.195.

[127] Lorenzo Valla, *Elegantiarum libri*, in *Prosatori latini del Quattrocento*, a cura di Eugenio Garin (Milano, 1962), pp.594~595.

[128] Lucia Cesarini Martinelli, "Note sulla polemica Poggio–Valla e sulla fortuna delle Elegantiae," *Interpres* 3 (1988), pp.34~42.

[129] Poggio Bracciolini, *Lettere* I, a cura di Helene Harth (Firenze, 1987), p.134. 아울러 이 편지에 대한 논의로는 임병철, 〈르네상스의 문을 연 포지오의 편지 두 통〉, 박준철 외, 《서양문화사 깊이 읽기》 (푸른역사, 2008), pp. 139~143을 참조하라.

[130] Poggio Bracciolini, *Facetiae*, in *Opera omnia* I, p.420.

[131] Riccardo Fubini, "La coscienza del latino," p.42.

[132] Nancy S. Struever, *The Language of History in the Renaissance*, pp.144~199, esp., 157.

[133] 포지오의 철학에 대한 입장의 변화에 관해서는 Arthur Field, *The Origins*, pp.104~106.

[134] Poggio Bracciolini, *Lettere* I, p, 223.

[135] William Bouwsma, "Anxiety and the Formation of Early Modern Culture," in his *A Usable Past: Essays in European Cultural Past* (Berkeley, 1990), p.171.

[136] Poggio Bracciolini, *Lettere* I, p.223.

[137] John Jeffries Martin, "The Myth of Renaissance Individualism," Guido Ruggiero, ed., *A Companion to the Worlds of the Renaissance* (Oxford, 2002), pp.214~218.

[138] Poggio Bracciolini, *De nobilitate*, in *Opera omnia*, p.65. 아울러 나는 *La vera nobilità*, a cura di Davide Canfora (Roma, 1999)를 참조했다.

[139] Ibid., p.65.

[140] Ibid., p.67.

[141] John W. Oppel, "The Moral Basis of Renaissance Politics," (Ph. D. Dissertation, Princeton University, 1972), pp.117~118.

[142] Poggio Bracciolini, *De nobilitate*, p. 67.

[143] Patricia Rubin, "Vasari, Lorenzo, and the Myth of Magnificence," a cura di Gian

Carlo Garafagnini, *Lorenzo il Magnifico e il suo mondo* (Firenze, 1994), pp.440~441.

[144] 마쉬David Marsh에 따르면, 르네상스기의 문학적 표현 양식으로서의 '대화'에서 주로 발견되는 긴장이나 갈등은, 비록 자신의 주장에 반하는 것일지라도, 웅변가는 어떠한 입장에서도 자신의 견해를 옹호할 줄 알아야 한다는, 키케로적 이념의 부활을 의미하는 것이었다. 그러나 르네상스 대화의 가장 혁신적인 측면은, 이와 같은 키케로적 '인 우트람쿠에 파르템' 이상의 단순한 수용이 아니라, 오히려 동일한 텍스트에 나타나는 초기의 갈등을 해소하면서 궁극적으로 하나의 합의된 결론을 도출하는 것이라고 할 수 있다. 이를 위해 르네상스 휴머니스트들은, 비록 주제에 관해 모호하게 진술했지만, 궁극적으로 자신들이 등장시킨 대화자들이 마지막에는 하나의 의견으로 생각을 공유하도록 자신들의 작품을 구성하곤 했다. 이를 위해 일반적으로 휴머니스트들은 두 유형의 방식을 사용했는데, 한편으로 그들은 작품 후반에 권위 있는 인물을 등장시킴으로써 그를 통해 초기의 갈등을 중재하고 합의된 결론에 도달하는 방식을 사용했고, 다른 한편으로는 처음부터 대화를 유도하고 이끄는 주된 인물을 등장시킴으로써 그를 통해 궁극적인 결론에 도달하는 방식을 취했다. 이러한 방식들을 사용하면서, 르네상스 휴머니스트들은 자신들의 대화에 통합된 도덕적 교훈을 담을 수 있었다. [이에 대해 David Marsh, *The Quattrocento Dialogue: Classical Tradition and Humanistic Innovation* (Cambridge, 1980), pp.1~23을 보라].

넓은 의미에서 포지오 역시 이와 같은 일반적인 휴머니스트들의 대화 저술방식에 벗어나지 않았다. 예를 들어, 초기 작품 《탐욕론*De avaritia*》에서 그는 두 등장인물 사이의 탐욕이라는 죄에 대한 상반된 견해가 빚은 갈등을, 작품 후반에 예기치 않게 등장하는 비잔티움 철학자 안드레아의 중재를 통해 통해 해소한다. 또한 후기의 대표작 가운데 하나인 《인간조건의 비참함에 대하여*De misera humanae conditionis*》에서는 이와 달리, 처음부터 자신이 대화에 주도적으로 참여하고 이를 통해 어떠한 갈등적 요소보다 통합되고 일관된 의견을 개진한다. 이 점들을 고려할 때, 《귀족론》이 보여 주는 주제적 모호성은 포지오의 대화 서술 방식에서도 하나의 일탈을 보여 주는 것으로 평가할 수 있다.

[145] Poggio Bracciolini, *De nobilitate*, p.64.

[146] Martin Aurell, "The Western Nobility in the Late Middle Ages: A Survey of the Historiography and Some Prospects for New Research," Anne J. Duggan, ed., *Nobles and Nobility in Medieval Europe: Concepts, Origins, Transformation* (Woodbridge, U.K., 2000), pp.264~265.

[147] Poggio Bracciolini, *De nobilitate*, p.77.

[148] Matthew Vester, "Social Hierarchies: The Upper Classes," Guido Ruggiero, ed., *A Companion to the World of the Renaissance* (Oxford, 2002), p.229.

[149] Cf. Hans Baron, *The Crisis of the Early Italian Renaissance: Civic Humanism and Republican Liberty in an Age of Classicism and Tyranny* (Princeton, 1966); id., *In Search of Florentine Civic Humanism: Essays on the Transition from Medieval to Modern Thoughts*, 2 vols. (Princeton, 1988).

[150] Paul Oskar Kristeller, "Humanism and Moral Philosophy," Albert Rabil, Jr., ed., *Renaissance Humanism: Foundation, Forms, and Legacy, vol. 3, Humanism and the Disciplines* (Philadelphia, 1988), p.279.

[151] Poggio Bracolini, *De nobilitate*, p.79.

[152] Ibid., p.77.

[153] 니꼴리의 스토아적 입장에 대한 이와 같은 나의 해석은, 포스너의 몽테뉴에 대한 해석과 밀러의 근대 초 "최고인the best man"에 대한 분석에서 설득력 있게 제시된 근대 초의 신-스토아주의에 관한 해석에서 많은 시사점을 얻었음을 밝혀 둔다. 이에 대해, David Posner, *The Performance of Nobility in Early Modern European Literature* (Cambridge, 1999), pp.25~39; Peter Miller, "The 'Man of Learning' Defended: Seventeenth-Century Biographies of Scholars and an Early Modern Ideal of Excellence," Patrick Coleman, Jane Lewis, and Jill Kowalik, eds., *Representations of the Self from the Renaissance to Romanticism* (Cambridge, 2000), pp.39~62.

[154] David M. Posner, *The Performance of Nobility*, p.4.

[155] Poggio Bracciolini, *De nobilitate*, pp.73~4.

[156] Ibid., p.74.

[157] Ibid., p.80.

[158] 위의 주 142을 참고하시오.

[159] Poggio Bracciolini, *De nobilitate*, p.67.

[160] Riccardo Fubini, *Quattrocento fiorentino: Politica, diplomazia, cultura* (Pisa, 1996), pp.225~234.

[161] 1478년 반메디치 쿠테타 '파찌 음모Pazzi conspiracy'와 여기에 가담했던 포지오의 아들, 야고포Jacopo di Poggio Bracciolini의 역할에 대해서는, Lauro Martines, *April Blood: Florence and the Plot against the Medici* (Oxford, 2003), p.168을 보라. 아울러 파찌 음모에 관한 당대의 기록으로는, Angelo Poliziano, *Della congiura dei Pazzi*, a cura di Alessandro Perosa (Padova, 1958)을 참조하라.

[162] Francesco Tateo, *Tradizione e realtà nell'Umanesimo italiano* (Bari, 1967). p.378.

[163] 중세의 소멸적 자아관념에 대해서는, Roy Porter, "Introduction," to id., ed., *Rewriting the Self: Histories from the Renaissance to the Present* (London, 1997), pp.2~4를 보라.

[164] Nobert Elias, *The Society of Individuals*, pp.125~126.

[165] Poggio Bracciolini, *De varietate fortunae*, in *Opera omnia*, pp.1~4.

[166] M. M. Bakhtin, "The Problem of the Text in Linguistics, Philology, and the Human Science," in his *Speech Genres and Other Late Essays* (Austin, 1986), p.110.

4장. 극장으로서의 사회, 연기자로서의 개인: 알베르티의 다원적 자아재현

[167] 이에 대해서는 임병철, 〈르네상스, 잘 짜여진 신화에서 파편화된 역사로〉, 《한국사학사학보》 11 (2005), pp. 193~218을 참고하라.

[168] Poggio Bracciolini, *De varietate fortunae*, in *Opera Omnia* II, a cura di Riccardo Fubini (Torino, 1964), pp. 1~4. 이와 아울러 극장으로서의 사회에 대한 포지오의 관념에 대해서는, Riccardo Fubini, "Il teatro del mondo' nelle prospettive morali e stroico-politiche di Poggio Bracciolini," id., et al., eds., *Poggio Bracciolini 1380-*

르네상스기
이탈리아인들의 자아와
타자를 찾아서

1980: Nel VI centenario della nascita (Firenze, 1982), pp. 1~132; Nancy Struever, *The Language of History in the Renaissance: Rhetoric and Historical Consciousness in Florentine Humanism* (Princeton, 1970), pp. 176~178.

[169] Jane Tylus, "Theater and Its Social Uses: Machiavelli's Mandragola and the Spectacles of Infamy," *Renaissance Quarterly* 53 (2000), pp. 664~666.

[170] Cristoforo Landino, *Apologia for Dante* (1481). Franco Borsi, *Leon Battista Alberti* (Milano, 1975), p. 365에서 재인용.

[171] Cecil Grayson, "The Humanism of Alberti," *Italian Studies* 12 (1957), pp. 37~38.

[172] Eugenio Garin, "Il pensiero di Leon Battista Alberti: Caratteri e contrasti," *Rinascimento* 12 (1972), pp. 3~20.

[173] Anthony Grafton, *Leon Battista Alberti: Master Builder of the Renaissance* (New York, 2000). 이와 같은 그래프톤의 테제는, 자신이 이 작품에서 직접 인용한 Michael Baxandall, "Alberti's Soul," *Fenway Court* (1990~1991), pp. 31~36에 많은 영향을 받고 있다. 또한 이들과 비슷한 맥락에서, 가돌은 알베르티의 생애와 저작들에 흐르는 공통된 주제나 특징을 "정도measure," "조화harmony," "비율proportion"이라는 개념으로 요약한다. 이에 대해서는, Joan Gadol, *Leon Battista Alberti: Universal Man of the Early Renaissance* (Chicago, 1969)를 참조하라.

[174] Mark Jarzombeck, *On Leon Baptista Alberti: His Literary and Aesthetic Theories* (Cambridge, 1989), p. 3.

[175] Cf. Gene A. Brucker, ed., *Two Memoirs of Renaissance Florence: The Diaries of Buonacorso Pitti and Gregorio Dati*, trans. by Julia Martines (Prospect Heights, IL., 1991); id., "The Medici in the Fourteenth Century," *Speculum* 32 (1957); L. 브루니, 《피렌체 찬가》, 임병철 역 (책세상, 2002).

[176] Leon Battista Alberti, *Leonis Baptistae de Albertis Vita*, appended in Riccardo Fubini and Anna Menci Gallorini, "L'autobiografia di Leon Battista Alberti: Studio e edizione," *Rinascimento* 12 (1972), pp. 70~71.

[177] Ibid., p. 71.

178 Leon Battista Alberti, *De commodis litterarum atque incommodis*, a cura di Laura Goggi Carroti (Firenze, 1976). 이하 이번 장에서는 이 작품을 《학문》으로 약기함.

179 유년, 청소년기에 알베르티가 경험했던 불우한 삶에 대해서는, Girolamo Mancini, *Vita di Leon Battista Alberti* (Firenze, 1882), pp. 49~65를 참조하라.

180 Cecil Grayson, "The Humanism of Alberti," pp. 40~41.

181 Laura Goggi Carroti, "Introduzione," to Leon Battista Alberti, *De commodis*, pp. 5~17. 한편 이와 비슷한 해석으로는, John Oppel, "Alberti on the Social Position of the Intellectual," *The Journal of Medieval and Renaissance Studies* 9 (1989), pp. 123~158을 참조하라.

182 Giovanni Ponte, *Leon Battista Alberti: Umanista e scrittore* (Genova, 1981), pp. 112~116.

183 Cf. Leon Battista Alberti, *De commodis*, p. 78.

184 Ibid., pp. 43~44.

185 Ibid., p. 44.

186 나는 게임game이라는 용어를 Anthony Grafton, *Commerce with the Classics: Ancient Books and Renaissance Reader* (Ann Arbor, 1997), p. 75에서 빌려 왔다. 여기에서 그래프톤은, 알베르티가 권력과 관계 맺고 그들에게 호의적으로 자신을 노출하는 "조작의 게임game of manipulations"이라는 방식으로 인간관계를 인식하고, 이러한 인식에 기초해서 자신을 재현했다고 주장한다. 아울러 권력과 르네상스 지식인의 관계에 대한 유용한 전기적 연구로는 Christopher S. Celenza, *Renaissance Humanism and the Papal Curia: La Capo da Castiglionchio the Younger's De curia commodis* (Ann arbor, 1999)를 참고하라.

187 Leon Battista Alberti, *De commodis*, pp. 98~99.

188 Ibid., p. 99.

189 Cf. Giovanni Pico della Mirandola, *Oration on the Dignity of Man*, trans. by A. Robert Caponigri (Washington, D. C., 1956).

190 Charles L. Stinger, "Humanism in Florence," Albert Rabil, Jr., ed., *Renaissance*

르네상스기
이탈리아인들의 자아와
타자를 찾아서

Humanism: Foundation, Form and Legacy, vol. I, *Humanism in Italy* (Philadelphia, 1988), pp. 196~7.

[191] Leon Battista Alberti, *De commodis*, p. 61.

[192] John Oppel, "Alberti: On the Social Position of the Intellectual," pp. 126~134.

[193] Hans Baron, "Leon Battista Alberti as an Heir and Critic of Florentine Civic Humanism," in his *In Search of Florentine Civic Humanism* (Princeton, 1988), pp. 260~264; id., *The Crisis of the Early Italian Renaissance: Civic Humanism and Republican Liberty in an Age of Classicism and Tyranny* (Princeton, 1966), pp. 348~349.

[194] Leon Battista Alberti, *I Libri della famiglia*, in *Opera omnia*, vol. I, a cura di Cecil Grayson (Bari, 1960), pp. 183~4, and 252.

[195] Leon Battista Alberti, *Vita*, p. 73.

[196] Leon Battista Albeti, *Dinner Pieces: A Translation of the Intercenales*, ed. and trans., by David Marsh (Binghamton, 1987). 이후 이 작품은 《저녁식사*Dinner Pieces*》로 약기될 것이며, 이 책에 대한 논의는 모두 마쉬의 영어 번역본으로부터 온다.

[197] David Marsh, "Introduction," to Leon Battista Alberti, *Dinner Pieces*, pp. 5~7.

[198] Leon Battista Alberti, *Dinner Pieces*, p. 90.

[199] Ibid., p. 83.

[200] Ibid., pp. 84~6.

[201] Ibid., p. 89.

[202] Ibid., p. 90.

[203] 자아의 이중성에 대해서는, Jerrold E. Seigel, "Problematizing the Self," Victoria E. Bonnell and Lynn Hunt, eds., *Beyond the Cultural Turn* (Berkeley, 1999)를 참조하라.

[204] Mark Jarzombeck, *On Leon Baptista Alberti*, p. 39.

[205] Leon Battista Albert, *Dinner Pieces*, p. 90.

[206] 알베르티는 자신의 얼굴을 조각한 메달의 뒷면에, 유명한 날개달린 눈winged-eye 과 "quid tum"이라는 말을 새겨 넣었다. 이후, 이 엠블렘은 알베르티의 도덕관념 을 이해하는 중요한 단서들로 학자들의 주목을 받아 왔다. 이에 대한 보다 자세

한 논의를 위해서는, Renée Watkins, "L. B. Alberti's Emblem, the Winged-Eye, and His Name, Leo," *Milleilungen des Kunsthistorischen Institutes in Florenze* 9 (1960), pp. 256~258; Joanna Wood-Marsden, *Renaissance Self-Portraiture: The Visual Construction of Identity and the Social Status of the Artist* (New Haven, 1998), pp. 71~77 을 참조하라.

[207] Leon Battista Alberti, *Dinner Pieces*, pp, 210~1.

[208] Ibid., p. 212.

[209] 열두 반지는 각기 다른 12개의 엠블렘으로 장식되어 있는데, 그 내용과 의미는 다음과 같다. (1) 주의 깊고 사려 깊게 행동함으로써 획득한 명예와 영광을 상징하는, 왕관 속에 위치한 날개달린 눈winged eyes in a crown, (2) 지성의 그물로 우리에게 다가오는 모든 것들을 들을 수 있는 능력을 상징하는, 그물 속에 놓인 코끼리의 귀 an elephant's ear in a net, (3) 훌륭한 사람들과의 유대를 상징하는, 여러 면을 가진 다이아몬드a many-faced diamond, (4) 좋은 사람들과의 관계에 대한 필요성을 뜻하는, 어부의 바구니와 낚싯대 fisherman's basket and rod, (5) 외부로터의 가르침에 대한 개방성을 의미하는, 열린 문과 촛대로 장식된 전실vestibule with open door and candelabrum, (6) 현명한 충고를 받아들이는 자세를 의미하는, 항해선의 풍향계the vane of a sailorship, (7) 욕망과 열정으로 둘러싸인 이성을 상징하는, 갈고리와 불꽃을 지닌 이어진 원an unbroken circle with hooks and flames, (8) 공적, 개인적 삶이라는 인간 삶의 두 측면을 반영하는, 야누스 얼굴의 속간Janus-faced fasces, (9) 대중들의 극장에 대한 인간의 공헌을 암시하는, 올리브나무로 장식된 극장a theater with olive tree, (10) 모든 것을 능가하는 지성의 힘을 상징하는, 하늘로 오르는 페가수스의 말a Pegasean horse in the sky, (11) 정숙함과 원숙함의 조화를 상징하는, 구렛나루를 한 여인의 얼굴a bearded face of a virgin, (12) 한 개인이 가면을 쓰고 대중들로부터의 자신을 보호해야 한다는 것을 나타내는, 파리들로 뒤덮인 헬멧과 가면a helmet and mask swarmed with flies. 이에 대해, Ibid., pp. 213~217을 보라.

[210] Anthony Grafton, *Leon Batistta Alberti*, p. 21.

[211] Anthony Grafton, *Leon Battista Alberti*, p. 57.

212 John Woodhouse, "Dall' Alberti al Castiglione: Ammonimenti pratici di cortesia, di comportamento e di arrivismo," Luca Chivani, Gianfranco Ferlisi, and Maria Grassi, eds., *Leon Battista Alberti e il Quattrocento: Studii in onore di Cecil Grayson e Erenst Gombrich* (Firenze, 2001), p. 195.

213 Leon Battista Alberti, *Della famiglia*, p. 268.

5장. 타자의 이미지를 통해 자아 만들기: 포지오의 눈에 비친 동양과 동양인

214 Peter Burke, "The Philosopher as Traveller: Bernier's Orient," Jaś Elsner and Joan–Pau Rubiés, eds., *Voyage and Visions: Toward a Cultural History of Travel* (London, 1999), p. 124.

215 Edward W. Side, *Orientalism* (New York, 1979).

216 Peter Burke, "The Philosopher as Traveller," pp. 124~5.

217 Homi K. Bhabha, *The Location of Culture*, 나병철 역, 《문화의 위치: 탈식민주의 문화이론》(소명출판, 2002), pp. 153~8.

218 이 점에서, 바트 무어–길버트는, 사이드의 오리엔탈리즘이 저항의 불가능성을 수용하는 보수 이데올로기로 변질될 수 있음을 지적한다. 이에 대해, Bart Moore–Gilbert, *Postcolonial Theory: Contexts, Practices, Politics*, 이경원 역, 《탈식민주의! 저항에서 유희로》(한길사, 2001), pp. 136~43을 참조하라.

219 《운명의 가변성에 관하여》는 총 네 권으로 구성되어 있다. 제1권은 고고학적 혹은 호고적 관점에서 로마의 멸망과 로마 유적의 소멸이 지니는 함의에 대한 포지오와 그의 친구 로쉬Antonio Loschi 사이의 대화이고, 2권과 3권은 교황 마르티노 5세Martin V에서 에우제니오 4세Eugenius IV의 시대에 일어난 비교적 최근의 역사적 사건들에 대해 다룬다. 그리고 마지막 4권이 본고에서 다루는 여행기이다. [각각의 권에 대한 간략한 이해를 위해서는, William Shepherd, *The Life of Poggio Bracciolini* (Liverpool, 1837), pp. 397~400; Francis M. Rogers, *The Quest for Eastern*

Christians: Travels and Rumor in the Age of Discovery (Minneapolis, 1962), pp. 44~6을 참조하라. 한편 이 작품에 나타난 포지오의 사실주의에 대해서는, Outi Merisalo, "Poggio and i principi: Osservazioni su alcuni temi del *De varietate fortunae* di Poggio Bracciolini," *Medieovo e rinascimento* 4 (1990), pp. 203~21을 보라.]

각각의 책이 보여 주듯《운명의 가변성에 관하여》는 서로 다른 시기에 쓴 관련성이 없는 이야기를 하나로 묶은 것이다. 포지오의 편지를 통해 추적해 보면, 그는 1443년에 두 권의 책을 쓰고, 1448년 이전에 나머지 두 권을 쓴 후 이것들을 하나의 제목 아래 묶었던 것으로 보인다. 이에 대해, 포지오가 친구 피에로 델 몬테Piero del Monte와 안토니오 파노르미타Antonio Panormita에게 쓴 편지를 보라. [Poggio Braccioloni, *Lettere* II, a cura di Helene Harth (Firenze, 1984~7), p. 427; *Lettere* III, p. 59.] 한편《운명의 가변성에 관하여》의 출판에 관한 역사 및 이와 관련된 문제를 개괄하기 위해서는, Outi Merisalo, "Aspects of the Textual History of Poggio Bracciolini's *De varietate fortunae*," *Arctos* 22 (1988), pp. 99~111; Iiro Kajanto, *Poggio Bracciolini and Classicism: A Study in the Early Italian Humanism* (Helsinki, 1987), pp. 36~7; Riccardo Fubini, "Il 'teatro del mondo' nelle prospettive morali e storico~politiche di Poggio Bracciolini," id., et al., *Poggio Bracciolini 1380-1980: Nel VI centenario della nascita* (Firenze, 1982), pp. 9를 참조하라.

220 르네상스 시대에 인도는 페르시아 동쪽 지방에서 동남아시아 남부에 이르는 오늘날보다 좀 더 포괄적인 지역을 지칭한다.

221 르네상스기를 분기점으로 기행문학의 장르는 그 내용이나 형식에서 커다란 변화를 경험했다. 이전 중세 시대에, 다른 세계로의 여행이란 또 다른 존재 형태로의 여행을 상징적으로 의미하는 것이었고, 이 때문에 기행문은 종교적 맥락에서 인간의 영적 체험과 관련된 초월적 경험을 기록하는 일종의 순례보고서와 같은 것이었다. 하지만 중세 말과 르네상스기에 이르면서 상업적 목적에서의 여행이 증가함에 따라, 이와 달리 점점 더 기행문이 전달하는 경험적 사실성이 중요하게 대두하였다. 중세와 르네상스 시대의 기행문학에 대한 개괄적 이해를 위해서는, Mary Campbell, *The Witness and the Other World: Exotic European Travel Writing 400~1600* (Ithaca, 1988); Jaś Elsner and Joan-Pau Rubiés, "Introduction," to eadem,

eds., *Voyage and Visions*, pp. 1~56; Peter Hulme and Tim Young, "Introduction," to id., eds., *The Cambridge Companion to Travel Writing* (Cambridge, 2002), pp. 2~8을 참조하라.

[222] C. W. R. D. Moseley, trans. and ed., *The Travels of Sir John Mandeville* (New York, 1983). Cf. Iain Macleod Higgins, *Writing East: The "Travels" of Sir John Mandeville* (Philadelphia, 1997).

[223] Horst Fuhrmann, *Einladung ins Mittelalter*, 안인희 역, 《중세로의 초대》(이마고, 2003), p. 309~40.

[224] 김호동 역주, 《마르코 폴로의 동방견문록》(사계절, 2000).

[225] 지리학적·민속학적 맥락에서, 르네상스가 지니는 역사적 의의 가운데 하나는 '복수로서의 세계'를 발견했다는 데에 있다. 이에 대해 Joan-Pau Rubiés, "New World and Renaissance Ethnology," *History and Anthropology* 6 (1993), pp. 159~67을 참조하라.

[226] Poggio Bracciolini, *De varietate fortunae*, in *Opera Omnia* II, a cura di Riccardo Fubini (Torino, 1964~9), p. 126. [아울러 나는 *De varietate fortunae*, edizione critica con introduzione e commento a cura di Outi Merisalo (Helsinki, 1993)을 참조했다]. 베네치아 출신의 상인 콘티의 삶(ca. 1395~1469)은 여러 단편적인 정보들을 종합해 불확실하나마 다음과 같이 개괄할 수 있다. 그는 1419년 혹은 그 이전에 베네치아를 떠나 한동안 다마스쿠스Damscus에 거주했으며, 그곳을 출발해 약 25년간 아시아의 여러 곳을 여행했다. 여행 동안, 그는 페르시아를 거쳐, 말라바르Malabar 해안을 따라 항해했으며, 세일론Ceylon, 수마트라Sumatra, 자바Java 섬을 포함한 동남아시아의 여러 지역을 방문했던 것 같다. 그 후 그는 중국 남부지방을 여행했고, 에티오피아를 거쳐, 홍해, 그리고 카이로Cairo를 경유하여 유럽으로 돌아왔다. 그가 유럽으로 돌아온 해는 아마도 1444년으로 추정되며, 이후 그는 베네치아에서 존경받는 상인으로 생을 마감했던 것으로 추정된다. 콘티와 그의 여행에 관한 개괄적인 스케치를 위해서는, F. Surdich, "Niccolò Conti," in *Dizionario biografico degli italiani*, vol. 28 (Rome, 1983), pp. 457~60; Boise Penrose, *Travel and Discovery in the Renaissance 1420~1620* (New York, 1962), pp. 28~30; Francis M. Rogers, *The*

Quest for Eastern Christians, pp. 44~6; Donald F. Lach, *Asia in the Making of Europe*, vol. I, *The Century of Discovery* (Chicago, 1965), pp. 59~63을 참조하라.

227 Joan-Pau Rubiés, *Travel and Ethnology in the Renaissance: South India through European Eyes, 1250~1625* (Cambridge, 2000), pp. 86, 96.

228 Francis M. Rogers, *The Quest for Eastern Christians*, p. 69.

229 Thomas Goldstein, "Florentine Humanism and the Vision of the New World," *Actas* 4 (1961), pp. 195~207.

230 Cf. Richard di Giacomo, *The New Man and the New World: The Influence of Renaissance Humanism on the Explorers of the Italian Era of Discovery* (San Jose, 1991).

231 골드스타인에 따르면, 대략 1410년에서 40년 사이에 토스카넬리와 브루니L. Bruni 스트로찌P. Strozzi, 코르비넬리A. Corbinelli, 니꼴리N. Niccoli 같은 피렌체의 지식인들은 주기적인 비공식 회합을 통해 자신들의 학식과 지식을 공유했다. 비록 이 모임에 참여했던 사람들과 이들이 논의했던 주제들을 확인할 수 없지만, 이들과 포지오의 긴밀한 관계를 고려한다면, 그들이 교환한 정보나 지식들이 포지오에게 전해졌음은 부인할 수 없어 보인다. [이에 대해, Thomas Goldstein, "Geography in Fifteenth-century Florence," John Parker, ed., *Merchants and Scholars: Essays in the History of Exploration and Trade* (Minneapolis, 1965), pp. 16~7, 특히 p. 28 의 주 24를 보라.] 한편 포지오 역시, 이 작품의 앞부분에서 콘티가 제공한 정보를 알 만한 가치가 있고, 기록되고 기억되어야 하는 귀중한 지식이라고 적는다. 이에 대해 Poggio Bracciolini, *De varietate fortunae*, p. 126을 보라.

232 이전 시기 마르코 폴로 그리고 약 한 세대 뒤 바르테마Ludovico di Varthema가 여행했던 경로와 크게 다르지 않은 것으로 보아, 콘티의 내러티브에 나타나는 도시에서 도시로의 여정은, 비록 한마디로 단정하기는 어렵지만, 중세 이후 유럽인들에게 알려졌던 상업 교역로를 따랐던 것 같다. 또한 어떤 새로운 도시에 들어설 때마다, 자주 등장하는 용어 "emporium(시장)"이라는 용어와, 그 고장에서 생산되는 물건에 대한 진부한 표현은 콘티의 상업적 관심을 반영하는 것이라고 할 수 있다.

233 이와 관련해서, 역사적 탐구 대상으로서의 '경이'의 경험이 지니는 중세적 의미에

대해서는, Caroline Walker Bynum, *Metamorphosis and Identity* (New York, 2001), pp. 37~75를 보라.

234 이 점에서 콘티의 내러티브는, 중세의 마르코 폴로의 기행문을 계승한다고도 할 수 있다. 어떤 의미에서 볼 때 폴로의 기행문은 동시대의 다른 기행문과 차별되는 성숙함을 표출하는데, 이는 특히 종교적 편견이 억제된 사실주의와 문화적 상대주의에 대한 수용에서 잘 나타난다. 또한 그의 텍스트에는 동시대의 기행문에서 쉽사리 발견되는 유럽 문화에 대한 우월감도 잘 보이지 않는다. 일례로 이와 관련된 문구를 그의 인도의 한 지역에 관한 묘사에서 찾아보면 다음과 같다. 인도양의 코일룸Colium왕국의 동식물에 대해 언급하면서, 폴로는 "내가 또 무엇을 말할 수 있을까? 그들의 것은 우리의 것과 다르며, 우리 것보다 더 크고 아름답다. 그들에게는 우리의 것과 같은 과일도 짐승도 새도 없는데, 그 이유는 그곳의 엄청난 더위 때문이다." [마르코 폴로, 《마르코 폴로의 동방견문록》, p. 479.] 나는 폴로의 이와 같은 문화적 다양성에 대한 시각이 그의 여행 자체가 경제적·세속적 욕구에서 이루어졌기 때문이라고 생각한다. 하지만 앞서 이야기했듯이 폴로의 기행문 역시, 사실에 대한 나열에 치중하고 있을 뿐, 서로 다른 세계 사이의 문화적 비교를 결여한다.

235 나는 미셸 드 세르토의 "귀환의 작업"이라는 개념을 그와는 조금 다른 차원에서 차용한다. 드 세르토에 따르면, "귀환"의 모티브는 타자의 해석학을 구성하는 가장 중요한 요소 가운데 하나이다. 타자를 주체와 동일한 무엇으로 "귀환"시키면서, 이 모티브는 타자가 야기하는 낯설음을 상쇄할 뿐만 아니라, 궁극적으로는 주체의 지식 체계 내의 전체성 혹은 통일성 안에서 타자에 대한 체계적인 지식을 구축하는 기제로 작용하기 때문이다. 이러한 의미에서 데 세르토에게서 "귀환의 작업"은, 사이드의 오리엔탈리즘에서 발견되는, 타자에 대한 주체의 일방적인 투사의 과정이라고 할 수 있다. 드 세르토의 "귀환의 작업"에 관해서는, Michel de Certeau, *The Writing of History*, trans. by Tom Colney (New York, 1988), pp. 218~26을 보라.

236 Poggio Bracciolini, *De varietate fortunae*, p. 146.

237 John Mandeville, *The Travels*, p. 143.

238 Joan-Pau Rubiés, *Travel and Ethnology in the Renaissance*, p. 116.

239 Poggio Bracciolini, *De varietate fortunae*, pp. 146~7.

240 Ibid., p. 147.

241 Ibid., p. 150.

242 Ibid., pp. 142.

243 Ibid., p. 130.

244 Wilfried Nippel, "Facts and Fiction: Greek Ethnography and Its Legacy," *History and Anthropology* 9 (1996), pp. 125~38.

245 Poggio Bracciolini,, *De varietate fortunae*, p. 134.

246 Ibid., p. 135.

247 Ibid., p. 135.

248 Nobert Elias, *The Civilizing Process: Sociogenetic and Psychogenetic Investigations*, trans. by Edmund Jephcott, revised edition (Oxford, 1991).

249 나는 르네상스 미술사가 박산달로부터 '시대의 눈'이라는 개념을 차용한다. [Cf. Michael Baxandall, *Painting and Experience in Fifteenth-Century Italy* (Oxford, 1972).]

250 Poggio Bracciolini, *Facetiae*, in *Opera omnia* I, p. 466.

251 Ibid.

252 Michel de Montaigne, *The Complete Works: Essays, Travel Journal, Letters*, ed. by Donald M. Frame (New York, 2003), pp. 182~93, esp., p. 189.

253 물론 둘 사이의 차이점 역시 존재한다. 그것은, 몽테뉴가 유럽 사회에 만연해 있던 부정과 폭력을 자기-반성적 고백을 통해 '명시적'으로 밝힌 데 비하여, 식인풍습을 단지 또다른 삶의 한 방식으로 취급하면서 포지오가 이를 '암묵적'으로 나타낸다는 점이다.

254 뮤어에 따르면, 근대 초의 유럽에서 시민 사회civil society의 건설은 북부 이탈리아에서 처음 시작되었다. 주기적 폭력 행사로 특징되는 중세적 행위 방식과 그것을 통해 규정된 사회 윤리가, 북부 이탈리아를 시작으로 자기-억제를 통해 내면

르네상스기
이탈리아인들의 자아와
타자를 찾아서

화되는 개인화 과정에 기초한 집단적 통제 체제, 즉 문명화 과정으로 변화하였기 때문이다. 뮤어는, 넓게 확산된 학문적 풍토와 곧 뒤이은 새로운 궁정 문화의 성장이 유럽 사회에 만연해 있던 여러 형태의 폭력을 제거하면서 이탈리아에서 이와 같은 조숙한 현상이 출현할 수 있었다고 주장한다. 이에 대해, Edward Muir, "The Source of Civil Society in Italy," *Journal of Interdisciplinary History* (1999), pp. 379~406을 보라. 한편 Robert Muchembled, "Manners, Courts, and Civility," Guido Ruggiero, ed., *A Companion to the Worlds of the Renaissance* (Oxford, 2002), pp. 156~72는 르네상스 시대의 이탈리아 상인, 은행가, 휴머니스트들이 어떻게 이상적 삶에 관한 새로운 모델을 시작했고, 또 그것이 어떻게 예절manners과 문화 civility를 강조하는 궁정적 삶의 모델로 발전하였는지를 검토한다.

255 비록 콘티의 동방 그리스도교 및 인도의 종교에 관한 묘사가 '우상숭배'라는 중세적 용어로 표현되었을지라도, 그의 용어가 이전 중세 시대의 경멸적 의미보다는 다소간 상대주의적 관점에서 사용되었다는 점이 강조되어야한다. 예를 들어, 그는 네스토리우스교도들은, 마치 유대인들이 유럽에서 그러하듯이, 인도의 여러 곳에 흩어져 살고 있다고 말하면서, 유럽에서도 하나의 특정 종교만 고집하는 것이 아니라는 점을 넌지시 암시한다. [이에 대해, Poggio Bracciolini, *De Varietate fortunae*, p. 129를 보라.] 한편 포지오가 《파케티아이》의 네 번째 이야기에서 그리스도교도로 개종한 한 유대인들 통해 그리스도교를 조소하고 풍자하는 것을 감안한다면, 그의 다른 종교에 대한 태도 역시 그리 적대적이었던 것 같지는 않다.

256 Poggio Bracciolini, *De varietate fortunae*, p. 129.

257 Ibid., p. 143.

258 Ibid., p. 144.

259 이 점에서, 콘티의 여행과 그에 대한 설명 그리고 포지오의 해석 둘 모두에서, 종교적 이슈가 그들의 주된 관심사가 아니었다는 점이 강조될 필요가 있다. 먼저 그들이 인도의 종교와 동방의 그리스도교도들에 관해 이야기할지라도, 그들의 설명은 결코 종교적 관심이나 동기에 맞추어 진행된 것이 아니다. 무엇보다 포지오의 텍스트에는, 종교적 열정이 빚어 낸 허구의 결정체로 중세의 기행문에 주로 나타

났던 프레스터 존the Prester John에 관한 언급이나 순례의 모티브가 등장하지 않는다는 점이 이 점을 뒷받침한다.

260 Poggio Bracciolini, *De varietate fortunae*, pp. 144~5.

261 Poggio Braccioini, *Lettere* II, pp. 157~63. 아울러 이 편지에 관해서는 임병철, 〈르네상스의 문을 연 포지오의 편지 두 통〉, 박준철 외 《서양문화사 깊이 읽기》(푸른역사, 2008), pp. 132~153을 참조하라.

262 Cf. 예를 들어 신의 가호를 얻기 위해 생명을 버리라고 이야기하는 인도의 사제의 설교를 참조하라. [Poggio Bracciolini, *De varietate fortunae*., p. 144.] 또한 개인의 삶에 대한 공적 강제라는 관점은 인도의 장례풍습에 관한 그의 설명에도 나타난다. p. 412.

263 인도의 종교 관행, 특히 자기파괴적인 종교의식에 관한 포지오의 묘사는 몽테뉴가 이탈리아 여행기에서 묘사했던 것과 많은 부분 유사한 면을 보여 준다. Michel de Montaigne, *The Complete Works*, pp. 1118, 1169~71을 보라. 또한 Peter Burke, "The Sources: Outsiders and Insiders," in his *The Historical Anthropology of Early Modern Italy: Essays on Perception and Communication* (Cambridge, 1987), p. 18을 참조하라. 이와 아울러 흑사병 이후의 유럽 사회의 문화적·사회적 변화가 고려되어야 한다. 주지하다시피 흑사병의 공격은 중세인들에게 신의 분노의 표현으로 해석되었으며, 이에 따라 이전과는 다른 채찍고행과 같은 종교적 관행과 암울한 세계관이 14세기 이후 유럽 사회를 지배하기 시작하였다. 이에 대해 서양중세사학회 편, 《서양 중세사 강의》(느티나무, 2003), pp. 378~80을 보라.

264 두 문화의 양립불가능성에 대한 포지오의 관심은 두 세계 사이의 의사소통을 가능하게 하는 언어의 부재에 대한 그의 불평에서 잘 나타난다. 예를 들어, 코친Cochin 지역 근처에서 목격한 바다괴물에 관한 이야기를 전하면서, 콘티는 결코 그에 대한 인도인들의 표현을 이해할 수 없었다고 전한다. 이와 더불어, 에티오피아의 낯선 식물들에 관해 묘사하면서, 포지오는 능력 있는 통역가가 없었기 때문에 익명의 에티오피아인이 자신에게 이야기한 것을 거의 이해할 수 없었다고 아쉬움을 토로한다. 이에 대해 Poggio Bracciolini, *De varietate fortunae*, pp. 137~8과 150을

보라.

265 Anthony Grafton, *Bring Out Your Dead: The Past as Revelation* (Cambridge, MA., 2001), pp. 89~90. 이와 함께 신세계에 대한 유럽인들의 담론과 이에 대한 고전고대의 영향을 이해하기 위해서는, id., *New Worlds, Ancient Texts: The Power of Tradition and the Shock of Discovery* (Cambridge, 1992)를 참조하라.

266 1492년 2월 15일에 쓴, 이 편지의 원문은 Outi Merisalo, "Le prime edizioni stampata del *De varietate fortunae* di Poggio Bracciolini," *Arctos* 19 (1985), pp. 101~2에 수록되어 있다.

267 Ibid., p. 102.

268 예를 들어, 위의 주 266에 소개한 다 볼라테의 편지를 보라.

269 이 점에서 중세의 순례기는 고대의 히스토리아historia 전통과 그 맥락을 같이한다. 즉 두 시대에 여행은 현재의 공간적 이동의 의미를 넘어서는 시간적 이동, 즉 과거에 대한 탐구를 의미하는 것이었다. 이것은 "지금 여기"가 "과거의 역사"와의 관련성 속에서 의미를 지닐 수 있었기 때문이다. 이에 대해, 최화선, 〈고대 후기 그리스도교 성지 순례의 양상〉, 《서양사 연구》 32 (2005), pp. 44~52을 참조하라.

270 다스톤에 따르면 '객관성objectivity'은 시대에 따라 변화는 역사적 개념이다. [Lorrain Daston, "Objectivity and the Escape from Perspective," *Social Studies of Science* 22 (1992), pp. 597~618.] 다스톤에 견해에 따라, 위에서 사용한 '객관적'이라는 용어가, 데카르트 이후 시대의 과학 담론에서 일반적으로 사용되는 의미, 즉 '비관점적aperspectival'이라는 뜻을 내포하지 않는다. 오히려 여기에서 나는 '객관적'이라는 용어를 사물의 궁극적 실재, 즉 존재론적 측면을 강조하는 것으로 사용한다.

271 이에 대해서는 이 책의 1부를 참조하라.

272 여러 점에서 바르테마의 여행기는 새로운 시대의 면모를 보여 준다. 특히 자신의 여행기에서 바르테마는, 자신을 여행의 주체이자 또 동시에 여행의 기록을 쓰고 있는 작가로 인식한다. 이 점에서 그의 여행기는 르네상스가 낳은 새로운 문학 장르, 즉 자서전autobiography과 비슷한 성격을 띤다고 할 수 있다. 다시 말해 바르

테마의 여행기는 폴로나 콘티의 경우에서 드러나는 경험주의적 관점과 포지오로 대변되는 작가의 주체의식이 종합된 사례라 할 수 있다. 바르테마와 그의 여행기에 대해서는 이 책의 9장을 참조하라.

273 Peter Burke, "The Sources," p. 16.

274 "제국의 시선"이라는 용어는 Mary Louise Pratt, *Imperial Eyes: Travel Writing and Transculturation* (London, 1992)에서 인용한 것이다.

6장. 치리아코의 지중해 기행과 고전고대의 발굴

275 르네상스의 고대에 대한 발견과 고전주의에 대해서는, 특히 Roberto Weiss, *The Renaissance Discovery of Classical Antiquity* (New York. 1969); Ervin Panofsky, *Renaissance and Renascences in Renaissance Art* (New York, 1969)를 참조하라.

276 개략적이지만 치리아코에 대한 중요한 스케치로는 R. Sabbadini, "S. V. Ciriacom" in *Enciclopedia italiana* x (1931), p. 438를 보라. 아울러 그에 대한 전기작품으로는 Jean Colin, *Cyriaque d'AncÔne, le voyageur, le marchand, l'humaniste* (Paris, 1981); Marina Belozerskaya, *To Wake the Dead: A Renaissance Merchant and the Birth of Archeology* (New York, 2009)를 참조하라. 그리고 그에 대한 당대의 기록으로는 Francesco Scalamonti, *Vita viri clasrissimi et famosissimi Kyriaci Anconitami*, eds. by Charles Mitchell and Edward Bodnar (Philadelphia, 1996)을 보라[이하 이 작품은 *Vita viri*로 약기함].

인생 전반에 걸쳐 끝없이 진행되었던 그의 여행은, 현재 남아 있는 사료를 기준으로 파악하면, 대략 3단계로 나누어 볼 수 있다. 먼저 첫 베네치아 여행부터 약 1435년까지의 여행이고 이에 대한 기록은 주로 스칼라몬티가 쓴 치리아코의 전기에서 파악할 수 있다. 두 번째 단계는 약 1435년에서 1443년에 이르는 기간 동안 했던 달마티아에서 그리스 본토로의 여행과 북이탈리아 여행이며, 이에 대한 사료는 주로 17세기의 여러 필사본을 통해 파편적으로 우리에게 전해지고 있다. 치리아코의 마지막 단계의 여행은 1443년부터 1452년에 이르는 시기의 지중해 기행이다. 다양한 문서보관소에 흩어져

남아 있는 이 여행에 대한 기록은 현재 Cyriac of Ancona, *Later Travels*, ed. and trans. by Edward D. Bodnar (Cambridge, 2003)에 모두 정리되어 있다[이하 이 작품은 *Later Travels*로 약기함].

277 Roberto Weiss, "Ciriaco d'Ancona in Oriente," *Venezia e l'Oriente fra trado medieovo e rinascimento*, a cura di Agostino Petrusi (Venezia, 1966), pp. 324~328; Edward D. Bodnar, "Introduction," to Cyriac of Ancona, *Later Travels*, pp. ix~xxii; Roberto Weiss, *The Renaissance Discovery of Classical Antiquity*; Marina Belozerskaya, *To Wake the Dead*.

278 이 개선문에 관해서는 Augusto Campana, "Giannozzo Manetti, Ciriaco e l'Arco di Traiano ad Ancona," *Italia Mediovale e Umanistica* 2 (1959), pp. 483~504를 참조하라.

279 Francesco Scalamonti, *Vita viri*, p. 47.

280 Roberto Weiss, *The Renaissance Discovery of Classical Antiquity*, p. 138.

281 Leonard Barkan, *Unearthing the Past: Archeology and Aesthetics in the Making of Renaissance Culture* (New Haven, 1999), p. 26.

282 Jean Colin, *Cyriaque d'AncÔne*, p. 285에서 재인용.

283 Francesco Scalamonti, *Vita viri*, p. 26.

284 치리아코는 1424년의 로마 답사 때부터 자신의 거의 모든 여행에 대한 기록을 *Itinerarium*과 *Commentaria*라는 제목의 두 작품을 통해 남기기 시작했다. 하지만 아쉽게도 오늘날 이 두 작품은 모두 유실되었고, 이 작품들의 일부만을 필사한 약간의 기록만이 유럽 전역의 문사보관소에 정리되지 않은 상태로 남아 있다.

285 Cf. Andrea Mantegna, 〈성 세바스티아노의 순교〉(1456~1459), 프랑스 파리 루브르.

286 조승연·앤드스튜디오, 《르네상스 미술이야기 2: 완벽한 그림》(세미콜론, 2009), p. 153.

287 Marina Belozerskaya, *To Wake the Dead*, pp. 256~257.

288 Poggio Bracciolini, *De Varietate Fortunae*, a cura di Outi Merisalo (Helsinki, 1993), pp. 91~92.

289 교황 마르티노 5세는 교황이 된 직후 방문하여 처음 보게 된 로마의 모습에 실망을 금치 못하고, 당시 로마의 상황에 대해 기술한 바 있다. Cf. Marina Belozerskaya, *To*

Wake the Dead, pp. 48~49.

290 Francesco Scalamonti, *Vita viri*, p. 48.

291 페트라르카는 1337년 로마를 방문하고 친구 콜론나와 함께 옛 로마의 유적지를 답사했다. 그리고 그는 후일 이 답사와 그것에서 느낀 감정을 콜로나에게 다시 편지로 적어 보냈다. [Francesco Petrarch, "Letter to Giovanni Colonna of the Order of Preacher," *Letters on Familiar Matters* I~VIII, ed. and trans. by Aldo S. Bernardo (New York, 2005), pp. 290~295.]

292 스칼라몬티는 후일 치리아코의 컬렉션 가운데에서 이 화병을 자신이 직접 보았다고 기술한다. Francesco Scalamonti, *Vita viri*, p. 53.

293 Francesco Scalamonti, *Vita viri*, p. 58.

294 Marina Belozerskaya, *To Wake the Dead*, pp. 104~105.

295 Francesco Scalamonti, *Vita viri*, pp. 59~60.

296 Francesco Scalamonti, *Vita viri*, p. 68.

297 Cyriac of Ancona, *Later Travels*, pp. 72~74.

298 Cyriac of Ancona, *Later Travels*, pp. 218~220.

299 Cyriac of Ancona, *Later Travels*, p. 300.

300 Cyriac of Ancona, *Later Travels*, p. 190. 오늘날 치리아코가 쓴 시가 거의 남아 있지 않고, 또한 당대에도 그는 시인이라기보다 고대를 사랑한 여행가나 상인으로 주로 이해되었다. 이를 고려한다면 베카델리가 치리아코를 시인으로 부르는 것은 의외의 호칭으로 생각될 수도 있다. 하지만 처음 라틴어를 배우기 시작할 때부터 그는 자신의 시를 주변의 휴머니스트 친구들에게 서신을 통해 회람하며 문학가적 활동을 게을리 하지 않았다. 아마도 베카델리 역시 치리아코의 시를 여러 경로를 통해 접했을 것이며, 이를 바탕으로 그를 시인으로 높게 평가했을 것이다.

301 Lucille Kekewich, "Humanism," id., ed., *The Impact of Humanism* (New Haven, 2000), pp. 67~68.

302 S. Rizzo and R. Raffaelli eds., *Il libro e il testo: atti del convegno internazional, Urbino* (Urbino, 1984), pp. 231~238.

르네상스기
이탈리아인들의 자아와
타자를 찾아서

303 이에 관해서는 포지오가 니꼴리에게 쓴 편지를 보라. Phyllis Walter Goodhart Gordan, trans., *Two Renaissance Book Hunters: The Letters of Poggius Bracciolini to Nicolaus de Niccolis* (New York, 1974), p. 166.

304 책 사냥꾼으로서의 포지오와 그의 영향에 대해서는 임병철, 〈르네상스의 문을 연 편지 두 통〉, pp. 157~159를 참조하라.

305 Cyriac of Ancona, *Later Travels*, p. 264.

306 Jean Colin, *Cyriaque d AncÔne*, p. 303.

307 Francesco Scalamonti, *Vita viri*, p. 46.

308 Jean Colin, *Cyriaque d AncÔne*, pp. 393~394에서 재인용.

309 필렐포의 베르길리우스에 대한 새로운 해석과 이에 관련하여 그가 치리아코에게 보낸 편지에 관해서는, Diana Robin, *Filelfo in Milan* (Princeton, 1991), pp. 52~55를 보라.

310 Cf. 임병철, 〈르네상스의 문을 연 편지 두 통〉, pp. 156~157.

311 Cf. George Holmes, *The Florentine Enlightenment 1400~50* (New York, 1969).

312 Francesco Scalamonti, *Vita viri*, p. 69.

313 니꼴리는 말 그대로의 완전주의자였다. 그는 언어 관례 등을 비롯한 고대의 모든 것을 그대로 모방하고 따르려고 했다. 이 때문에 그 기준에 맞춘다면 자신을 비롯한 당대의 그 누구도 완전한 고전주의자가 될 수 없었다. 따라서 그는 자기 스스로도 더 이상 글을 쓰지 않았을 뿐만 아니라, 당시의 모든 이들에게 비판을 가했다. 이러한 니꼴리의 성격에 대해서는, 특히 당대의 여러 저명인사들에 대한 기록을 남긴, 베스파시아노의 증언을 보라. [Vespasinao da Bisticci, *Le vite*, vol. II, edizione critica con introduzione e commento di Aulo Greco (Firenze, 1976), pp. 225~242].

314 Francesco Scalamonti, *Vita viri*, pp. 69~70.

315 Marina Belozerskaya, *To Wake the Dead*, p. 170.

316 Francesco Scalamonti, *Vita viri*, pp. 69~70.

317 Marina Belozerskaya, *To Wake the Dead*, p. 176.

318 Edwawrd W. Bodnar, "Athens in April 1436: Part I," *Archeology* 23(1970), pp.

96~105.

319 Marina Belozerskaya, *To Wake the Dead*, pp. 197~199.

320 Jenifer Neils, *The Parthenon: From Antiquity to the Present* (Cambridge, 2005), p. 332를 참조.

321 Mary Bergstein, "Donatello's Gattamelata and Its Humanist Audience," *Renaissance Quarterly* 55 (2002), pp. 833~868.

322 치리아코가 가타멜라타에 바친 헌사격의 비문은, Cyriac of Ancona, *Later Travels*, p. 300에 수록되어 있다.

323 Stanko Kokole, "Cyriacus of Ancona and the Revival of Two Forgotten Personifications in Rector's Palace of Dubronik," *Renaissance Quarterly* 49 (1996), pp. 225~267.

324 이 편지는 Francesco Scalamonti, *Vita viri clasrissimi et famosissimi Kyriaci Anconitami*, eds. by Charles Mitchell and Edward Bodnar (Philadelphia, 1996), pp. 196~198에 부록으로 수록되어 있다.

325 Cf. 임병철, 〈르네상스의 문을 연 편지 두 통〉, pp. 154~156.

326 Francesco Scalamonti, *Vita viri*, p. 48.

327 물질문명과 상업의 성장이라는 측면에서 르네상스 사회를 고찰한 중요한 연구 성과로는, Lisa Jardin, *Worldly Goods: A New History of the Renaissance* (London, 1996)를 보라.

328 나는 이 개념을 Lisa Jardin and Jerry Brotton, *Global Interests: Renaissance Art between East and West* (London, 2000), p. 23에서 빌려 왔다.

329 Franz Babinger, *Mehmed the Conqueror and His Time* (Princeton, 1978), pp. 496~498.

330 Cyriac of Ancona, *Later Travels*, pp. 48~52.

331 Cyriac of Ancona, *Later Travels*, pp. 74, 76.

332 Nancy Bisaha, *Creating East and West: Renaissance Humanists and the Ottoman Turks* (Philadelphia, 2004), pp. 102~103.

333 이러한 시각으로 르네상스기 동·서문화의 교류에 주목한 대표적인 작품으로는 Lisa Jardin and Jerry Brotton, *Global Interests*를 보라.

334 Amanda Wunder, "Western Travelers, Eastern Antiquities, and the Image of the Turk

in Early Modern Europe," *JEMH* 7 (2003), pp. 89~119.

335 Cf. Mary Louise Pratt, *Imperial Eyes: Travel Writing and Transculturation* (New York, 1992).

7장. 문학과 회화의 만남: 언어적 초상화로 《궁정인》 읽기

336 Amedo Quodam, *"Ouesto povero Cortegiano,"* Castiglione, *il Libro. la Storia* (Roma, 2000), pp. 309~375; Peter Burke, *The Fortune of the Courtier* (University Park, 1995) pp. 1~18.

337 임영방, 《이탈리아 르네상스의 인문주의와 미술》(문학과 지성사, 2003), pp. 123~124.

338 Joseph Anthony Mazzeo, *Renaissance and Revolution: The Remaking of European Thought* (London, 1967), p. 131.

339 Robert W. Hanning and David Rosand, eds., *Castiglione: The Ideal and the Real in Renaissance Culture* (New Haven, 1983); J. R. Woodhouse, *Baldesar Castiglione: A Reassessment of The Courtier* (Edinburgh, 1978), pp. 1~5.

340 《궁정인》, 서문, 1장. [이번 장에서는 Baldesar Castiglione, *Il libro del Cortegiano*, a cura di Walter Barberis (Torino, 1998)와 *The Book of the Courtier*, ed. by Daninel Javitch (New York, 2002), George Bull, trans., *The Courtier* (New York, 1967)를 기본 텍스트로 삼았다. (이후 원문이 인용될 경우, 각주로 처리하는 대신 본문의 괄호 안에 권수와 장수만 약기하여 처리할 것임)].

341 Joanna Wood-Marsden, *Renaissance Self-Portraiture: The Visual Construction of Identity and the Social Status of the Artist* (New Haven, 1998), pp. 15~7; Eduardo Saccone, "The Portrait of the Courtier in Castiglione," *Italica* 64 (1987), pp. 1~18. 그린블랫의 셀프-패셔닝에 대해서는 Stephen Greenblatt, *Renaissance Self-Fashioning: From More to Shakespeare* (Chicago, 1980)와 나의 〈문학과 역사의 세계에 날아든 녹색탄환, 스티븐 그린블랫〉, 《역사와 문화》12 (2006), pp. 246~8을 참조하라.

342 Michael Baxandall, *Giotto and the Orators: Humanist Observers of Painting in Italy and the Discovery of Pictorial Composition 1350−1150* (Oxford, 1971).

343 Rensselaer W. Lee, *Ut Pictura Poesis: The Humanistic Theory of Painting* (New York, 1967), p. 3.

344 오비디우스, 이윤기 역, 《변신이야기》(민음사, 1994), p. 19.

345 Erwin Panofsky, *Studies in Iconology: Humanistic Themes in the Arts of the Renaissance* (Boulder, 1972; reprint of 1939 edition), pp. 69~94.

346 파노프스키는 파괴자 시간과 죽음의 모티브가 연결되면서, 15세기 말 이후부터 비로소 서양 회화의 도상에서 죽음을 상징하는 모래시계가 등장하기 시작한다고 주장한다. Erwin Panofsky, *Studies in Iconology*, pp. 82~3.

347 David Rosand, "The Portrait, the Courtier, and Death," Robert W. Hanning and David Rosand, eds., *Castiglione: The Ideal and the Real*, pp. 91~2.

348 Wayne A. Rebhorn, *Courtly Performance: Masking and Festivity in Castiglione's Book of the Courtier* (Detroit, 1978), p. 53.

349 Robert Hanning, "Castiglione's Verbal Portraits: Structures and Strategies," Robert W. Hanning and David Rosand, eds., *Castiglione: The Ideal and the Real*, p. 132.

350 Bruno Maier, *Il cortegiano, con una scelta delle opere minori* (Torino, 1964), p. 598.

351 David Rosand, "The Portrait," pp. 93~4.

352 Leon Battista Alberti, *On Painting*, trans. by Cecil Grayson (New York, 1991), p. 60. [이와 함께 나는, *De Pictura*, a cura di Cecil Grayson (Roma, 1980)에 실린 이탈리아본과 라틴본을 참조했다. 하지만 본고에서는 영역본의 쪽수를 표기한다.]

353 Leon Battista Alberti, *On Painting*, p. 60.

354 David Rosand, "The Portrait," p. 107.

355 하인리히 뵐플린, 안인희 역, 《르네상스의 미술》(휴머니스트, 2002), p. 202.

356 Alison Cole, *Virtue and Magnificence: Art of the Italian Renaissance Courts* (New York, 1995), p. 173. 그라찌아의 의미에 대해서는 이 책의 다음 장을 참조하라.

357 Wayne Rebhorn, *Courtly Performances*, pp. 69~73. 특히 라파엘로의 초상화와 카테

나Vincenzo Catena의 작품으로 추정되는 또 다른 카스틸리오네 초상화를 비교하는 레브혼의 논의에 주목하라.

358 에르빈 파노프스키, 마순자 역, 《파노프스키의 이데아》(예경, 2005), pp. 54~5에서 재인용.

359 Nancy Struever, *The Language of History in the Renaissance: Rhetoric and Historical Consciousness in Florentine Humanism* (Princeton, 1970), pp. 145~51.

360 움베르토 에코, 이현경 역, 《미의 역사》(열린책들, 2005), pp. 176~83.

361 Wayne A. Rebhorn, *Courtly Performances*, pp. 53~5.

362 사실의 재창조라는 점에서 볼 때, 예술arte과 속임수inganno의 차이는 한마디로 가늠하기가 쉽지 않다. 《궁정인》의 3권 40장에서 힘들게 속임수와 예술의 차이를 설명하는 것으로 보아, 카스틸리오네 역시 이 문제에 대해 고심했던 것으로 보인다. 또한 앞서 논의했던 한 편지에서, 그는 이폴리타의 입을 통해 그녀가 카스틸리오네에게 그의 초상화를 보면서 "긴 나날을 속인다"라고 적고 있다. 이와 같은 혼란은 예술이 실제의 완벽한 모사나 모방이 아니라 그에 대한 재창조라는 점에서 기인한다고 할 수 있다.

363 Leon Battista Alberti, *On Painting*, p. 71. 알베르티는 이탈리어본과 라틴본의 두 판본으로 《회화론》을 출간했다. 헌정 서문을 제외하고는 두 판본에는 거의 차이가 없다. 하지만 위에서 인용한 부분에는 약간의 차이가 존재하는 데, 위 번역은 라틴본을 따른 것이다.

364 Leon Battista Alberti, *On Painting*, p. 67. 알베르티의 이 작품을 번역한 노성두는 istoria를 "역사화"로 옮긴다. 하지만 나는 이를 내러티브적 회화로 풀어 쓰는 것이 타당하다고 생각한다. 알베르티가 사용한 이스토리아istoria에는 무엇보다 원뜻 그대로의 이야기라는 의미가 강하게 담겨 있을 뿐만 아니라, 그가 이 용어를 설명하면서 고전고대의 수사학적 개념과 용어를 이용하기 때문이다. 하지만 이 책에서는 이를 우리말로 옮기지 않고 이스토리아istoria로 사용한다. 이에 대해 알베르티, 노성두 역, 《알베르티의 회화론》(사계절, 1998), 특히 p. 70의 주 56을 참조하라.

365 Leon Battista Alberti, *On Painting*, p. 65.

366 Charles Hope, "Aspect of Criticism in Art and Literature in Sixteenth-Century Italy," *Words and Images* 4 (1988), 1~10.

367 Charles Hope and Elizabeth McGrath, "Artists and Humanists," Jill Kraye, ed., *The Cambridge Companion to Renaissance Humanism* (Cambridge, 1996), pp. 166~7.

368 Wayne A. Rebhorn, *Courtly Performances*, p. 63.

369 이 점에서 레브혼은 《궁정인》이 훗날의 "역사소설"과 유사한 측면이 있다고 지적한다. Wayne Rebhorn, *Courtly Performances*, pp. 54~5.

370 H. E. 반스, 허승일·안희돈 역, 《서양사학사》 (한울, 1994), p. 139.

371 Donald J. Wilcox, *The Development of Florentine Humanist Historiography in the Fifteenth Century* (Cambridge, 1969), pp. 1~31.

372 George Holmes, "Humanism in Italy," Anthony Goodman and Angus Mackay, eds., *The Impact of Humanism on Western Europe* (London, 1990), p. 129; Robert Muchembled, "Manners, Courts, and Civility," Guido Ruggiero, ed., *A Companion to the World of the Renaissance* (Oxford, 2002), pp. 160~4.

373 이에 대해 임병철, 〈르네상스, 짜여진 신화에서 파편화된 역사로〉, 《한국사학사학보》 11 (2005), pp. 193~218을 참조하라.

374 Milic Čapek, "Time," *Dictionary of the History of the Ideas*, vol. IV (New York, 1978), p. 390.

375 Charles R. Mack, *Looking at the Renaissance: Essays toward a Contextual Appreciation* (Ann Arbor, 2005).

8장. 권력관계 속에 봉인된 르네상스의 개인: 카스틸리오네의 이상적 궁정인

376 Eugenio Garin, *L' educazione in Europa 1400~1600: problemi e programmi* (Bari, 1966), p. 141.

377 이 글에서 나는 Baldesar Castiglione, *Il libro del Cortegiano*, a cura di Walter Barberis

(Torino, 1998)와 *The Book of the Courtier*, ed. by Daniel Javitch (New York, 2002), George Bull, trans., *The Courtier* (New York, 1967)를 기본 텍스트로 삼았다. (이후 원문이 인용될 경우, 각주로 처리하는 대신 본문의 괄호 안에 Walter Barberis 텍스트의 권수와 장수만 약기하여 처리할 것임을 미리 밝혀둔다).

[378] Eugenio Garin, *La cultura del rinascimento* (Milano, 2000), p. 82.

[379] Daniel Javitch, *Poetry and Courtliness in Renaissance England* (Princeton, 1978), p. 11.

[380] Joseph Marino, "A Renaissance in the Vernacular: Baldassar Castiglione's Coining of the aulic," Joseph Marino and Melinda Schlitt, eds., *Perspectives on Early Modern and Modern Intellectual History: Essays in Honor of Nancy S. Struever* (Rochester, 2001), pp. 145~163, esp., 152.

[381] Valeria Finucci, *The Lady Vanishes: Subjectivity and Representation in Castiglione and Ariosto* (Stanford, 1992), p. 49.

[382] Denys Hay, *The Italian Renaissance in Its Historical Background* (Cambridge, 1966), pp. 203~205; Daniel Javitch, "Il Cortegiano and the Constraints of Despotism," Robert W. Hanning and David Rosand eds., *Castiglione: The Ideal and the Real in Renaissance Culture* (New Haven, 1983), p. 17.

[383] Wayne A. Rebhorn, *Courtly Performances: Masking and Festivity in Castiglione's Book of the Courtier* (Detroit, 1978), p. 41.

[384] Eduardo Saccone, "Grazia, Sprezzatura, Affettazione in the Courtier," Robert W. Hanning and David Rosand, eds., *Castiglione*, pp. 47~48.

[385] 단 한 차례의 예외는 2권 17에 등장한다. 그곳에서 카스틸리오네는 "군주, 기사, 그리고 여인들의 그라찌아를 얻기 위해per acquistar quella grazia de' signori, cavalieri e donne," 궁정인은 언제나 친절하고 다정하게 대화를 나누어야 한다고 말한다. 한편 이 책에서는 자세히 논의하지 않지만 나는 이러한 그라찌아에 대한 카스틸리오네의 제한된 용례가 전통적인 그리스도교의 은총개념과도 무관하지 않다고 생각한다.

[386] Leon Battista Alberti, *I Libri della famiglia*, in *Opera omnia*, vol. I, a cura di Cecil

Grayson (Bari, 1960), p. 268.

387 John Woodhouse, "Dall' Alberti al Castiglione: Ammonimenti pratici di cortesia, di comportamento e di arrivismo," a cura di Luca Chivani, Gianfrnco Ferlisi, and Maria Grassi, *Leon Battista Alberti e il Quattrocento: Studi in onore di Cecil Grayson e Ernest Gombrich* (Firenze, 2001), p. 195.

388 Wayne A. Rebhorn, *Courtly Performances*, p. 35.

389 Eduardo Saccone, "Grazia, Sprezzatura, Affettazione," pp. 57~59.

390 Harry Berger, *The Absence of Grace: Sprezzatura and Suspicion in Two Renaissance Courtly Books* (Stanford, 2000), p. 11.

391 적어도 다루는 주제의 외형으로만 볼 때 《궁정인》의 3권은 예외적인 독립된 장으로 해석될 수도 있다. 하지만 이 책의 주제와 관련하여 자세히 논의하지는 않겠지만, 나는 3권 역시 일관된 이 작품의 전체 주제라고 할 수 있는 정치나 권력의 문제에서 벗어나지 못한다고 판단한다. 이에 대해 나의 〈발데사르 카스틸리오네, 《궁정인》: 이상과 현실 사이에 선 궁정인의 초상〉, 《서양사론》 94 (2007), p. 310~311을 보라.

392 이 책의 전체적인 내용에 대해서는 나의 〈발데사르 카스틸리오네, 《궁정인》〉, pp. 301~312를 보라.

393 Thomas Greene, "Il Cortegiano and the Choice of a Game," *Renaissance Quarterly* 32 (1979), pp. 175.

394 J. R. Woodhouse, *Baldesar Castiglione: A Reassessment of the Courtier* (Edinburgh, 1978), pp. 70~71.

395 Richard A. Lanham, *The Motives of Eloquence: Literary Rhetoric in the Renaissance* (New Haven, 1976), p. 146.

396 Virginia Cox, *The Renaissance Dialogue: Literary Dialogue in Its Social and Political Contexts, Castiglione to Galileo* (Cambridge, 1992), p. 52.

397 Wayne A. Rebhorn, *Courtly Performances*, p. 178.

398 Ghino Ghinasi, "Fasi dell' elaborazione del Cortegiano," *Studi di filologia italiana* 25

(1967), pp. 155~196.

399 Olga Zorai Puglise, "The Development of Dialogue in Il libro del cortegiano: From the Manuscript Draft to the Definite Version," Dorothea Heithsch and Jean−François Vallée, eds., *Printed Voices: The Renaissance Culture of Dialogue* (Toronto, 2004), p. 81.

400 Daniel Javitch, "Il Cortegiano and the Constraints of Despotism," Robert W. Hanning and David Rosand, eds., *Castiglione*, p. 27.

401 Marcel Tetel, "The Humanistic Situation: Montaigne and Castiglione," *Sixteenth Century Journal* 10 (1979), pp. 69, 74.

402 J. R. Woodhouse, *Baldesar Castiglione*, pp. 72~73.

403 Jacob Burckhardt, *The Civilization of the Renaissance in Italy*, trans. by S. C. G. Middlemore (New York, 2000), chap. II, esp., p. 98.

404 Eduardo Saccone, "The Portrait of the Courtier in Castiglione," *Italica* 64 (1987), p. 4.

405 Olga Zorai Pugliese, "The Development of Dialogue," p. 86.

406 Stephen Kolsky, "Graceful Performances: The Social and Political Context of Music and Dance in the Cortegiano," *Italian Studies* LIII (1998), pp. 1~19.

407 Giancarlo Mazzacurati, *Il Rinascimento dei modenai* (Bologna, 1985).

408 Garrett Mattingly, *Renaissance Diplomacy* (New York, 1988), p. 47.

409 Edward Muir, "The Sources of Civil Society," *The Journal of Interdisciplinary History* 24 (1999), pp. 379~406.

410 John Larner, "Europe of the Courts," *The Journal of Modern History* 55 (1983), pp. 669, 676.

411 Carlo Ossola, *Dal Cortegiano all'Uomo di mondo* (Torino, 1987), pp. 13~14.

412 Peter Burke, *The Fortune of the Courtier: The European Reception of Castiglione's Cortegiano* (University Park, 1995), pp. 153~157.

9장. 르네상스의 수수께끼 여행가: 바르테마의 기행기에 나타난
##　　저자의식과 세계인식

413　1510년 초판본이 출현한 이래 이후 수세기에 걸쳐 바르테마 여행기는 다양한 언
　　어로 출판되었다. 이 여러 판본 가운데 오늘날 가장 완벽한 형태로 정리된 것
　　은, 1510년의 이탈리아 본을 기초로 1863년 런던에서 영어로 편집·출판된, *The*
　　Travels of Ludovico di Varthema in Egypt, Syria, Arabia Deserta and Arabia Felix, in
　　Persia, India, and Ethiopia, trans. by John Winter Jones and ed. by George Percy
　　Badger (London, 1863)이다. [이하 이 책에 대한 나의 논의는, 특별한 언급이 없는
　　경우, 모두 이 영어본에 기초하고 있으며, 이를 *The Travels of Ludovico*로 약기하여
　　인용한다. 아울러 영어 번역에 문제가 있다고 판단되거나 이탈리아어 원문이 보
　　다 정확하게 의미를 전달할 수 있다고 생각될 경우, 나는 이탈리아어와의 대조를 위
　　해 *Itinerario di Ludovico de Varthema*, a cura di P. Giudici (Milano, 1929)을 참조했다.
　　이탈리아어 본의 경우는 *Itinerario*로 약기한다.]

414　"Privilege" issued by Mattheus Boninifis, translated and inserted in *The Travels of Ludovico*.

415　바르테마 여행기의 출판의 역사에 대해서는, 1863년 영어본의 번역자 John Winter
　　Jones's "Preface" to *The Travels of Ludovico*, pp. i~xvi을 참조하라.

416　Boise Penrose, *Travel and Discovery in the Renaissance 1420-1620* (New York, 1962), p. 37.

417　보이무스는 1520년 아우구스부르크에서 지구상의 다양한 세계의 문화와 관습 등
　　을 인류학적 관점에서 종합하여 이를 *Omnium gentium mores, leges, et ritus*라는 제
　　목으로 출판했다. 그런데 이 책의 출판업자를 물색하던 보이무스는, 당시 그 도시
　　의 인쇄업자였던 지기스문드 그림Sigismund Grimm이 먼 이국의 문물에 관심을
　　가지고 있을 뿐만 아니라 최근에는 직접 바르테마의 책을 출판했다는 점을 떠올
　　리며, 자신의 책의 출판을 의뢰하기 위해 자신 또한 그러한 주제에 관심을 가지고
　　있으며 바르테마의 저작에 대해서도 잘 알고 있다는 내용의 편지를 보냈다. 1520
　　년 4월 1일 보이무스가 그림에게 보낸 편지는 Klaus A. Vogel, "Cultural Variety in
　　a Renaissance Perspective: Johannes Boemus on "The Manners, Laws, and Customs

of all People"," Henriette Bugges and Joan Pau Rubiés, eds., *Shifting Cultures: Interactions and Discourse in the Expansion of Europe* (Münster, 1995), p. 22의 note 17을 보라. 하지만 흥미로운 점은 그림에게 보낸 편지와 그에 기초한 헌정 서문에서의 언급에도 불구하고, 보이무스는 자신의 책에서 바르테마가 대중의 인기에 영합하려고 거짓을 전한 허풍선이에 가깝다고 비난했다. 두말할 나위 없이 이러한 비판적 입장은, 보이무스가 고전적 유산과 고대 전통의 권위를 인정하고 그에 기초하여 민속학적 혹은 인류학적 지식의 체계를 수립하려 했다는 점을 반영한다. 이러한 그의 시각에서 볼 때, 앞으로 논의하겠지만, 기존의 학문과 전통적 지식의 권위를 도외시하는 듯한 바르테마의 태도는 여행 자체의 진실성과 그것이 담고 있는 정보적 가치에 대한 회의를 불러일으키기에 충분한 것이었다. 보이무스의 인류학적 관심사와 고전적 전통에 대한 강조에 대해서는, Klaus A. Vogel, "Cultural Variety in a Renaissance perspective," pp. 17~34를 보라.

[418] George Percy Badger, "Introduction," to *The Travels of Ludovico*, p. xci.

[419] Boise Penrose, *Travel and Discovery*, p. 40; Joan-Pau Rubiés, *Travel and Ethnology in the Renaissance: South India through European Eyes, 1250-1625* (Cambridge, 2000), p. 128; Donald F. Lach, *Aisa in the Making of Europe*, vol. I. *The Century of Europe* (Chicago, 1965), p. 165.

[420] Jean Aubin, "Deux chrétiens au Yémen Tahirde," *Journal of the Royal Asiatic Society*, 3rd series, 3(1993), pp. 33~75, esp. p. 38.

[421] 특히 이와 관련하여 19세기 중반 메카와 메디나를 방문했던 영국의 여행가 버튼 Richard Francis Burton의 기록이 눈에 띈다. 자신의 아라비아 방문기 *The Pilgrimage to Al-Medina and Meccha* (London, 1893)에서, 버튼은 스스로 경험하고 목격한 메카와 메디나의 관습과 그에 관한 바르테마의 기록을 비교한 뒤, "관찰과 준비된 내용의 정확성이라는 측면에서 보자면, 바르테마는 오리엔트를 여행했던 옛 사람들 가운데 최고로 손꼽힌다. 그는 유럽과 그리스도교 세계를 위해 아라비아와 자바 동쪽에 위치한 인도의 여러 제도를 방문했던 진정한 여행가였다"고 말하며, 바르테마의 여행기가 담고 있는 정보적 가치를 높이 평가했다. ("Ludovico di Varthema,"; available from http://en.wikipedia.org/wiki/Ludovico_di_Varthema; internet; accessed 21 March

2011).

422 이에 관해서는 George Percy Badger, "Introduction," to *The Travels of Ludovico*와 이
책에 실린 다양한 그의 각주를 참고하라.

423 특히 이러한 관점은 1863년 영어본을 1928년 재출간하면서 이에 대한 서문
을 새롭게 작성한 편집자의 입장에서 잘 나타난다. Richard Carnac Temple,
"Introduction" to *Itinerary of Ludovico di Varthema* (London, 1928), pp. xix~xxvi를 보
라. 이와 함께 라크Donald F. Lach 역시 특별한 이유를 언급하지 않지만 바르테마
의 기록을 신뢰할 수 있다고 주장한다 (Donald F. Lach, *Aisa in the Making of Europe*, p.
165, esp. note. 62).

424 이러한 측면에서 바르테마의 여행기를 분석한 가장 설득력 있는 논의로는 Joan-
Pau Rubiés, *Travel and Ethnology in the Renaissance*, pp. 125~163을 참고하라.

425 페트라르카에게서 나타나는 르네상스 기행문학의 자서전적 특징에 대해서는, 이
책의 2장을 참고하라.

426 Joan-Pau Rubiés, "Introduction," to *Shifting Cultures*, p. 12.

427 콘티의 기행기와 르네상스 기행문학에 나타난 문명 및 그와 결부된 자아와 타자의
문제에 대해서는 이 책의 5장을 참고하라.

428 George Percy Badger, "Introduction," to *The Travels of Ludovico*, pp. xvii~xxi.

429 Joan-Pau Rubiés, *Travel and Ethnology in the Renaissance*, p. 126.

430 *The Travels of Ludovico*, pp. 1~2.

431 '새로운 것이나 먼 곳에 대한 열망,' '낯선 사람과 낯선 관습을 보고 알려고 하는
바람' 등, 이와 유사한 표현은 바르테마의 여행기에 수차례 반복된다. 예를 들어,
The Travels of Ludovico, pp. 75, 85, 221를 보라.

432 *The Travels of Ludovico*, pp. 234~235.

433 이 점에서 오뱅Jean Aubin은 바르테마를 포르투갈 군에게 고용된 그리스도교 스
파이로 추정한다. 비록 여행기 자체만으로 단정하기는 어렵지만, 적어도 바르테
마가 당시 인도에서 점차 제국주의적 지배 체제를 확립해 가던 포르투갈인들에
게 그들이 필요로 하는 유용한 정보를 제공하면서 스스로의 사회적 입지를 확보

할 수 있었던 것이 분명해 보인다는 이유에서이다. Jean Aubin, "Deux chrétiens,"; Joan-Pau Rubiés, *Travel and Ethnology in the Renaissance*, p. 134.

[434] *The Travels of Ludovico*, p. 2.

[435] Joan-Pau Rubiés, *Travel and Ethnology in the Renaissance*, p. 138.

[436] *The Travels of Ludovico*, p. 105.

[437] *The Travels of Ludovico*, pp. 50, 259, 263, 280.

[438] 존스의 1863년 번역 이래 오늘날까지 영어권에서는 con la propria persona를 '개인적으로personally' 라는 말로 주로 번역해 왔다. 하지만 나는 만약 그렇게 번역할 경우, 그것을 통해 르네상스 문화에 내재한 '극장적 성격' 그리고 그것과 궤를 같이하는 르네상스 특유의 '연극적 자아' 개념을 설명하기 어렵다고 생각한다. 다시 말해 persona에는 단순히 개인이라는 의미 외에도 고전기 그리스 시대 이래의 전통적 의미인 '가면mask' 이라는 뜻이 담겨 있고, 따라서 바르테마가 con la propria persona라는 표현을 사용하면서, 단순한 개인적 경험이라는 의미는 물론이고, 그보다 더 중요하게는, 외부 요인에 따라 적절한 모습으로 가장하고 위장하는 가변적인 자기정체성의 문제를 표출하고 있다고 생각하기 때문이다. (*Itinerario*, p. 335).

[439] Alison Brown, *The Renaissance* (London, 1999), pp. 91~96. 특히 이와 같은 연극적 성격을 중심으로 르네상스 피렌체의 정치문화를 분석한 설득력 있는 논의로는 Paola Ventrone, *Gli araldi della commedia: Teatro a Firenze nel Rinascimento* (Pisa, 1993) 를 보라.

[440] 이와 관련하여 바르테마 여행기에 나타난 독특한 스타일이 특히 주목을 끈다. 여러 차례 바르테마는 여행지에서 만난 사람과의 대화를 여행기에 옮길 경우, 그들과의 대화를 원어 그대로 적은 후 곧 이를 다시 이탈리어로 번역하여 옮기는 형식을 취했다. 우리는 그가 여행지에서 자신의 경험을 조금씩 기록하고 이를 나중에 정리했는지 아니면 유럽으로 돌아온 후 과거의 기억을 더듬으며 여행기를 모두 한꺼번에 저술했는지 알 수 없다. 만약 전자의 경우라면, 그것은 여행 도중 자신이 적어 놓은 간략한 메모 따위를 다시 여행기에 옮겨 놓은 것이라고 추정해 볼 수도 있다. 하지만 만약 그렇다고 하더라도, 대화의 경우 원어와 번역을 병기하는 이러

한 그의 서술 방식에는 석연치 않은 점이 적지 않다. 무엇보다 아라비아어에 능통했기 때문에, 바르테마가 아라비아어로 나눈 대화를 그런 이중적인 방식으로 서술할 필요가 없어 보이기 때문이다. 또한 주로 통역인을 대동하여 대화를 나눈 인도와 동남아시아에서의 경우에서도 이는 마찬가지이다. 여전히 그가 통역인을 통해 듣게 된 말이 아라비아어였기 때문이다. 그렇다면 이러한 그의 서술 방식은 저자의 권위를 드러내는 일종의 자기-과시적 장치로 해석될 수 있다. 즉 이러한 서술 방식을 통해, 바르테마는 자신의 이야기가 단순한 풍문이나 책에서 접한 이차적 지식을 통해 얻어진 것이 아니라 스스로의 일차적 경험을 통해 획득된 것임을 보여 주는 한편, 이와 동시에 자신이 그러한 경험을 소화할 수 있는 능력을 보유하고 있다는 점을 의도적으로 드러낸다. 한마디로 이러한 서술 방식은 저자로서의 권위를 확보하는 문학적 장치와 다름없어 보인다.

441 Boise Penrose, *Travel and Discovery*, p. 41.

442 벵골에서 만난 동방의 그리스도교도들은—아마도 중국에서 온 네스토리우스교도로 추정되는—바르테마에게 로마의 베드로 성당이나 성 베드로와 성 바울과 같은 서방 그리스도교 성인들에 대해 많은 질문을 했고, 심지어 그에게 은밀히 자신들과 함께 중국으로 가자고 권유했다. 이러한 그들의 제의에 대해 바르테마는 만약 그들의 제안을 받아들인다면 "영원히 고향에 돌아갈 수 없을 것"이라는 염려 때문에 이를 받아들이지 않았다고 적는다. *The Travels of Ludovico*, p. 248.

443 *The Travels of Ludovico*, pp. 246~251.

444 *The Travels of Ludovico*, p. 258.

445 *The Travels of Ludovico*, pp. 259~261.

446 Joan-Pau Rubiés, "New Worlds and Renaissance Ethnology," *History and Anthropology* 6 (1993), p. 171.

447 Wilfried Nippel, "Facts and Fiction: Greek Ethnology and Its Legacy," *History and Anthropology* 9 (1996), pp. 125~138.

448 Joan-Pau Rubiés, "Introduction," to *Shifting Cultures*, pp. 11~12.

449 Jaś Elsner and Joan-Pau Rubés, "Introduction," to eadem eds., *Voyage and Visions:*

르네상스기
이탈리아인들의 자아와
타자를 찾아서

Towards a Cultural History of Travel (London, 1999), p. 41.

450 1508년 초 리스본으로 돌아 온 바르테마는 아마도 그 해 언젠가—적어도 11월 이전—고향 이탈리아로 귀국한 것으로 보인다. 그리고 그는 자신의 경험을 베네치아의 의원 사누토Marino Sanuto에게 이야기했다. 사누토는 1508년 11월 5일자의 일기에서, 볼로냐 출신의 바르테마가 정무위원회the college of the Signoria에 와서 인도의 의식과 관습 등에 대해 이야기했고, 그의 이야기에 모든 이들이 놀라움을 금치 못했다고 기록했다. [Marino Sanuto, *I Diarii*, 58 vols. (Venice, 1879~1903), vol. VII, p. 662; Joan-Pau Rubiés, *Travel and Ethnology in the Renaissance*, p. 125, note 3에서 재인용.] 이를 고려한다면, 유럽으로 돌아온 후 바르테마는 처음 자신의 경험을 구술하기 시작했고, 이후 그것을 바탕으로 1510년 이 여행기를 집필·출판한 것으로 추정할 수 있다.

451 *The Travels of Ludovico*, p. 86.

452 동방 그리스도교에 대한 관심과 그들을 찾으려는 노력이 지리상 발견기의 유럽의 지리적 팽창에 기여했다는 점은 췌언의 여지가 없다. 특히 이러한 시각에서 이 시기의 여행과 여행기에 주목한 로저스Francis M. Rogers는 자신의 주저 *The Quest for Eastern Christians: Travels and Rumor in the Ages of Discovery* (Minneapolis, 1962), esp., p. 126에서 바르테마 역시 이러한 종교적 전통 아래에서 동방의 그리스도교들과 그리스도교 유산에 대해 관심을 가지고 있었다고 은연중에 암시한다. 하지만 이러한 로저스의 해석은 단순하고 표피적이다. 앞으로 논의하겠지만, 간혹 그리스도교 성인이나 유적 혹은 동방 그리스도교들에 대해 언급하더라도, 바르테마의 묘사에는 어떠한 종교적 의미나 이데올로기 등이 담겨 있지 않기 때문이다.

453 인도의 사법관행에 대한 유럽인들의 칭송은 기실 그리스-로마시대부터 이어져온 뿌리 깊은 것이었다. 그리고 이러한 전통은 중세의 마르코 폴로나 아라비아 출신의 여행가들에게 계승되었다. 특히 당시 인도를 여행했던 일부 이슬람인들은 바로 그러한 시각에서 "사법 정의는 인도인들 사이의 자연적 본능"이며, "안전과 정의가 이 도시[캘리컷]에서는 확고하게 뿌리내리고 있다"고 적었다. 이에 대해 George Percy Badger의 주해를 보라. *The Travels of Ludovico*, p. 148, note 1.

454 *The Travels of Ludovico*, p. 126; *Itinerario*, p. 202.

455 *The Travels of Ludovico*, p. 126.

456 *The Travels of Ludovico*, p. 129.

457 *The Travels of Ludovico*, pp. 130~131.

458 인도의 풍속이나 관습에 대한 바르테마의 해석은 주로 캘리컷을 중심으로 이루어진다. 그는 캘리컷에 대한 설명에 가장 많은 지면을 할애했을 뿐만 아니라, 여러 차례 캘리컷과의 비교를 통해 다른 도시나 지역에 대해 서술했다. 비자야나가르의 경우 역시 마찬가지이다. 특히 이 점은 바르테마가 그곳의 종교적 관행을 캘리컷의 그것과의 비교를 통해 묘사했다는 점에서 잘 나타난다. 그렇다면 그가 "제2의 낙원"으로 칭송한 비자야나가르의 모습은, 캘리컷에 관한 부분에서 언급했던 사법적 정의가 완전하게 구현된 하나의 모범적 유형으로 해석될 수 있다. 캘리컷의 사법 관행 등에 대해서는, *The Travels of Ludovico*, pp. 147~148을 보라.

459 Marry B. Campbell, *The Witness and the Other World: Exotic European Travel Writing, 400–1600* (Ithaca, 1988), p. 91.

460 Donald F. Lach, *Asia in the Making of Europe*, p. 166.

461 *The Travels of Ludovico*, pp. 42~43.

462 존스는 gentilezze를 delicacy로 번역한다. 루비에스의 지적처럼 이 용어가 비자야나가르의 비옥함이나 그곳의 산물들을 묘사하고 있는 부분에서 등장하기 때문에, 이를 delicacy로 번역하여 문명화된 사회에서 사용되거나 발견되는 "진귀하고 풍미 좋은 산물rare and delicate goods"이라는 차원에서 이해할 수도 있을 것이다. 하지만 이 용어에 담겨 있는 시대적 의미를 고려하면 여기에는 단순한 물적 차원이 아닌 질적 차원에서의 도시 문명과 그것으로부터 탄생한 새로운 예절 개념이 담겨 있다는 점이 간과되어서는 안 된다. 그러므로 이 용어에는 당대의 휴머니스트 지식인들이 강조했던 decorum의 이상 역시 담겨 있고, 따라서 행동양식의 우아함이라는 의미 역시 내포되어 있다. 나는 이 점에서 이를 courteous civility로 해석하는 루비에스의 논의가 보다 설득력 있다고 판단한다. (*Itinerario*, p. 202. 아울러 루비에스의 논의는 Joan-Pau Rubiés, *Travel and Ethnology in the Renaissance*, pp.

147~148, esp., note 53을 참조하라). 또한 당대에는 이 용어에 군주적 비르투virtú에 의한 고귀함이라는 고어적 의미와 함께 이교도라는 함의가 담겨 있었다. 그러므로 아마도 getilezze를 통해 바르테마가 이교도적 고귀성의 다양한 측면들을 지칭했을 가능성도 높다.

463 근대 초 유럽의 사회와 문화를 특징짓는 "시대의 눈period eye"으로서의 문화 규율 개념에 대해서는 이 책의 5장의 논의를 참조하라. 아울러 나는 이 개념을 Michael Baxandall, *Painting and Experience in Fifteenth-Century Italy* (Oxford, 1972)에서 빌려왔다.

464 *The Travels of Ludovico*, p. 262.

465 *The Travels of Ludovico*, pp. 243~244. 아울러 캘리컷의 폴리아와 히라바에 대한 바르테마의 묘사는 *The Travels of Ludovico*, pp. 171~173을 보라.

466 이에 관해서는 앞의 각주 417을 참조하라.

467 Garcia da Orta, *Coloquios dos simples e dragas da India* (Goa, 1563), ff. 29~30r; Joan-Pau Rubiés, *Travel and Ethnology in the Renaissance*, p. 145에서 재인용.

468 Joan-Pau Rubiés, "Travel Writing and Ethnology," Peter Hulme and Tim Youngs, eds., *The Cambridge Companion to Travel Writing* (Cambridge, 2002), pp. 248~249.

469 *The Travels of Ludovico*, pp. 3~4.

470 로마에서 1517년 6월 출판된 또다른 이탈리어 판본에는 "고 루도비코Ludovico defuncto"라는 표현이 등장한다. 이로 미루어 루도비코는 1517년 여름 이전에 사망한 것으로 보인다. John Winter Jones, "Preface" to *The Travels of Ludovico*, p. iv.

471 Mary B. Campbell, *The Witness and the Other World*, p. 6.

472 Anthony Grafton, *Bring Out Your Dead: The Past as Revelation* (Cambridge, 2001), pp. 89~90.

473 Cf. Mary Louise Pratt, *Imperial Eyes: Travel and Transculturation* (London, 1992).

474 *The Travels of Ludovico*, p. 262.

475 포르투갈 군에 배속된 이후의 약 18개월 동안, 바르테마는 칸나노르Cannanore, 폼파니Pompani 함락 등의 전투에 참전하여 혁혁한 전공을 세운 것으로 보인다. 또

한 이러한 전공이 공적으로 인정을 받아 바르테마는 코친Cochin에서 포르투갈 제독의 대리인으로 활동하기 이르렀으며, 앞에서 이야기했듯이 곧 기사의 작위까지 수여받았다. 당대의 여러 기록이나 후대 포르투갈의 역사 기록과 비교할 때, 당시 인도와 포르투갈의 관계나 양자 사이의 전투에 관한 바르테마의 기록에서는 커다란 모순이 발견되지 않는다. 그렇다면 귀순 후 그리스도교 전사로 활동했던 바르테마의 행적에 관한 여행기의 기록은 신뢰할 만한 것으로 판단된다. George Percy Badger, "Introduction," to *The Travels of Ludovico*, pp. xcix~ci.

종장: 가까워지는 시선

476 이 방에 대한 유용한 논의로는 Randolph Starn, "Seeing Culture in a Room for a Renaissance Prince," Lynn Hunt, ed., *The New Cultural History* (Berkeley, 1989), pp. 205~232를 보라. 아울러 궁정 미술가로서의 만테냐에 주목하여 이 방의 여러 작품들을 분석한 유용한 연구로는, Alison Cole, *Virtue and Magnificence: Art of the Italian Renaissance Court* (New York, 1995), pp. 148~159를 참조하라.

477 Niccolò Machiavelli, "Lettere a Francesco Vettori, Firenze, 10 Dicembre 1513," in *Tutte le opere*, a cura di Mario Martelli (Milano, 1993), p. 1160.

478 Ibid.

479 Cf. Richard A. Goldthwaite, *Wealth and the Demand for Art in Italy, 1300–1600* (Baltimore, 1993); id., *The Building of Renaissance Florence: An Economic and Social History* (Baltimore, 1980). 아울러 이러한 물질문화의 팽창이라는 시각에서 르네상스기의 문화 전반을 분석한 설득력 있는 연구로는 Lisa Jardin, *Worldly Goods: A New History of Renaissance* (New York, 1996)를 참조하라.

480 이와 관련하여 르네상스기의 수사학을 "정치적" 도구로 해석한 유용한 논의로는, Wayne A. Rebhorn, *The Emperor of Men's Mind: Literature and the Renaissance Discourse of Rhetoric* (Ithaca, 1995)을 보라. 아울러 15세기 후반 르네상스 수사학 이상의 변화를 베네치아의 관점에서 분석한 연구로는, Virginia Cox, "Rhetoric and

Humanism in Quattrocento Venice," *Renaissance Quarterly* 56 (2003), pp. 652~694 를 참조하라. 이 논문에 따르면 적어도 베네치아의 경우 15세기 후반에 접어들면서 르네상스 수사학의 이상이 지혜와 진리의 추구에 대한 관심에서 설득을 위한 기예로 변화하였다.

[481] 자아 구현의 실례 혹은 자아재현의 관행 그 자체로서의 문학적 텍스트의 기능과 성격에 관한 위 논의를 위해, 나는 Mariann Sanders Regan, *Love Words: The Self and the Text in Medieval and Renaissance Poetry* (Ithaca, 1982), pp. 15~49에서 많은 시사점을 받았다.

[482] 임병철, 〈르네상스, 짜여진 신화에서 파편화된 역사로〉, 《한국사학사학보》 11 (2005), pp. 193~218.

[483] Peter Burke, *The Fortunes of Courtier: The European Reception of Castiglione's Cortegiano* (University Park, 1996), pp. 1~18.

[484] 르네상스기의 자아와 근대 자아의 상관관계라는 측면에서, 나는 오늘날 가장 유명한 도덕철학자 가운데 한 사람으로 꼽히는 테일러의 연구가 시사하는 바가 적지 않다고 생각한다. "내향성inwardness"이 자아에 대한 인간의 관념을 형성하는 결정적인 요소라고 주장하면서, 그는 그것이 어떻게 인간의 도덕적 판단에 영향을 미치는지의 문제에 주목한다. 그의 논의에 따르면, 한 인간이 자신의 행동을 선택하고 관조하는 도덕적 틀 내에서 행동할 때, 그 인간을 비로소 행위자agent로 부를 수 있으며, "근대적" 자아는 바로 이처럼 행위자가 자신의 사회적 행동이나 선택에 스스로의 도덕적 입장을 투사할 때 출현하게 된다. 물론 그는 이러한 근대적 자아가 출현한 것은 18세기에 와서라고 주장한다. 하지만 그는 한 인간의 행위와 도덕적 입장 사이의 통합을 강조하면서도 조심스럽게 이러한 역사적 변화가 피코 델라 미란돌라Pico della Mirandola나 몽테뉴Michel Montaigne 같은 르네상스인들과 함께 시작되었다고 강조한다. 이에 대해서는 Charles Taylor, *Sources of the Self: The Making of the Modern Identity* (Cambridge, 1989)를 보라. 아울러 근대 초와 근대 시기의 서양적 개인의 탄생을 논의한 유사한 연구로는, 츠베탕 토로로프, 베르나르 포크롤, 로베르 르그로, 《개인의 탄생: 서양 예술의 이해》, 천성자 역(기파랑,

2006)을 보라.

485 이에 관해, Randolph Starn, "Who's Afraid of the Renaissance?" John van Engen, ed., *The Past and Future of Medieval Studies* (South Bend, 1996), pp. 129~147를 보라.

486 William Bouwsma, "The Renaissance and the Drama of Western History," in his *A Usable Past: Essays in European Cultural History* (Berkeley, 1999); id., *The Waning of the Renaissance 1550~1640* (New Haven, 2002).

487 Edward Muir, "The Italian Renaissance in America," *The American Historical Review 100* (1995), p. 1096.

Alberti, Leon Battista. *On Painting*. Translated by Cecil Grayson. New York, 1991.

_____. *De Pictura*. A Cura di Cecil Grayson. Roma, 1980.

_____. 노성두 역, 《알베르티의 회화론》. 사계절, 1988.

_____. *Dinner Pieces: A Translation of the Intercenale*. Edited and translated by David Marsh. Binghamton, 1987.

_____. *De commodis litterarum atque incommodis*. A cura di LauraGoggi Carroti. Firenze, 1976.

_____. *Leonis Baptistae de Albertis Vita*. Appended in Riccardo Fubini and Anna Menci Gallorini, "L' autobiografia di Leon Battista Alberti: Studio e edizione." *Rinascimento* 12 (1972).

_____. *I Libri della famiglia*. In *Opera Omnia* vol. I. A cura di CecilGrayson. Bari, 1960.

Asher, Lyell. "Petrarch at the Peak of Fame." *PMLA* 108 (1993).

Aubin, Jean. "Deux chrétien au Yèmen Tahirde." *Journal of Royal Asiatic Society* 3(1993).

Aurell, Martin. "The Western Nobility in the Late Middle Ages: A Survey of the Historiography and Some Prospects for New Research." In *Nobles and Nobility in Medieval Europe: Concepts, Origins, Transformation.* Edited by Anne Duggan. Woodbridge, 2000.

Babinger, Franz. *Mehmed the Conqueror and His Time.* Princeton, 1978.

Bacci, P. Domenico. *Poggio Bracciolini nella luce dei suoi tempi.* Firenze, 1959.

_____. *Cenni biografici e religiosità di Poggio Bracciolini.* Firenze, 1963.

Bakhtin, M. M. "The Problem of the Text in Linguistics, Philology, and the HumanScience." In his *Speech Genres and Other Late Essays.* Austin, 1986.

Babani, A. and Vyronis S. Jr., eds. *Individualism and Conformity in Classical Islam.* Weisbaden, 1975.

Badger, Georgey Percy. "Introduction." To Ludovico di Varthema, *The Travels of Ludovico di Varthema in Egypt, Syria, Arabia Deserta and Arabia Felix, in Persia, India, and Ethiopia.* Translated by John Winter and Edited by Geoerge Percy Badger. London, 1863.

Barkan, Leonard. *Unearthing the Past: Archeology and Aesthetics in the Making of the Renaissance Culture.* New Haven, 1999.

Barolini, Teodolinda. *The Undivine Comedy: Detheologizing Dante.* Princeton, 1992.

Baron, Hans. *In Search of Florentine Civic Humanism: Essays on the Transition from Medieval to Modern Thoughts,* 2 vols. Princeton, 1988.

_____. *The Crisis of the Early Italian Renaissance: Civic Humanism and Republican Liberty in an Age of Classicism and Tyranny.* Princeton, 1966.

_____. *From Petrarch to Leonardo Bruni.* Chicago, 1968.

_____. "Leon Battista Alberti as an Heir and Critic of Florentine Civic Humanism." *In his In Search of Florentine Civic Humanism: Essays on the transition from Medieval to Modern Thoughts,* Vol.I. Princeton, 1988.

_____. "Moot Problem in Renaissance Interpretation: An Answer to Wallace K. Ferguson." *Journal of the History of Ideas* XIX (1958).

Baxandall, Michael. *Painting and Experience in Fifteenth-Century Italy.* Oxford, 1972.

_____. *Giotto and Orators: Humanist Observers of Painting in Italy and the*

르네상스기
이탈리아인들의 자아와
타자를 찾아서

Discovery of Pictorial Composition, 1350–1450. Oxford, 1971.

_____. "Alberti's Soul." Fenway Court (1990–1991).

Belozeskaya, Mariana. To Wake the Dead: A Renaissance Merchant and the Birth of Archeology. New York, 2009.

Benton, John. "Individualism and Conformity in Medieval Europe." In Individualism and Conformity in Classical Islam. Edited by A. Banani and S. Vryonis Jr. Weisbaden, 1975.

Berger, Harry. The Absence of Grace: Sprezzatura and Suspicion in Two Renaissance Courtly Books. Stanford, 2000.

Bergstein, Mary. "Donatello's Gattamelata and Its Humanist Audience." Renaissance Quarterly 55 (2002).

Bernardo, Aldo S. ed. Francesco Petrarca, Citizen of the World. Padova, 1974.

Bertell, A, N. Rubinstein, and S. H. Smyth, eds. Florence and Milan: Comparison and Relation. Firenze, 1989.

Billanovich, Giuseppe. "Petrarca e il Ventoso." Italia mediovale e Umanistica IX (1966).

Bisaha, Nancy. Creating East and West: Renaissance Humanists and the Ottoman Turks. Philadelphia, 2004.

Bishop, Morris. Petrarch and His World. Port Washington, 1963.

Bloom, Harold, ed. Modern Critical Views: Petrarch. New York, 1989.

Blumenberg, Hans. The Legitimacy of the Modern Age. Translated by Robert M. Wallace. Cambridge, 1983.

Bodnar, Edward. "Athens in April 1436: Part I." Archeology 23 (1970).

Boitani, Pietro. "Beyond the Sunset: Dante's Ulysses in Another World." Lectura Dantis 9 (1991).

Bonnell, Victoria E. and Lynn Hunt, eds. Beyond the Cultural Turn: New Directions in the Studies of Society and Culture. Berkeley, 1999.

Borsi, Franco. Leon Battista Alberti. Milano, 1975.

Bouwsma, William. The Waning of the Renaissance, 1550~1640. New Haven, 2002.

_____, *A Usable Past: Essays in European Cultural History*. Berkeley, 1990.

_____, "The Renaissance as the Drama of Western History." In his *A Usable Past: Essays in European Cultural History*. Berkeley, 1990.

_____, "Anxiety and the Formation of Early Modern Culture." In his *A Usable Past: Essays in European Cultural History*. Berkeley, 1990.

Bracciolini, Poggio. *Opera Omnia*, 4 vols. A cura di Riccardo Fubini. Torino, 1964–1969.

_____, *Poggii Florentini oratoris et philosophi opera*. Basel, 1538. Reprinted in Fubini's edition as vol. I.

_____, *Lettere*, 3 vols. Edited by Helene Harth. Firenze, 1984–1987.

_____, *La vera nobilità*. A cura di Davide Canfora. Roma, 1999.

_____, *De Varietate Fortunae*. A cura di Outi Merisalo. Helsinki, 1993.

_____, *Facezie*. A cura di Marcello Ciccuto. Milano, 1994.

_____, *Two Renaissance Book Hunters: The Letters of Poggius Bracciolini to Nicolaus de Niccolis*. Translated by Phyllis Walter Goodhart Gordan. New York, 1974.

Brown, Alison. *The Renaissance*. London, 1988.

_____, "Historians and Their Times: Jacob Burckhardt's Renaissance." *History Today* 38 (1988).

_____, ed. *Language and Image of Renaissance Italy*. Oxford, 1995.

Brucker, Gene A. ed. *Two Memoirs of Renaissance Florence: The Diaries of Buonacorso Pitti and Gregorio Dati*. Translated by Julia Martines. Prospect Heights, 1991.

_____, "The Medici in the Fourteenth Century." *Speculum* 32 (1957).

Bugges, Henriette and Joan–Pau Rubiés, eds. *Shifting Cultures: Interactions and Discourse in the Expansion of Europe*. Münster, 1995.

Burckhardt, Jacob. *The Civilization of the Renaissance Italy*. Translated by S. G. C. Middlemore. New York, 1990.

Burke, Peter. *The Fortunes of Courtier: The European Reception of Castiglione's Cortegiano*. University Park, 1995.

르네상스기
이탈리아인들의 자아와
타자를 찾아서

_____. *The Historical Anthropology of Early Modern Italy: Essays on Perception and Communication*. Cambridge, 1987.

_____. *The Italian Renaissance: Culture and Society in Italy*. Princeton, 1986.

_____. "The Philosopher as Traveller: Bernier's Orient." In *Voyage andVisions: Toward a Cultural History of Travel*. Edited by Jaś Elsner and Joan-Pau Rubiés. London, 1999.

_____. "The Renaissance, Individualism and the Portrait." *History of European Ideas* 21 (1995).

_____. "The Sources: Outsiders and Insiders." In his *The Historical Anthropology of Early Modern Italy: Essays on Perception and Communication*. Cambridge, 1987.

Burkitt, Ian. "The Shifting Concetp of the Self." *History of the Human Science* 7 (1994).

Burton, Richard Francis. *The Pilgrimage to Al-Medina and Meccha*. London, 1893.

Bynum, Caroline Walker. *Metamorphoses and Identity*. New York, 2001.

_____. *Jesus as Mother: Studies on the Spirituality of the High Middle Ages*. Berkeley, 1982.

_____. "Did the Twelfth Century Discover the Individual." In her *Jesus as Mother: Studies on the Spirituality of the High Middle Ages*. Berkeley, 1982.

Campana, Augusto. "Giannozzo Manetti, Ciriaco e l'Arco di Traiano ad Ancona." *Italia Mediovale e Umanistica* 2 (1959).

Campbell, Mary. *The Witness and the Other World: Exotic European Travel Writing 400-1600*. Ithaca, 1998.

Camporeale, Salvatore I. *Lorenzo Valla: Umanesimo e teologica*. Firenze, 1972.

_____. "Poggio Bracciolini contro Lorenzo Valla, *Le orationes in L. Vallam* e la 'teologica umanistica'." *Sapientia* 34 (1981).

_____. "Poggio Bracciolini contro Lorenzo Valla. *Le orationes in L. Vallam*." In *Poggio Bracciolini 1380-1982: Nel VI centenario della nascita*. Edited by Riccardo Fubini, et al. Firenze, 1982.

Čapek, Milič. "Time." In *Dictionary of the History of the Ideas*, vol, IV. New York,1978.

Carrilo, Jesús. "From Mt Ventoux to Mt Masays: The Rise and the Fall of Subjectivity in Early Modern Travel Literature." In *Voyage and Visions: Toward a Cultural History of Travel*. Edited by Jaś Elsner and Jan–Pau Rubiés. London, 1999.

Carrithers, Michael, Steven Collins, and Steven Lukes, eds. *The Category of the Person: Anthropology, Philosophy, History*. Cambridge, 1985.

Carroti, Laura Goggi. "Introdizione." To *De commodis litterarum atque incommodis*. A cura di Laura Goggi Carroti. Firenze, 1976.

Cassel, Anthony K. "Ulysseana: A Biography of Dante's Ulysses to 1981." *Italian Culture* 3 (1981).

Cassirer, Ernest, Paul Oskar Kristeller, and John Herman Randall, eds. *The Renaissance Philosophy of Man*. Chicago, 1948.

_____. "The Lesson of Ulysses." *Dante Studies* 99 (1981).

Castiglione, Baldesar. *Il libro del Cortegiano*. A cura di Walter Barberis. Torino, 1998.

_____. *The Book of Courtier*. Translated by Daniel Javitch. New York, 2002.

_____. *The Courtier*. Translated by George Bull. New York, 1967.

Celenza, Christopger S. *Renaissance Humanism and the Papal Curia: La Capo da Castiglionchio the Younger's De curia commodis*. Ann Arbor, 1999.

Chivani, Luca, Gianfranco Ferlisi, and Maria Grassi, eds. *Leon Battista Alberti e il Quattrocento: Studii in onore di Cecil Grayson e Ernest Gombrich*. Firenze, 2001.

Chiapelli, Carolyn. "The Motif of Confession in Petrarch's 'Mt. Ventoux'." *MLN* 93 (1978).

Cipolla, Gaetano. "Dante's Ulysses: A Case of Inflation." In *Dante: Summa Medievalis*. Edited by Charles Franco and Leslie Morgan. Stony Brook, 1995.

Cohn, Samuel L. *The Laboring Classes in Renaissance Florence*. New York, 1980.

_____. "Burckhardt Revisited from Social History." In *Language and Image of Renaissance Italy*. Edited by Alison Brown. Oxford, 1995.

Cole, Alison. *Virtue and Magnificence: Art of the Italian Renaissance Court*. New York, 1995.

Colebrook, Clair. *New Literary Histories: New Historicism and Contemporary Criticism*. Manchester, 1997.

Coleman, Patrick, Jane Lewis, and Jill Kowalik, eds. *Representations of the Self from the Renaissance to Romanticism*. Cambridge, 2000.

Colin, Jean. *Cyriaque d Ancône, le voyageur, le marchand, l humaniste*. Paris, 1981.

Connell, ed. William J. *Society and Individual in Renaissance Florence*. Berkeley, 2002.

Courcelle, Pierre. "Pétrarque lecteur des Confessions." *Rivista di cultura classica e medioevale* 1 (1959).

Cox, Virginia. *The Renaissance Dialogue: Literary Dialogue in Its Social and Political Context, Castiglione to Galileo*. Cambridge, 1992.

_____. "Rhetoric and Humanism in Quattrocento Venice." *Renaissance Quarterly* 56 (2003).

Crum, Roger J. and John T. Paoletti, eds. *Renaissance Florence: A Social History*. Cambridge, 2006.

Cyriac of Ancona. *Later Travels*. Edited and Translated by John Bodnar. Cambridge, 2003.

da Bisticci, Vespasiano. *Le vite*, 2 vols. A cura di Aulo Greco con introduzione e commeto. Firenze, 1976.

Dante, Alighieri. *The Divine Comedy*, 3 vols. Translated by John D. Sinclair. New York, 1939.

_____. *Translations of the Later Works of Dante*. Translated by P. H. Wicksteed. London, 1904.

Daston, Lorrain. "Objectivity and the Escape from Perspective." *Social Studies of Science* 22 (1992).

Davies, Natalie Zemon. *The Return of Martin Guerr*. Cambridge, 1983.

de Certeau, Michel. *The Writing of History*. Translated by Tom Colney. New York, 1988.

de Grazia, Magareta, Maureen Quillian, and Peter Stallybrass, eds. *Subject and Object in Renaissance Culture*. Cambridge, 2000.

de Montaigne, Michel. *The Complete Works*: *Essays, Travel Journal, Letter*. Edited by Donald M. Frame. New York, 2003.

Demetz, Peter, Thomas Green, and Lowry Lelson, Jr. eds. *The Discipline of Criticism*: *Essays in Literary Theory, Interpretation, and History*. New Haven, 1968.

di Giacomo, Richard. *The New Man and the New World*: *The Influence of Renaissance Humanism of the Explorers of the Italian Era of Discovery*. San Jose, 1991.

di Varthema, Ludovico. *The Travels of Ludovico di Varthema in Egypt, Syria,Arabia Deserta and Arabia Felix, in Persia, India, and Ethiopia*. Translated by John Winter and Edited by Geoerge Percy Badger. London, 1863.

_____. *Itinerary of Ludovico di Varthema*. Edited by Richard Carnac Temple. London, 1928.

_____. *Itinerario di Ludovico de Varthema*. A cura di P. Giudici. Milano, 1929.

Donno, Daniel J. "Dante' s Ulysses and Virgil' s Prohibition: Inferno XXVI, 70–75." *Italica* 50, 1 (1973).

Duggan, Anne J. ed. *Nobles and Nobility in Medieval Europe*: *Concepts, Origins, Transformation*. Woodbridge, 2000.

Durling, Robert M. "The Ascent of Mt. Ventoux and the Crisis of Allegory." In *Modern Critical Views*: *Petrarch*. Edited by Harold Bloom. New York, 1989.

Elias, Nobert. *The Society of Individuals*. Edited by Michael Schröter and translated by Edmund Jephcott. New York, 2001.

_____. *The Civilizing Process*: *Sociogenetic and Psychogentic Investigation*. Translated by Edmund Jephcott. Oxford, 1991. (Revised edition).

Elsner, Jaś and Jan-Pau Rubiés, eds., *Voyage and Visions*: *Toward a Cultural History of Travel*. London, 1999.

Field, Arthur. *The Origins of the Platonic Academy of Florence.* Princeton, 1988.

Finucci, Valeria. *The Lady Vanishes: Subjectivity and Representation in Castiglione and Ariosto.* Stanford, 1992.

Foucault, Michel. "What Is an Author?" In *The Foucault Reader.* Edited by Paul Rabinow, New York, 1984.

Franco, Charles and Leslie Morgan, eds. *Dante: Summa Medievalis.* Stony Brook,1995.

Frankel, Magherita. "The Context of Dante's Ulysses: The Similes in Inferno XXVI, 25–42." *Dante Studies* 104 (1986).

Freccero, John. "The Fig Tree and the Laurel: Petrarch's Poetics." In *Modern Critical Views: Petrarch.* Edited by Harold Bloom. New York, 1989.

Fubini, Riccardo. *Quattrocento fiorentino: Politica, diplomazia, cultura.* Pisa, 1996.

_____. *Umanesimo e secolarizzazione: da Petrarca a Valla.* Roma, 1990.

_____. "La coscienza del latino negli umanisti: An latina lingua romanorum esset peculiare idioma." In his *Umanesimo e secolarizzazione: da Petrarca a Valla.* Roma, 1990.

_____. "Il teatro del mondo' nelle prospettive morali e storico–politiche di Poggio Bracciolini." In *Poggio Bracciolini 1380–1982: Nel VI centenario dellanascita.* Edited by Riccard Fubini et al. Firenze, 1982.

_____ et al. *Poggio Bracciolini 1380–1982: Nel VI centenario della nascita.* Firenze, 1982.

Gadol, Joan. *Leon Battista Alberti: Universal Man of the Early Renaissance.* Chicago, 1969.

Gallagher, Catherine and Stephen Greenblatt. *Practicing New Historicism.* Chicago,2000.

Garin, Eugenio. *La cultura del rinascimento.* Milano, 2000.

_____. *L'educazione in Europa 1400–1600: problemi e programmi.* Bari. 1966.

_____. "Il pensiero di Leon Battista Alberti: Caratteri e contrasti."*Rinascimento* 12 (1972).

Geertz, Clifford. *The Interpretation of Cultures*. New York, 1973.

_____. "The Impact of the Concept of Culture on the Concept of Man." In his *The Interpretation of Cultures*. New York, 1973.

_____. "From the Natives' Point of View: On the Nature of Anthropological Understanding." In *Interpretive Social Science: A Reader*. Edited by P. Rabinow and W. M. Sullivan. Berkeley, 1970.

Gergen, Kenneth J. *The Saturated Self: Dilemmas of Identity in Contemporary Life*. New York, 2000.

Ghinasi, Ghino. "Fasi dell'elaborazione del Cortegiano." *Studi di filologia italiana* 25(1967).

Ginzburg, Carlo. *The Cheese and the Worms: The Cosmos of a Sixteenth-century Miller*. Translated by John and Anne Tedeschi. Baltimore, 1976.

Goldstein, Thomas. "Geography in Fifteenth-century Florence." In *Merchants and Scholars: Essays in the History of Exploration and Trade*. Edited by John Parker. Minneapolis, 1965.

_____. "Florentine Humanism and the Vision of the New World." *Actas* 4 (1961).

Goldthwaite, Richard A. *Wealth and the Demand for Art in Italy 1300–1600*. Baltimore, 1993.

_____. *The Building of Renaissance Florence: An Economic andSocial History*. Baltimore, 1980.

Goodman, Anthony and Angus Mackay, eds. *The Impact of Humanism on Western Europe*. London, 1990.

Grafton, Anthony. *Bring Out Your Dead: The Past as Revelation*. Cambridge, 2001.

_____. *Leon Battista Alberti: Master Builder of the Renaissance*. New York, 2000.

_____. *Commerce with the Classics: Ancient Books and Renaissance Reader*. Ann Arbor, 1997.

_____. *New Worlds, Ancient Texts: The Power of Tradition and the Shock of*

르네상스기
이탈리아인들의 자아와
타자를 찾아서

Discovery. Cambridge, 1992.

Gravelle, Sara Stever. "Humanist Attitude to Convention and Innovation in the Fifteenth Century." *Journal of Medieval and Renaissance Studies* 2 (1981).

Grayson, Cecil. "The Humanism of Alberti." *Italian Studies* 12 (1957).

Green, Thomas. "Il Cortegiano and the Choice of Game." *Renaissance Quarterly* 32 (1979).

_____. "Petrarch and the Humanist Hermeneutic." In *Italian Literature, Roots and Branches: Essays in Honor of Thomas Goddard Bergin*. Edited by Giose Rimanelli and Kenneth John Atchity. New Haven, 1976.

_____. "The Flexibility of the Self in Renaissance Literature." In *TheDiscipline of Criticism: Essays in Literary Theory, Interpretation, and History*. Edited by Peter Demetz, Thomas Green, and Lowry Lelson. New Haven, 1968.

Greenblatt, Stephen. *Learning to Curse: Essays in Early Modern Culture*. New York, 1990.

_____. *Renaissance Self–Fashioning: From More to Shakespeare*. Chicago, 1980.

_____. "The Torch of the Real." In *The Fate of Culture: Geertz and the Beyond*. Edited by Sherry B. Otner. Berkeley, 1999.

_____. "Psychoanalysis and Renaissance Culture." In his *Learning toCurse: Essays in Early Modern Culture*. New York, 1990.

_____. "Toward a Poetics of Culture." In his *Learning to Curse: Essays in Early Modern Culture*. New York, 1990.

Gross, Kenneth. "Infernal Metamorphoses: An Interpretation of Dante's Counterpass." *MLN* 100, 1 (1985).

Hanning, Robert and David Rosand, eds. *Castiglione: The Ideal and the Real inRenaissance Culture*. New Haven, 1983.

_____. "Castiglione's Verbal Portraits: Structures and Strategies." In *Castiglione: The Ideal and the Real in Renaissance Culture*. Edited by Robert Hanning and David Rosand. New Haven, 1983.

Harré, Rom. "The Second Cognitive Turn." *American Behavioural Scientist* 36 (1972).

Hay, Denys. *The Italian Renaissance in Its Historical Background*. Cambridge, 1966.

Heithsch, Dorothea and Jean-François Vallée, eds. *Printed Voices: The Renaissance Culture of Dialogue*. Toronto, 2004.

Higgins, Iain Macleod. *Writing East: The "Travels" of Sir John Mandeville*. Philadelphia, 1997.

Holmes, George. *Dante*. Oxford, 1980.

_____. *The Florentine Enlightenment 1400–50*. New York, 1969.

_____. "Humanism in Italy." In *The Impact of Humanism on Western Europe*. Edited by Anthony Goodman and Angus Mackay. London, 1990.

Hope, Charles. "Aspect of Criticism in Art and Literature in Sixteenth-CenturyItaly." *Words and Images* 4 (1988).

_____ and Elizabeth McGrath. "Aritst and Humanists." *In The Cambridge Companion to Renaissance Humanism*. Edited by Jill Kraye. Cambridge, 1996.

Hulme, Peter and Tim Young, eds. *The Cambridge Companion to Travel Writing*. Cambridge, 2002.

Hunt, Lynn, ed. *The New Cultural History*. Berkeley, 1989.

Jardin, Lisa. *Worldly Goods: A New History of the Renaissance*. London, 1996.

_____. *Erasmus, Man of Letters*. Princeton, 1993.

_____ and Jerry Brotton. *Global Interests: Renaissance Art between East and West*. London, 2000.

Jarzombeck, Mark. *On Leon Battista Alberti: His Literary and Aesthetic Theories*. Cambridge, 1989.

Javtich, Daniel. *Poetry and Courtliness in Renaissance England*. Princeton, 1978.

_____. "Il Cortegiano and the Constraints of Despotism." In *Castiglione: The Ideal and the Real in Renaissance Culture*. Edited by Robert Hanning and David Rosand. New Haven, 1983.

Jones, John Winter, "Preface." To Ludovico di Varthema, *The Travels of Ludovico di Varthema in Egypt, Syria, Arabia Deserta and Arabia Felix, in Persia, India, and Ethiopia*.

Translated by John Winter and Edited by Geoerge Percy Badger. London, 1863.

Kajanto, Iiro. *Poggio Bracciolini and Classicism: A Study in the Early Italian Humanism*. Helsinki, 1987.

Kay, Richard. "Two Pairs of Tricks: Ulysses and Guido in Dante's Inferno XXVI– XXVII." *Quaderini d italianistica* I, 2 (1980).

Kekewich, Lucille. "Humanism." In The Impact of Humanism. Edited by Lucille Kekewich. New Haven, 2000.

Kelly, Joan. *Women, History and Theory: The Essays of Joan Kelly*. Chicago, 1980.

_____. "Did Women Have a Renaissance?" In her *Women, History and Theory: The Essays of Joan Kelly*. Chicago, 1980.

Kent, F. W. *Household and Lineage in Renaissance Florence: The Family Life of the Cappono, Ginori, and Ruccellai*. Princeton, 1977.

_____. "Individuals and Families as Patrons of Culture in Quattrocento Italy." In *Language and Image of Renaissance Italy*. Edited by Alison Brown. Oxford, 1995.

Kent, Dale. *Friendship, Love, and Trust in Renaissance Florence*. Cambridge, 2009.

_____ and F. W. Kent. *Neighbours and Neighbourhood in Renaissance Florence: The District of Led Lion in the Fifteenth Century*. Firenze, 1982.

Klapisch–Zuber, Christianne. *Women, Family and Ritual in Renaissance Italy*. Translated by Lydia Cochrane. Chicago, 1985.

Kokole, Stanko. "Cyriacus of Ancona and the Revival of Two Forgotten Personifications in Rector's Palace of Dubronik." *Renaissance Quarterly* 49 (1996).

Kolsky, Stephen. "Graceful Performance: The Social and Political Context of Music and Dance in the Cortegiano." *Italian Studies* LIII (1998).

Kraye, Jill, ed. *The Cambridge Companion to Renaissance Humanism*. Cambridge, 1996.

Kristeller, Paul Oskar. *Eight Philosophers of the Italian Renaissance*. Stanford, 1964.

_____. "Humanism and Mora Philosophy." In *Renaissance Humanism: Foundation, Forms, and Legacy*, vol. 3, *Humanism and the Discipline*. Edited by Albert

Rabil. Philadelphia, 1988.

Lach, Donald F. *Asia in the Making of Europe*, vol. I, *The Century of Discovery*. Chicago, 1965.

Lanham, Richard A. *The Motives of Eloquence: Literary Rhetoric in the Renaissance*. New Haven, 1976.

_____. "The Self as Middle Style: Cortegiano." In his *The Motives of Eloquence: Literary Rhetoric in the Renaissance*. New Haven, 1976.

Larner, John. "Europe of the Courts." *The Journal of Modern History* 55 (1983).

Lee, Rensselaer W. ed. *Ut Pictura Poesis: The Humanistic Theory of Painting*. New York, 1967.

Lentricchia, Frank and Thomas McLaughlin, eds. *Critical Terms for Literary Studies*. Chicago, 1990.

Machiavelli, Niccolò. *Tutte le opere*. A cura di Mario Martelli. Milano, 1993.

Mack, Charles R. *Looking at the Renaissance: Essays toward a Contextual Appreciation*. Ann Arbor, 2005.

Maier, Bruno. *Il cortegiano, con una scelta delle opere minori*. Torino, 1964.

Mancini, Girolamo. *Vita di Lorenzo Valla*. Firenze, 1891.

_____. *Vita di Leon Battista Alberti*. Firenze, 1882.

Mandelbaum, Allen, Anthony Oldcorn and Charles Ross, eds. *Lectura Dantis: Inferno*. Berkeley, 1998.

Mandeville, Sir John. *The Travels of Sir John Mandeville*. Edited and Translated by C. W. R. D. Moseley. New York, 1983.

Manetti, Antonio. *La novella del Grasso Legnaiuolo*. In *Prosatori volgari del Quattrocento*. A cura di Claudio Varese. Milano, 1955.

_____. *La novella del Grasso Legnaiuolo*. In *Letteratura italiana del quattrocento*. A cura di Gianfranco Contini. Firenze, 1976.

Marino, Joseph. "A Renaissance in the Vernacular: Baldassar Castiglione's Coining of the aulic." In *Perspectives on Early Modern and Modern Intellectual History: Essays in Honor*

of Nancy S. Struever. Edited by Joseph Marino and Melinda Schlitt. Rochester, 2001.

Marshall, Cynthia. *The Shattering of the Self: Violence, Subjectivity and Early Modern Texts*. Baltimore, 2002.

Martin, John Jeffries. *Myth of Renaissance Individualism*. New York, 2004.

_____. "The Myth of Renaissance Individualism." In *A Companion to the World of the Renaissance*. Edited by Guido Ruggiero. Oxford, 2002.

Martinelli, Lucia Cesarini. "Note sulla polemica Poggio–Valla e sulla fortuna delle Elegantiae." *Interpres* 3 (1988).

Martines, Lauro. *April Blood: Florence and the Plot against the Medici*. Oxford, 2003.

_____, ed. An *Italian Sextet: Six Tales in Historical Context*. New York, 1994.

Marsh, David. *The Quattrocento Dialogue: Classical Tradition and Humanistic Innovation*. Cambridge, 1980.

_____. "Petrarch and Albert." In *Renaissance Studies in Honor of Craig Hugh Smyth* I. Edited by Andrew Morrigh, Fiorella Superbi Gioffredi Piero Morsell, and Eve Borsook. Firenze, 1985.

Mattingly, Garrett. *Renaissance Diplomacy*. New York, 1988.

Mauss, Marcel. "A Category of the Human Mind: The Notion of Person; The Notion of the Self." In *The Category of the Person: Anthropology, Philosophy, History*. Edited by Michael Carrithers, Steven Collines and Steven Lukes. Cambridge, 1985.

Mazzacurati, Giancarlo. *Il Rinascimento dei modenai*. Bologna, 1985.

Mazzotta, Giuseppe. *The World of Petrarch*. Durham, 1993.

_____. "Ulysses: Persuasion and Prophecy." In *Lectura Dantis: Inferno*. Edited by Allen Mandelbaum, Anthony Oldcorn and Charles Ross. Berkeley, 1998.

_____. "Poetics of History: Inferno XXVI." *Diacritics* 5, 2. (1975).

Mazzeo, Joseph Anthony. *Renaissance and Revolution: The Remaking of European Thought*. London, 1967.

McLean, Paul D. *The Art of Network: Strategic Interaction and Patronage in Renaissance*

Florence. Durham, 2007.

Mead, George Herbert. *Mind, Self, and Society from the Standpoint of a Social Behaviorist*. Edited by Charles W. Morris. Chicago, 1962.

Merisalo, Outi. "Poggio and i principi: Osservazioni su alcuni temi *De varietate fortunae* di Poggio Bracciolini." *Medioevo e rinascimento* 4 (1990).

_____. "Aspects of Textual History of Poggio Bracciolini's *De varietate fortunae*." *Arctos* 22 (1988).

_____. "Le prime edizioni stampata del *De varietate fortunae* di Poggio Bracciolini." *Arctos* 19 (1985).

Miller, Peter. "The 'Man of Learning' Defended" Seventeenth–Century Biographies of Scholars and an Early Modern Ideal of Excellence." In *Representations of the Self from the Renaissance to Romanticism*. Edited by Patrick Coleman, Jane Lewis, and Jill Kowalik. Cambridge, 2000.

Mirandella, Giovanni Pico della. *Oration on the Dignity of Man*. Translated by A. Robert Caponigri. Washington, D. C., 1956.

Mitchell, W. J. T. "Representation." In *Critical Terms for Literary Studies*. Edited by Frank Lentricchia and Thomas McLaughlin. Chicago, 1990.

Molho, Anthony. *Marriage alliance in Late Medieval Florence*. Cambridge, 1994.

Montano, Rocco. *Dante's Thought and Poetry*. Chicago, 1988.

Morelli, Giovanni di Pagolo. *Ricordanze*. Edited by Vittore Branca. Firenze, 1956.

Morris, Colin. *The Discovery of the Individual, 1050–1200*. New York, 1972.

Morrogh, Andrew, Fiorella Superbi Gioffredi Piero Morsell, and Eve Borsook, eds. *Renaissance Studies in Honor of Craigh Hugh Smyth* I. Firenze, 1985.

Muchembled, Robert. "Manner, Courts, and Covility." In *A Companion to the Worlds of the Renaissance*. Edited by Guido Ruggiero. Oxford, 2002.

Muir, Edward. "The Source of Civil Society in Italy." *Journal of Interdisciplinary History* (1999).

_____. "The Italian Renaissance in America." *The American Historical Review* 100

(1995).

Murphy, Francis X. "Petrarch and the Christian Philosophy." In *Francesco Petrarca, Citizen of the World*. Edited by Aldo S. Bernardo. Padova, 1974.

Nachod, Hans. "Introduction." To *The Renaissance Philosophy of Man*. Edited by Ernest Cassirer, Paul Oskar Kristeller, and John Herman Randall. Chicago, 1948.

Nagel, Thomas. *The View from Nowhere*. Oxford, 1986.

Nardi, Bruni. "Ulisse e la tragedia intellecturale di Dante." In *La struttura morale dell universo dantesca*. A cura di Luigi Valli. Roma, 1935.

Neils, Jenifer. *The Parthenon: From Antiquity to the Present*. Cambridge, 2005.

Nelson, Norman. "Individualism as a Criterion of the Renaissance." *The Journal of English and Germanic Philology* 32 (1993).

Nippel, Wilfried. "Facts and Fiction: Greek Ethnology and Its Legacy." *History and Anthropology* 9 (1996).

O'connell, Michael. "Authority and the Truth of Experience on Petrarch's 'Ascent of Mount Ventoux'." *Philological Quarterly* 62 (1983).

Oppel, John W. "Alberti on the Social Problem of the Intellectual." *The Journal of Medieval and Renaissance Studies* 9 (1989).

_____. "The Moral Basis of Renaissance Politics." Ph. d. Dissertation, Princeton University, 1972.

Ossola, Carlo. *Dal Cortegiano all Uomo di mondo*. Torino, 1987.

Otner, Sherry B., ed. *The Fate of Culture: Geertz and the Beyond*. Berkeley, 1999.

Panofsky, Ervin. *Renaissance and Renascences in Renaissance Art*. New York, 1969.

_____. *Studies in Iconology: Humanistic Themes in the Arts of Renaissance*. A Reprint of 1939 Edition. Boulder, 1972.

Parker, John, ed. *Merchants and Scholars: Essays in the History of Exploration and Trade*. Minneapolis, 1965.

Penrose, Boise. *Travel and Discovery in the Renaissance 1420–1620*. New York, 1962.

Petrarch, Francesco. *Letters of Old Ages*, 2 vols. Translated by Aldo S. Bernardo, Saul Levin and Reta A. Bernardo. New York, 2005.

―――――――――, *Letters of Familiar Matters*, 3 vols. Translated by Aldo S. Bernardo, Saul Levin and Reta A. Bernardo. New York, 2005.

―――――――――, *The Secret*. Edited by Carol E. Quillen. Boston, 2003.

―――――――――, *Canzoniere*. Translated by Mark Musa. Bloomington, 1996.

―――――――――, "Epistola ad Dionysium de Burgo Santi Sepulcri", available from http://www.petrarch.petersadlon.com/read_letters.html?s=_f_04_01.html; Internet; accessed 2007. 12. 5.

Petrusi, Agostino, ed. *Venezia e l Oriente fra trado medieovo e rinascimento*. Veneiza, 1966.

Pieters, Jürgen, ed. *Critical Self-Fashioning: Stephen Greenblatt and the New Historicism*. Frankfurt, 1999.

Poliziano, Angelo. *Della congiura dei Pazzi*. A cura di Alessandro Perosa. Padova, 1958.

Ponte, Giovanni. *Leon Battista Alberti: Umanista e scrittore*. Genova, 1981.

Porter, Roy, ed. *Rewriting the Self. Histories from the Renaissance to the Present*. London, 1997.

Posner, David. *The Performance of Nobility in Early Modern European Literature*. Cambridge, 1999.

Pratt, Mary Louise. *Imperial Eyes: Travel Writing and Transculturation*. London, 1992.

Pugliese, Olga Zorai. "The Development of Dialogue in Il libro del cortegiano: From Manuscript Draft to the Definite Version." In *Printed Voices: The Renaissance Culture of Dialogue*. Edited by Dorothea Heithsch and Jean-François Vallèe. Toronto, 2004.

Quillen, Carol Everhart. *Rereading the Renaissance: Petrarch, Augustine, and the Language of Humanism*. Ann Arbor, 1998.

―――――――――, "Introduction." To Francesco Petrarch, *The Secret*. Edited by Carol Everhart Quillen. Boston, 2003.

Quodam, Amedo. "*Questo provero Cortegiano*," *Cortegiano, Il libro. la storia*. Roma, 2000.

Rabil, Albert Jr. ed. *Renaissance Humanism: Foundation, Forms and Legacy*, 3 vols.

르네상스기
이탈리아인들의 자아와
타자를 찾아서

Philadelphia, 1988.

Rabinow, Paul, ed. *The Foucault Reader*. New York, 1984.

Rebhorn, Wayne A. *The Emperor of Men's Mind: Literature and the Renaissance Discourse of Rhetoric*. Ithaca, 1995.

―――――――. *Foxes and Lions: Machiavelli's Confidence of Men*. Ithaca, 1988.

―――――――. *Courtly Performance: Masking and Festivity in Castiglione's Book of the Courtier*. Detroit, 1978.

Regan, Mariann Sanders. *Love Words: The Self and the Text in Medieval and Renaissance Poetry*. Ithaca, 1982.

Rico, Francisco. *Vida u obra de Petrarca*, vol. I, *Letura del "Sectretum."* Padova, 1974.

Rimanelli, Giose and Kenneth John Atchity, eds. *Italian Literature, Roots and Branches: Essays in Honor of Thomas Godard Bergin*. New Haven, 1976.

Rizzo, S. and R. Raffaelli, eds. *Il libro e il testo: atti del convegno internazional, Urbinio*. Urbino, 1984.

Robin, Diana. *Filelfo in Milan*. Princeton, 1991.

Robinson, Jill. *Prodigal Son / Elder Brother: Interpretation and Alterity in Augustine, Petrarch, Kafka, Levinas*. Chicago, 1991.

Rodel, R. "Poggio Bracciolini nel quinto centenario della morte." *Rinascimento* 11 (1960).

Rogers, Francis M. *The Quest for Eastern Christians: Travels and Rumor in the Age of Discovery*. Minneapolis, 1962.

Rosand, David. "The Portrait of the Courtier and Death." In *Castiglione: The Ideal and the Real in Renaissance Culture*. Edited by Robert Hanning and David Rosand. New Haven, 1983.

Rosenthal, Pegget. *Words and Values: Some Leading Words and Where They Lead Us*. New York, 1984.

Rossi, R. *Il Quattrocento*. Milano, 1956.

Rossi, Vittorio. "Sulla formazione delle raccolte epistolari petrarchesche." *Annali della*

Catedra Petrarchesca III (1932).

Rubiés, Joan–Pau. *Travel and Ethnology in the Renaissance: South India through European Eyes, 1250–1625*. Cambridge, 2000.

_____. "Travel Writing and Ethnology." In *The Cambridge Companion to Travel Writing*. Edited by Peter Hulme and Tim Youngs. Cambridge, 2002.

_____. "New World and Renaissance Ethnology." *History and Anthropology* 6 (1993).

Rubin, Patricia. "Vasari, Lorenzo, and the Myth of Magnificence." In *Lorenzo il Magnifico e il suo mondo*. A cura di Gian Carlo Garafagnini. Firenze, 1994.

Ruggiero, Guido, ed. *A Companion to the World of the Renaissance*. Oxford, 2002.

_____. "Mean Streets, Familiar Streets, or the Fat Woodcarver." In *Renaissance Florence: A Social History*. Edited by Roger J. Crum and John T. Paoletti. Cambridge, 2000.

Sabbadini, R. "S. V. Ciriacom." In *Enciclopedia italiana* X (1931).

Saccone, Eduardo. "The Portrait of the Courtier in Castiglione." *Italica* 64 (1987).

_____. "Grazia, Sprezzatura, Affettazione in the Courtier." In *Castiglione: The Ideal and the Real in Renaissance Culture*. Edited by Robert Hanning and David Rosand. New Haven, 1983.

Sampson, Edward E. "The Desconstruction of the self." In *Texts and Identity*. Edited by John Shorter and Kenneth J. Gergen. London, 1989.

Sanuto, Marino. *I Diarii*, 58 vols. Venezia, 1879–1903.

Sarup, Madan. *An Introductory Guide to Post–Structuralism and Postmodernism*. Athens, 1988.

Scalamonti, Francesco. *Vita viri clarissimi et famossimi Kyriaci Anconitami*. Edited by Charles Mitchell and Edward Bodnar. Philadelphia, 1996.

Scalione, Aldo. "Classical Heritage and Petrarchan Self–Consciousness in the Literary Emergence of the Interior 'I'." In *Modern Critical Views: Petrarch*. Edited by Harold Bloom. New York, 1989.

르네상스기
이탈리아인들의 자아와
타자를 찾아서

Seigel Jerrod E. *Rhetoric and Philosophy in Renaissance Humanism: The Union of Eloquence and Wisdom*, Petrarch to Valla. Princeton, 1968.

_____. "Problematizing the Self." In *Beyond the Cultural Turn: New Directions in the Study of Society and Culture*. Edited by Victoria Bonnell and Lynn Hunt. Berkeley, 1999.

Sewell, William H. Jr. "Geertz, Cultural System, and History." In *The Fate of Culture: Geertz and the Beyond*. Edited by Sherry B. Otner. Berkeley, 1999.

Shepherd, William. *The Life of Poggio Bracciolini*. Liverpool, 1837.

Shotter, John and Kenneth J. Gergen, eds. *Texts and Identity*. London, 1989.

Side, Edward W. *Orientalism*. New York, 1979.

Starn, Randolph. "Who's Afraid of the Renaissance?" In *The Past and Future of Medieval Studies*. Edited by John van Engen. South Bend, 1996.

_____. "Seeing Culture in a Room for a Renaissance Prince." In *The New Cultural History*. Edited by Lynn Hunt. Berkeley, 1989.

Stinger, Charles L. "Humanism in Florence." In *Renaissance Humanism: Foundation, Form and Legacy*, vol. I. *Humanism in Italy*. Edited by Albert Rabil Jr. Philadelphia, 1988.

Stock, Brian. *After Augustine: The Meditative Reader and the Text*. Philadelphia, 2001.

Struever, Nancy. *The Language of History in Renaissance: Rhetoric and Historical Consciousness in Florentine Humanism*. Princeton, 1970.

Strum, Sara. "Structure and Meaning in Inferno XXVI." *Dante Studies* XCII (1974).

Surdich, F. "Niccolò Conti." In *Dizionario biografico degli italiani*, vol. 28. Roma, 1983.

Taylor, Charles. *Sources of the Self: The Making of the Modern Identity*. Cambridge, 1989.

Tateo, Francesco. *Tradizione e realtà nell' Umanesimo italiano*. Bari, 1967.

Temple, Richard Carnac. "Introduction." To *Ludovico di Varthema, Itinerary of Ludovico di Varthema*. Edited by Richard Carnac Temple. London, 1928.

Tetel, Marcel. "The Humanistic Situation: Montaigne and Castiglione." *Sixteenth Century Journal* 10 (1979).

Todorov, Tzvetan. *Imperfect Garden: The Legacy of Humanism*. Translated by Carol Cosman. Princeton, 2002.

Trexler, Richard C. *Public Life in Renaissance Florence*. Ithaca, 1980.

_____, ed. *Persons in Group: Social Behavior ad Identity Formation in Medieval and Renaissance Europe*. Binghamton, 1985.

Trinkaus, Charles. "Humanistic Dissidence: Florence versus Milan or Poggio versus Valla." In *Florence and Milan: Comparison and Relation*. Edited by S. Bertell, N. Rubinstein, and S. H. Smyth. Firenze, 1989.

_____. "Antiquitas versus Modernitas: An Italian Humanistic Polemic and Its Resonance." *Journal of History of Ideas* 48 (1987).

Turner, A. Richard. *The Vision of Landscape in Renaissance Italy*. Princeton, 1966.

Tylus, Jane. "Theater and Its Social Uses: Machiavelli's Mandragola and the Spectacles of Infamy." *Renaissance Quarterly* 53 (2000).

Ullman, B. *The Origin and Development of Humanistic Script*. Roma, 1960.

Ullman, Walter. *The Individual and Society in the Middle Ages*. Baltimore, 1966.

Valla, Lorenzo. *Antidotum primum: La prima apologica contro Poggio Bracciolini*. A cura di Ari Wesseling. Assen, 1978.

_____. *Antidoti in Poggium*. In *Opera Omnia*, vol. I. A cura di Eugenio Garin. Torino, 1962. Reprint of the Basel edition, 1540.

_____. *Elegantiarum libri*. In *Prosatori latini del Quattrocento*. A cura di Eugenio Garin. Milano, 1962.

Valli, Luigi, ed. *La struttura morale dell'universo dantesca*. Roma, 1935.

Veenstra, Jan R. "The New Historicism of Stephen Greenblatt: On the Poetics of Culture and the Interpretation of Shakespeare." *History and Theory* 34 (1995).

Veeser, H. Aram. *The New Historicism: Reader*. New York, 1994.

Ventrone, Paola. *Gli araldi della commedia: Teartro a Firenze nel Rinascimento*. Pisa, 1993.

Vester, Mathew. "Social Hierarchies: The Upper Classes." In *A Companion to the World *of the Renaissance.* Edited by Guido Ruggiero. Oxford, 2002.

Vogel, Klaus A. "Cutural Variety in a Renaissance Perpective: Johannes Boemus on 'The Manner, Laws, and Customs of all People'." In *Shifting Cultures: Interactions and Discourse in the Expansion of Europe.* Edited by Henriette Bugges and Joan–Pau Rubiés. Münster, 1995.

Walser, Ernest. *Poggius Florentinus: Leben und Werke.* Leiden, 1924.

Waswo, Richard. *Language and Meaning in the Renaissance.* Princeton, 1987.

Watkins, Renée. "L. B. Alberti's Emblem, the Winged–Eye, and His Name, Leo." *Milleilungen des Institutes in Firenze* 9 (1960).

Weiss, Robert. *The Renaissance Discovery of Classical Antiquity.* New York, 1969.

_____. "Ciriaco d'Ancona in Orient." In *Venezia e l Oriente fra trado medieovo e rinascimento.* A cura di Agostino Petrusi. Venezia, 1966.

Weissman, Ronald F. E. "The Importance of Being Ambiguous: Social Relations, Individualism, and Identity in Renaissance Florence." In *Urban Life in the Renaissance.* Edited by Susan Zimmmernan and Ronald F. E. Weissman. Newark, 1989.

_____. "Reconstructing Renaissance Sociology: The 'Chicago School' and the Study of Renaissance Society." In *Persons in Group: Social Behavior as Identity Formation in Medieval and Renaissance Europe.* Edited by Richard C. Trexler. Binghamton, 1985.

Weintraub, Karl J. *The Value of the Individual: Self and Circumstance in Autobiography* Chicago, 1978.

Wesseling, Ari. "Introduction." To Lorenzo Valla, *Antidotum primum: La prima apologica contro Poggio Bracciolini.* A cura di Ari Wesseling. Assen, 1978.

White, Hayden. *Tropics of Discourse: Essays in Cultural Criticism.* Baltimore, 1985.

Wilcox, Donald J. *The Development of Florentine Humanistic Historiography in the Fifteenth Century.* Cambridge, 1969.

Witt, Ronald G. *In the Footsteps of the Ancients: The Origins of Humanism from Lovato to*

Bruni. Boston, 2003.

Wojciehowski, Dolora Chapelle. "Francis Petrarch: First Modern Friend." *Texas Studies in Literature and Language* 47 (2005).

Woodhouse, John. *Baldesar Castiglione: A Reassessment of the Courtier*. Edinburgh, 1978.

―――――――. "Dall' Alberti al Castiglione: Ammonimenti pratici di cortesia, di comportamento e di arrivismo." In *Leon Battista Alberti e il Quattrocento: Studii in onore di Cecil Grayson e Ernest Gombrich*. A cura di Luca Chivani, Gianfranco Ferlisi, and Maria Grassi. Firenze, 2001.

Wood-Marsden, Joanna. *Renaissance Self-Portraiture: The Visual Construction of Identity and the Social Status of the Artist*. New Haven, 1998.

Wunder, Amanda. "Western Travelers, Eastern Antiquities, and the Image of the Turk in Early Modern Europe." *JEMH* 7 (2003).

Zimmerman, Susan and Ronald F. E. Weissman, eds. *Urban Life in the Renaissance*. Newark, 1989.

"Ludovico di Varthema,"; available from http://en.wikidepia.org/wiki/Ludovico_di_ Varthema; internet; accessed 21 March 2011.

T. 토도로프, 베르나르 포크롤, 로베르 르그로. 천성자 역. 《개인의 탄생: 서양예술의 이해》. 기파랑, 2006.

E. 파노프스키. 마순자 역. 《파노프스키의 이데아》. 예경, 2005.

U. 에코. 이현경 역. 《미의 역사》. 열린 책들, 2005.

아베 긴야. 양억관 역. 《중세유럽산책》. 한길사, 2005.

H. 푸어만. 안인희 역. 《중세로의 초대》. 이마고, 2003.

H. 뵐플린. 안인희 역. 《르네상스의 미술》. 휴머니스트, 2002.

H. K. 바바. 나병철 역. 《문화의 위치: 탈식민주의 문화이론》. 소명출판, 2002.

L. 브루니. 임병철 역. 《피렌체 찬가》. 책세상, 2002.

B. 무어-길버트. 이경원 역. 《탈식민주의! 저항에서 유희로》. 한길사, 2001.

르네상스기
이탈리아인들의 자아와
타자를 찾아서

마르코 폴로. 김호동 역주, 《마르코폴로의 동방견문록》. 사계절, 2000.

E. 카시러. 박지형 역. 《르네상스 철학에서의 개체와 우주》. 민음사, 1996.

E. H. 반스. 허승일·안희돈 역. 《서양사학사》. 한울, 1994.

오비디우스, 이윤기 역, 《변신이야기》. 민음사, 1994.

《성서》. 천주교중앙협의회, 2005.

김병용. 〈14세기의 흑사병: 죽음의 공포와 삶의 희망〉. 《역사 속의 재난과 인간의 대응》. 역사학공동학술대회 발표집, 2006.

김영한. 《르네상스 휴머니즘과 유토피아니즘》. 탐구당, 1989.

박상진. 《단테 신곡 연구: 고전의 보편성과 타자의 감수성》. 이카넷, 2011.

서양중세사학회 편, 《서양 중세사 강의》. 느티나무, 2003.

임병철. 〈신역사주의의 도전과 르네상스 신화 허물기〉. 《백양인문논집》 14 (2009).

_____. 〈발데사르 카스틸리오네, 《궁정인》: 이상과 현실 사이에 선 궁정인의 초상〉. 《서양사론》 94 (2007).

_____. 〈문학과 역사의 세계에 날아든 녹색 탄환, 스티븐 그린블랏〉. 《역사와 문화》 12(2006).

_____. 〈르네상스, 짜여진 신화에서 파편화된 역사로〉. 《한국사학사학보》 11 (2005).

임영방. 《이탈리아 르네상스의 인문주의와 미술》. 문학과 지성사, 2003.

조승연, 앤드 스튜디오. 《르네상스 미술이야기 2: 완벽한 그림》. 세미콜론, 2009.

최화선. 〈고대 후기 그리스도교 성지 수례의 양상〉. 《서양사연구》 32 (2005).

찾아보기

르네상스기
이탈리아인들의 자아와
타자를 찾아서

르네상스기 이탈리아인들의 자아와 타자를 찾아서

⊙ 2012년 12월 27일 초판 1쇄 인쇄
⊙ 2012년 12월 31일 초판 1쇄 발행
⊙ 지은이   임병철
⊙ 발행인   박혜숙
⊙ 디자인   이보용
⊙ 영업·제작   변재원
⊙ 종이   화인페이퍼
⊙ 펴낸곳   도서출판 푸른역사
  우 110−040 서울시 종로구 통의동 82
  전화: 02) 720−8921(편집부) 02) 720−8920(영업부)
  팩스: 02) 720−9887
  전자우편: 2013history@naver.com
  등록: 1997년 2월 14일 제13−483호

ISBN 978−89−94079−78−3 93900